福建省文化产业专业群建设项目系列教材

体育教学法

兰润生　主编

中山大学出版社
·广州·

版权所有　翻印必究

图书在版编目（CIP）数据

体育教学法/兰润生主编. —广州：中山大学出版社，2018.11

（福建省文化产业专业群建设项目系列教材）

ISBN 978 - 7 - 306 - 06222 - 2

Ⅰ.①体… Ⅱ.①兰… Ⅲ.①体育教学—教学法—高等学校—教材 Ⅳ.①G807.04

中国版本图书馆 CIP 数据核字（2017）第 274327 号

出 版 人：王天琪
策划编辑：邹岚萍
责任编辑：邹岚萍
封面设计：林绵华
责任校对：杨文泉
责任技编：何雅涛
出版发行：中山大学出版社
电　　话：编辑部 020 - 84110771，84113349，84111997，84110779
　　　　　发行部 020 - 84111998，84111981，84111160
地　　址：广州市新港西路 135 号
邮　　编：510275　传　真：020 - 84036565
网　　址：http://www.zsup.com.cn　E-mail：zdcbs@mail.sysu.edu.cn
印 刷 者：佛山市浩文彩色印刷有限公司
规　　格：787mm×1092mm　1/16　22 印张　527 千字
版次印次：2018 年 11 月第 1 版　2018 年 11 月第 1 次印刷
定　　价：58.00 元

如发现本书因印装质量影响阅读，请与出版社发行部联系调换

本书编委会

主　　编：兰润生
副主编：常　勇　蔡惠玲　赵　阳　李焕翱
编　　委：王红英　王丰彩　兰　卉　李怀闽　宋超美
　　　　　林　跃　林　骁　郑　燕　郑鸿志

本书为福建省文化产业专业群建设项目（2015—2020）系列教材之一、福建省普通本科高校向应用型转变试点项目暨整体转型试点项目，2010 年福建省高校省级精品课程，2015 年福建省创新创业教育改革项目（福建省高等学校精品资源共享课）

前　言

为了全面推进素质教育，适应"体育教学法"课程教学改革的需要，帮助广大体育教师和大学生熟悉体育教学大纲，学习与掌握教材并灵活运用教学方法，不断提高教师教学质量与学生学习效果，我们对"体育教学法"课程进行了开发与应用，成效显著，课程被列入"福建省高等学校精品资源共享课""福建省高校精品课程"。在该课程基础上，我们参阅了大量相关文献和资料，在总结各类教材和教师教学经验的基础上编写了《体育教学法》。全书以体现思想性、知识性和科学性为原则，以新理论和实践为指导，以最新研究成果为素材，以培养能力为思路，力求对体育教师队伍加强理论修养、改进教学方法有所帮助。

本书分为理论编与实践编。理论编详细介绍了"体育与健康"课程的地位和任务、基础理论知识、课程内容、现代体育教学方法、课外体育活动、体育说课与片段教学等基本理论，实践编介绍了田径、体操、篮球、排球、足球、乒乓球、羽毛球、网球、武术、游泳、游戏、举重与排舞等，按照教学任务、各项基本动作的教学方法和教学指导的体例编写，重点表述教材规定的基本动作的教法部分，包括动作要领或动作方法、教学方法与教学指导。

全书共计14章，编写分工是：第一章至第五章、第九章、第十章，兰润生（集美大学诚毅学院）；第六章，宋超美（厦门教育学院）；第七章，李怀闽（集美中学）；第八章，兰卉（集美大学诚毅学院）；第十一章，蔡惠玲（集美大学体育学院）；第十二章，王红英（集美大学体育学院）；第十三章，林跃（集美大学体育学院）、林骁（集美大学诚毅学院）；第十四章，王丰彩（集美大学诚毅学院）。常勇、赵阳、李焕翱、郑鸿志与郑燕对本书各章节进行了修改与审核工作，最后由兰润生统稿。

本书可供体育本专科院校、中等职业学校和中学学生与体育教师使用。限于编者的水平和经验，本教材存在不少缺点与错误，恳请读者给予批评指正。本书编写过程中参阅并采用了兄弟院校的有关数据和资料，在此表示诚挚的感谢。

编者

2018年8月10日

目 录

理 论 编

第一章 "体育与健康"课程的地位和任务 ········· 2
    第一节 "体育与健康"课程的性质 ········· 2
    第二节 "体育与健康"课程的地位与意义 ········· 3
    第三节 "体育与健康"课程的目标任务 ········· 5

第二章 "体育与健康"课程基础理论知识 ········· 9
    第一节 体育能力与终身体育 ········· 9
    第二节 中学生的心理、生理特点与体育锻炼 ········· 12
    第三节 体育教学过程中的基本矛盾 ········· 14
    第四节 中学生体育课"厌学"现象的原因分析 ········· 16

第三章 体育教学方法 ········· 19
    第一节 常用体育教学方法 ········· 19
    第二节 发展各种身体素质的方法 ········· 23
    第三节 体育教学法的选择与运用 ········· 27

第四章 "体育与健康"课程 ········· 36
    第一节 "体育与健康"课程的类型与结构 ········· 36
    第二节 "体育与健康"课程的组织形式 ········· 42
    第三节 "体育与健康"课程的密度与运动负荷 ········· 48
    第四节 "体育与健康"课程分析 ········· 55
    第五节 "体育与健康"课程的备课与试讲 ········· 59
    第六节 "体育与健康"课程的教学评价 ········· 64

第五章 课外体育活动 ········· 77
    第一节 课外体育活动的意义 ········· 77
    第二节 课外体育活动的特点 ········· 78

第三节　课外体育活动的要求 ………………………………………… 79
　　第四节　课外体育活动的组织形式及方法 …………………………… 80
　　第五节　课外体育活动的计划与评价 ………………………………… 82

第六章　体育说课与片段教学 …………………………………………… 85
　　第一节　体育说课 ……………………………………………………… 85
　　第二节　片段教学 ……………………………………………………… 99
　　第三节　案例 …………………………………………………………… 106

实 践 编

第七章　田径 ………………………………………………………………… 114
　　第一节　田径教学任务 ………………………………………………… 114
　　第二节　田径运动特点及教学注意事项 ……………………………… 115
　　第三节　短距离跑教学方法 …………………………………………… 115
　　第四节　中、长距离跑教学方法 ……………………………………… 118
　　第五节　跑的专门练习教学方法 ……………………………………… 119
　　第六节　接力跑教学方法 ……………………………………………… 121
　　第七节　跨栏跑教学方法 ……………………………………………… 122
　　第八节　跳高教学方法 ………………………………………………… 125
　　第九节　跳远教学方法 ………………………………………………… 131
　　第十节　实心球教学方法 ……………………………………………… 132

第八章　体操 ………………………………………………………………… 136
　　第一节　队列和体操队形的教学方法 ………………………………… 136
　　第二节　体操教学方法 ………………………………………………… 138
　　第三节　体育舞蹈教学方法 …………………………………………… 145

第九章　球类 ………………………………………………………………… 152
　　第一节　球类教学任务 ………………………………………………… 152
　　第二节　篮球教学方法 ………………………………………………… 152
　　第三节　排球教学方法 ………………………………………………… 164
　　第四节　足球教学方法 ………………………………………………… 174
　　第五节　乒乓球教学方法 ……………………………………………… 187

第十章 武术 … 195
- 第一节 武术教学任务 … 195
- 第二节 武术教学的一般规律 … 195
- 第三节 武术基本动作教学方法 … 197
- 第四节 攻防动作教学方法 … 204
- 第五节 怎样看武术图解 … 206

第十一章 游泳 … 207
- 第一节 熟悉水性 … 207
- 第二节 蛙泳 … 209
- 第三节 仰泳 … 211
- 第四节 自由泳 … 213
- 第五节 侧泳 … 216

第十二章 举重 … 219
- 第一节 举重技术与教学 … 219
- 第二节 举重教学内容 … 223
- 第三节 举重教学方法 … 224
- 第四节 专项辅助动作 … 231
- 第五节 一般辅助动作 … 251
- 第六节 发展弹跳力的方法 … 266
- 第七节 举重运动员的力量训练 … 272
- 第八节 举重裁判法 … 274

第十三章 体育游戏 … 279
- 第一节 体育游戏概述 … 279
- 第二节 体育游戏的功能及特点 … 280
- 第三节 体育游戏的教学方法 … 283
- 第四节 体育游戏竞赛的组织与裁判方法 … 286
- 第五节 体育游戏的创编与实践 … 287

第十四章 排舞 … 325
- 第一节 排舞教学的特点与原则 … 325
- 第二节 排舞的基本技术及应用 … 327
- 第三节 排舞教学方法 … 335
- 第四节 排舞教学的组织 … 339

参考文献 … 342

理论编

第一章 "体育与健康"课程的地位和任务

第一节 "体育与健康"课程的性质

自2001年全国统一使用教育部印发的九年义务教育和全日制普通高级中学的《体育与健康教学大纲（试验修订版）》以来，从课程的名称到课程的性质等方面，都引起了学校和体育界极大的关注和热烈的讨论；直至2011年，教育部颁布义务教育《体育与健康课程标准》，新闻媒体也积极进行了宣传和报道，这对于深化课程改革是具有重要意义的。现对"体育与健康"课程沿革、课程性质阐述如下。

一、从课程的沿革来说，"体育与健康"课程是体育课程自身的改革

新的"体育与健康"课程，并不是由原来的体育课加上健康教育课合并而成的，而是强调体育课要以促进学生的身心健康发展为根本目的，扎扎实实地贯彻"健康第一"的指导思想。

《中共中央国务院关于深化教育改革全面推进素质教育的决定》指出："健康体魄是青少年为祖国和人民服务的基本前提"，"学校教育要树立健康第一的指导思想"。从增进健康的角度讲，学生的身心健康是全体教育工作者都必须关注的重要问题，是学校教育各门课程相互配合、共同完成的基本任务。体育是增进学生健康的重要手段，但不是唯一的手段。虽然"体育与健康"课程在培养学生强健体魄方面具有不可推卸的责任，然而，仅靠这一门课程和体育教师孤军奋战，是不可能完成促进学生健康发展的任务的。在新一轮课程改革中，健康教育的内容分别安排在"品德与生活""科学"与"生物"等课程中，与体育密切相关的部分内容则安排在"体育与健康"课程中，这反映了"健康第一"是学校教育而不仅仅是体育课程的指导思想。

二、从课程的性质而言，"体育与健康"是必修课程

"体育与健康"课程是一门以体育实践活动为主要手段、以增进学生身心健康为主要目的的必修课程，是实施素质教育和培养德、智、体、美等全面发展的人才的重要途径。

促进学生的健康发展有多种手段、多种途径。"体育与健康"课程主要是通过学生自身的体育实践活动，包括在教师指导下有目的、有组织、有计划进行的课内外与校内外多种多样的教学、锻炼、竞赛等活动，积极促进学生的健康发展。当然，"体育与健

康"课程的内容也包括与体育密切相关的营养、保健、生理健康、心理健康等有关知识和体育锻炼以及运动文化方面的基础知识，这些知识的获得和运动技能的掌握同样重要，如能在体育实践活动中有机地穿插进行，则可以收到事半功倍的效果。

三、从课程的定位来说，"体育与健康"是国家课程

教育部《基础教育课程改革纲要》明确提出，"为保证和促进课程适应不同地区、学校、学生的要求，实行国家、地方和学校三级课程管理"，而"体育与健康"课程确定为国家课程，是学校课程体系的重要组成部分。

"体育与健康"课程力图改变以往过于强调学科本位、项目太多和缺乏整合的现象，充分体现课程的活动性和选择性，通过对知识、技能的学习和掌握，充分发挥下述功能：

1. 学会学习。使学生树立终身体育的观念，并能够根据不同年龄阶段、生活条件以及今后不同的工作环境，自主选择、学习和运用科学、有效的体育手段，进行身体锻炼与身体娱乐。

2. 学会生存。强健的体魄源自健康的生活习惯和良好的锻炼习惯。要力求使学生学会在不同的社会生活环境、自然环境（尤其是艰苦的环境）中独立生存。

3. 学会做人。在集体的生活、学习中，学会与人友好交往，建立融洽的人际关系，培养良好的团队精神、协作精神等。

第二节 "体育与健康"课程的地位与意义

一、"体育与健康"课程是全面发展教育的组成部分

"体育与健康"课程在学校教育中的地位，是由社会对教育的需求决定的。从中学体育教学的发展概况来看，"体育与健康"课程成为全面发展教育的重要组成部分，是社会的要求与历史发展的必然。

德育和智育是重要的，中学"体育与健康"课程同样是重要的。没有健康的体魄，就难以完成在校的学习任务，也难以在社会主义现代化建设中发挥应有的作用。马克思说："未来教育对所有已满一定年龄的儿童来说，就是生产劳动与智育和体育相结合，它不仅是提高社会生产的一种方法，而且是造就全面发展的人的唯一方法。"① 毛泽东全面、系统地阐述了德、智、体全面发展的教育思想和方针，这正是我国中学"体育与健康"课程的指导思想。

社会生产力的高度发展，特别是信息产业所带来的社会生产力的新变化，对增强学生的体质提出了新的更高的要求，要求学生强身健体，以适应在高强度、高速度、高度紧张的情况下进行工作。因此，要加强中学体育教育，使之在培养体魄强健、全面发展

---

① 《马克思恩格斯全集》第 32 卷，人民出版社 1995 年版，第 121 页。

的新一代中学生中发挥重要作用。

二、"体育与健康"教育是我国国民体育的基础

（一）对增强学生体质、提高学生素质有深远意义

学生的素质主要包括身体素质、文化素质、心理素质和道德素质。中学生体质的强弱，关系到未来的国力强弱与民族兴衰，人的生产发育水平受多种因素如遗传、生活方式、营养、疾病、伤害事故、环境、体育锻炼等的影响，而体育锻炼则是影响生长发育的重要因素。中学生正处于生长发育的关键时期，在中学时期要加强体育锻炼，能动地促进身体的生长发育，增强体质，为一生的健康打下良好的基础。根据遗传学和优生学，青少年时代身体强壮了，有助于提高中华民族的体质水平。

（二）对发现和培养体育后备人才、提高运动技术水平有重要意义

在教学过程中，教师应有意识地引导那些体质好、智力强、思想觉悟高的中学生，有计划地进行高水平训练，争取创造优异的成绩，为国争光。中学是选拔有发展前途的青少年的广阔场所，如郭跃华、郑达真等优秀运动员都是在中学培养出来的。根据先进体育国家的经验，只有大力开展学校体育中的竞技运动，才能为各级各类学校、俱乐部、国家队输送人才，才能持续地发展高水平的竞技运动。社会主义初级阶段，在不断提高人们物质文化生活需求的同时，国家实施了"奥运争光计划"，以期攀登体育高峰。在教学训练中，体育教师应当把那些有发展前途的中学生引导到竞技体育中，为他们铺设攀登世界体育高峰之路。

（三）对推动全民健身运动的发展有重要作用

青少年是我国人口的重要组成部分，中学"体育与健康"课程的发展程度，实际上已成为我国全民健身普及水平的重要标志。中学应突出对学生体育兴趣和意识的培养和提高，加深学生对体育的理解与认识。初高中体育课的区分主要体现在掌握体育的基本知识、技术、健身方法和程度上，发展学生身体素质应结合学习技术和健身方法。如武术教学侧重培养学生的身体柔韧性；学习田径的一些技术与健身方法的同时，侧重发展学生的速度、耐力、灵敏等；初中阶段应当初步为学生的终身体育奠定基础。道德品质和心理素质方面，应突出竞争力、意志力、想象力、创造力的培养，这是现代人不可缺少的心理素质。

三、"体育与健康"教育是社会主义精神文明建设的积极因素

（一）在文化建设中占有重要作用

首先是对促进人的智力发展有着重要的作用，其根本原因是，健康的体质，特别是健全的神经系统，是智力发展的物质基础。现代科学研究证明，一个人聪明与否，与大脑的物质结构状况和机能有关。坚持经常性的体育锻炼，能保证大脑的物质与氧气的供

应充足，使大脑神经细胞发育充分。同时，不同性质的运动动作，能给大脑和神经系统提供各种刺激信息，有利于提高大脑皮层细胞活动的强度、均衡性和灵活性，使整个大脑神经系统的结构、功能得到改善和提高。体育运动还可以培养敏锐的感知力、灵活的思维力、丰富的想象力、良好的注意力和记忆力。此外，各种课间体育能加速消除疲劳，使头脑清醒、精神焕发，进而提高学习效率。不少研究和大量实践证明了身体好对学习好的促进作用，科学的体育锻炼能促进智力的发展。另外，学校各种形式的体育锻炼和活动还能使学生从中学到许多体育方面的知识和技术，大大充实、丰富了社会主义文化建设的内容。

（二）在思想建设中有重要意义，是对中学生进行道德品质教育的重要手段之一

体育教育在培养中学生高尚的思想道德和坚定的意志作风以及完美的个性方面都起到很好的作用。学校体育的内容丰富多彩，契合学生活泼好动、好奇、好胜、好竞争、好强的特点，能吸引他们积极参加，并在体育活动中受到多方面的教育。各种运动项目，有的要求快速，有的要求持久，有的动作复杂惊险，有的需要集体配合，这些都有助于培养学生勇敢、顽强、坚毅等意志品质和团结协作的集体主义精神。体育的一个显著特点是竞争性强，凡是比赛，都要夺冠军、争第一，因而又可以培养学生拼搏、创新、进取、奋斗的精神和高度的责任感、荣誉感。体育比赛对优胜者的奖励，还能给学生带来成功的体验，得到精神上的满足和愉悦，增强自信心。在"为国争光、振兴中华"的口号鼓舞下，广大学生通过身体锻炼、运动训练，不断受到爱国主义思想教育以及理想、道德、纪律教育。

第三节 "体育与健康"课程的目标任务

在中学体育教学改革中，对"体育与健康"课程任务的确定与实施的研究，始终是人们十分关注的重要课题，因为，它不仅是一个理论性的问题，而且对教学内容的确定、教学手段的运用、教学质量的评价等方面都将发生直接的影响。所以，对"体育与健康"课程的认识与探索，对搞好体育教学改革具有理论和实施导向作用。现将"体育与健康"课程的目标任务归纳如下。

一、发展身体的目标

发展身体是指以发展学生身体、增强学生体质为主导的一种体育教学思想。强调体育教育的本质属性是培养学生具有健康的体魄，促进身体的正常生长发育和身体素质与运动能力的发展；提高学生的生理机能，增强对自然和社会的适应能力以及对疾病的抵抗能力；促进学生身心健康发展，增强其对挫折的承受力。如果离开了增强体质这一根本任务，则脱离了体育本质属性。讲求体育对增强体质的实效性，促进学生身体形态、机能、素质和基本活动能力、心理品质的全面发展，培养强健的体魄，为现在的学习和

将来从事工作打下良好的身体基础。从中华人民共和国成立以来，这一思想始终受到党和国家的重视，各种有关学校体育的文件都明确规定要增强学生体质和改善健康。尤其是 2001 年以来，不但在重新颁布的中学体育教学大纲中强调了"必须以增强学生体质为准则"，"保证全面锻炼身体，促进学生身心健康发展"，而且在实践中做了很多具体的工作：国家先后两次在全国范围内进行了大规模的学生体质调研活动，督促各级学校建立学生体质健康卡片；积极推行《国家体育锻炼标准》，要求学生每天进行一小时体育活动；编写充实发展学生身体素质的教材，采用循环练习和"课之练"的方法来发展学生的身体；等等，这些对学校体育的发展都起到了积极作用。

二、认知与发展能力的目标

认知和发展能力是指在体育教学中，以学习运动技术、提高运动能力为主的一种教学，认为学校培养人才主要是通过教学来实现的。教学为主是学校工作的基本规律，教学过程的主要功能是传授体育的基本知识、卫生保健知识和青春期自我保护知识，发展认识能力。体育教学是完成学校体育任务的基本途径，体育课属于学校体育教育的教学范畴，它作为学校教学计划的一门必修课程，与其他课程一样，具有传道、授业、解惑的任务，而增强体质可以由学校体育的其他途径来完成。如果"体育与健康"课程中不把教学的主要任务放在学会锻炼身体的技能与方法、掌握部分体育项目的基本技术、初步学会运用科学的方法锻炼身体上，学生不可能具备从事体育锻炼的良好基础和手段，也就不可能在今后的工作和为社会服务的过程中继续实现学校体育教育所追求的目标。

三、全面发展的教育目标

全面发展教育思想的核心是在增强学生体质的基础上，全面完成学校体育教育的各项目标，以促进学生德、智、体、美、劳的全面发展。虽然学校体育教育的根本任务是增强学生体质，但这只是一方面，另一方面应把体育教学的任务置于学校整个教学中加以考察。课程教学是学校整个教育最主要、最基本的内容，学校教育的目的决定了各学科教学都要贯彻德、智、体、美全面发展的任务，而体育（"体育与健康"课程）则是其中的一项内容，正如其他学科教学并不完全是智育一样，体育教学也不等于锻炼身体，而增强体质的任务是发生在教学本身所限定的条件范围内的。所以，体育教学既要增强学生的体质，也要继承人类在体育运动方面的优秀文化遗产。显然，离开了前者，就无法体现体育教学在教育计划中的特殊功能；而失去后者，则体育不成其为学科，也难以理解教学过程的特点和规律。

四、健康与竞技体育发展的目标

树立现代体育意识，要把健康与竞技体育的发展联系起来，提高竞技体育比赛能力。随着世界竞技体育的高速发展和竞赛激烈程度的不断加剧，各国都越来越重视竞技体育后备人才的培养。学校是青少年集中的场所，是未来优秀竞技运动员必经的教育阶段，如果在增强学生体质的基础上，努力发展学生的运动才能，对运动基础较好、有一定运动天赋的学生进行系统训练，提高他们的竞技运动能力与水平，就可能使学校成为培养和输送优秀竞技运动员后备人才的主渠道之一。国外一些体育发达国家就有从学校培养高水平运动员和竞技运动后备人才的范例。

各种国际性的学生体育竞赛越来越频繁，世界大学生运动会和中学生运动会的规模不断扩大、水平的迅速提高，都使学校体育的竞技性显著提高。1985年12月，国家教育部与体育总局在山东掖县联合召开了全国学校学生课余训练工作座谈会，会上明确指出：学校要积极开展课余体育训练，建立运动队，为国家输送体育后备人才；1986年10月，国家教育部和国家体委又联合下发了《关于开展课余体育训练，提高学校体育运动技术水平的规划》；根据我国现代体育的设计蓝图，国家在提出"全民健身计划"的同时，又制定了"奥运争光计划"的战略决策；2003年正式颁布了《普通中学体育与健康课程标准》，进一步明确了学校体育教育的任务，即不但要进行体育教育，而且要为国家培养优秀的运动后备人才发挥它应有的作用。

五、健康与个性发展的目标

健康与个性发展是近年来从国外引进的一种新的学校体育理论，其目的在于使学生将学习体育知识、技术和身体锻炼建立在自身需要和对社会的责任感上，体验运动中的内在乐趣，培养对运动的浓厚兴趣，掌握运动方法，让整个学校体育的教育过程充满快乐的情绪和气氛，让学生在愉快地享受体育运动的同时，自觉、积极地学习知识、技术与技能，培养体育能力，达到增强体质的目的。

这种目标强调学生在学习中的主体作用，使学生充分参与学习活动过程，认识到自己既是受教育的对象和客体，又是自我教育的主人和主体，因此可以提高学生学习的主动性和积极性，诱发其学习的兴趣、好奇心和热情，从而进行探索式学习，培养自我管理、自我评价、自我学习、自我锻炼的能力。

六、终身体育与培养能力的目标

现代学校教育，应是立足现实，着眼未来，强调发展终身教育。作为学校教育重要组成部分的体育教育也不例外，应融会贯通体育教学，使学生掌握科学的自我锻炼方法和体育能力。现代教育中的终身教育理论和现代社会发展对体育的需求，都要求体育不单在学龄期作为人的发展手段，而且应是贯穿人的一生的主要生活内容，因此，学校体育应奠定学生终身体育的基础，培养学生终身活动的兴趣和能力。终身体育的核心是打好基础，掌握科学方法，进行体育能力的培养，体验运动的乐趣，形成运动习惯，培养终身体育的意识和态度，为终身参加体育锻炼和接受体育锻炼奠定基础。伴随终身体育思想的出现，与终身体育思想密切联系、息息相关的问题是培养能力的思想。学校体育要为终身体育奠定基础，最主要的是对学生体育能力的培养和形成，包括身体基本活动能力、运动能力、自我锻炼能力、自我评价能力、身体适应能力、体育保健和体育欣赏能力等的培养。

健壮的身体并非永恒不变的，走向社会后，如果缺乏锻炼的习惯和能力，随着年龄的增长，工作和生活环境及身体状况的变化，很快就会使健壮的身体转向反面。所以，只有培养和形成学生的体育能力，才会使他们在一生中的任何时候和任何环境下都能独立自主地进行科学的体育锻炼，达到终身受益的目的，这是实现终身体育的必需。

现阶段，在全面贯彻体育教学任务中确定以增强体质为指导思想时，应注意以下几个问题。

（一）体育教学应发挥育人的特殊作用

体育教学在对学生进行思品教育、陶冶学生情操、促进学生的个性发展和个体社会化等方面具有生动性、自然性和可接受性等特点，可以收到特殊的教育效果。它的一个显著特点，就是寓道德品质教育于身体活动之中，它不同于一般的政治报告、活动内容、个别谈话等以语言形式为主的教育，而是把身心活动、活动内容与活动要求、意识与动作、理论与实践等自然、和谐地结合在一起，因而有利于把学生意识与道德行为培养有机地统一起来，并要求学生在活动过程中立即付诸实践，使学生的行为表现直接受到实践的检验。这些都是体育教学对学生进行思想品德教育的有利条件，应充分发挥体育教学在教书育人和建设社会主义精神文明的特殊作用。

（二）体育教学应体现增强体质的本质功能

增进学生的健康，增强学生体质，是所有国家学校体育一致追求的一项重要目标。虽然各国学校体育正朝着多目标的方向发展，但健身仍然是学校体育最主要的功能和最主要的目标，是区别于其他社会文化现象的最本质的特征，也是社会发展的需要和体育本身的功能所决定的，因此，体育教学中应把增强学生的体质作为着眼点和归宿。

（三）体育教学应突出培养学生的体育能力

让学生系统地掌握体育的"三基"（基本知识、基本技术与基本技能），掌握体育锻炼的科学理论与方法，培养独立从事体育锻炼的能力，是体育教学的又一重要任务。学校体育是为终身体育打基础的关键阶段，就是要培养学生的体育能力，使学生能够根据主客观情况的变化，选择（包括重新学习）适合自己不同年龄阶段身心特点的锻炼内容，并能从事科学的锻炼，还能对锻炼的效果做出科学的评价。

思考题

1. "体育与健康"课程的性质是什么？
2. "体育与健康"课程所发挥的功能是什么？
3. 简述"体育与健康"课程的定位。
4. 简述"体育与健康"课程的目标和任务。

第二章 "体育与健康"课程基础理论知识

第一节 体育能力与终身体育

一、体育能力与终身体育观

随着体育教学改革的深入，培养和发展学生的体育能力已成为体育教学追求和探索的一个重要目标，其中，学校体育要为终身体育奠定基础的教育思想在经过反复实践和探索后，已经获得了体育教育界的广泛认同。

起初有人主张，使学生熟练地掌握一两个运动项目的技术，以供其终身锻炼需要，这就是所谓的终身体育思想。但是，我们从实践中发现，这种认识和主张具有很大的片面性，它没有反映出终身体育的基本特征。因为一个人虽然可以把自己感兴趣而又比较擅长的运动项目作为常年的锻炼内容，但是，事实上并不存在可供其终身锻炼的运动项目，因为任何人处在不同的年龄段，其生理、心理上都表现出鲜明的年龄特征，因而人只能选择那些适合自己年龄段生理、心理状况所需要的锻炼内容，而且，无论何人，从事何种锻炼，都不能不受到环境的制约，已掌握的运动技术往往受到场地器材、气候条件以及工作环境和条件的限制，所以很难收到终身受益的效果。

实践表明，培养学生的体育能力较之教会学生一两个运动项目的技术更为重要，因为体育能力是终身体育的核心，学生一旦具备了体育能力，就能终身设计自己、评价自己，可收到无穷的效益。学校体育的任务虽然限定在学校，但它的作用并不仅仅局限于学生在学校这一时期，它所期望的是为学生的一生打下一个坚实的基础，这个基础包括身体发展、体育素养、锻炼习惯等要素，但最核心的还是体育能力。体育能力是一种特殊能力，是与身体运动相符合并影响其效果的个性心理特征的综合。学生的体育能力是在体育学科学习过程中形成和发展的，从一定意义上说，如果学生具备了各种体育能力，当他们毕业后，在其漫长的一生中，就能够根据自己的工作性质与职业特点，利用自己的工作、生活环境与客观条件，选择或重新学习体育锻炼的内容，独立地从事科学锻炼，以满足个体身心健康的需要。在如何提高能力的问题上，不能以体质的增强和"二基"的培养来代替体育能力的培养，而应有其独特的计划、内容、形式和方法。

综上所述，体育能力是指培养学生终身从事体育锻炼的能力，它主要包括体育学习能力、体育锻炼能力和体育创新能力。终身体育是指人们一生中，为了多种需要，不间断地进行多种形式的体育活动的总和，它包括各个年龄阶段、各种方式的体育活动。

二、探索培养体育能力的方法

体育能力的分类问题目前还处于探索阶段，有的专家依据学校体育以发展学生身体、增强学生体质为目的这一本质特征，提出体育能力包括身体基本活动能力、运动能力、自我锻炼能力、自我评价能力和适应能力；也有人提出，体育能力由体育学习能力、体育实践能力、体育特殊能力和体育创造能力构成；还有人提出，体育能力的基本成分是认识能力、运动能力、自我锻炼能力和开拓创新能力。

目前一般认为，体育能力主要包括体育学习能力、体育锻炼能力和体育创造能力。这三种能力可以简单地定义为：体育学习能力是指学生在体育活动中掌握体育知识与技能的本领；体育锻炼能力是指学生在体育活动中的自学、自练和自评的本领；体育创造能力是指学生创造性运用已掌握的体育知识、技术与技能的本领，它是一种体育特殊能力，是体育能力的高级表现形式，具有对体育学习能力、体育锻炼能力产生直接影响的特征。所谓培养学生体育能力主要是指对上述三种能力的培养。

（一）体育学习能力的培养

培养学生的体育学习能力的理论依据，一是学习体育的基本知识与基本原理是培养体育学习能力的基础，二是发展一般身体能力是学习和从事体育运动的基础。

1. 使学生掌握体育的基本知识与基本原理。学生需要掌握的体育知识和原理主要有：体育的意义及其对身心全面发展的作用，人体的基本知识，体育锻炼的基本原理与原则，体育锻炼的内容、方法及效果，卫生保健知识，等等。在使学生掌握上述知识、原理的过程中，基本做法是从提高学生对体育的认识能力入手，即培养学生对体育的兴趣，提高他们的认知能力；通过多种活动，培养学生对体育的感知能力。其方法是：

（1）结合教材，通过典型事例对学生进行体育价值观的教育，转变体育就是发展身体的纯生物学的观点，树立德、智、体、美全面发展的现代化人才观、体育观，培养学生对体育的间接兴趣。

（2）通过对体育功能的认识，对学生进行终身体育思想的教育，使学生懂得，除职业之外，体育运动与人的密切程度往往超过其他活动，尤其是在青少年时代打好基础，可终身受益。要使学生认识到，作为社会文化重要组成部分的体育，是社会发展的需要，可以这样认为，生活水平越高，对文化、体育生活的要求也就越高、越迫切。

（3）通过国内外重大体育比赛、优秀运动员的典型事迹、运动训练轶闻等，培养学生的决断思维能力；结合教材讲解规则、裁判法、技术、战术等基本内容，培养学生的体育鉴赏能力和对体育动作的评价能力；结合优秀运动员爱祖国、爱事业、爱集体等典型事例，培养学生热爱祖国、关心集体的精神，巩固他们对体育的直接兴趣。

2. 发展学生的一般身体能力。这里所说的一般身体能力包括身体基本活动能力（即奔跑、跳跃、投掷、攀登、爬越、举重物等能力）和一般身体素质（即力量、速度、灵敏、柔韧、耐力、弹跳等素质）。由于人的身体能力是人各器官系统的机能通过肌肉活动表现出来的，含有生理机能和动作技能两大要素，所以，体育教师主要通过各种体育游戏与全面发展身体锻炼来发展学生的身体能力。主要措施有三条：

（1）加强体育课程练习，努力提高学生的身体素质。

（2）制定切合实际的素质评价标准，大体上按小学、初中、高中三个层次把教材内容系列化，各阶段的主要教材安排顺序如下：小学，发展柔韧、速度、灵敏、一般耐力；初中，发展速度、灵敏、力量、柔韧、耐力；高中，发展力量、耐力、速度、灵敏、柔韧。然后把量化指标系列化，即在不同年龄给出相同指标，确定不同标准。

（3）加强教学管理，强调全面贯彻《体育与健康课程教学大纲》。

（二）体育锻炼能力的培养

1. 培养学生体育锻炼能力的指导思想。使学生能把所学的科学锻炼理论和方法，结合客观环境和自身条件加以运用，形成独立地进行体育锻炼的能力，具体内容包括自学、自练和自评的能力。

（1）自学。让学生学习有关体育的基本知识与方法，认识到体育锻炼的意义和作用，结合锻炼环境和自身条件来安排锻炼计划，坚持常年锻炼，养成良好的锻炼习惯。

（2）自练。使学生把所学的体育知识、技术和方法独立地运用到体育锻炼实践中去，能够独立地选择或确定一定的体育项目，采取适宜的锻炼手段与方法，坚持锻炼，促进自身的健康发展。

（3）自评。即自我评价（包括自调和自控），培养学生对自我锻炼过程中的生理负荷、心理负荷和动作姿势等自我调节能力，对执行锻炼计划的控制能力和对锻炼效果的评价能力，以及自己设计锻炼处方的能力。

2. 培养体育锻炼能力的具体方法。

（1）通过知识、技术教学，培养学生的自学能力。如，教师有意识地启发、引导学生自学有关体育的知识、方法；了解体育锻炼的意义、作用和价值，明确未来社会科学技术发展对人才的要求；懂得提高文化素养和身体素质是社会的需要，启发学生的积极思维，激发学生主动自觉锻炼的热情，提高自学能力。

（2）通过组织教学、贯彻教学常理、加强身体练习来培养学生的自练能力，这方面的做法有：①实践法。即在教师指导下，放手让学生参与实践。把学生分成若干小组，各小组由教师按计划指定1～2名学生负责练习方案的设计，组织安排练习场地，掌握练习时间、次数、强度，提出保护帮助措施，维护练习秩序，执行练习常规，做好课后小结，等等。②收放结合法。这是由群体教学向个体教学发展的一种方法，即在教学中有收有放、收放结合，根据课的类型不同而采用不同的方法。如复习课以放为主，新授课以收为主。③选项法。主要在中学高年级执行，即在教师指导下，由学生自主选择练习项目，选编练习内容，自愿结合成小组。④自行锻炼"示范法"。就是让具有典型意义的学生做公开练习，发挥榜样的作用，启发和鼓舞学生自练的积极性。

（3）通过各种身体练习，培养学生的自评能力，在教学中，教师教给学生调、控、评的知识与方法，让学生在实践中体会和运用（如机能反应、心理反应、动作反应等），从而提高学生在锻炼过程中的自我评价能力。

（三）体育创造能力的培养

在培养创造能力方面，主要从"体育与健康"课程的结构上、教育内容、追求的目标及组织教法上，为体育创造能力的培养设置创造的环境情境，设计创造课题，目的是激发学生的发散思维，进行发散思维练习。

三、体育能力的测量与评价

测量和评价的主要目的就是对客观事物做出价值上的判断和鉴别。

（一）体育学习能力的测量与评价

主要侧重于学生的体育基础知识、基本活动能力和一般身体素质等方面。对知识情况的了解，采取书面测验方法，其成绩纳入评课总分。关于基本活动能力和一般身体素质的测量与评价，基本上侧重于其表现形式的达标。如用测 50 米（或 100 米）跑来判断速度素质，用立定跳远（或急行跳远）来判断学生的跳跃能力和爆发力，用推铅球（或掷手榴弹）来判断学生的投掷能力，分别用仰卧起坐和引体向上来判断女生的腹肌力量和男生的上肢力量。

（二）体育锻炼能力的测量与评价

体育锻炼能力的测量与评价侧重于学生掌握的知识和方法（包括体育卫生保健知识，身体锻炼原理、原则和方法），测量和检查学生是否会制订锻炼计划、安排锻炼内容；是否会调节和控制锻炼过程中的运动负荷；是否会调整锻炼过程和修改锻炼处方，能否对自己的身体发育状况和体质情况进行测定，并做出准确判断和评价，能否在不同场合、不同环境条件下进行锻炼；是否会合理地补充营养和安排作息时间；等等，其具体测量方法有提问、答卷、谈话、检查作业、观察记录等。

总之，尽管在培养学生体育能力方面经历了理论认识不断深化、实践研究不断发展的过程，但是至今尚未形成完整的培养能力方法体系，特别在测量与评价方面，尚有诸多问题（如评价方法、指标体系、标准等）需要进一步解决。只有解决了这些问题，才能更好地培养学生的体育能力，为其终身体育打好基础。

第二节　中学生的心理、生理特点与体育锻炼

中学生处于青春发育后期，身心发展渐趋成熟，因此，要使学生了解自我身心发展特点，有针对性地进行身体锻炼，以提高锻炼的自觉性和效果。

一、中学生的生理特点与体育锻炼

（一）身体形态的发育

着重讲述中学生的身高、体重和胸围的长、宽、围度开始进入缓慢增长阶段，在体育锻炼中要注意培养正确的身体姿态，掌握适宜的运动负荷，并注意进行身体的全面锻炼，促进身体形态的正常发展。

（二）心肺功能的发育

着重说明中学生随着心肺功能的不断提高，承受运动负荷的能力逐渐增强，在体育锻炼中宜多进行有氧耐力的练习。

（三）身体素质的发展

着重讲明中学时期，随着身体形态、机能的发育，中学生的肌肉发展非常明显，运动能力已基本上达到成人水平，具备了学习体育运动技术的条件，要加强身体素质的全面锻炼，根据力量、耐力素质发展较快的特点，侧重发展力量、耐力素质。

（四）神经系统的发育

侧重讲述高中阶段的学生神经系统的机能趋于完善，分析和综合能力明显提高，加强体育锻炼，可以促进神经系统机能的进一步完善。

二、中学生的心理特点与体育锻炼

（一）中学生的心理特征

从总体上介绍中学生身体的发展，为心理的发展提供了物质基础，心理发展的基本特征是由少年时期半幼稚、半成熟向逐渐成熟过渡；情感丰富，对不熟悉的人不表露内心；有知心同学；智力发展快；集体荣誉感、责任感强。中学阶段是促进学生身心发展的关键时期，积极参加体育锻炼是促进身心健康发展最积极、有效的手段之一。

（二）中学生心理锻炼

如何有效促进学生的心理发展？现从以下三个方面提出要求：

1. 要培养学生对体育的兴趣，提高体育锻炼的积极性，这就需要逐步明确体育锻炼的意义和作用，体验运动成功的乐趣，树立远大的理想。
2. 要正确对待困难和挫折，明确竞争的意义，面对现实积极参与竞争。
3. 要注意提高意志品质，结合不同运动项目的特点，有意识地培养、磨练意志品质，不断提高意志力水平。

中学生的生理特征和心理特征如图 2.1 所示。

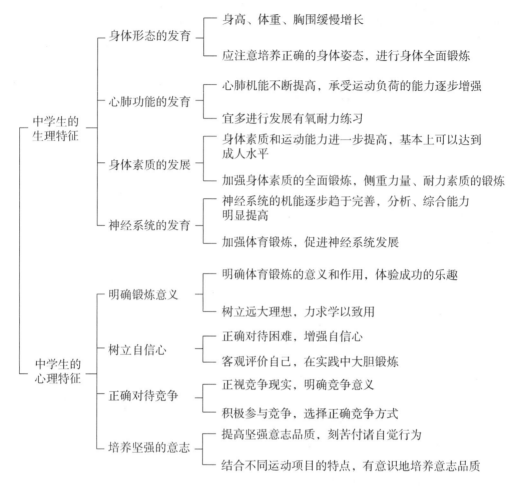

图 2.1　中学生的生理、心理特征与体育锻炼

第三节　体育教学过程中的基本矛盾

当人们对教学过程的研究和认识逐步深入时，就会注意到教学过程中的内在动力或阻力（教学的基本矛盾），因为这些内部矛盾才是教学中那些不可忽视的教学规律形成的决定因素，是师生之间的矛盾、困惑、难题，以及学生的失败、成功、喜悦、沮丧的内因和由来，这些矛盾来自教学过程中的各种对立统一的关系，如师与生、教与学、新与旧、智与能、学与做、德与智等，这些矛盾关系的交叉和碰撞，使教学成为一个非常复杂和多变的过程，由于这个过程蕴含了许多的教学因素和教育因素，也由于这个过程的复杂多变，使我们的教学存在许多困难和困惑，如何去把握这些问题显得十分关键。

一、中学教学过程中的基本矛盾

包若维奇是第一个考查学生掌握知识过程中基本矛盾的人,他列举了七个方面,揭示了以知识教学为主的教学过程中的主要矛盾方面:

1. 教师对教材内容的严谨系统的讲述与学生杂乱无序的掌握之间的矛盾。
2. 教师对教材的解释与学生对教材的解释之间的矛盾。
3. 教师的语言表述与学生对教师语言表述的理解之间的矛盾。
4. 理论知识的学习与把理论知识(不仅在学校条件下)应用于实践的应用能力之间的矛盾。
5. 学生掌握的新知识与旧有知识之间的矛盾。
6. 学生目前业已具备、巩固的作业方式和学习技巧与教师的布置或升级时所出现的新的、相反的要求之间的矛盾。
7. 学生所具备的知识与以口头或书面文字表达这一知识的能力之间的矛盾。

这些矛盾都来自于"教师""教材"和"学生"这些教学过程之中的主要因素和因素之间的相互关系,如上述第1、3、6的矛盾是发生在"教师↔学生"之间的矛盾;第4、5、7的矛盾发生在"学生"自我方面,但是与教师、教材有内在的矛盾;而第2是"教师↔学生"之间的矛盾。通过对这些基本矛盾的把握,我们不但可以更深入地了解教学过程中的内在规律和因素的相互关系,也能更有针对性地去利用其原理来解决教学实践中的问题。

二、体育教学过程中的基本矛盾

体育教学过程与学生掌握知识的过程一样,同时存在着"教师""教材""学生"这些基本因素以及由此产生的基本矛盾,主要体现为以下五个方面。

(一)学生"作为玩的运动和游戏"的体育理解与教师"作为教材的运动和游戏"的体育理解之间的矛盾

这是体育教学过程开始之前已有而且对整个教学过程产生作用的一对基本矛盾。由于社会的体育先于学科的体育而产生,而且先于学科对学生产生影响(即学生在上"体育与健康"课之前就认为体育是玩的),所以学生们对体育的理解从一开始就和教师不一样,他们通常不明白体育课为什么要学那些没有什么乐趣、没有什么情节、没有什么"用处"的东西,他们会因"想象中的体育"和"现实中的体育"之间的差距而产生困惑,甚至产生厌学情绪。因此,在教学过程中,要求教师将"作为教育的体育"用最恰当的方式转换和取代"作为玩的体育",包括动机启发,教与学的目标的转换,采用既活泼又有教育意义的教材,等等,设计出把学与玩结合起来的教学过程、选用恰当的教学方法等工作,这也是为什么在这一基本矛盾非常突出的中学低年级采用"情境教学""故事化教学""游戏化教学"能取得良好效果的原因。

（二）教学效果的统一要求与学生个体差异之间的矛盾

由于学生在体能和运动技能上存在较大的个体差异，在体育教学过程中，教师常常面对不同技能水平的学生，由此而产生不同的学习目标、不同的教法、不同的练习量、不同的评价等。此时如果体育教师对因材施教的措施注意不够，就会使部分学生产生自卑、失落、厌学等不良心理。这一对基本矛盾在其他学科的教学过程中固然也是存在的，但在体育教学过程中尤为突出。

（三）相对不自由的体育教学形式与学生熟悉的自主运动形式之间的矛盾

这一对基本矛盾源发于第一对基本矛盾。由于学生熟悉了"玩的体育"，很自然地把"玩的体育"的形式带到课堂中，他们喜爱自主而不喜欢约束，喜欢比赛而不喜欢练习，喜欢尽兴而不喜欢"蜻蜓点水"，喜欢交流而不喜欢"单练"，而班集体教学的实施很难百分之百地满足学生的要求。因此，学生们在"体育与健康"课程中容易产生各种的不满足，这就要求体育教师进行正确的引导，对教学形式进行必要的调整。

（四）技能掌握的必要性和技能掌握的困难之间的矛盾

运动学习的最主要目的是技能的掌握，而体验运动乐趣的必要条件也是技能的掌握，因此，让学生熟练掌握多种技能是非常重要的。但是学生在掌握技能方面却面临许多困难，如多种技能学习的必要性和学习时间少的矛盾，技能掌握和必要的体能锻炼之间的矛盾，技能之间的相互干扰，技能的完善要求和个人特点之间的矛盾，等等。这些困难影响对技能的有效掌握，也使技能学习应达到的深度和广度受到限制。

（五）体育教师进行安全教学的义务和学生冒险尝试心理之间的矛盾

体育运动总是伴随着冒险、挑战，也伴随着一定的危险性，而且冒险、挑战又是体育运动的魅力之一，因此，体育教学过程要比其他学科的教学过程更多地存在安全的问题，而过分地强调安全，又会使许多运动失去特点，使教学呆板无味；但不对学生经常出现的冒险和冲动表现加以控制，不注意对他们进行安全教育，既有悖于教育的根本目的，又不可能完成教学任务，还会造成不可挽回的损失。这是一对在教学实践中很现实的矛盾。

第四节 中学生体育课"厌学"现象的原因分析

体育一向受到学生的喜爱，但是，令人遗憾的是，许多学生非常喜欢体育，却不愿意上体育课。到底是什么原因使他们不喜爱体育教学呢？体育教师应认真加以分析。

一、"想象"与"现实"之间的落差

同其他学科不太一样的是,当中学生初次上体育课时,他们对体育其实并不陌生,因为他们已有小学做游戏的体验和对周围人参加各种体育活动的印象,因此,他们很容易把未来的"体育与健康"课程理解成一种快乐的"玩",这是他们头脑中的"想象"。而现实中的"体育与健康"课程却是教育,会有一些比较规范的内容,如队列和正规的技术学习,这与学生头脑中的想象有差别,如果此时教学生硬,就会使这种落差加大,使学生一开始就对体育感到生疏和失望,从而产生"厌学"现象。随着学生年龄的增长,他们对体育还会不断产生各种"想象",这些"想象"来自五彩缤纷的竞技体育和大众体育。而当他们面对体育教学内容相对单一、时间短难以尽兴、技术提高程度有限、人数多场地器材不足等体育教学的"现实"时,这种"想象"和"现实"的落差会始终存在,但这种落差也可能会通过教师对教学目的的引导和教学内容的改造以及对教学氛围的营造而减少甚至消除,也可能会由于教师的"不在意"而扩大。这也是我们所要研究的。

二、教学内容"低水平重复"

如前所述,由于教学条件所限和某些传统教学理论的偏差,现在的体育教学中的确存在教学内容低水平重复的现象,这和其他学科形成鲜明的反差,也和学生对不断提高技能的要求不相吻合。体育教学内容的枯燥乏味、低水平重复主要表现为以下三个方面:①各年级所教内容重复过多,水平相似;②注重单个技术的传授,缺乏整体配合;③注重技术传授,给予学生的相关理论知识不足。

三、教学缺乏选择性、探究性和自主性

"体育与健康"课程和大众体育的最明显区别是:"体育与健康"课程是一个教育的过程,它在"为什么教""教什么""谁来教""怎么教""在哪教"等方面都是有目的、有计划的,由此学生就会很自然地感到"体育与健康"课程和课外体育很不一样,感到这种学习缺乏可选择性、探究性和自主性。但是,上述所言计划性并不意味着学生已经完全失去了选择性,应该说在以教师为主导的教学大前提下,也存在学生互教互学;在保证基本教学内容完成的条件下,也存在学生自选内容的可能。如果我们在体育教学中没有认识到这一点,把本来不多的可供学生自主地学习、有选择地学习和探究性学习的空间和可能性抹杀的话,那么学生就会更加感受到体育教学的强制性,从而逐渐产生厌倦感。

但值得注意的是,尊重学生的选择性和自主性绝不是学生想干什么就干什么。选择性包括:①对运动内容的选择;②对学习方法的选择;③对答案的选择;④对所创造动作的选择;⑤对所属集体的选择;⑥对参考资料的选择;等等。而有了选择性,自主性就能得到很好的体现。

因此,让学生主动地探究和发现一些运动的道理,既有利于加强学习的深度,也有利于激发学习动机,有利于培养学习能力。探究性是让学生在迷惑和惊讶中展开学习,

教师切忌急于把答案灌输给学生，从而剥夺他们的思考时间和钻研探究的过程。

四、"技能差别"和"身体形态"

体育教学与其他学科教学之间在两个方面具有很重要的区别：一是学习效果的差别显而易见，即可以当场显示技能差别。一个动作做得好坏、有没有学会、学得怎么样会立即展现在全体同学面前，而其他学科的知识有一个积淀过程，学习效果并非立竿见影，不易显现。因此，"体育与健康"课程中及时又直接的评价会使一些学习较差的学生感到自卑。二是讲求配合。在集体项目中，学生的技能是要相互配合运用的，而其他学科很少存在学生在学习过程中相互配合的问题。因此，学习能力弱的学生在这种体现技能配合的体育比赛中容易受到排斥，自信心容易受到伤害，这是体育教学中造成一些"笨"学生厌学的重要原因。

体育运动技能的优劣与学生的身体形态有密切关系，而且身体形态的优劣在"体育与健康"课程中是最明显的，这也会使一些学生因身体形态的不适而产生一些尴尬。例如，让高个子学生示范体操动作，让矮个子学生示范跳高，让胖学生示范钻圈，等等，都会有意无意地对学生造成心理伤害，使这些学生逐渐惧怕体育、逃避体育、讨厌体育。

五、体育教师自身素质

由于体育运动的特殊性，体育学科和体育教师在整个学校教育和教师整体中是具有特殊性的一个群体，即相对人文社会学科的"文人"和艺术学科的"艺术人"，他是"武人"的形象。因此，体育教师应塑造文武兼备的形象：①加强自身文化修养和艺术修养；②体育教学向理性、人文性扩展，使学生在"体育与健康"课程中受益匪浅；③行为和语言端正文雅；④对学生的指导温和、规范；等等。这样可以使学生减轻在与体育教师接触时头脑中形象的"落差"。

思考题

1. 何谓体育能力？
2. 何谓终身体育？
3. 如何根据学生心理特点组织体育锻炼？
4. 如何根据学生生理特点组织体育锻炼？
5. 简述体育教学过程中的基本矛盾。
6. 分析中学生体育课"厌学"现象的原因。

第三章 体育教学方法

第一节 常用体育教学方法

体育教学方法是实现体育教学任务或目标的形式、途径和手段的总称,其分类参见表 3-1 所示。

表 3-1 常用体育教学方法分类

以语言传递为主	以直接感知为主	以身体练习为主	以比赛活动为主	以探究性活动为主
1. 讲解法（语言法） 2. 问答法（谈话法） 3. 念动法 4. 讨论法	1. 示范法 2. 演示法 3. 条件限制法 4. 预防与纠正错误法 5. 保护与帮助法 6. 恢复法	1. 分解练习法 2. 完整练习法 3. 循环练习法 4. 重复练习法 5. 变换练习法	1. 游戏法 2. 比赛法 3. 情景法	1. 自学法 2. 发现法（探索法或研究法） 3. 自我定向练习法 4. 自我评价法

一、以语言传递为主的教学方法

这是教师运用口头语言向学生传授体育知识、运动技能的教学方法,具体有以下几种。

（一）讲解法

讲解法也称语言法,是体育教学中最重要的方法之一,指教师通过简明、生动的口头语言向学生系统地传授体育知识、运动技能的方法。它的优点是能使学生在较短的时间内清晰地获得全面而系统的知识。

（二）问答法

问答法亦称谈话法,是指教师和学生以口头语言问答的互动方式传递教学信息、完成体育教学任务的方法。其优点是便于启发学生的思维，培养学生的思考能力和语言表达能力，唤起和保持学生的注意力与兴趣。

（三）念动法

念动法是指在暗示语的引导下，学生在头脑中呈现技术动作、动作情境和运动情绪，从而提高运动技能和情绪控制能力的方法。其优点是开拓学生的想象能力，弥补传统教学对学生思想的禁锢，促进学生智力发展，提高动作技术水平和学习效率。

（四）讨论法

讨论法是指在体育教师指导下，学生以班级或小组为单位，围绕教材的核心问题展开讨论或辩论，以获取体育基本知识、基本技术与基本技能学习的一种教学方法。其优点在于能更好地发挥学生主动与积极性，有利于培养学生独立思考能力和口头表达能力，促进学生灵活地运用知识。

二、以直接感知为主的教学方法

教师通过对实物或直观教具的演示，使学生利用各种感官直接感知客观事物或现象而获得知识的方法。具体包括以下六种。

（一）示范法

示范法是指教师（或指定学生）以具体的动作为范例，使学生了解所要学习的动作形象、要领的方法。教师在体育教学示范时，既要考虑示范面，又要考虑示范的速度与距离。优点是帮助学生了解所学动作表象、顺序与技术要领，激发学生的学习兴趣，增强学生学习自信心。

（二）演示法

演示法是指体育教师通过教学展示实物与直观教具，让学生通过观察获取感性认知的教学方法。优点在于能使学生获得丰富的感性认识，加深对技术动作的印象，提高学生的学习兴趣、观察能力与抽象思维能力。

（三）条件限制法

条件限制法是指教师通过设置一定的限制条件、要求学生达到一定的规范要求或纠正错误动作的练习方法。优点是预防与纠正学生在初学动作时易犯的错误，能帮助学生较快掌握技术动作，提高体育教学效果。

（四）预防与纠正错误法

预防与纠正错误法是指采取一定的手段和措施，预防与纠正学生学习动作时出现错误的方法。优点在于纠正学生的错误动作，避免其形成错误的动力定型。

（五）保护与帮助法

保护与帮助法是指为了防止发生运动损伤、更好地感知技术要领而采取的一种教学方法。优点在于维护学生练习的安全，达到预防运动损伤的目的。应注意保护与帮助被保护者的站位和身体部位，以及用力时机和用力大小。如体操教学中的保护。

（六）恢复法

恢复法是利用适宜的休息方式，达到恢复学生身心健康的各种手段的总称，其优点是可以起到放松肌肉、消除疲劳与恢复体力的功效。

三、以身体练习为主的教学方法

这是通过身体练习和技能学习，使学生掌握和巩固运动技能，进行身体练习的方法，具体有以下五种。

（一）分解练习法

分解练习法是指教学时首先把身体练习合理分成若干环节进行练习的方法。其优点是动作技术的难度相对降低，提高学生学习的自信心，能较快掌握动作技术。

（二）完整练习法

完整练习法是指从动作的开始到结束，不分解动作基础，完整地进行教学和练习的方法。其优点是在教学中能保持动作结构的完整性，学生易于形成动作技术的整体概念和动作间的联系。

（三）循环练习法

循环练习法是指教师设置若干个身体练习站，组成一个合理的锻炼系统，学生根据要求依次进行练习的方法。这种方法是综合了间歇训练、负重训练、重复训练的一种方法。其优点是帮助学生改善身体协调能力、发展身体素质、增强信心。

（四）重复练习法

重复练习法是指在不改变动作结构和运动负荷的条件下，根据教学的任务和要求反复进行练习的方法。优点是发展学生的各种身体素质，提高其身体训练水平，培养学生顽强、坚韧不拔的意志品质。

（五）变换练习法

变换练习法是指在变化的条件下进行练习的方法。这些变化的条件包括练习内容、动作结构、运动负荷，也包括练习的环境。优点是可使学生的不同运动素质和运动技能得到系统的训练和协调发展，从而使之具有实际应用的应变能力。

四、以比赛活动为主的教学方法

这是指教师在教学中创设一定的体育比赛活动,使学生通过更生动的运动实践体验来陶冶性情、提高运动能力、提高运动参与兴趣的一类教学方法。

(一) 游戏法

游戏法是指以游戏的方式组织学生进行身体练习的方法。优点在于能够有效地促进学生身体各种基本活动能力和身体素质的全面发展,能培养学生的集体主义精神。

运用游戏法应注意以下几点:①选择游戏法的内容与形式,应根据发展体能的教学需要,要有明确的目的,并采取相应的规则和要求,这样才能收到预定的效果;②应教育学生严格遵守规则,同时鼓励学生在规则许可的范围内,充分发挥自己的主动性和创造性去争取优胜;③在游戏中,裁判应认真、严格、公正、准确,只有客观地评定游戏的结果,监督不良行为,才能激发学生参加游戏的兴趣;④要布置好游戏的场地与器材,加强游戏的组织工作;⑤游戏结束时,要做好讲评,指出优点与缺点。

(二) 比赛法

比赛法是指在比赛条件下,组织学生进行练习的方法。其优点是提高学生学习的兴趣与调动学生学习的积极性,培养学生坚毅果断、顽强拼搏的意志品质和集体荣誉感。比赛法与游戏法的区别在于:①游戏有竞争、合作、表现等多种类型,而比赛则偏重于竞争;②游戏不限于某个项目,而比赛往往是与某个运动项目有关。

(三) 情景法

情景法是指利用一定的生活情节和模拟的情景来进行教学的一种教学方式,其主要目的在于调动学生的积极性,启发学生的学习想象,以利于提高教学效果。优点是:创设教学情景,激发学生的学习兴趣;保持积极的情绪状态,挖掘教材情感因素,引起师生情感共鸣;充分发挥学生的主体性,营造生动活泼的教学氛围;指导学生看、听、想、练相结合,调动多种感官参与教学活动;合理运用语言艺术,提高课堂教学效果。

五、以探究性活动为主的教学方法

(一) 自学法

自学法是指在教师的引导下,学生自我获取信息、提高学习能力的一种方法。其优点是使学生掌握科学的体育学习方法,灵活运用到体育学习与锻炼中去,逐步培养学生的自学、自评与自练能力。

(二) 发现法

发现法亦称探索法或研究法,是指学生在进行某一任务的体育学习时,教师只是给他们一些与之相联系的事例和问题,让学生自己通过观察、验证性活动、思考、讨论和听讲等途径，去独立地探究学习，自行发现并掌握相应的原理和结论的一种方法。

这种方法的优点是：掌握学习课题（创造问题情境）；制定假设（提出解决问题的各种可能的假设和答案，通过学生练习过程的各自体会展开争辩，各抒己见）；发现补充，修改和总结。

（三）自我定向练习法

自我定向练习法是指学生根据教学的内容与任务，结合实际，确定自己学习的目标进行练习的一种方法。优点在于培养学生良好的学习动机、注意力与意志力，以及获得运动愉快情绪的体验。

（四）自我评价法

自我评价法是指学生在教师的指导下、自我获取练习前后技术掌握和身体机能变化等方面信息的诊断方法。其优点是帮助学生自学与自评，鼓励学生向自我成就方向发展，激发学生的学习动机，养成自觉训练的良好习惯。

第二节 发展各种身体素质的方法

身体素质是人体在运动、劳动和日常生活中，在中枢神经系统的调节下，所表现出来的机能能力，它通常包括力量、耐力、速度、灵敏和柔韧五大类素质。身体素质既是各项运动的基础，也是衡量学生体质状况的重要标志之一。《中学体育与健康课程教学大纲》（以下简称《大纲》）规定了发展身体素质练习是高中体育教学的重要内容，同时强调，应以发展有氧耐力和肌肉力量为重点，并兼顾其他素质的发展。因此，在教学中要养成时常锻炼的习惯。那么，怎样发展身体素质呢？现归纳如下。

一、发展力量素质的方法

《大纲》第一个方面讲述了力量素质的概念及发展力量素质的重要性，指出中学阶段是力量素质发展较快的时期，重点发展部位是上下肢、胸背和腰腹，促使身体均衡发展，改变"豆芽菜"体型。这里介绍两点知识，第一点是力量素质练习变化的要素，从负重物、练习部位、练习方式、练习场地等的变化，引出不同的练习器械、部位、方法、场地。第二点是发展力量素质的方法示例，包括发展上肢、腰腹、全身等肌群的力量。在相对应的辅栏中，显示了人体肌肉正面图和背面图，使学生对全身不同部位肌肉的分布情况一目了然。同时介绍了力量练习注意事项。第二个方面介绍了发展耐力素质的方法，讲述耐力素质的概念和发展耐力素质的意义，指出高中阶段应将发展耐力素质作为重点内容，并主要发展有氧耐力，适当发展无氧耐力。《大纲》中介绍了两点知识，主要以耐力素质练习方法的变化要素，从跑速、跑距、身体负载、动作内容、练习方式及场地六个方面的变化，引出多种不同的练习形式和练习区域（如图3.1）。

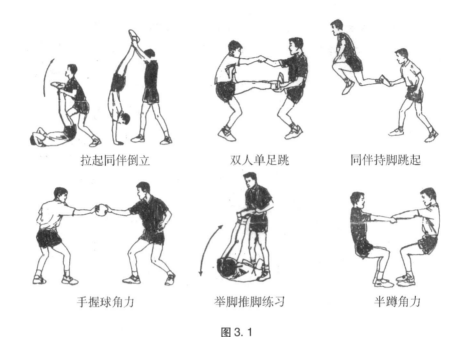

图 3.1

二、发展耐力素质的方法

这一方法包括 5～6 分钟跑走交替、定距跑、12 分钟跑等发展耐力的方法（如图 3.2）。在相对应的辅栏中，分别介绍了耐力素质的分类（分为心血管耐力和肌肉耐力）、有氧耐力、无氧耐力、耐力练习运动负荷参考值以及什么是库珀 12 分钟跑，这些内容无疑拓宽了学生的知识面。同时《大纲》还指出了我国学生耐力素质近年来连续呈下降趋势的现状，并分析了下降的原因，以引起学生的重视。另外还介绍了耐力练习注意事项。

图 3.2

三、发展速度素质的方法

《大纲》首先讲述速度素质的概念以及影响速度素质发展的因素，指出发展速度素质的意义和作用。其中介绍了两点知识，一是速度素质练习方法的变化要素，从起跑、跑的方式、跑的途中、活动方式、任务等五个方面的变化，引出了多种不同方法的跑。二是发展速度素质的方法示例，从提高反应速度、提高动作频率、提高加速跑能力以及各种方式的练习四个方面发展速度素质。在相对应的辅栏中，介绍了速度素质的分类（反应速度、动作速度、位移速度）、发展速度素质运动负荷参考值和速度练习注意事项（如图3.3）。

图3.3

四、发展灵敏素质的方法

《大纲》首先讲述灵敏素质的概念以及发展灵敏素质的意义与作用。其次介绍了灵敏素质练习方法的变化要素和发展灵敏素质的方法示例，包括抛接球、听信号做动作、两腿穿越体操棒、向左右跳过长凳、各种跑及其他练习六个方面。最后介绍发展灵敏素质的方法。在相对应的辅栏中，介绍了什么是协调性以及灵敏练习注意事项（见图3.4）。

图 3.4

五、发展柔韧素质的方法

《大纲》首先介绍了柔韧素质的概念和发展柔韧素质的作用,然后介绍柔韧素质练习方法的变化要素,从练习部位、练习方式和器械、练习场地三个方面的变化,引出了不同部位、不同形式的多种练习方法,最后介绍发展柔韧素质的分类(动力性拉伸、静力性拉伸),动力性拉伸、静力性拉伸、主动拉伸和被动拉伸的概念,以及柔韧素质练习注意事项(如图 3.5)。

图 3.5

第三节 体育教学法的选择与运用

在实际教学中，体育教师能否正确地、有针对性地选择合适的教学方法，是教学方法发挥最大作用的前提，也是影响教学质量的关键问题。因此，要根据教学目标和各种教学因素，科学而合理地选取适当的教学方法，并能合理地加以组合，使体育教学效果达到最优化。

一、体育教学法架构与创建

体育教学法是在体育教学过程中为完成教学任务所实施的工作方法，科学地解决体育教学方法问题，对完成体育教学任务、提高教学质量具有重要意义。在全面进行学校体育教学改革的过程中，对学校体育教学方法的研究一直是体育教学领域的一个重要课题。

从体育教学法的产生看，它是一定社会、一定历史阶段理论和实践的产物，它以科学的世界观和方法论作为依据，它受到教学目的和任务的制约。因此，不同的历史阶段，不同的观念和认识，不同的教学目的和任务，则具有不同的组织教法。进入20世纪80年代，随着社会政治、经济和文化的发展，教育的一个突出特点，就是要适应未来社会的需要，培养全面发展的人才。而作为现代体育的一个重要组成部分的学校体育，体育教学是核心，它肩负着提高现代人才身体素质的重要使命。体育教学不仅要传授体育的基础知识技能，而且要把增强学生体质、锻炼身体、培养学生的体育能力作为着眼点和归宿，把思想教育贯穿在教学的始终。然而，体育教学法的正确选择和使用，对全面完成体育教学这一任务起着重要的作用，因此，现代教育的发展，人们认识的提高和观念的转变，给学校体育教学改革提供了可靠的依据，在传统的教学方法不断发展、更新、完善的同时，创立新的适应体育教学发展需要的体育教学法也是历史的必然。

（一）改革传统的体育教学法，适应现代体育教学的需要

体育教学法的运用，是为完成学校体育教学任务服务的。我国现行的中学体育教学大纲强调把传授"三基"作为文化素养的一个部分，因此，加强体育的"三基"教学，已经成为传统的教学方法的特征，并已形成了比较完整的体系，如语言法、直观法、练习法和矫正法等，这些方法在完成"三基"教学任务中发挥了特有的作用。

广大体育教师在教学实践中，根据不同教材的性质，结合学生的实际情况，分析错误动作的关键所在，并运用动作技能形成的规律和理论，在原有的预防与纠正错误动作的方法的基础上，研究出了矫正法，包括限制法、诱导法、自我暗示法和消退法等。实践证明，这些方法对纠正原先的错误动作是行之有效的。在实践中，对传统的教学方法，一方面是继承它的精华，广泛地在实践中进行运用；另一方面是不断地丰富和完善它，使之更具有现代化的特点，成为科学的教学方法体系。

(二）结合时代特点，学习和创立新的体育教学法

在以育人为主要目标的现代教育观、人才观与质量观的启示下，学校体育改革以多层次、多类型的开放结构，取代了固定的、单一的旧模式，从注重技术教学，到增强学生体质，发展技能、体能，培养个性；由强调教师的"教"，到重视学生的"学"。体育教学的这一发展变化也给体育教学法的更新、完善提供了客观依据。实践证明，我们只有不断地探索和创建各种不同的教学方法，并在实践中不断改革和完善，才能形成可行的先进方法，也只有不断地充实新理论、新知识，才能在教学实践中不断发展、不断创新，最终形成独特的、完整的、科学的教学方法。

由于体育教学目标是育人，因此，在深化体育教学改革的过程中，应注意以学生为主体，充分发挥学生的主体作用，在广泛研究体育教学中教师的教法的同时，还要着重研究学生的学法，并根据体育教学的特点，在身体锻炼中不断开发学生的智力，培养学生的能力，在教师的主导作用下，充分挖掘学生的潜在能力，尽可能地给学生提供练习的条件、实际锻炼的时机。同时，注重对学生非体能因素的培养，充分发挥学生的想象力和创造才能，培养学生自学、自练和自控的能力。在这种主导思想下，经过教学实践和反复研究，初步创建了用以发展学生自学、自练和创造能力的方法，如阅读法、讨论法、观察法、比较法和互助法。通过这些方法，培养了学生自觉学习的精神，使学生在主观上对学习内容有一个认识，尽快解决学习中的问题，掌握技术动作。在自练法中，研究了包括自我定向、自我锻炼、自我测定、自我控制、自我评价和自我调整等在内的方法。这些方法的运用，改变了过去学生被动地接受练习内容的状况，在教师提出总要求的前提下，学生根据自己的实际情况，自我确立练习目标，并在练习中自行测定运动负荷和进行调整，这样不仅解决了学生在校期间的自练问题，也为其今后走向社会从事体育锻炼、终身受益打下良好的基础。实践证明，培养学生自学、自练和创造能力的方法，在完成学校体育教学任务、培养学生能力方面起着积极的作用。

在教学中综合地运用各种方法来解决教学中的实际问题，如研究学生的特点和各种教材的性质，针对学校或学生的实际情况，提出为解决专门任务的"主题教学"，这些研究已十分成熟，对教学改革富有启发性，值得交流和推广。

二、选择体育教学方法的依据

（一）要根据体育课的教学目的与教学任务来选择教学法

不同课程的教学目的与教学任务需要采用不同的体育教学方法。如新授课时的语言法、直观法；复习课时的练习法、比赛法；单元的前段课时的发现法、游戏法，后段课时的小群体法和比赛法。

（二）要根据教材内容的特点来选择教学法

一般说来，不同性质的教材内容要求采用不同的教学方法，如器械体操、田径、球类、集体项目和含有重要科学原理的运动项目等分别要采用针对性的方法。体育教师应

在仔细分析教材的基础上，根据教材性质和具体内容的特点，灵活而有创造性地选择适当的体育教学方法。

（三）要根据学生的实际情况选择教学法

应用体育教学方法的最根本目的是使学生能更有效地学习，而不是教师的一种"展示"。因此，选择体育教学方法要考虑学生的身心发展特征，是否对学生有帮助。

（四）要根据教师本身的条件和特点来选择教学法

有的教学方法虽好，但如果实施的教师缺乏必要的素养，仍然不能产生良好的教学效果。教师应根据自己的实际优势，扬长避短，采用与自己条件相适应的教学方法，各种方法，只有和教师自身的条件和特点密切结合时才能取得最佳的效果。

（五）根据各种体育教学方法的功能、适用范围和使用条件等选择教学法

任何教学方法都不是万能的，都有各自的独特功能、适用范围和使用条件的限制，有各自的优点和缺点。它受教学过程中各种因素的影响，可能有时有非常好的教学效果，有时事与愿违，所以有教无定法之说。

（六）根据教学时间和效率的要求选择教学法

在实际的教学中，选择某种教学方法时，也应考虑所用教学时间的长短和教学效率的高低。好的教学方法应该是高效低耗的，能保证在规定的时间内完成教学任务。但要重视"有价值的弯路"。

三、主题系列教学

主题系列教学是以一整套方式组成的师生相互作用的有主题意向的教学活动，体现了以学生为主体、教师为主导的教学思想。以下介绍几种主题系列教学的概念、主要任务及方法运用。

（一）处方教学

1. 概念。处方教学是指依据每个学生身体健康状况和身体素质、兴趣、特长等发展的实际，教师有目的、有计划地对不同群体或个体施加不同的教材内容和练习手段（运动处方），指导学生自我锻炼的一种教学方法。

2. 主要任务。处方教学主要是从培养学生自学、自练能力入手，以"运动处方"为中介，使学生掌握一定的科学锻炼身体的方法，养成自觉锻炼身体的习惯，使之具有一定的自学、自练、自我调控的能力，为终身体育奠定基础。

3. 方法运用（如图3.6所示）。

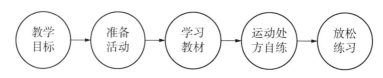

图 3.6　处方教学方法的结构

（1）在"体育与健康"课程中，强调学生根据"处方"自我锻炼，充分发挥学生在学习过程中的主体作用。教师要随时掌握学生自我锻炼的进程，巡回指导，保证自我锻炼有计划、有组织地进行。

（2）教学中的"处方"分为身体素质和自选项目两部分，身体素质部分的锻炼内容依据学生体质测试评价结果而定。身体素质锻炼时的运动负荷应以有氧代谢为主，适当增加无氧代谢比例，平均心率自我控制在 140～150 次/分之间，学生间歇恢复心率控制在 20～22 次/10 秒之间。

（3）课的组织形式始终处于动态之中，有时按素质分组，有时按兴趣特长分组，在教材学习中可按技能分组。

（二）能动教学

1. 概念。能动教学是指在体育教师的主导作用下，调动学生的主观能动性和创造性，以理论为先导，诱发学生思维，使智力活动积极参加技能形成的过程，使学生能够主动进行锻炼的一种方法。

2. 主要任务。能动教学以智力思维促进运动技能的形成为目的，使技术、技能、基本知识和素质互相促进，以提高身体练习的自觉性为前提，有目的地培养学生观察、思维、分析和解决问题的能力。同时，促进学生身体的全面发展和养成良好的锻炼习惯。

3. 方法运用。其教学程序大致可归纳如下：

（1）预想准备，启发动机。发挥体育教师的主导作用，预先公布教材，增强学生的运动欲望，建立表象动作，产生进取动机，提前介入课堂，引导学生的直接兴趣，变间接动机为直接动机。

（2）发展个性培养能力，教师以导为主，学生以练为主，在整体练习的基础上，发展学生个性、学生想象及已学动作的运用能力，补偿准备活动的差距，提高目的性，发展有意识的记忆。实验后期利用普修和选修教材的办法，提高专项素质，促进对知识的全面掌握，启蒙终身体育观念。

（3）理论指导，从练中议发展到议中练。使学生建立的运动表象应用于实践，在尝试性练习中自我验证，智育与体育相结合，发现问题，提出问题；教师在教学中采用分组练习，互教互学，练中议，启发思维，利用已有科学知识指导动作；发展到议中练，加速技能形成，体现"体带智促体"、以体为主的学习热情。

（4）信息反馈，不断前进。对实验对象毕业后进行可行性调查、立项、统计、分析、对比，从中找出规律，以不断完善能力教学的效果。

（三）学导式教学

1. 概念。这是一种把教学活动的中心放在学上，将学生自学和教师引导结合起来，使学生既能自己学到知识又能得到教师指导的方法。

2. 主要任务。学导式教学让学生学在前面，激发学生的求知欲，诱导他们去主动探索，启迪其丰富的想象力和创造精神，在自学自练的基础上发展学生的个性，提高他们的运动能力和身体素质。

3. 方法运用。

（1）对所教学生的习性、素质、能力等要有一个基本的了解，积累一定的数据资料，并不断地通过这些数据，对学生各项素质、能力进行教学分析，为教学中的研究、指导、引导提供依据。

（2）学生是学习的主人，要自我完善，就必须了解自己，让学生依据教师传授的简易综合评价的方法，结合本地区体质测定的均值，做出自我评价，找出自己素质、能力的差距，确定自我完善的方向和目标。

（3）注意在教学中发现、培养骨干，他们往往是教学活动中无形的组织者，是学习的榜样，有着极强的凝聚力，是教学的助手，是向同学传递教师教学意图的最好人选。

（4）在教学顺序安排上，一般是课的前半部分进行教学大纲规定的教材学习活动，后半部分进行"学导式"教学的自学自练活动。这种"学"是指有引导主体的有针对性的课堂自学自练活动，它包括实践活动中的相互讨论、研究和帮助，用以提高自身某项运动的能力，完成教师教授的教材或发挥个人爱好和专长。自学活动中，教师给予必要的指导和鼓励，保护学生学习的主动性，变"要我学"为"我要学"。

学导式教学中的"导"，是学生学得好、学得快的外因条件，这种"导"必须具备针对性，教师要善于发现"学"中出现的问题，有的放矢地进行引导和启发。诙谐而风趣、富于哲理、恰当的比喻、标准而适度的示范及多样化的直观教学，都是"导"能成功的关键。

（四）定向教学

1. 概念。定向教学指根据教学大纲和教学任务的要求以及学生的实际，在确定一定方向的基础上，有针对地进行锻炼的一种教学方法。

2. 主要任务。定向教学在全面落实大纲和发展学生身体素质的同时，针对学生的身体形态，研究和探讨体育教学内容、方法，以达到使学生体质健康发展、肌肉丰满、素质提高和增强体质的目的。

3. 方法运用。

（1）在定向教学过程中，根据动机调查的第一手材料，首先研究学生的心理，从注意力、意志和情绪等方面考虑，激发学生锻炼的积极性和主动性，改革原有的教学模式（如图3.7所示）。

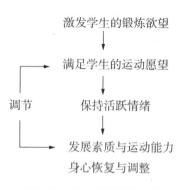

图3.7 定向教学模式改革

（2）根据定向教学的要求，在教学中采取分组教学的方法，依据学生心理、生理上的差异，对不同学生提出不同的教学任务，实施不同的教学方法和组织形式，在分析学生基础调查数据的基础上进行个体评价，将学生分为上、中上、中、中下、下等几个不同的组别，同时，在改善学生瘦弱体态的教学过程中，采用程序控制，以提高学生的素质，促进体质的健康发展（如图3.8所示）。

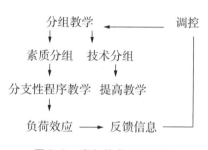

图3.8 定向教学程序控制

（3）定向教学中，要根据学生的不同素质和机能状况，安排适宜的运动负荷。

（4）从学生实际出发，对教材进行适当的调整，重点加强与胸部有关的身体练习，增加体操教材与跑的教学时数。

（五）系列教学

1. 概念。这种教学方法是根据学习—锻炼—培养—发展这一系列过程的具体要求，结合学生的实际情况，把教学内容、计划、过程（单元教学过程）等加以组合系列化，从而通过合理利用教学系统中各要素、各环节的相互联系、相互作用的整体功能，全面地完成教学任务和质量。

2. 主要任务。

（1）遵循抓基础、促迁移的原则，在教材的选择与编排上力图做到纵向排列系列化、横向组合系列化，致力于构建一个有层次系统的教材结构，这样就能更好地促进学生形成良好的运动基础，既有利于学生认识教材，尽快地掌握基本知识、技术、技能，又有利于学生发展运动能力和独立锻炼的能力。

（2）系列教材是把性质相同、结构类似的教材集中排列，因此，在进行教学设计时，把一个单元作为一个整体，进行一个单元的整体设计，用单元教学计划取代学年、学期教学计划（"体育与健康"课程教材和教材之间与其他学科相比，缺少递进性），从而改变以往一个学期32节课却一课一课孤立地进行教学的状况，纠正了教无序、学无循的散乱性、随意性、盲目性的缺点。

（3）每个单元有五种课型（观察课、教学课、锻炼课、综合课、考核课），各种课型任务明确，目标集中，重点突出，便于教与学。结合教学计划灵活运用，一个单元结束就能将本单元的"二基"学会，以致会运用，从而使身体锻炼得到加强，教、学、练、用得到统一。系列教学的特点是课堂结构层次多，教学形式变化多，学生不觉得单调，注意力会不断地从一项活动转入另一项活动，适合少年儿童的注意力的规律，同时使教材、教法与教学步骤有机地融为一体，取得良好的教学效果。

3. 方法运用。系列教学的方法模式是把体育教学本身这一系列过程具体分成三个主要环节，每个环节又由多种因素组成。

（1）第一个环节是教材纲要。依据《大纲》，结合学生身心特点和接受能力，重新选编教材，依据学生身体素质发展的敏感期，对教材进行纵向排列和横向组合，形成系列教材。

（2）第二个环节是教学计划。实验班教学计划的实施，采用按校历划分教学单元的方法。根据系列教材的要求和发展身体的需要，以及气候条件和学生体质变化状况等因素，划分体育课时单元，提出单元任务。每个单元10～12课时，围绕单元任务安排教学内容、顺序，选择与其相关联的教学方法、身体锻炼法等主要手段。

（3）第三个环节是教学过程。根据学习—锻炼—培养—发展这一系列过程，每个单元运用观察课、教学课、锻炼课、综合课、考核课五种基本课型，结合单元计划，灵活运用，构成一套完整的单元教学过程，把知识、技能、技术教学与身体发展结合起来，从整体上完成教学任务。

（六）对称教学

1. 概念。人体的器官左右成对，常常是一侧器官优于另一侧器官，这就是"左利"或"右利"，这使得它们的运动功能存在着明显的差异。从对学生终身受益的观念出发，为提高器官的功能，使它们之间的差距缩小而采取的教育手段称为对称教学。

2. 主要任务。对称教学实验主要是在提高得利手足功能的同时，强化非得利手足的功能，使其差异缩小；减轻儿童左脑过重的负担，促进右脑的发达，开发智力，使学生终身受益，为国家培养全面发展的人才。

3. 方法运用。

（1）对现行小学体育教材，凡有对称因素的教材，除顺从习惯的教法外，还要增加对非得利手足强化的教法。

（2）教法具体运用。对于发展上肢和下肢力量、速度、灵敏和协调等的教材，在教法采用上，一方面要提高得利手足的功能，另一方面要强化非得利手足的功能。例如，在投掷和小篮球教材中，教导学生两只手轮换地投球、传球、运球；在跳高、跳远和小足球教材中，教导学生两只脚轮换踏跳和运踢小足球。

（七）情境教学

1. 概念。情境教学就是借助于事物的表象和概念建立想象的方法。课中尽量创设情境，诱发学生学习体育的主动性、积极性，提高教学效率。

2. 主要任务。教学情境是把学生带到特定内容的环境中，让学生入景动情，明理知味，用情境激发兴趣，使学生产生优势兴奋中心，获得最佳的注意力，引导学生兴趣指向学习内容，调动学生的积极性，提高教学质量。

3. 方法运用。

（1）"体育与健康"课程应精心创设和丰富学生的学习情境，利用学生已有的生活经验，使他们在不同的情境，如故事情境、语文情境、场地情境及想象情境中，产生强烈的角色体验感和浓郁的学习兴趣。教学中，针对中小学生兴趣广泛、模仿力强、活泼好动的特点，有意识地运用故事情境，通过音乐的渲染、语言的描绘等多种形式，启发学生观察情境、体会情境、再现情境，从而使他们在具体的情境中主动地学习。

（2）情境教学利用形象化的景物或富有故事性的情节，有情、有景、有人物活动，使学生产生兴趣，提高自练的积极性，加深对所学动作的记忆。

（3）中学生的神经系统易兴奋又易转移，学生连续40分钟的心理活动都集中于某一客体中，会使小脑机能难以承受。因此，根据"体育与健康"课程的特点和任务，采用多种教学形式和教学方法，创造有意注意和无意注意不断转换的情境教学，使学生获得最佳注意力。在教学中，除了利用故事情境外，还可以通过形象上的模仿和直观教具等多种形式在课堂上的交替出现，使枯燥疲劳的有意注意和轻松的无意注意交替结合，使学生在愉快的体验中获得知识和技能，开发智力，达到增强体质的目的。

（八）敏感期教学

1. 概念。敏感期教学是依据少年儿童身体素质发展的最佳期，选择最佳的教学内容和方法锻炼，进行优化教学，促进学生身心全面发展，提高教学质量。

2. 主要任务。依据不同年龄学生身体素质发展的敏感期，施以相应的手法，对提高学生身体素质、培养学生的自学自练能力起到事半功倍的效果。

3. 方法运用。在低年级学生的柔韧和灵敏素质教学中，采用诱导法，做到教学手段、组织形式游戏化、兴趣化、多样化。例如，在"俯卧挺身"动作教学中，为避免单调地重复练习，先采用"单头翘""飘小船"、有人帮助的"两头翘"，然后学习口诀自己完成动作，发展学生的柔韧素质和腰腹肌力量。学习"仰卧摊起成桥"这一内容时，采用循序渐进的方法，既形象化又多样化。对于灵敏素质的练习内容主要采用游戏和比赛的方式进行教学。在教学中，还要根据学生的反馈情况，有针对性地进行强化教学，以达到更优化的结果。此外，增加各相应年龄段发展专项素质教材，加大课的容量。课堂教学和课外活动相结合，抓住时机发展学生的身体素质。

总之，在改革的实践中，要遵循现代教学论的思想，注意研究教学规律，探索新的教学方法手段。"主题教学"注重以体育教师为主导，善于发掘学生的本体结构，既注重教法，又重视学法，既有统一要求，又因材施教，发挥学生的自觉性和积极性，使学生变被动学习为主动学习，全面提高教学质量。

在教学中，以上各种方法互为补充，视实际情况灵活运用。

思考题

1. 简述体育教学方法的基本概念，并分析如何在体育教学中加以运用。
2. 简述发展各种身体素质的方法。
3. 选择体育教学方法的依据是什么？
4. 何谓处方教学、能动教学、学导式教学、定向教学、系列教学、对称教学、情境教学、敏感期教学？

第四章 "体育与健康"课程

"体育与健康"课程是学校教学计划中所规定的必修课,是学校体育教学的基本组织形式,是实现学校体育教学目标任务的主要途径。因此,要上好这门课,就必须对课的类型和结构、组织工作、密度和负荷以及准备与评价等有关问题进行认真的研究和探讨。

第一节 "体育与健康"课程的类型与结构

一、"体育与健康"课程的类型

"体育与健康"课程的类型是根据体育教学的任务、教材性质和学生特点等因素所划分的课的种类。研究课的类型在于掌握各种类型课的特点,以便上好各种类型的课,更好地完成课的任务。

"体育与健康"课程的类型较多,总的来说可分为实践课和理论课两大类。

(一) 实践课

实践课是指在场馆(外操场、内体育馆和健身房)中进行身体练习的课。通常谈到的体育课指的是体育实践课。根据不同的分类标准,实践课又有不同的类型,当前在中学开设的"体育与健康"课如图4.1所示:

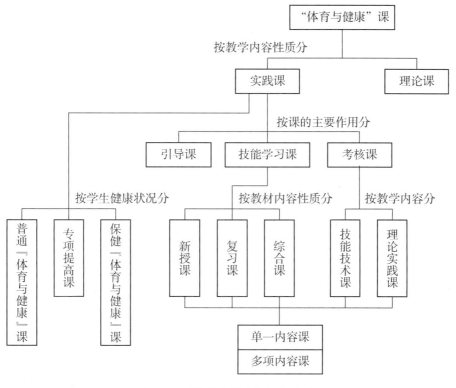

图 4.1 "体育与健康"课的类型

资料来源，王则珊：《学校体育理论与实践》，北京体育大学出版社 1995 年版，第 132 页。

1. 根据学生情况分类。

（1）普通"体育与健康"课。普通体育课以"体育与健康"课为主要组织形式。其主要任务是使学生掌握"三基"（基本知识、基本技术与基本技能），全面发展身心，达到增强体质的目的。它是为健康状况、体育基础都一般的学生开设的。教学内容是以教育部门颁发的体育教学大纲（或教材纲要）为依据，既有统一性，又有灵活性。

（2）专项提高课。它是为生长发育和体育基础都比较好，并对某一体育项目有一定爱好和基础的学生开设的。主要任务是在全面身体锻炼的基础上，根据个人的兴趣与爱好，选择某一体育项目进行学习和提高，以便提高运动成绩，作为终身体育的一种手段。在高等学校（有的在从一年级开设，有的在通过《国家体育锻炼标准》后从二年级开始）和有条件的中等学校开设。

（3）保健"体育与健康"课。它是为身体比较弱或有某种慢性疾病或身体有某些缺陷的学生开设的。其任务是通过适当的身体活动或专门选择的身体练习改善和提高他们的健康水平。该课程的上课时间、教学内容、教学组织方法等，都应根据学生的实际情况另作安排。教师要经常与医务部门联系，了解分析学生身体健康状况的变化情况，采取相应的有效措施，改进教学工作，并在思想上热情关心这些学生。这种课通常在高等学校和有条件的中学开设。

2. 根据完成的任务分类。

(1) 引导课。引导课通常指开学初第一次体育课，其主要内容是使学生明确新学期的教学任务、内容、考核项目标准及课堂规则等，是新学期体育教学工作的序幕。

组织这种课，一般是根据上学期学校体育教学的情况总结、统计资料以及典型事例等进行有激励性的引导。对不同年级的学生应提出不同的要求，使学生认真上好体育课，积极参加《国家体育锻炼标准》的锻炼和各种课外体育活动。

(2) 新授课。这种课是指以学生学习新内容为主的课，其主要任务是使学生学习和初步掌握新教材内容。具体要求是：

1) 使学生对新教材形成正确、完整的概念。教师要遵循动作技能形成的规律，正确地运用讲解、示范及练习过程中的各种教法措施，使学生正确领会动作。

2) 根据教材的性质和学生的特点，科学地安排教学步骤，以使学生减少学习过程中的困难，提高教学效果。

3) 应首先使学生掌握动作的基本环节，抓住关键，并着重解决教学中学生普遍存在的缺点和错误，这样有利于学生较快地掌握动作。

4) 要有一定的重复练习和运动负荷。这是掌握动作和形成动作技能所必需的，也是发展身体、增强体质必不可少的，要贯彻精讲多练的原则。

(3) 复习课。这种课是指以复习旧教材为主的课，其主要任务是在教师指导下，反复练习已学过的教材内容，逐步提高动作的质量。在复习课上也要相应地发展学生的身体素质，提高复习课的效果。具体要求是：

1) 应根据学生已掌握动作的实际情况，有针对性地逐步提高要求。要求要明确、具体，便于检查，使复习过程成为不断提高的过程。

2) 要注意区别对待。在复习课中，教师应根据不同情况，提出不同要求。对部分动作掌握差的学生，应指出他们的主要缺点及其原因，采取相应措施，在指出错误动作及分析产生原因的基础上反复练习，改进动作；对部分基础好的学生，应根据具体情况适当提高要求，以便在教学中使基础差的学生和基础好的学生都有所收获、有所提高，这样做才能提高学生练习的积极性。

3) 要精讲多练，适当增加负荷和练习密度。为了改进和提高动作质量，发展学生身体，增强其体质，在组织这种类型课时，必须适当增加练习的重复次数，合理地加大课的运动负荷。

(4) 综合课。这种课是指在一节课中既要学习新内容，又要复习已学过的内容。这是中学"体育与健康"课中较常用的一种类型。具体要求是：

1) 在教学内容安排上，合理搭配不同性质、特点和不同难易程度的新旧教学内容。

2) 合理安排新旧教学内容的顺序。教师应侧重于新教学内容的教学，复习旧教学内容可以由体育骨干带领，但是教师要来回指导。

3) 根据新旧教学内容的性质、特点和难易程度，课上应采取有效的措施和手段，合理分配各种教学内容的练习时间、密度与运动负荷。

(5) 考核课。这种课是指以检查学生"体育与健康"课学习成绩为主的课。具体要求是：

1）使学生明确考核的目的，提高他们对考核的认识。

2）考核课除了安排测验项目外，还可以适当安排其他练习内容。这种课学生比较重视，动作改进一般较快，教师应充分利用这一有利条件，加强考核课中的教学因素，指导学生改进和提高动作质量。

3）应注意做好准备活动，加强安全措施。在考核课中，学生为了取得成绩，会竭尽全力完成各种练习，因此，应让学生充分做好准备活动，以健康为主，否则，不仅会影响学生的考核成绩，而且可能发生受伤事故。

4）做好考核前的准备工作和考核中的组织工作。如准备好场地器材、测验表格、秒表、皮尺等。同时，考核课中的组织工作也很重要，如使用好班干部、计划好时间、组织好学生等，只有这样才能使考核课顺利进行。

5）要认真地、客观地测定和登记学生的考核成绩。

（二）理论课

理论课是指主要在教室内讲授的体育、健康知识课。

1. 普通学校理论课的内容。

（1）学校的目的、任务、意义和作用等。

（2）运动生理、卫生健康和卫生常识等。

（3）体育基础知识和各种运动项目的基础知识。

（4）奥运会、美国职业篮球联赛、世界杯（亚洲杯）足球赛等热点赛事。

2. 理论课时间安排。

（1）安排在开学初讲。一般属引导类型的课，教师把本学期的教学内容布置给学生，并对学生提出教学的要求。

（2）有的安排在机动时间讲，如在雨天无法进行室外教学时。

（3）可安排在体育竞赛活动或季节更替前讲。如在校运动会前讲有关项目的比赛规则、裁判法，游泳季节到来前讲有关游泳的基本知识和卫生保健常识等。

（4）在优秀运动员在重大比赛中取得优异成绩时讲。

（5）在学习新的技术动作之前讲。

二、"体育与健康"课程的结构

课的结构是从课的开始到结束对课的教学活动模式的整体设计，即课的内容安排顺序、教法的运用和时间的分配等。课的结构分为基础结构（大结构）、具体结构。课的基础结构是组成课的各个部分；课的具体结构是课的各个部分的具体安排和设计，它包括各个部分的教学任务、内容、组织教法、密度和运动负荷以及时间分配等。

"体育与健康"课的基本结构是由人体生理机能活动能力变化的规律、卫生学的要求和学校教育活动的特点决定的。具体结构是根据教学任务、学生特点、教学内容和作业条件等因素确定的。现对其课程的结构分析如下（如表4-1）。

表 4-1 "体育与健康"课的基本结构

结构组成	准备部分	基本部分	结束部分
课的任务（系统总功能）	A. 全面锻炼学生身体，发展基本能力、身体素质 B. 学习掌握（某项）体育基本知识、技能，培养体育能力、兴趣和习惯 C. 向学生进行有关品德、思想、纪律教育 D. 培养学生的良好个性，陶冶情操与审美情趣		
各部分任务（局部功能）	明确目标，激发兴趣；使学生做好学习准备；使学生身心得到一般性锻炼	以 B 为主线，较全面地实现课的任务	使学生由负荷状态过渡到相对安静状态；使学生身心得到良好锻炼；课的小结
教学内容	教学常规练习、一般发展练习、专门性准备练习	教学进度规定的主要教材及素质练习	轻缓地走步、放松练习，简单舞蹈，游戏及小结
组织教法	以集体为主进行，组织教学严密	以分组练习为主，结合全班或个人独立练习；多种练习方法	以全班集体为主
教学顺序与步骤	教学常规→一般发展练习→专门性练习（也可设计另外的顺序）	根据教材性质、难度、学生人数，场地器材等而有多种不同的顺序安排	身体练习、心理训练在前（多种顺序与变化），小结在最后
时间分配	全课的 1/5～1/4	全课的 3/5～2/3	全课的 1/7～1/6

资料来源，王则珊：《学校体育理论与实践》，北京体育大学出版社 1995 年版，第 134 页。

（一）准备部分

1. 任务。

（1）把学生迅速组织起来，集中注意力，明确课的任务、内容和要求，调动学生学习积极性，使他们情绪饱满、愉快活泼地开始一堂课的学习。

（2）做好准备活动，使身体各主要肌群、关节、韧带等充分得到活动，使各器官系统机能迅速进入工作状态，为学习、锻炼做好充分的准备。

（3）培养正确的身体姿势和良好的体态。准备部分的任务完成得好坏，直接影响课的质量。因此，教师应注意加强准备部分的教学和教育工作。

2. 内容。

（1）教学常规练习。如集合整队，体育委员向教师报告出缺席人数，教师简要地说明课的内容和要求、检查服装、布置见习生的任务，集中注意力的练习和队列、队形练习等。

（2）一般性准备练习。包括促进学生身体全面发展的练习。其内容通常有走、跑练习，徒手或持轻器械的各种练习，武术操和武术基本动作，游戏以及艺术体操基本动作，等等。

(3) 专门性准备练习。主要是指与完成主要教材有关的练习，其动作的性质和结构与主要教材相近似。通常采用一些模仿练习、诱导练习或辅助练习、基本技术练习以及掌握该项教材所必需的身体素质练习等。

准备活动的内容应注意全面性、针对性和多样性。全面性是指所采用的练习能有效地促进学生身体全面发展，培养正确的姿势和体态；针对性是指应根据课程的主要教材来选择专门性练习，以使学生更快地掌握动作；多样性是指应根据课程的任务和学生特点，合理地变换练习内容和组织方法，以提高学生学习的兴趣和积极性。

3. 组织教法。组织教学应力求严密，练习方式一般采用集体或分组形式进行，可定位，也可行进间练习，队形可排成圆型队，也可排成方型队或一路纵队、多路纵队，总之，要根据具体情况灵活掌握。

4. 时间。45 分钟的课，准备部分一般为 8～12 分钟；90 分钟的课，准备部分一般为 20～25 分钟。因为准备部分练习得不充分，将直接影响到基本部分任务的完成，而且很有可能造成不同程度的运动损伤。所以，一定要根据一节课的时间，合理地安排准备部分的内容。

（二）基本部分

1. 任务。

（1）学习新教材，复习旧教材。通过学习和复习，使学生除了对新的教材内容产生动作表象、在大脑中建立动作以外，还要巩固和提高已学技术，以便建立正确的动力定型。

（2）对学生进行素质练习，以便更好地增强学生的体质，提高其运动能力，为更好地完成技术动作打下坚实的基础。

（3）通过基本部分的学习，培养学生吃苦耐劳、团结协作的精神和坚强的意志品质。

2. 内容。

（1）教学大纲和教学进度所指定的有关教材。

（2）各地各校从实际出发所选用的补充教材。

3. 组织教法。基本部分是课程的主要部分，要提高课程的质量，关键在于提高基本部分的质量。具体组织教法安排如下：

（1）教材之间的教学顺序要合理安排。从教学效果看，一般应把新教材和复杂的教材放在基本部分的开始学习，以便学生用饱满的精神和充沛的体力去完成较复杂和困难的任务。容易引起高度兴奋的教材一般应放在后面学习，以免学生因过度兴奋而影响其他教材的教学效果。对发展身体素质的教材，应把发展速度和灵巧性的教材放在前面学习，发展力量和耐力的教材放在后面学习。对身体不同部位的练习应注意交替进行。从运动负荷的安排上说，应注意由小到大，有节奏地逐步提高。

但是，因教学实践中往往会遇到新、旧、难、易程度不同的教材与发展身体素质的教材的矛盾，在具体处理时，应从课程的任务和学生的实际情况出发，以有利于提高课程的教学质量来确定它们之间的主次关系和教学顺序。例如，新授课是以学习新教材为主的课，因而首先应安排新教材；如果是复习课，那么对发展身体素质的练习就应尽可能地安排关于发展速度、灵巧等内容的教材，后安排讲授力量、耐力内容的教材。如果是采用分组轮换教学形式，就应该照顾女生和体弱的小组，使他们尽可能按照合理的安排顺序进行练习。

（2）辅助练习、身体素质练习要合理安排。应根据课程的任务、主要教材的性质以及学生的特点，正确地选择与安排好辅助练习、诱导练习、转移性练习和身体素质练习。如在做复杂的、强度大的练习之前做些辅助练习或诱导性练习。

（3）要合理安排好练习密度和运动负荷。一节课的密度尤其是学生的练习密度，可以反映出学生完成学习内容的情况。教师要善于根据课程的任务、教材性质和学生特点以及场地器材设备等具体条件，采取有效措施，掌握好课程的密度与负荷，安排好练习与休息的时间，使之合理地交替进行。

（4）要合理地确定练习的组织形式。根据教材性质、学生人数和场地器材条件，基本部分的教学可采用全班的、分组的或个别的形式进行。

4. 时间。基本部分所安排的时间长短，也应根据课程的时间长短来定。若是45分钟的课，基本部分大约30分钟；90分钟的课，基本部分60～65分钟。

（三）结束部分

1. 任务。有组织地结束教学活动，使学生身体逐渐恢复到相对安静的状态，之后进行课程小结、布置课外作业等。

2. 内容。通常选择一些逐步降低运动负荷的练习，如轻松自如的走步、徒手的放松练习、简单的舞蹈动作以及动作比较缓和的活动性游戏等。

3. 组织教法。结束部分一般采用全班形式进行，如果在基本部分是分组练习，各组练习的性质不同，也可按小组进行放松活动，然后集中小结。

4. 时间。45分钟的课，结束部分的时间一般为3～5分钟；90分钟的课，结束部分一般为8～10分钟。

课的结束部分是课的结构的有机组成部分，在教学中不容忽视，更不能挤掉它而仓促下课，否则会影响课的教学效果。

体育课的基础结构是相对稳定的，具体结构是根据课的任务、对象特点、教材内容和教学条件与环境等因素而变化的，课的基础结构的不变性与具体结构的多变性的辩证统一，决定了课的结构的多样性。

第二节 "体育与健康"课程的组织形式

"体育与健康"课程的组织工作，对上好课、提高体育教学质量是非常重要的，它不仅可以保证体育教学构成的顺利进行，而且可以调动学生学习的积极性，取得良好的学习效果。作为体育教师，必须根据学生的年龄特征、性别差异、身体健康状况以及场地器材的条件等，全面而细致地考虑教材的组织、教法的组织和教学的组织。

一、队形与队伍

（一）合理安排队形和调动队伍

"体育与健康"课程的特点是学生从事实际练习的时间多，活动的范围大，变化多，而且频繁，这与一般的文化课的课堂教学以教师讲述为主是有所不同的。"体育与健康"课有比较多的队形变化和队伍调动的问题，而且教材的不同、时间的迁移，以及学校场地器材设备条件的不同，给体育教学的组织工作带来复杂性。所以，一堂课能不能合理地安排队形和调动队伍显得尤为重要。

1. 调动队伍必须掌握节约时间、缩短距离的原则。要把课堂上的时间尽量让给学生进行学习和练习，但调动队伍又是课堂上所不可缺少的，如何解决这一矛盾呢？就是要合理地调动。合理就是要节约时间，节约时间就必须做到以下几点：

（1）进行每一练习时，场地的选择和利用、队形的变化和调动，都要通盘考虑，做这一练习时就要想到下一练习，并为它做好准备。

（2）尽量减少不必要的队形变化和调动队伍。如果能够一次调好，就不要进行第二次调动。例如，讲解和示范的队形，能和学生练习的队形统一起来，就可以用一次性调动安排好。如果讲解示范时调动一次队伍，进行练习时再调动一次队伍，会浪费时间，影响课的练习密度。当然，由于场地器材的固定和分散，教师讲解、示范时不便于学生观察，那么就必须做两次调动。

（3）使那些不能移动的场地器材固定下来，让可以移动的场地器材尽量靠近固定的场地器材。例如，在进行素质练习的时间，需要单杠和垫子，男生练习引体向上，女生练习仰卧起坐，为了便于指导，可以把垫子放在单杠的附近。

2. 调动队伍时应考虑到有利于集中学生注意力和培养学生的组织纪律性。调动队伍时，一定要有组织地调动，不能像一盘散沙，放任自流。但这种调动又不能是像队伍练习中所要求的那种严肃又严格的调动。有条件的情况下，教师自己调动是最为合理的；如果教师不能直接调动，则要培养好助手，发挥班干部的作用。

任意地调动队伍，必然造成队伍和活动的混乱。有些队形（如游戏的队形）不容易调动好，也尽量不要采用解散后再集合的方法来调动队伍，因为这种方法不利于培养学生的组织纪律性，往往由于教师不善于调动队伍而占用了很多教学时间。所以，教师一定要下功夫学习并掌握调动队伍的能力，使教学工作能够有条不紊地进行。

3. 安排队形要合理。这里主要是指讲解与示范过程中如何在学生进行练习时将队形安排得较为合理。合理地安排队形必须符合以下几点要求：

（1）要使学生看清楚教师的示范动作。安排队形时，必须从场地器材、教材的动作结构和学生人数多少来考虑，必须使学生最大限度地看清楚教师的示范动作，以便他们建立完整的动作概念。

（2）要便于教师观察与指导。如果队形安排不合理，教师就很难照顾到全面，也不易于全面观察学生的练习，不利于发挥教师的主导作用。

例如，进行技巧教学，分四组进行练习，队形安排有许多方法，一种安排的方法如

图 4.2 所示,另一种安排的方法如图 4.3 所示。

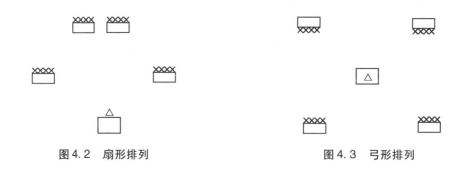

图 4.2　扇形排列　　　　　　　图 4.3　弓形排列

(3) 要方便学生相互观察。课堂教学纪律不好、造成混乱,与教师的队形安排不合理有直接关系。如进行往返接力赛跑游戏时,如果教师安排队形成前后重叠的队伍,就不便于后边的学生观看,这样很容易造成队形的混乱。如果将队形安排成扇形,学生就可以观察得很清楚(如图 4.4)。

(4) 要符合安全原则。队形的安排一定要注意安全,进行任何练习时都不应当相互妨碍。如有的教师进行蹲踞式起跑教学时,为了加大课的练习密度,采用集体练习方法进行教学,由于前后左右间隔不适当,加上学生朝同一方向跑,很容易发生冲撞,造成事故(如图 4.5)。

图 4.4　　　　　　　　　图 4.5

4. 运用队形要注意的几点。

(1) 队形必须"建筑"在队列训练的基础上,要强调个人动作的正确性和整体操练的一致性,要有计划、有要求,防止拖拉。

(2) 队形是一个整体,是按教师口令或指示,各小组沿着一定路线合理地组合起来的整体。因此,每个人特别是每一小组的头尾,一定要先理解怎样变动,为什么要这样变动。教授新队形时,要及时把整体队形变动的过程、所处的位置,行进时的方向、角度、路线交代清楚,使学生心中有数。

(3) 每学期开学初,队形的练习要重点抓。开学初,学生刚到校,经过一个假期,思想和纪律都比较涣散,所以,要花一些时间进行队列训练,整顿纪律,以利于以后的教学。

(4) 教学队形的变换和运用取决于教学任务的需求,要变得恰当、运用得法。例如,教蹲踞式起跑和 30 米直道加速跑,可以让学生分布在跑道的两侧,采用单行或双行站立队形,教师在两行之间讲解示范,学生听得到、看得见,学生跑到终点后从两侧返回。这样既便于教学,又有利于练习,而且也加大了课的练习密度,使整个教学过程连贯紧凑。

总之，合理安排队形和调动队伍对一节课的成败起着重要的作用，所以，在备课时应充分考虑，如让学生先练什么，后练什么，怎样练，重点在哪里，要求是什么，牵涉哪些队形变换，等等。课前应布置好场地，这样才能做到有条不紊，保证课程顺利进行。

（二）调动队伍变换队形实例

长期的教学实践告诉我们，队列、队形的变化是有一定规律的。下面略举两例供参考。

1. 纵向安排，可以迅速、简捷、合理地调动队伍。纵向安排是指学生站队的方位和器材布局的方位之间保持纵向关系。这样布局与安排，教师向学生明确要求后，只需一两个口令，学生就可顺利地进入下一练习场地。反之，如果学生站队的方位和器材之间是横向的关系，那么，要将队伍调到练习场地，有两种方法：

（1）将横向变成纵向，然后再带入练习地点，当然多了几个转向。

（2）直接以横队带入练习场地，学生势必就要绕过或钻过器械，造成队形的混乱。这种方法是违反队伍调动常规的。实践证明，纵向安排的形式不仅适用于某一个项目，而且适用于所有活动项目的队伍调动要求。

2. 多路纵队进行跑练习时，用一路纵队还原成原练习队形。跑在整个《大纲》中占有较大的比例。在教学中，为了充分利用时间，增加练习的密度，采用多路纵队进行各种跑的练习，在完成一定距离的练习后、返回成原队形时，容易形成纪律涣散、松懈的现象。通过实践，可以看出，凡进行多路纵队跑的练习返回时，用一路纵队过渡还原成原练习队形比较好，这种形式简单易行，效果明显。

二、课堂教学常规

制定课堂教学常规是体育教学组织工作不可缺少的一项制度。体育课是在室外运动场上进行的，不像其他文化课那样，学生有固定的座位，课的组织相对来讲比较稳定。上体育课是在动态中进行学习和锻炼，要保证有条不紊地、有秩序地进行课中的各项活动，没有相应的组织上、纪律上的制度是不行的。为了保证体育课教学工作的正常进行，师生必须遵守一些硬性规定，也称为体育课的课堂常规，这种常规一般是结合本地区、本学校的实际情况，并根据体育课教学的需要而制定的。下面介绍通常采用的课堂教学常规范例。

1. 上课铃响后，由体育委员迅速整好队伍，向教师报告本班出席、缺席人数，师生相互问好。

2. 上课铃声停止后到来者为迟到，迟到者喊"报告"，经教师准许后到排尾；未经教师许可不得提前离开课堂，无故早退者以旷课论。

3. 学生无故不上体育课以旷课论，因事请假必须经班主任同意并持有证明，请病假必须有医务室证明；一学期病事假累积超过本学期上课周数的 1/3 以上者无体育成绩。

4. 女生例假必须随堂见习，由教师酌情安排活动并做好统计登记工作。

5. 体育课服装（运动服、运动鞋）力求轻便，不得戴帽子、手套、围巾、装饰品，不允许穿大衣、皮鞋、凉鞋等，不得携带有碍活动及安全的物品。

6. 上课时注意力集中，讲文明，讲礼貌，服从命令听指挥，团结互助，勤学苦练。

7. 爱护场地、器材，协助教师领取，课后归还器材，丢失器材要赔偿。

8. 提倡尊师爱生，教师要以身作则，言传身教；学生要变被动学习为主动学习。

9. 下课前教师要对本次课认真进行小结，按时下课。

10. 为了上好"体育与健康"课程，提高教学质量，教师应有计划地布置课外作业，学生应自觉地完成。

三、教学的分组和组织教学

在体育教学中，分组教学是为了使教学切合学生实际，以达到区别对待、因材施教，使教学工作有的放矢，更好地完成教学任务的目的。

（一）"体育与健康"课程分组方法的类型

1. 按上课的队形分组。这种分组并没有优势，因为体育课集合时，学生往往站成二列或四列横队。因此，在进行练习时，就以这二队或四队进行活动。

2. 按健康水平分组。根据对学生常规的医务检查和体能的测定结果，按照一定的评价标准，可把学生分成健康、一般、体弱等几个组。

3. 按学生的技能水平分组。学习技术较复杂的教材，可按照学生掌握技术的不同适当进行分组。教师可更好地因材施教，尤其对技能掌握较差的组给予重点指导。这种分组不是固定不变的，可采取升级的办法，凡能按技术要求完成的，就可以转入高水平的组。

4. 水平分组和临时分组相结合。水平分组即上述的按健康技能水平分组，这种分组不仅在教材内容和负荷安排上有利于区别对待，还能起到教育作用，即对部分体质和技能差的学生能激励他们的进取精神。但这种分组会导致相同体质和技能水平的小组掌握不同项目时的不平衡现象，这就需要采用临时分组来弥补。按水平分组和临时分组相结合的分组办法，能满足不同健康水平和技能水平学生各自的要求，有利于激发学生学习的积极性。这种分组要求教师全面、仔细地了解学生，备课要认真，对教师的要求较高。

体育教学的分组，是为了做到区别对待，增加课程密度，调动学生学习的积极性，更好地完成课程任务。一般场地器材不足的学校采用分组轮换的方式。在轮换时，教师要培养好班干部，安排好练习内容，有要求有检查，不然就会放任自流，成为"放羊式"教学。在可能的条件下，最好是采用分组不轮换的方式。

（二）分组轮换注意要点

1. 只要场地器材允许，就不要轮换。
2. 轮换必须具备组织健全、有比较得力的班干部的条件。
3. 场地器材的安排尽可能靠近，便于教师掌握全体学生练习的情况。

4. 除体操、投掷、跳跃教材需轮换外，其他如跑、球类、武术等尽可能不轮换。

5. 分组练习时间要准确，轮换次数力求减少。

总之，分组教学是必要的，轮换则是由于器材、场地条件的关系而采取的一种补偿教法。所以，教学必须分组，但最好不要轮换。组织教学中，教师要认真备课，周密考虑，这样才会收到良好的教学效果。

四、场地和器材的布置

场地器材是体育教学工作中不可缺少的物质条件，没有必要的场地器材，体育教学是难以进行的。在安排场地器材时，存在对排列组合统筹安排的问题。为了方便教学，可以移动的器材，应尽量靠近固定的场地器材。一般来说，任何一种场地器材的安排总是有利有弊的，为了使安排比较合理，需要注意以下几点。

（一）要有利于合理地安排课的密度和运动量

课的密度和运动量是衡量教学质量的一个很重要方面，在安排一堂课的场地器材时应多加考虑。在场地小、器材少的情况下，应多动脑筋，合理安排和充分利用场地器材。如进行前滚翻教学时，可以横着垫着，使2～3个人同时进行练习。进行跳远练习时，可以利用沙坑侧面进行练习，这样一个沙坑可以供4个人同时练习。

（二）要防止伤害事故

安排场地器材时，既要考虑使场地器材比较靠近，不要过于分散，以便于教师全面照顾和节约调队的时间，同时要注意不要距离太近，以免造成伤害事故。

（三）选用代用教材

如果场地过于狭小，按《大纲》进行教学确实有困难时，可以选用一些代用教材来解决。

（四）注意器材安排的多样化

安排场地器材也要注意多样化原则，以提高学生的学习兴趣。如果课前的场地器材摆放整齐，井井有条，会使学生产生学习兴趣，能很快地投入到教学中去。

总之，场地器材的安排要根据教学任务、使用条件、学生纪律等全面考虑，尽量方便教学，方便学生进行练习，有利于教师讲解、示范、观察、辅导，有利于提高练习密度，还要有利于安全。

五、培养和使用班干部

在体育教学中，教师首先要有目的地发现和选拔那些对自己严格要求、训练刻苦认真、精神饱满、动作正确、乐于助人、有一定组织能力的学生担任体育委员和小组长，并利用课余时间对他们进行培训。

另外，在实践中，要创造条件，有意识地给体育委员和小组长表现才能的机会，树立他们在学生中的威信。通过他们反映同学的意见，起到教师和学生之间的纽带作用，密切师生的感情。

作为教师，要善于发现、培养、使用班干部。根据不同的教材性质，选择不同的骨干作为教师的助手，当教师把内容安排完后，由他们去指导、保护、帮助，使教学任务能顺利地完成。

第三节 "体育与健康"课程的密度与运动负荷

一、"体育与健康"课程的密度

（一）"体育与健康"课程密度的基本概念

"体育与健康"课程的密度是指课中各项活动合理使用的时间的总和与课的总时间的比例，又称为一般密度。

一堂"体育与健康"课中的活动有：教师的指导（如讲解、示范、纠正错误等）；学生的练习、相互帮助与观察；练习后的休息；组织措施（如整队、调动队伍）；等等。某项活动合理运用的时间与课的总时间之比为该项活动的密度，如讲解密度、练习密度等。由于练习密度的测定方法简单易行，又最能反映体育课的特点和促进学生更好地掌握"二基"，对提高体育课的质量影响较大，所以，目前大多用它来评定和检查体育课的教学质量。

（二）"体育与健康"课程的练习密度计算原则

1. 组织措施，如器材安放、队形调动等所用时间不应计算在内。
2. 学生练习过程中的间隔休息时间不应计算在内，但教师为有目的地利用间隔时间而提出的附加练习则计算为练习时间。如30米快速跑后，学生走着回来，不计练习时间；如教师要求学生走跑交替返回起点，则应计算练习时间。
3. 各运动项目，应从开始姿势到结束姿势计算练习时间，而不应从出列开始计算至归队结束。保护与帮助也不应计作练习时间。
4. 跳跃练习时间，应从开始助跑到落地走出沙坑计算为准。
5. 游戏和集体练习及循环练习，原则上都计为练习时间，但如果被测者消极不动，或中断练习时间，则不计入。
6. 各种静力性练习项目，如体操悬垂、支撑、武术的桩功等，均应计入练习时间。

（三）合理安排课程的密度应注意的事项

1. 加强学生对体育课的认识教育，提高学生积极参加锻炼的自觉性，这是提高课的密度的一项重要措施。
2. 要努力提高课程的组织教法水平。一堂体育课，同样的教学内容，由于教师所采用的组织教法不同，效果就大不一样。如讲解过多，不精练，考虑不周，队形调整过多，器材不足，安排不当，没有发挥小组的作用，严格要求不够，等等，都会影响课的密度。

3. 认真备课，在了解学生情况、钻研教材的基础上，根据课程的任务和教学条件，合理确定与安排各项活动的时间与分量。

4. 教育学生自觉遵守组织纪律，发挥体育骨干和积极分子的作用，组织学生相互帮助和保护。

（四）提高"体育与健康"课程密度和练习密度的方法

1. 根据课程的任务和教材性质，尽可能采用全班或分组进行讲解示范和练习。
2. 根据课程的任务和教材性质，尽可能采用循环练习法。
3. 复习教材，尽可能采用游戏和竞赛教学法，提高学生练习的情绪。
4. 凡是密度和负荷量较小的教学内容，尽可能安排补充练习或发展身体素质的练习。
5. 严格执行练习要求，课堂纪律，完成动作质量，练习时间、距离、次数（组数）等都要严格按照课时计划进行。
6. 贯彻精讲多练原则，让学生在课堂上多动多练、少站少看。
7. 器材的布置、分组的安排尽可能要合理和相对集中，以减少调动队伍的时间。体育器材最好能做到一物多用，减少移动和布置的时间。

（五）"体育与健康"课程密度的测定与分析

1. 方法。

（1）从上课开始到下课为止，记下学生实际练习时间，并按部分做记录。

（2）练习密度单位，以一个学生为准，如单个练习时，一般以开始姿势到结束姿势为一次练习时间。如果是集体练习项目，如篮球、排球、足球、手球等，整个过程都算作练习时间。

（3）归总统计，绘制图表。

1）各部分练习密度。

$$\frac{\text{课的某部分练习时间之和}}{\text{课的某部分总时间}} \times 100\% = \text{课的该部分的练习密度}$$

如基本部分共进行 30 分钟，学生实际练习时间之和为 12 分钟，则基本部分的练习密度为：

$$\frac{12}{30} \times 100\% = 40\%$$

2）统计全课的练习密度。

$$\frac{\text{课的各部分练习时间之和}}{\text{课的总时间}} \times 100\% = \text{课的练习密度}$$

如准备部分共 10 分钟，练习时间 7 分钟；基本部分共 30 分钟，练习时间 13 分钟；

结束部分 5 分钟，练习时间 2.5 分钟，课的练习密度为：

$$\frac{7+13+2.5}{10+30+5} \times 100\% = \frac{22.5}{45} \times 100\% = 50\%$$

2. 分析。测定课的密度是为了运用测定的客观材料对课进行分析。在分析时应根据课的任务、教材特点、学生情况、场地器材以及气候等因素，研究各部分内容所占时间的比例是否合理，直接练习的时间有多少，浪费的时间有多少，原因在哪里，分析各部分的练习密度和课的练习密度是否恰当，从中找出经验和问题，改进课的质量。分析时可采用表格形式（如表 4-2 所示）。

表 4-2 "体育与健康"课程综合密度统计

时间分配\课的部分\活动项目			准备部分		基本部分		结束部分		小 计	
			时间	百分比	时间	百分比	时间	百分比	时间	百分比
教师活动	指导	合 理								
		不合理								
	组织	合 理								
		不合理								
学生活动	练习	合 理								
		不合理								
	休息	合 理								
		不合理								
合计		合 理								
		不合理								

二、"体育与健康"课程的运动负荷

（一）"体育与健康"课程运动负荷的基本概念

"体育与健康"课的运动负荷是指一次课中，学生做练习时所承受的生理负荷量。

构成运动负荷大小的主要因素有五种：练习数量、强度、密度、时间和动作质量。练习数量包括学生完成练习的次数、重量和距离的练习总量。强度是指单位时间内完成的练习对学生生理负荷的影响，包括速度、高度、远度、重量等。密度是指单位时间内重复练习次数，中学体育课堂以密度作为一个因素来表示运动负荷量的大小。时间是指一次课的总时间和练习的完成时间、间隔时间等。动作质量是指完成练习是否符合动作的规格和要求。

运动负荷过小，对身体发展作用不大，达不到体育课预期效果；运动负荷过大，超过学生生理负担能力，会引起过度疲劳，有损身体健康，因此，合理安排体育课的运动负荷，对增强学生体质、掌握运动技术和技能、提高教学质量都有重要意义，体育教师必须科学地安排和调节课程的运动负荷。

（二）"体育与健康"课程运动负荷的安排和调节

安排课程的运动负荷，应根据人体生理机能活动变换的规律，循序渐进，从小到大，有节奏地逐步加大运动负荷。对低年级学生，在教学开始阶段，运动负荷要适当小些，以后随体质的增强和训练水平的提高再逐步加大。在一次课中，合理的运动负荷曲线（即脉搏变化曲线）应由低到高逐渐上升，到基本部分后半部达到最高峰，然后逐渐下降，到课结束时恢复到接近课前水平。对整个教学过程来说，要根据适应—提高—再适应—再提高的规律，波浪式地增大运动负荷。

1. 课前安排运动负荷时应注意的几点。

（1）根据课的任务和要求来合理安排运动负荷，如新授课的运动负荷应小于复习课的运动负荷。

（2）根据学生年龄、性别、体质水平、训练水平等实际情况来安排课的运动负荷。

（3）根据教材性质、难度以及教材之间的关系来安排运动负荷。

（4）根据季节、气候、课程时间、学生课前学习和活动情况来安排，并在教案中绘出课程运动负荷曲线预计图。

2. 课上调节运动负荷方法。在课程进行中，教师要根据实际情况，采取有效措施来调节的控制运动负荷。一般可采用以下方法来调节课的运动负荷：

（1）改变练习的内容。

（2）改变动作的速度、速率、强度等要素。

（3）改变练习的密度。

（4）改变练习的条件，如活动范围、器械、重量、高度、远度以及附加练习条件等。

（5）改变练习的方法和组织教学的方法，如用全班练习、大组练习，采用游戏和竞赛方法来提高运动负荷；采用小组练习、讲解示范、提问、分析来降低运动负荷。

（6）改变练习的顺序和组合，合理安排休息时间，来调节运动负荷。

（三）"体育与健康"课程运动负荷的评定

课程运动负荷一般是用观察法、学生的自我感觉法和生理测量来检验和评定。

1. 观察法。指通过观察分析了解学生的表现，评定学生运动负荷的大小，主要是根据学生的面色、排汗量、呼吸、完成动作的情况和注意力是否集中等进行判断，其优点是可根据情况及时调节。

2. 自我感觉法。以学生课后主观感觉来判断运动负荷的大小。自我感觉包括饮食、睡眠、精神、对练习的兴趣。教师要经常听取学生的反映，并与观察法相结合，加以分析研究。

3. 生理测定法。这种方法较为客观，它包括脉搏、血压、吸氧量、呼吸频率、肺活量、体温变化等情况的检查和测量。这些方法虽然比较客观，却很复杂，由于条件的限制，目前常用的、在体育课中便于进行的生理测定方法是测量脉搏法，因为运动负荷的变化引起人体需氧量的变化，它通过心脏的活动反映出来，运动负荷的大小直接影响脉搏次数的多少。因此，用脉搏变化的指标为评定体育课运动负荷的方法是比较简便可靠的。

具体方法是：在课程进行中，体育教师可随时测量学生的脉搏频率，以掌握课中练习的强度和间歇时间，更好地按课前预计的运动负荷科学地加以控制。具体测量法是：可由教师直接测量某些学生，也可教师统一掌握时间，全组或全班学生自己测量，然后将测量结果报告给教师。每次测量时间为 10 秒钟，再换算成 1 分钟的脉搏频率即可。这种方法的优点是教师能及时了解学生在课中的练习强度、疲劳恢复程度，及时安排调整课的运动负荷。在评定运动负荷时可参考下列标准：

（1）安静时脉搏频率是机体新陈代谢功能好坏的一个标志，经常从事体育锻炼、身体机能好的学生，安静时的脉搏频率比较缓慢。

（2）测量练习后及练习恢复期的脉搏频率，有助于了解学生的身体状况和衡量运动负荷。同样的运动负荷，脉搏频率快且恢复慢的学生，表明其身体机能状况较差，练习的强度愈大，脉搏的频率愈快。为此，可以控制练习中休息时间的长短。采用重复练习法时，应在学生脉搏恢复到 110～120 次/分时，再进行下次练习；采用间歇练习法时，应使脉搏恢复到 120～140 次/分为宜。对年龄小或缺乏锻炼的学生还要区别对待。

（3）通过控制脉搏频率来掌握练习的强度。国外有研究认为，耐力训练最适宜的负荷强度应保持在本人最高脉搏频率减去训练前脉搏频率除以 2，再加上训练前安静时的脉搏频率这样一个水平上。即：

$$耐力训练最适宜的负荷强度 = \frac{本人最高脉搏频率 - 训练前安静时脉搏频率}{2} + 训练前安静时的脉搏频率（次/分）$$

（4）从课后脉搏的恢复情况来判断课的运动负荷大小，课的运动负荷越大，需要恢复的时间越长。小的运动负荷一般在课结束后 5～10 分钟即可恢复到课前脉搏；中等运动负荷课后 5～10 分钟以后，脉搏比课前安静时快 2～5 次/10 秒；大的运动负荷课后 5～10 分钟以后，脉搏比课前安静时快 6～9 次/10 秒。

表 4-3 体育课综合密度及负荷登记表

_____年_____班　　　　　　　　　　　被测者_____年龄_____性别_____
　　　　　　　　　　　　　　　　　　　课前测心率（3～5 分钟）_____

序号	活动内容	结束时间	不合理时间	合理时间	备注	心率（次/分）
1						
2						
3						
4						
5						
6						
7						
8						

表 4-4 脉搏测定曲线

学校_____ 年级_____ 班_____

受测者_____ 性别_____ 年龄_____

授课教师_____ 测定者_____ 时间_____ 气候_____

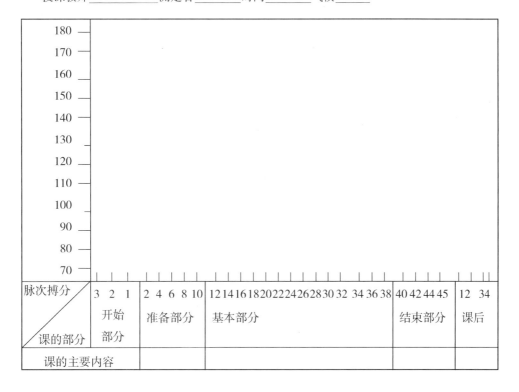

脉搏次分／课的部分	3 2 1 开始部分	2 4 6 8 10 准备部分	12 14 16 18 20 22 24 26 28 30 32 34 36 38 基本部分	40 42 44 45 结束部分	12 34 课后
课的主要内容					

表 4-5 "体育与健康"课程学生心理负荷测试标准

标准分度 \ 指标	注 意	情绪状态	意志表现
3	注意力高度集中（对注意对象全神贯注，完全不受外界影响）	情绪高涨（心情振奋）	意志坚强（勇于克服困难）
2	注意力集中（对注意对象专注，能指向目标）	情绪高（心情愉快）	意志坚定（自觉克服困难）
1	注意力比较集中（大致能够指向目标）	情绪一般（心情稳定）	意志较强（能够克服困难）
-1	注意力较分散（瞬间离开指向目标）	情绪不高（表现平淡）	意志薄弱（表现被动）
-2	注意力分散（有时离开指向目标）	情绪低落（表现冷漠）	意志消沉（表现胆怯）
-3	注意力十分涣散（完全脱离教学活动）	情绪消极（表现反感）	意志衰退（表现逃避）

表4-6 "体育与健康"课程学生心理负荷测试登记表

学校_____ 班级_____ 人数_____ 上课教师_____ 测试人_____ 受测学生_____

性别_____ 年龄_____ 天气_____ 日期_____

指标项目		时间 3	6	9	12	15	18	21	24	27	30	33	36	39	42	45	47
注意	3 2 1																	
	-1 -2 -3																	
情绪	3 2 1																	
	-1 -2 -3																	
意志	3 2 1																	
	-1 -2 -3																	
教学内容																		

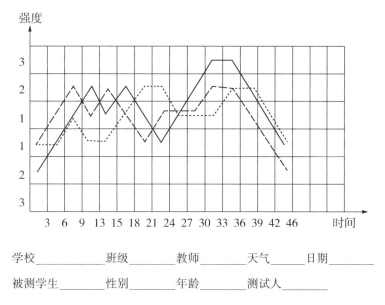

学校_____ 班级_____ 教师_____ 天气_____ 日期_____

被测学生_____ 性别_____ 年龄_____ 测试人_____

图4-6 "体育与健康"课程心理负荷变化曲线

表4-7 "体育与健康"课程心理负荷指标评价参数

指标 等级	单项评价参数			综合评价参数
	注意	情绪	意志	
上 等	2.93以上	1.85以上	1.99以上	2.22以上
中上等	2.70～2.92	1.63～1.84	1.49～1.98	1.91～2.21
中 等	1.83～2.69	1.53～1.62	0.95～1.48	1.45～1.90
中下等	1.40～1.82	1.20～1.52	0.76～0.94	1.13～1.44
下 等	1.39以下	1.19以下	0.75以下	1.12以下

第四节 "体育与健康"课程分析

"体育与健康"课程是体育教学的基本组织形式，体育课堂教学质量的好坏，直接影响着体育教学质量的高低。分析"体育与健康"课程，不断地提高课堂教学质量，是改革与提高体育教学质量的重要措施。分析是通过对一节或多节体育课进行观察、测量、调查所取得的各种信息进行评论、统计、分析而得出某些结论。

一、"体育与健康"课程分析方法

"体育与健康"课程分析方法有很多种,一般有全面分析、专题分析、评分分析等。

(一) 全面分析

全面分析也叫一般分析,基本上按课的结构逐次进行分析,它要求围绕教学目的、教师教授情况、学生学习情况,结合教学条件、教学对象的具体情况,全面地分析一节课的质量。

1. 课前准备和教学任务的制定。
(1) 教师了解学生的情况。
(2) 教材安排情况。
(3) 场地器材布置情况。
(4) 教案写作情况。
(5) 任务制定符合要求。
(6) 课的任务在课堂上完成。

2. 课的进行。
(1) 开始部分。①开始上课时的组织工作;②值日生的报告;③学生服装、鞋子等的准备工作,以便于练习;④教师注意检查学生携带的物品;⑤迟到学生的教育工作;⑥实习生的安排;⑦教师对本课任务的讲解要简明扼要;⑧队形操练发挥学生独创性。

(2) 准备部分。①准备活动要达到暖体目的,动作灵活;②准备活动要全面;③一般性准备活动后,教师安排专门性的准备活动。

(3) 基本部分。①教材安排合理,教师讲解扼要,示范动作正确;②队形排列便于教学;③分组轮换教学形式,符合教材、学生人数、体育器材的具体情况;④学生活动与等待时间的比例状况;⑤课中无不必要的讲解、示范和队形调动;⑥课中无现划场地、搬器材的情况;⑦采取安全措施,注重教育工作;⑧教师善于及时发现学生技术上和情绪上存在的问题并重点改进和引导;⑨教师的站位应照顾到全体学生;⑩运动负荷的曲线波动合理(逐渐上升,高峰在课的中后部),无过大或过小现象;⑪学生的积极性、主动性、创造性调动情况。

(4) 结束部分。①课的任务完成情况,学生基本掌握新教材;②有计划、有组织地结束教学活动;③学生恢复到相对平静状态;④教师总结性讲话,对课的评价是否合理。

(二) 专题分析

专题分析是为了深入地研究和解决课中的某些问题而选定一个或两个专题进行一系列的观察和分析。如专门分析体育课的思想教育工作、运动负荷、心理负荷等问题。专项分析的题目可根据需要来进行拟定,现提出部分专题以供参考:

1. 课的任务。
(1) 课的任务订得具体正确。
(2) 通过教学完成了课的各项任务。
(3) 课的任务符合教材要求。
2. 课的内容。
(1) 符合学生心理特点、生理特点以及场地设备、气候等具体条件。
(2) 教材与练习手段的安排符合学生全面锻炼身体的要求。
(3) 课的各部分之间的衔接情况，准备部分要为基本部分做好充分准备。
(4) 结束部分的内容正确。
3. 思想教育工作。
(1) 教师注意对学生进行教育。
(2) 培养学生的道德品质。
(3) 培养学生认真负责的学习态度。
(4) 培养学生自觉遵守纪律、热爱集体的思想。
(5) 启发学生学习积极性。
(6) 教学中发挥体育骨干的作用。
(7) 培养学生爱劳动讲卫生的习惯和爱护公物的习惯。
(8) 培养学生自觉锻炼身体的习惯。
4. 教学方法。
(1) 课的各部分分配正确，各部分之间的联系密切。
(2) 教师在教学过程中善于运用各种教学方法。
(3) 提高讲解示范的水平，调动学生队形的能力。
(4) 教法措施符合学生年龄特征和不同水平的特点。
(5) 预防与纠正学生错误动作。
(6) 教学中对学生提出要求和运用教法，应注意区别对待。
(7) 密度和运动负荷合理，采取有效措施调整运动量。
(8) 运动负荷无急剧变化的情况。
(9) 在课上的应变能力。
5. 场地、器材设备准备。
(1) 场地、器材安排合理。
(2) 安放、收拾器材设备工作。
(3) 场地、设备的安全卫生工作。
(4) 体育器材的归还情况。

（三）评分分析

为了检查学校"体育与健康"课程的质量，评定优秀课和教师以及进行教学竞赛，用数学（打分）评定，按照预定的计划进行完整的教学分析与全面评定，根据新大纲两大任务研究出可供中学使用的体育实践课教学分析提纲，以供对使任课教师的水平做出深入的客观评定。

例如，以一定分值来评定"体育与健康"课程的教学情况。如评定课的组织时，可分为几个内容，用一定的分值来衡量。

1. 上课地点和器材准备情况。
（1）符合要求，4分。
（2）基本符合要求，3分。
（3）不符合要求，2分。

2. 课的结构、组织的精确性。
（1）合理，4分。
（2）基本合理，3分。
（3）不合理，2分。

3. 学生的纪律性。
（1）好，4分。
（2）中等，3分。
（3）不理想，2分。

4. 课的密度。
（1）大，4分。
（2）中等，3分。
（3）小，2分。

5. 生理负荷。
（1）符合要求，4分。
（2）基本符合要求，3分。
（3）不符合要求，2分。

6. 学生在场上的分布。
（1）合理，4分。
（2）基本合理，3分。
（3）不合理，2分。

然后将各部分的分值相加，按优、良、中、差分出等级。

二、分析课的程序

分析评议一堂课的程序，可根据不同任务、不同的规模而定。一般是先由任课教师自我分析，然后由看课人提出分析意见，最后，通过讨论或总结，提出建设性意见。也可用小组交换评议或大会评议、专家评议来进行分析。

第五节 "体育与健康"课程的备课与试讲

一、理论课的备课

（一）理论课备课的"八备"

理论课的备课要做好八个方面的准备，即备对象、备教材、备任务、备组织教法、备时间、备教室和教具、备板书、备语言和教态。

1. 备对象。首先要对讲授的对象有一个全面的了解，即了解对象的基本情况、知识基础、兴趣爱好、学习方法、学习习惯和学习要求等，以便有针对性地准备讲授课题。

2. 备教材。体育教师对自己所讲的教材要做到"懂""透""化"。"懂"就是对教材的基本概念、基本结构、每一个字、每一段话、每一张图表都要弄清楚，不能一知半解，更不能不懂装懂地胡乱解释。因此，要求实习生准备教材时，如有不清楚的地方，要及时地向指导者请教。"透"是指对教材不仅要懂，而且要熟悉，运用自如，并且可以举一反三。也就是说体育教师必须吃透教材，能熟练地进行讲授。"化"是指体育教师的思想感情与教材的思想性、科学性融化在一起，体育的理论是与体育的实践紧密结合在一起的，在讲授中要体现理论的科学性，讲清其道理，同时又要注重理论的思想性，让听课对象从中既学到知识又受到教育，从而提高参加体育运动的积极性。总之，要求在讲授中能高度自主地将教材运用自如，达到深广纯熟、左右逢源的境界。

3. 备任务。一节理论课上得是否成功，关键看课的任务完成的情况。因此，备任务时要做到具体、准确和有针对性。在制定任务时，一定要根据教材内容和听课对象的实际情况来确定课的任务。一节课的任务不要过多、过大，任务要与所讲的题目紧密结合起来。同时，了解听课对象是制定好课的任务的重要方面，其准确性和针对性都是建立在了解对象的基础之上的。

4. 备组织教法。理论课的教学方法随教学任务的多样化而表现得纷繁各异，在选择时必须根据教学的基本规律、教学原则、教学目的任务、教材特点、对象的具体情况和实习生本身的水平以及实施的可能条件等因素，进行全面综合的分析比较后才予以选定。教学方法虽然纷繁，但依据教学活动的性质一般可分为三大类：一是教学认识活动的组织，分传授和感知教材，如口述法、直观法、实践法等；组织教材和思维活动，如归纳法、演绎法、再现法、探索法等；组织运用知识于实践，如实习法、练习法等。二是引起学习动机，如引起内部动机的学习刺激法，引起外部动机的鼓励法、竞赛法等。三是检查评价，如口头或书面检查法、实践检查法等。在选择时要避免单一的方法，注意各种教学方法的最佳组合，以形成完整的整体。

5. 备时间。体育教师进行理论课教学时，时间的掌握是一个难题，很多教师在第一次理论课讲授时，不是提前下课就是拖堂。出现这种情况的原因，一是对教材不熟悉，钻研的程度不够；二是过于紧张，上了讲台后把想好的台词全忘记了，如果讲稿写得不够详细，就更容易造成提前讲完的情况；三是举例或说明内容时放得太开、讲得太远而收不回来，造成时间的延长。因此，体育教师在理论课讲稿写好以后应反复多次地试讲，直到能较为准确地掌握时间。同时，在课堂上不要临时删减内容，更不要信口开河地乱讲，要严格按照备课中的准备进行讲授。

6. 备教室和教具。理论课教学的教具是教学的辅助手段，它对于配合和促进教学起着积极的作用。教具的选择及其使用必须考虑教学目的和任务，同时要依据教学内容和方法恰当地选择。在体育的理论课讲授中，涉及与项目结合较紧的内容时，应准备一定的教具，如器材、挂图、模型等。在教具的使用时要注意几点：力求少而精，防止多而杂；要安排好使用的先后顺序；要注意教具放置隐蔽，以避免分散精力；教具要力求具有强烈的显现力，力戒似是而非；要充分利用现有条件制作教具，以减少不必要的开支；教具的制作要具有先进性和创造性，有条件时尽可能采用电教手段。体育教师在设计、制作和使用教具时，要尽量自己动手，掌握正确的方法并准备好应急措施。在准备上理论课时，体育教师应事先到上课的地点去实地看一下，大致了解和熟悉现场的情况，以便做到心中有数。

7. 备板书。有人将理论课的板书称为"微型教案"，它是理论课教学的高度概括和主干，也是教材的精华所在。因此，设计板书时要反复推敲，首先列出教材的要点，然后精心增删、修补，做到具备完整性、启发性、概括性、重点明确、条理清楚、提纲挈领、文字精练、用句得体，正副板书的位置合理，等等。

8. 备语言和教态。体育理论课讲授的语言和教态是体育教师教学艺术的体现。首先是要使用标准的普通话，对自己的习惯性口语特别是方言要在备课时反复纠正；其次是要注意语言和体态的文明修养，同时要注意语言的逻辑性与条理性，要清楚、准确地使用语言；最后要注意语言生动形象，并具有风趣和幽默感，教态要自然、平稳，切忌爆发性的语言和体态的出现。语言和体态是长期形成的结果，体育教师在短时间里一般难以达到较高的标准，因此要注重在平时的学习中对语言的培养和体态的形成。

（二）理论课讲稿的编写

体育理论课讲稿的内容有讲授的题目，讲授的任务与要求，讲授的内容及重点、难点，课堂教学的形式、时间、教室、教具、参考书目，课后小结，等等。其格式可自行设计。理论课讲稿具体编写的步骤与方法是：

1. 定题。根据不同项目而定。如教游泳课之前先进行游泳基本知识的讲授，教篮球时先讲授篮球的场地、器材和规则，教长跑或进行耐力跑测验之前讲授长跑对锻炼身体的好处，并可结合先进事例对学生进行思想教育等。

2. 确定讲授的目标。题目确定之后，就要提出本次课的讲授目标，目标一定要提得明确、具体，根据目标提出本次课讲授的重点和难点。

3. 收集资料，进行构思。在确定了讲授题目和目标之后，要着手收集资料，在广泛收集资料的基础上进行构思，提出并拟定讲授提纲。

4. 根据提纲进行编写。理论课讲稿的编写有多种形式：一种是详细写，即将所要讲的内容一字不少地写出来，包括举例等都出现在各段落之中；一种是简写，即在提纲的基础上稍稍补充一些内容，而较多的内容只以简单的文字注明做出提示，要在课堂上发挥；还有一种写法是较为详细地编写，但举例则只做简单的提示，例子或用卡片的形式记录下来，或记在脑子里。

5. 确定理论课教学中所采用的教学方式和方法。例如，是单纯地讲授还是讲授、提问、讨论相结合，也可以采用知识竞赛的形式，还可以采用辩论的形式，等等。总之，无论采用哪种方式和方法，都要根据课的目标和对象的实际情况来确定，盲目地、不切实际地变换方法不仅不能收到好的效果，还会出现事倍功半的不良后果，从而影响学生的积极性。

6. 熟悉讲稿，进一步修改、补充。在完稿以后，体育教师应反复多次地熟悉讲稿，发现问题及时进行修改和补充，以便在讲授过程中做到熟练、运用自如，并能举一反三。

（三）理论课的预讲

理论课教学是体育教师的一个薄弱环节。在教学过程中，由于学时的限制，一般只有两次课左右的实习机会，但是不能小看这两次课的教学，因为它的成功与否，对改变实习生在学生中的形象，提高体育教师的威望，同时引导学生正确地认识体育，提高他们对体育的兴趣和爱好，都起着重要的作用。由于理论课实践的机会少，因此，每一次的成功都显得格外重要。不难看出，课前的预讲成功与否是极为关键的。理论课预讲应注意以下要求：

1. 用出声的方式独自预讲。实习生在完成了讲稿的编写以后，在上课前的 2~3 天，可面对墙壁或镜子，或在空教室、办公室，先是照着讲稿一遍一遍地出声讲课，然后再过渡到脱稿讲，直到熟练并满意为止。

2. 模仿上课的形式预讲。在熟悉了讲稿之后就可请一起实习的同学和指导教师来旁听自己的预讲课。课中的一切程序，包括课堂常规、板书、提问、举例等都要严格按照正式上课的要求一丝不苟地进行，只有这样才能达到预讲的效果。

3. 注意控制全课时间和各段所需要的时间。预讲中，恰到好处地掌握时间很关键。在预讲时一定要注意时间的分配，什么时候板书，需要多少时间；什么时候提问，又需要多少时间，甚至提问中可能会遇到什么问题，都要考虑仔细，并要留有余地。如果没有把握，可在预讲的过程中将每一部分的时间记录在讲稿上，以便上课时掌握。

二、实践课的备课

（一）分析教材，研究教法

1. 要对众多的教学方法进行科学的选择和配置，首先应考虑的基本要求是符合教学目标和任务、符合教学原则、符合教材特点、符合学生学习的可接受性、符合学校教学条件和所规定的教学时间。

2. 选择教学方法后，还需要有效地加以运用。同样一种教学方法，运用的技巧、熟练的程度不同，效果也不相同。

3. 应注意体育教学方法的有效配合。

（二）编写教案

1. 体育实践课教案的内容有：教材内容名称，教学任务，课的内容、组织、教法、要求，练习次数和练习时间，课的结构划分及各部分的时间分配，练习密度、运动负荷的预计，场地器材的布置及数量，课后小结，等等。这些内容的表达形式在教学实践中是多种多样的，概括起来有表格式、文字式和卡片式等，一般采用表格式较多。但是，无论采用哪种方式编写教案，都应以简明、清楚、扼要为原则，并应达到下列基本要求：课的任务要明确，教学要求要具体，教材要符合实际，教学要突出重点，课的组织要严密，教法要科学多样，运动负荷安排要恰当，安全措施要落实，场地器材布局要合理，文字要简练。

2. 写教案先要进行构思，构思的思路是：

（1）以基本部分的主要教材为依据来选编准备部分和结束部分的内容。在选择准备部分和结束部分的内容时应做到四性，即针对性、趣味性、全面性和思想性。针对性是指所选择的内容能很好地为主要教材服务，而不能造成脱节；趣味性是指所选内容要符合学生的特点，能提高学生的兴趣和积极性；全面性则是指在选择准备部分和结束部分的内容时要围绕基本部分的教材，解决和弥补其身体发展不够的某些方面；思想性是指教材要体现培养学生的优良品质和好的思想品德，促进其全面发展。

（2）确定合理的组织形式。合理的教学组织形式不仅有利于培养学生的组织纪律性，而且有利于充分利用场地器材，加大课的密度和因材施教。

3. 体育实践课教案编写的方法与步骤。

（1）确定课的任务。这是写好教案的首要问题。体育课要完成的任务包括四个方面：①发展学生身体，增强体质；②向学生传授体育的知识、技术；③培养学生的多种能力；④发展学生个性，通过体育活动培养学生的优良品质和思想作风。

（2）确定切实有效的教法步骤。教法步骤直接影响课的教学效果。什么时候讲解，什么时候示范，什么时候进行练习和采取何种练习方法，什么时候纠正错误，什么时候采用完整教学和什么时候采用分解教学，等等，均应在备课时进行周密的思考和精心的策划。此外，还应根据学生的不同水平，考虑教法上的区别，因材施教。总的要求是，每次课教学方法的选择和确定一定要结合课的任务和教材内容进行。

（3）安排课的时间以及练习的次数和时间。课的总时间要根据课的结构划分来分配。关于课的结构，由于现代体育教学的改革和国外先进思想的引进，使得在结构上出现了百花齐放的局面，有三段、四段、五段等多种多样的划分，但比较多的还是采用准备部分、基本部分和结束部分的三段划分。如果是按三段划分，在45分钟的课中，其时间分配一般是准备部分为8～12分钟，基本部分为25～32分钟，结束部分为5～7分钟。

4. 安排场地、器材。每节课场地的安排首先要根据本学期体育组的总体安排与分配来考虑。

5. 预计课的练习密度和运动负荷。随着科学体育时代的到来,在一堂"体育与健康"课程中合理地安排运动负荷的问题显得越来越重要。

6. 进行课后小结。实习生在整个实习的过程中以及在走上工作岗位以后的体育教学工作中,每一次课都应有课后小结。它包括本次课任务的完成情况、主要的优缺点、学生的学习态度和要求、教师需要改进的地方等,以简明的文字记录在教案的课后小结栏内,它对于改进教学、积累资料、总结经验和提高教学质量都是非常有利的。

(三) 实践课的试讲

1. 严格按照教案的全过程实际操作。在预讲前,体育教师应先熟悉几遍教案,在此基础上进行个人或实习小组的预讲。在预讲的过程中,虽然面对的是少数几个人甚至没有人,但操作的全过程必须严格按照教案的程序进行,包括每一次的讲解、每一个动作的示范、每一次的调队、对学生的保护与帮助以及纠正错误等都不能省略,只有这样才能够发现问题并解决问题,为成功地上好第一堂课打下一个好的基础。

2. 面对成功与失败应持胜不骄、败不馁的心态。预讲的成功并不等于上课的成功,一定要保持不骄不躁的态度。同时,在成功的基础上还要尽可能地找出问题,尽可能地考虑周到,这样才能使第一堂课成功的把握性更大。如果预讲失败了,也不要气馁,要从失败中找出原因。俗话说,"失败是成功之母",何况实习生从学生到教师总要有一个适应过程,适应得快慢也因人而异。只要认真对待失败,分析其原因,并与其他同学和指导教师一起找出解决问题的办法,同样能够获得第一堂课的成功。如果失败了就失去信心,背上包袱,甚至出现畏难情绪,将会影响整个实习工作的开展。总之,体育教师在实习过程中都应该保持胜不骄、败不馁的心态,这样才有可能在整个实习过程中乃至以后的工作中获得较大的成功。

(3) 预讲时场地、器材的布置应与正式上课完全一样,并且实习生应按照正式上课时的要求亲自去做练习,这样便于掌握练习时间、课的密度以及运动负荷。

表4-8 理论教案格式(示例)

课题	
教学目标	
重点	
难点	
教具	
教学内容及过程	
	主板书	副板书
课后小结	

表 4-9　福建省中小学体育课教案格式

教师：_____　班级：_____　人数：人_____　课次：_____　时间：_____

教学内容			重点： 难点：	
教学目标		新授课：初步（了解、体验、领会、掌握）…… 复习课：进一步（提高、_____%学生能掌握、学会）…… 通过教学，培养……，形成……，具备……		
课的结构	教学内容	教学活动方式与组织措施		次数与时间
开始热身部分	1. 上课常规 2. 徒手体操	1. 整队，师生问好，安排实习生 2. 教师导入（教学内容、教学目标、教学要求） 3. 热身跑、徒手操		
学习提高部分	教学内容：×××	1. 教师讲解与示范（教学重点与难点） 2. 学生按教师指定队形听讲并看示范 3. 组织学生练习（教与学的方法、步骤、要求，保护与帮助，安全措施等） 4. 学生练习与教师辅导（学生练习效果的反馈与评价、动作技术与技能掌握情况评价、教学重点与难点掌握情况分析等）		
恢复整理部分	1. 整理运动 2. 讲评	1. 成做操队形做整理活动 2. 教师总结本节课教学，并布置课外作业 3. 师生道别，收拾器材		
场地器材				
预计运动负荷	练习密度：		课后反思	
	运动量：			

第六节　"体育与健康"课程的教学评价

一、学生学习评价

在"体育与健康"课程标准的实施中，对学生的学习评价一直是一个难题。《基础教育课程改革纲要（试行）》明确提出，要"建立促进学生全面发展的评价体系"。因此，在"体育与健康"课程改革中，如何形成一套科学合理的评价学生的体育学习成绩的方案，对激励学生更好地进行"体育与健康"课程的学习、积极参与体育活动、促进身心健康发展都具有很大的作用。

(一) 以往的体育学习评价已不适应体育课程标准的学习评价

在我国，以往学校对学生体育学习的评价内容和方法基本上局限于体能、知识与运动技能的评定，教师通过测试记录成绩，然后根据评分标准，查出所得分数，最后合计得出每一位学生的成绩（如表4–10）。

表4–10 以往体育课成绩评定表

编 号	姓 名	出勤 10分	知识 20分	技能 30分	素质 40分	得 分	备 注
1.	×××	8	16	25	34	83	良好
2.	×××	6	14	22	30	72	及格
3.	×××	9	18	28	38	93	优秀
…	……	…	…	…	…	…	……
20.	×××	4	12	18	25	59	不及格

以上这份评定表确实比较好操作，每学期只要记录体育课出勤及知识、技能和素质测验成绩，技能与素质项目每学期可根据需要各测试1～2项，然后查评分表换算出得分，把4项得分相加就可得出每个人的体育课成绩。

这种评定从表面上看很公平，但实际上是不公平的，因为每位学生无论在体能、技能、兴趣、个性等方面都有很大的差异，有些学生平时不用努力，只靠遗传因素占优势，体能和运动技能成绩就能达到优秀；而另一些学生由于"天分"较差，平时上体育课虽然十分努力，但最终还是可能不及格，这种传统的评价方式严重挫伤了这部分学生的自信心和自尊心，降低了他们对体育课的兴趣。

(二) "体育与健康"课程标准学习评价的内容及其评定

《课程标准》以"健康第一"为指导思想，十分重视对学生体育学习的综合评价，除了把学生的体能、知识与技能纳入学习成绩评定的范围外，还注重学生的学习态度和学习进步，重视学生的情意表现与合作精神，并让学生参与评价过程，以体现学生学习的主体地位，提高学生学习兴趣，促使学生全面发展，使评价能真正体现公平性和教育功能，促进学生终身体育意识的形成。

1. 体能评定的方法。《课程标准》中所指的体能评定与以往体育课中的身体素质和运动能力的考核既有联系，又有区别。《课程标准》中的体能项目更强调对与健康有关的体能进行评价，如心肺耐力、柔韧性、肌肉力量、肌肉耐力和身体成分等。小学生或中学生体能评价可根据不同水平的体能发展目标与内容框架，从中选择几项进行评定。小学生或初中生的体能成绩的评定，可以参照《中国学生体质健康测试标准》，结合学生的个体基础与进步幅度进行。

体能项目的成绩评定，可采用学前测验与学后测验相比较。计分办法有两种：一种是进步计分——学后测验得分＋进步分（比如，50米学前测验跑8.10秒，得分为50

分,学后测验跑7.90秒,得分为60分+进步分10分=70分);另一种为退步计分——学后测验得分-退步分(比如,50米学前测验跑7.50秒,得分为80分,学后测验跑7.60秒,得分为75分-退步分5分=70分)。

2. 知识与技能的评定。对学生"体育与健康"知识学习的成绩,可根据各不同水平目标,选择相关的"体育与健康"知识,采取平时上课提问记录、问卷了解或期末简单小测的方式来评定;对运动技能的成绩,主要根据相关学习水平目标,在了解学生学习情况的基础上,选择相关的技能项目,并制定相应的评分标准,最后进行单元学习后的技术评定。

3. 学习态度的评定。学生的学习态度直接影响课程目标的实现,因此,有必要对学习态度进行评价。《课程标准》把学生学习态度的评价指标定为:①能否主动、自觉地参与体育活动;②在体育活动中能否全身心地投入;③能否积极主动思考,为达到目标而反复练习;④能否认真接受老师的指导。通过对以上四个内容的评定来评价学生的学习态度。

4. 情意表现与合作精神的评定。提高学生的心理健康和社会适应水平是"体育与健康"课程的重要目标之一。在"体育与健康"课程中,学生的情意表现主要体现在心理健康方面,例如,能否战胜胆怯、自卑,充满自信地进行学习与练习;是否敢于和善于克服各种主观、客观的困难与障碍,挑战自我,坚持不懈地进行学习与练习;是否善于运用体育活动等手段较好地调控自己的情绪。

在"体育与健康"课程中,学生的合作精神主要体现在社会适应方面,也就是通过"体育与健康"课程学习之后,学生的一些行为习惯养成对今后走上社会是有益的。学生的社会适应在体育课中主要表现为理解与尊重其他同学和老师,并在学习过程中表现出良好的人际交往能力和合作精神,努力承担在小组学习与练习中的责任。例如,为小组的取胜全力以赴;遵守规则,尊重裁判;不计较胜负,赞扬对手,认真分析失败原因,不埋怨他人;能与他人很好地交换意见。各校可依据学生的实际情况,将上述学生在心理健康和社会适应方面的表现列为评定的主要内容,在学期末组织学生自评和小组互评,并纳入体育课成绩。

(三)"体育与健康"课程标准对学习评价的要求

1. 强调评价的反馈和激励功能。在传统的体育教学中,体育教师关注的是学生的运动能力和技术水平,忽视了大部分学生的体育学习需求,这就必然导致注重最终的考试,使终结性评价成为学生体育成绩的依据,而忽视过程性评价的反馈和激励作用,导致了不公平的现象,影响了学生学习的积极性。

"体育与健康"课程标准提出,要改变评价过分强调甄别和选拔的功能,要把体育学习评价作为有效的手段,充分发挥评价的反馈和激励功能,促使学生自觉、主动地参与体育活动,促进学生全面发展。

2. 根据个体差异,制定切实可行的评价标准。以往我国学生的体育学习评价标准是根据体育教学大纲的要求制定的,体育教师只是执行者,这给体育学习评价的结果带来很大的局限性。实践证明,过去的评价方案已经不适应当今课程改革的需求。体育教师对体育教学情况最了解，他们在体育课程评价过程中应最有发言权。所以，《课程标准》提出了应该把制定评价标准的权利下放给各校体育教师，由他们根据体育教学的实际情况选择评价内容，制定相应的评价标准，以使教师对学生的评价更客观、更全面、更准确，真正起到调动学生学习积极性的作用。

值得注意的是，由于不同性别、年龄地区、学校的学生在体能和运动技能水平方面存在着明显的差异，如果只用一种统一的、一成不变的评价标准来衡量所有学校的学生，是不公平的，也是不合理的。制定评价标准不能脱离学生的实际情况。体育教师应根据教学计划的要求，合理确立考核内容，并按照客观变量的实际分布情况，用科学的方法来制定评价标准，以激励学生努力学习，并提高体育教学质量。

3. 关注学生的进步与发展，使评价更贴近学生实际。以往对学生体育学习的评价只是由体育教师采用定量的方法，在学期结束前对学生进行终结性评价。《课程标准》则不仅注重终结性的评价，而且重视对学生学习过程的评价；不仅注重定量评价，而且重视定性评价；不仅注重绝对性评价，而且重视相对性评价。

（1）采用定性与定量评价相结合的方式。在体育学习评价中，所谓的定量评价，主要是通过学生的体育达标测验来获得成绩，并查得分；所谓的定性评价，则是对学生的体育学习情况给予等级制评定，在评定前可定出各种等级标准，然后进行评定。

在体育学习评价中，定量评价比较适合于评定学生的体能和运动技能，但很难评价学生的学习态度、习惯养成、意志品质、自信心和自尊心及合作精神等。如果只采用定量评价，不仅不能全面反映学生的体育学习和体育活动情况，而且也不能反映学生达成多维度学习目标的情况。新课程体育学习评价，将目标定位在增强学生身体、心理和社会适应等整体健康水平，因此，应该制定一种定量与定性相结合的、以衡量学生整体健康水平为主的评价体系，对学生的学习成绩进行综合、全面的评价。

（2）采用终结性与过程性评价相结合的方式。在体育学习评价中，终结性评价注重的是教学的结果，主要是为了判定最终的学习成果，并作出成绩评定；过程性评价则是在教学过程中，为了使学习效果更好而对学生学习过程的学习态度和进步幅度等方面进行评价，它有助于及时了解学生学习的进展情况、存在的问题，以便及时反馈和有效调整教学过程，促使学生进行有效学习和不断进步。因此，评价学生的体育学习成绩应将过程性评价和终结性评价结合起来，即在学生体育学习过程中及时对学生进行各方面的评价，以利于随时发现问题，及时加以改进，做到准确、公正地评价每一位学生，调动学生学习的主动性和积极性。

（3）采用绝对性与相对性评价相结合的方式。在体育学习评价中，绝对性评价是把每一位学生的某个指标逐一与评价标准对照，最后给出绝对分数，从而判断其优劣；相对性评价则是先建立一个初始评价基准，经过一段学习后，再把各个被评对象逐一与基准相比较来判断其优劣。

实践证明，绝对性评价是一种简单、片面的评价方式，容易造成教师为分数而教，学生为分数而学，使分数成为学生进行体育学习的"直接动力"；相对性评价则有助于学生看到通过自己的努力所取得的进步（相对成绩＝绝对成绩－起点成绩），从而建立起体育学习的自信心和自尊心。

（4）通过多元评价来促进学生更有效地学习。以往对学生学习的评价只是采用单一的教师对学生的外部评价，很难反映每一位学生的发展情况，其实最了解学生学习情况的是学生本人。由于我国国情与西方发达国家不一样，学校中的体育课班人数较多，多则70多人，少则50人；每位教师每周起码要上12～16节，教师一人要了解400～500名学生确实有困难。因此，应该让这些学生参与到评价中来，然后由体育教师来指导和帮助他们正确评价自己和他人，让每一位学生学会主动地发现成绩与不足，这必将有助于激励学生更有效地学习。

《课程标准》强调，对学生学习成绩的评定，不仅要有教师的参与，同时也要有学生对自己学习情况的评价和学生互相之间的评价等，从而实现学习评价主体的多元化。这样既有利于调动体育教师、学生的积极性，又有利于培养学生正确地认识和评价自己与他人的能力，从而建立多方面的良好协作关系，以促进学生的全面发展。

（四）学生学习评价方案

下面列举两例来自厦门市实验区的学习评价方案供参考。

1. 水平一评价方案（见表4-11）。

表4-11 （水平一）学生体育学习成绩评定参考表

年级：_____ 班级：_____ 学生：_____ 教师：_____

评价项目	评价内容	自评	互评	师评
过程评价	乐于自习和展示简单的运动动作	（ ）☆		
	知道在集体性体育活动中如何与他人合作	（ ）☆		
	在体育活动中能与同伴友好合作	（ ）☆		
	知道不按规则运动和游戏会导致身体受到伤害	（ ）☆		
	会做简单的组合动作	（ ）☆		
	基本保持正确的身体姿势	（ ）☆		
	在一定困难条件下进行体育活动	（ ）☆		
喜爱项目进步情况	运动成绩＼次数＼运动项目	第一次	第二次	等级

备注：
1. 喜爱项目可选择一年来最突出的三个项目
2. 第一次与第二次成绩可参考体育教学大纲"学生体育课成绩评分表"
3. 最后等级评定：学习过程占60%，运动成绩占40%

2. 水平四评价方案（见表4-12）。

表4-12 （水平四）学生体育学习成绩评定表

年级：_____ 班级：_____ 组别：_____ 人数：_____ 时间：_____

评定内容		体能 25%	运动技能 25%	知识 10%	体能技能知识 60%		1. 体能、技能、知识 60% 2. 学习态度 20% 3. 情意表现 10% 4. 合作精神 10%		1. 体能、技能、知识 2. 学习态度 3. 情意表现 4. 考虑学生自互评		学年评定
							自评	互评			
座号	姓名	项目			上学期	下学期	上学期	下学期	上学期	下学期	上学期	下学期	
		成绩											
		分数											
		成绩											
		分数											
		成绩											
		分数											
		成绩											
		分数											

说明：

（1）每学年考八项（体能三项、技能三项、基础知识上下学期各一项）。体能与技能测验成绩，从"体育与健康"教学大纲测验参考量表查成绩，然后折成等级；本表采用四级评定制，将体能、知识与技能评分的百分制折成优秀（90～100分）、良好（80～89分）、中等（70～79分）、及格（60～69分）和不及格（60分以下）五个等级制；知识成绩采用平时问答、问卷或期末小测的方式。

（2）体能项目评定成绩，采用学前测验与学后测验相比较的方法。计分办法有两种：一种是进步计分——学后测验得分+进步分 退步计分学后测验得分-退步分；另一种是退步计分——学后测验得分-退步分。

（3）学生自评，在教师指导下进行。根据自己参加体能、技能与知识测验的得分，结合平时上体育课的出勤和积极参与的情况，以及在体育课中所表现出来的自信心、意志力和互帮互助精神等，给自己评定等级。

（4）小组互评，每组6～8人，小组长负责组织互评，每人根据学习成绩评定表要求，先在组内自评，然后再由同学互评，最后由小组长确定等级。

（5）表中，学习态度占20%，是根据平时上体育课的出勤和学练是否积极参与的情况评定的；情意表现占10%，是根据体育活动中表现出来的自信心和意志力评定的；合作精神占10%，是根据体育活动中表现出来的相互尊重和互帮互助精神评定的。

这份来自实验区的评价方案，不管是从评定内容、评定标准、评定方法及评定形式来看，都贴近《课程标准》的精神，它改变了传统的评价内容局限于体能和运动技能的做法，开始关注学生学习态度、习惯养成、情感、合作等方面的评定，确实对学生的学习和发展起到了促进作用。但此方案在实际操作过程中还不够简便，有待于进一步修改完善。

（五）学生成长评价记录袋

学生成长评价记录袋可以记录中学各个时间段的学生身体形态、身体机能、体能和运动技能等方面的发展情况，以及学习态度和行为变化等方面的综合资料，使教师和家长能够清楚地了解和监控学生在小学或中学成长的全过程，也让学生对自己的体育学习有较全面的了解，从而有利于教师和学生及时调整教和学的方法，促进学生更有效地学习（如表4-13）。

表4-13 中学生成长评价记录表

学校：_____ 班级：_____ 学号：_____ 姓名：_____ 出生年月：_____

成长指标 \ 年级		初一年级			初二年级			初三年级		
形态		身高	体重	W/T	身高	体重	W/T	身高	体重	W/T
机能		肺活量	脉搏	视力	肺活量	脉搏	视力	身高	体重	W/T
体能	项目	选测项		成绩	选测项		成绩	选测项		成绩
	50米或立定跳远									
	台阶试验或50米×8									
	坐位体前屈仰卧起坐（女）握力体重指数									
技能										
知识与运用		优秀 良 一般 上【 】【 】【 】 下【 】【 】【 】			优秀 良 一般 上【 】【 】【 】 下【 】【 】【 】					
学习态度		优秀 良 一般 上【 】【 】【 】 下【 】【 】【 】			优秀 良 一般 上【 】【 】【 】 下【 】【 】【 】					

续表 4-13

成长指标 \ 年级	初一年级		初二年级		初三年级	
情意表现与合作精神	优秀 良 一般 上【 】【 】【 】 下【 】【 】【 】				优秀 良 一般 上【 】【 】【 】 下【 】【 】【 】	
学期	上	下	上	下	上	下
学生自评						
学生互评						
教师评定						
学期评定						
学年综合评定						
二年总评 （评语与等级分）						

注：（1）形态与机能由医务室负责测试。

（2）学生学习成绩评定重在学习态度和进步幅度，结合五项评定内容先由学生自评和小组互评，最后再由教师综合评定。

二、体育教师课堂教学评价

体育课堂教学评价是对教师教学工作的质量和效果进行客观、公正的评价，以为体育教师提供具体、准确的反馈信息，促进教师改进教学工作，不断提高自身专业素质和教学水平。以往体育教师为了准备一堂公开课，为了得到同行的好评及评委的肯定，总要花相当多的时间精心设计和精心彩排，以便充分显示自己的教学能力和教学技巧。这种做法究竟对学生起到什么作用呢？根据现代教育的基本理念，学校教育应以"健康第一"为指导思想，体育课程的目标也应指向提高学生的整体健康水平。

（一）能否正确理解体育课程的目标

现代体育课程强调以"健康第一"为指导思想，课程目标也是指向学生整体健康水平的提高，因此，对一节体育课的评价首先要看教师课时计划中从教学目标、教材选用到教学手段的选择等方面是否充分体现了"健康第一"的指导思想。

（二）能否激发学生的学习兴趣

学生体育学习的兴趣能否被激发，是关系到体育课程目标能否实现的问题。在以往的体育课堂教学中，教师关注的是自己教学能力的表现，是如何扮演主角，学生往往处于被动地位，学习兴趣不高。而现代"体育与健康"课程的目的是促进学生自觉、主动地参与体育活动，养成锻炼身体的习惯。只有学生的学练兴趣被调动起来，体育课的教学目标才能得到实现，学生的健康发展才能得到保证。因此，对教师的课堂教学评价将十分重视学生对体育课和体育活动的喜爱程度。如果多数学生被动地应付体育课，参与体育活动的积极性不高，这样的体育课就不算是成功的。

（三）能否关注学生的主体地位

以往对一堂体育课的评价偏重于教师的表现，衡量的标准主要有：教学任务是否明确；课的内容安排是否合理；教学组织是否严密；教师讲解是否清晰有条理；动作示范是否准确；等等。从表面上看这些要求都是对的，并且对促进学生学好动作也无可厚非。但这种教学方式方法还是摆脱不了"竞技教学"的阴影，学生的学习仍然是被动的。根据现代教育教学理念，"体育与健康"课程应始终把学生主动的参与、全面的发展放在中心地位。如果学生的主体地位得不到体现，学生不能主动参与学习，学生能力没有得到有效的提高，即使体育教师在课中表现得再出色，这样的体育课也称不上好课。

（四）教师教学能力是否充分发挥

体育课中学生的学练积极性能否被调动起来，与教师的教学能力直接相关。体育教师课堂教学能力主要包括：对《课程标准》领会和掌握的程度；对现代教育教学理论和教学方法的掌握及实际运用的能力；从事体育教学必需的基本运动技能；激发和保持学生运动兴趣，促进学生形成体育锻炼习惯的能力；运用计算机和多媒体技术辅助教学的能力以及开发和运用体育资源的能力；等等。评价一节体育课，也有必要看教师的教学能力是否充分发挥，是否真正起到了"主导"的作用。

（五）课堂教学是否体现了创新性

江泽民同志在全国第三次教育工作会议上明确提到："一个没有创新能力的民族，难以屹立于世界先进民族之林。"体育课堂教学也应该体现创新性。过去，由于受到传统教育思想的影响，体育教师只能严格按照《大纲》规定的要求去教学，许多体育教师习惯于旧的教学方法，不思创新。根据新课程的理念，现代体育课程给予了体育教师更大的选择余地和发展空间，鼓励教师开展创新性的教学。因此，对体育教师课堂教学评价的一个重要内容，就是看其课的设计是否有新意，学生学练起来是否更起劲。

三、新课程体育课堂教学评价

长期以来，课堂教学深受人们的重视，似乎成了衡量一个体育教师教学水平的唯一尺度。当今新课程则提出，教学评价应注重发展性的评价，以促进教师不断改进教学工作。教学评价不但应注意对教师教学行为的价值判断，还应关注教学活动的有效性，即教学活动对达成教学目标的有效程度，特别要注意学生在学习过程中的反应和学习前后的变化。

（一）即时性评价与阶段性评价相结合

课堂教学评价既可针对某一堂课进行即时性评价，也可针对某一阶段的教学进行阶段性评价，两种方式各有优点，各校可以根据校情选用。即时性评价是最直接、最具体、最及时的评价形式，可由任课教师每堂课后在教案上做简要评述，及时发现问题与不足，以利于在下次课中改进与提高；也可以由领导、同行、专家、学生以评课讨论会的方式进行，以便指导、交流与沟通，及时反馈信息，激励教师扬长避短，不断提高教学水平。

在即时性评价的基础上，各校每学期可组织一次阶段性评价，了解每一位教师的教学发展情况，并将阶段性评价结论和整改建议及时反馈给教师本人，以便体育教师在今后的课堂教学中作出改进。

（二）定性评价与定量评价相结合

定性评价主要是通过评课活动进行讨论、分析和评述，也可以对各评价指标进行等级制的评定；定量评价则可通过评价量表的形式进行评价，给出客观分数，以判定课堂教学质量的优劣。定性评价在很大程度上缺少量的判断，主观随意性较强，但能给体育教师提出建设性的意见；定量评价则强调"量化"，可以提供客观的数量上的标准，但仍必须在对量化的数据进行定性分析之后才能给教师提供改进建议。如果把两者有机地结合起来，则能更科学准确地对课堂教学作出评价。

（三）他人评价与自我评价相结合

以往针对课堂教学的评价以"他评"为主，评价主体主要有领导、同行和学生等。根据以往的经验，单一选择其中任何一种评价对象，都会产生一定的局限性和片面性。新课程提出的发展性课堂教学评价则注重教师对评价的积极参与，强调评价主体的多元化，将教师自评与领导评价、同行评价、学生评价有机地结合起来，这种评价方式将有效地分析体育教师的课堂教学，真正起到提高教学质量的目的。

1. 领导参与评价。在我国，学校领导评价在很大程度上与体育教师的职务晋升、奖金分配等激励性手段联系在一起。一般来说，各校领导都能较好地把握评价标准和评价原则，对体育教师的教学行为给出客观的评价。但由于领导工作繁忙，无法经常深入课堂逐一评价每一位教师的教学质量，且通常侧重于考察体育教师的课堂教学基本功，无法对每一位教师的课堂教学行为给出比较全面的评价。

2. 同行参与评价。体育课堂教学评价是一项专业性比较强的工作，尤其是涉及对体育教师学科水平、教学技能等方面的评价时，通常需要借助同行教师的评价，才能保证体育课堂教学评价具有一定的效力。同行评价的优点在于对教学目标、课程理念非常熟悉，可以比较准确地评价一堂课的好坏，但有时情面上的因素会影响评价结果的可靠性。

3. 学生参与评价。在教学过程中，学生是体育教学的主体，是教学活动的直接对象，教师的一言一行完全置于学生的视野之中，只有学生才知道教师的教学是否使他们提高了运用所学"体育与健康"知识和技能的能力，是否使他们真正获益。由学生评价教师的教学质量，虽然过去没有采用，但这确实有助于教师改进教学过程，改变教学观念，提高教学质量。学生可以提出教师在教学上的优点及存在的问题，促使教师充实、调整和更新教学内容，改进教学方法，运用新的教学手段，提高课堂教学质量。

4. 教师自我评价。教师自我评价是一种认识自己、教育自己、提高自己的过程。教师自我评价主要以课后在教案上做简要评述的方式进行，是通过回忆来总结经验，发现问题与不足。现代心理学研究表明，内部动机比外部动机具有更大的作用。自我评价作为一种自我发展的内在动力机制，是体育教师提高专业素质的根本动力。实际上，无论是领导评价、同行评价还是学生评价，要想对教师的行为产生作用，都需要经过教师自我评价的机制，需要教师的认同和内化。

三、教师课堂教学评价方案

传统的课堂教学评价是以教师为中心，就教学论教学地来评定一堂体育课。而新课程注重通过发展性评价来促进教学工作，评价的内容包括教学目标、教学内容、教学的组织和课的结构、师生关系、教学技巧和授课能力以及教学目标的实现程度等。新课程的教学评价，强调以学生在课堂学习中呈现出的体能和运动技能方面的发展、学生学习态度和行为的变化以及情意表现和合作精神等方面的状况，来衡量教师教学质量的高低，来发现教师教学活动中的优点和不足，为教师提供具体的、准确的反馈信息以帮助教师改进教学工作，促进教师自身的发展和教学水平的不断提高。

具体进行课堂教学评价时可从以下几方面着手：其一，是否做到面向全体学生，以学生发展为本，使各类学生通过体育教学在原有的基础上得到发展；是否依据学生的不同才能、特长、兴趣和性格进行教学。其二，在教学设计方面，是否既反映了新课程的基本理念，又了解学生，注意学生各方面的特点，制定明确、具体的教学目标，并将增进学生的健康贯穿于课堂的全过程，确保"健康第一"的思想落到实处。其三，在教学内容上，能否根据教学目标及学校场地器材、学生素质与兴趣等情况，合理地选用和安排一节课的教学内容，不生搬硬套教材，而是抓住重点，对所涉及的教材内容运用自如。其四，能否发挥学生的主体地位，采用灵活多样的教学形式，有意识地组织、指导学生学会看课本、看挂图和看课件，并通过自学、自练，提高能力。其五，在教法选用上，是否做到符合学生的学练规律，循序渐进，善于运用讨论和提问，启发学生积极思维，激发学生的学习兴趣，引导学生主动学习，敢于探索，积极创新，在实践中求发展。其六，在内容讲授和学法指导方面，是否简单明了，易于学生接受。其七，是否尊重学生人格，注意学生个性差异，让学生感受到整堂课是在轻松、愉快、有序、和谐的氛围中参与体育活动。其八，是否通过师生双边活动，使教学目标得以实现。

下面提供一份来自厦门市实验区的课堂教学评价方案供参考（如表4-14）。

表 4-14　体育课教师教学评价

学校：_____ 班级：_____ 人数：_____ 教师：_____ 时间：_____

评价指标		课题	优	良	中	差	分值	各类指标得分
一级指标	二级指标	评估内容	1.0	0.8	0.6	0.4	100分	
教学准备 15分	教案编写	教学目标明确，教学内容、组织教学步骤及练习量安排合理，方法、手段新颖，体现新的教学思想					9	
	课前准备	场地器材布局合理					6	
教学组织 15分	常规要求	检查出勤、着装和安排实习生					3	
	队列队形	口令清晰准确，调动队伍得当					4	
	练习	安全有序，练习量合理，能根据课的情况及时调整练习，发挥学生的主动性					8	
教学方法 20分	讲解示范	讲解清楚，启发思维；示范准确，重点突出					5	
	教学手段	步骤合理，手段适宜（含直观挂图、音乐、卡片、多媒体技术等）纠错及时，关注个体差异，善于激发兴趣，重视学生组织、运动能力的培养					10	
	思想教育	挖掘思想教育的各种因素，言传身教，适时培养学生的意志、自信心和合作精神					5	
师生活动 20分	教师主体作用	激发兴趣，调节课堂气氛，促使学生积极参与练习					10	
	学生学习态度	主动参与，自觉锻炼，互帮互学					10	

续表 4-14

评价指标		课　题	优	良	中	差	分值	各类指标得分
教学效果 30 分	教学目标	教学目标完成好					15	
	学习目标	进步明显					15	
教学创新加分 1～5 分								
综合评语							总得分	

传统的教学评价标准注重教师的教学表现，比较忽视学生在课堂的主体地位。这份评价表改变了以往课堂教学评价偏重于教师的分值的情况，取而代之的是关注教师在课堂教学中的创新，关注师生互动的有效性，促使学生主动参与，自觉锻炼，互帮互学，使学生通过体育课的学习，在学习态度、情意表现以及合作精神等方面均能有较明显的转变。

思考题

1. 何谓"体育与健康"课的结构？
2. 简述"体育与健康"课基本部分的任务。
3. 简述新授课与复习课的具体要求。
4. 简述队形队列练习的注意事项。
5. 怎样组织考核课？
6. "体育与健康"课堂常规包括哪些内容？
7. 什么是教案？它包括哪些内容？
8. 怎样分析与评价一堂"体育与健康"课？

第五章　课外体育活动

课外体育活动是指在体育课以外，组织学生有目的、有计划、有组织地参加体育活动，它是学校课外活动的内容之一，并与其他学科密切配合，共同完成学校的教育任务。

第一节　课外体育活动的意义

课外体育活动不仅是中学体育教学的补充与延伸，而且作为一种培养全面发展的人才的独立形式出现在学校中，对于新形势下培养合格人才起到了非常重要的作用。

一、可以巩固和提高体育教学的成果，更好地完成学校体育的任务

目前，我国规定的中学"体育与健康"课程是每周2～3节，这对促进学生生长发育、增强体质是不够的。有关研究表明，每周进行5～6次体育活动，每次1小时，并安排适宜的运动量，对于发展学生身体、改善其生理和生化功能是比较合适的。如果每周只上两三节体育课，就达不到预期的锻炼效果。同时，课堂技术、技能的学习、掌握与练习的次数和时间是密切相关的。因此，学生需要在课外体育活动中，利用一部分时间来学习和巩固课堂教学中所获得的技术与技能。

二、可以满足学生对体育活动的需求，为终身体育打下良好的基础

课外体育活动在满足学生个人的兴趣、爱好和发挥个人专长方面，比"体育与健康"课程有更大的优越性。因此，课外体育活动在锻炼学生身体的实效性上具有自身的优势，特别是从终身体育的思想来看，终身体育的项目和锻炼一般都是在课外体育活动中形成的。从今后学校体育教育的改革和发展来看，课外体育将占有很重要的位置。有条件的中学也可以借鉴课外体育活动项目俱乐部制的形式。

三、有助于丰富学校课余文化生活，营造校园体育文化氛围

利用课外时间组织学生参加一些体育活动，用体育活动占领业余文化阵地，是学校教育培养和教育人的一种重要手段，特别是随着社会的发展和进步，课外体育活动的内容在不断地扩展，在素质教育的思想指导下，课外体育活动已经成为校园文化建设的重要组成部分，并得到领导和师生的重视和普遍的认可。中学生处于生长发育、各方面还不成熟的青少年阶段，利用这一阵地对其进行思想、身体和心理方面的引导、教育，更

有利于他们发展和形成正确的人生观、价值观，并且可以避免一些不良因素和环境的影响，对培养造就人才起到较好的作用。

四、发现与培养人才的重要途径

调查表明，国内外著名的科学家、学者以及一些有专长的人，他们之所以成名，固然得益于学校教育，但是其专业方面的成就往往是与他们在青少年时期的课外兴趣和活动紧密联系在一起的。体育人才也是如此，很多优秀体育人才的成长充分地证明，学校中的课外体育活动是他们成才的一个重要起点，也是发现这些人才的重要途径。由于课外体育活动在中学体育工作中占有重要的位置，因此，体育教师在完成体育教学任务的同时，不要忽视课外体育活动的工作。

第二节 课外体育活动的特点

课外体育活动作为学校体育的重要组成部分，与体育教学共同完成着学校体育的任务。根据当今社会发展和对人才培养的需要来看，课外体育活动的地位显得越来越重要，凸显它的独有特点。

一、内容的广泛性

课外体育活动的内容具有广泛性的特点，主要表现为它不受国家大纲规定的限制，没有教材的约束，而是各个学校自行选择，并且可供选择的内容很多，可以说是各取所需，主要由选择的目的和要求来决定，可以选择竞技性项目，也可以选择娱乐性项目、与自然环境结合的项目等。

二、形式的灵活性

课外体育活动的形式相对于体育教学来讲是比较灵活的，可根据不同年龄、性别、运动能力和水平以及参加者的兴趣和爱好，灵活采用各种形式，以满足学生的多种需求。

三、参与的自愿性

课外体育活动相对于体育课来说有不同的要求，体育课是法定的，带有一定的强制命令性，学生必须参加，而作为课外活动的体育活动则是学生自愿参加的。因此，要向学生做好体育的宣传工作，提高学生的认识，从而提高其参与课外体育活动的自觉性。

四、鲜明的目的性

学生参加课外体育活动的目的各有不同，但都有各自的要求，如果参加后达不到目的，就会挫伤学生的积极性进而影响其参与的愿望和自觉性。因此，教师在进行课外活动的指导时，要根据学生的不同目的，有针对性地解决其实际问题，从而提高学生的积极性。

五、指导的计划性

课外体育活动虽然没有统一的大纲、教材和评定的要求，但教师在进行指导前仍应制订相应的计划；在规划整个学校课外体育活动时，仍应有年度、学期和各项活动组织的计划；落实到每一名教师身上，仍要制订出相应的计划和安排，否则将影响指导的效果。

第三节 课外体育活动的要求

课外体育活动指学生在课余时间，运用各种身体练习和方法，以发展身体、增强体质、丰富业余文化生活为目的的身体活动。它是面向全体学生的有计划、有目的、有组织的全民健身计划活动。

一、明确目标，制订课外体育工作实习计划

进行课外体育活动的目的是了解和掌握学校课外体育活动的内容、组织和管理以及开展活动的方法，并能独立完成课外活动的各项工作。特别是中学，课外活动的形式多种多样，实习生要配合实习学校做好此项工作。实习生还必须根据所承担的课外体育活动的内容、对象以及场地、器材等情况制订出相应的计划。计划应结合实际，同时在内容上应体现趣味性，在方法上体现多样性，并要注意与教学工作、班主任工作相配合。

二、处理好各种关系，摆正位置

在课外体育活动的实习中，实习生涉及的各种关系有：不同年龄、不同性别、不同要求的学生，学生的原指导教师或教练员，学生的班主任或辅导员，实习指导教师和学校主管部门的管理人员，等等。在指导和进行课外体育活动中，这些方面的关系都要处理好。实习生应谦虚谨慎、虚心学习、尊重他人，当出现矛盾时，应摆正关系，反省自己，使之得以很好的解决。

三、要有吃苦耐劳的精神，严格要求自己

实习生担任的工作较多，特别是进行课外体育活动的组织、训练、竞赛等工作时，往往每天工作时间较长，常常因为训练和比赛而吃不上饭。同时，中学条件艰苦，在生活上都会有一些困难。这就要求实习生在承担课外体育活动的过程中有吃苦耐劳的精神，处处能严格要求自己，不发牢骚，不说怪话。同时，同一个实习队的同学在生活上应互相关心，互相帮助。

四、科学组织，注意安全，防止伤害事故的发生

相对于体育课，课外体育活动人数更多、密度更大，特别是各种比赛，运动更是激

烈，加之学生的体育知识不够，容易因活动不开、求胜心切而出现一些伤害事故。这就要求实习生在安排和组织时考虑周全，安排得科学、合理，尽量避免不必要的事故出现。

五、培养学生的能力，做好指导与引导工作

课外体育活动的实习对于实习生来讲是一个培养自身能力的好机会，同时，实习生在培养自身能力中要放手去培养学生进行活动的能力，例如，让学生自己组织锻炼活动、自己提出锻炼计划、自我安排运动量和强度，教师给予适当的指导和引导，以培养学生的能力。此外，要鼓励学生创新，大胆提出自己的想法。实习生在注意安全的基础上也要有一定的创新意识，这样既可达到培养学生活动能力的目的，又可促进学生培养终身体育锻炼的能力。

六、充分发挥自身特长，全面开展校园体育活动

实习生在实习期间应根据个人或全队的水平、特长和能力情况组织各种校园体育活动，如体育知识竞赛、体育比赛观赏、体育知识讲座等；在教师中开展各种体育活动，如推广太极拳、健美操、武术等；组织校内各种体育活动，丰富课外体育活动。

第四节　课外体育活动的组织形式及方法

学校课外体育活动的组织形式有早操、课间操，班级体育活动、体育俱乐部活动与运动队训练等，这些组织形式及方法，保证了课外体育活动的顺利开展，收到了良好的效果。

一、早操

早操一般是有住校生的学校才开展，其形式有学校规定的和集体组织的，如早晨起床后集体组织跑步、做操等；有的则是学生自觉进行的个人行为，如三五成群结伴而行或者一个人进行的早晨起来跑步、练武术等。早操对于养成学生良好的生活习惯、增强学生体质和提高学习效率有着重要的作用，但应注意的是，早操锻炼的运动负荷不要太大，时间不宜过长，否则会造成过度疲劳而影响一天的学习和生活。实习生在实习期间可加入早操活动的行列，并在其中做一些指导工作。如果是学校或班级组织的活动，实习生应主动承担这一工作，协助班主任做好各项组织工作。

二、课间操

在我国，学校一般都坚持课间操制度，其内容以广播操为主，结合一些武术操、游戏、跑步等简单易行的体育活动。有的学校是根据本校的特点进行组织，如男拳女舞，或以学校的传统项目内容来组织等。不论是哪种方式，做课间操的目的主要是消除学生在学习中产生的疲劳，使其得到积极性的休息，所以运动负荷都不宜过大。

三、班级体育活动

班级体育活动是在课外时间以班或小组为单位进行的体育活动，按其活动指南来看，主要有《国家体育锻炼标准》、复习巩固体育课中所学的技能和技术、各种项目兴趣小组的活动，以及本校的传统项目活动和郊游、登山，等等。其组织形式有：①全班集体活动。体育委员负责，实习生与班主任参与。②按锻炼小组活动。根据兴趣、爱好和水平等条件分组。班级体育活动的时间一般安排在下午文化课结束后。按照教育部的通知精神，中小学生应保证每天 1 小时的体育活动时间，但由于种种原因，很多学校都没有执行。因此，教育部又提出了活动课的形式，以保证课外活动的正常进行。实习生在实习期间应做好这方面的宣传工作，同时要做好组织工作，调动学生的积极性。

四、体育俱乐部活动

这是当前学校课外体育教学改革的一种新的组织形式，一部分大学和中学正在进行试点。俱乐部活动有单项性的和综合性的，单项性的是以一个项目为活动内容，如健身俱乐部、体育舞蹈俱乐部、网球俱乐部等；综合性的则是在俱乐部开展多种体育项目的活动，学生在中午、下午和晚上的课余时间里均可到俱乐部参加。这种形式随着社会的发展将会越来越普及，从我国的现状来看，由于受师资水平和数量以及场地器材等限制，还没有得到大面积的推行，但从今后的发展趋势来看，体育俱乐部成为学生课外体育活动的一个主要场所是势在必行的，同时这也对高等体育教育在人才培养的规格和方向上提出了新的目标和要求。

五、运动队的训练

运动队是学校在体育运动普及开展的基础上，选拔出单项运动成绩较好的学生，组成不同项目的运动队。运动队的层次在学校有三种：第一种是为优秀运动队输送专门人才的运动员队伍，一般是校队；第二种是为了应付中考或高考而组成的运动队；第三种是各个班组成的运动队，是为参加学校的各种比赛而成立的。

六、运动竞赛

学校中的运动竞赛主要是指在校内组织进行的各种竞赛，如春季、秋季田径运动会，各班级之间的篮球、排球、足球等项目的竞赛，广播体操比赛，等等。实习生在实习期间如遇上运动会，一定要积极地参与，要学会运动会的组织和编排工作，协助实习学校体育部门做好运动会的各项工作。同时，实习生在实习期间要组织和开展一些业余的、班与班之间的竞赛，事先一定要征得班主任和教务处的同意，并同时征得体育组的领导和指导教师的同意，协调好各方面的关系，并进行周密的计划和安排，使竞赛活动开展得顺利、有序。

第五节　课外体育活动的计划与评价

在开展课外体育活动过程中，要认真制订出系统的活动计划和科学的评价体系，使之成为课外体育活动的指南。

一、课外体育工作计划

课外体育活动在学校体育教学中的重要地位与作用是显而易见的，同时也是整个学校体育的重要组成部分，要搞好这一工作，制订切实可行的计划是重要的保证。课外体育工作计划，按照时间段，可分为年度、学期阶段和周计划；按照组织的形式，可分为全校计划、年级计划、班级计划和个人计划四种。以下从组织形式结合时间划分进行分述。

（一）全校课外体育工作计划

计划的内容包括课外体育活动的时间安排、内容、目的、任务、各项内容采取的措施，各年级和班级的总体目标、任务和要求，测验的项目，检查评比的办法，体育骨干的培训，比赛活动的场地、器材的分配以及经费的预算，等等。

计划一般是一个年度有一个总体计划，而每个学期在年度计划的基础上进行一些适当的调整，制订出学期课外体育活动计划。每一年度的计划应在总结上年度经验的基础上，多方听取和收集意见，结合各方面的实际情况，制订出切实可行的计划。计划制订的程序一般是先由体育教研组提出计划草案，报学校有关业务部门并组织有关人员进行讨论，在讨论的基础上进行修改，最后报校领导批准执行。学年开学时应向全校师生进行公布，为年级、班级和个人制订计划提供依据。实习生一般不参与制订年度计划，但在年度开始的时间进行实习，因此应了解实习学校的课外体育活动年度计划，在实习期间积极参与计划的实施，组织各项活动。

（二）年级课外体育工作计划

年级计划应以学校计划为依据，围绕学校组织的各项大的活动组织年级的各项活动。此外，还应根据年级学生的要求，制订出全年或学期的课外体育活动计划。计划由年级的体育委员起草，在广泛征求各班意见的基础上进行落实。年级计划包括活动内容、目的、任务、时间安排、人员组织、场地器材分配、检查与评定方法委标准要求等。

以年级为单位组织课外体育活动时，应根据不同年级有计划地进行。如初三和高三年级的学生处于学习紧张状态，应通过适当的课外活动调节其情绪，在内容、量和强度方面要很好地加以选择和控制。因此，年级课外体育活动计划的制订一定要体现较强的针对性。

（三）班级课外体育活动计划

班级课外体育活动计划应以学校和年级的计划为依据，结合班级的实际情况制订。其计划应在班主任的指导下，征求任课体育教师的同意，由体育委员起草并广泛听取全班学生的意见，最后再征得班主任同意后实行。班级课外体育活动的组织，由于人数比较少，组织起来比较容易一些，同时，班级又是一个基层单位，其计划的制订和落实对于整个学校课外体育活动的开展情况起着较为重要的作用。长期地坚持每天或一周几天的课外体育活动是班级体育活动的关键。班级体育活动计划的内容：一是根据学校和年级计划中安排的大的活动来进行具体布置和落实；二是根据全班学生的要求和兴趣组织各项活动；三是由班委会组织各种竞赛活动以调动学生的积极性。实习生在实习中除担任班级体育教学外，应积极参与教学班级的课外体育活动的组织和指导，并应出主意想办法，把班级体育活动搞得有声有色。

（四）个人课外锻炼计划

个人课外锻炼计划是每名学生根据学校的要求和个人的实际需要而制订的。从目前我国各层次学校的学生来看，制订个人课外体育活动锻炼计划的学生为数不多，这其中的原因很多，但学生对体育的认识不足是一个很重要的原因。个人计划的内容：一是根据学校对学生提出的要求，如根据要达到的体育锻炼标准等来选择锻炼的内容；二是根据学生本人的兴趣、爱好选择早操和课外进行的活动项目；三是家长为学生安排的一些活动内容或课外训练等。从今后的发展趋势来看，随着社会体育的普及和各种体育活动俱乐部的产生，学生课外参加各种形式的体育活动将会越来越普及，如何科学合理地进行个人锻炼，与计划的制订有密切的关系。因此，实习生在实习期间应向每一名学生宣传个人课外锻炼的意义，并教会他们制订课外个人体育活动计划的方法，使其终身受益。

二、课外体育活动工作的评价

课外体育活动是学校体育工作中的重要组成部分，因此，落实这一工作除了制订切实可行的计划外，更重要的是通过检查和评定看其进行的效果，使这项活动能真正落到实处，收到好的效果。同时，通过检查、评价，总结经验，肯定成绩，找出不足，反馈信息，使这项工作更上一层楼。评价的主要内容与方法有：

（一）学校的组织领导工作

具体工作事项包括：学校是否将课外体育活动列入全校工作的议事日程，组织领导是否健全；职责是否明确；是否每年度都有全校课外体育活动的计划；计划的落实情况如何，是否完成计划中的任务，完成了多少；开展课外体育活动的成绩是否作为评选先进集体和个人的条件之一；在经费和物质条件上有哪些投入；等等。

（二）各系、年级或班级的课外体育活动组织情况

中学要看早操、课间操和课外体育活动的出勤率，大学则主要看早操和课外活动的出勤情况；中学着重检查《国家体育锻炼标准》和《中学生合格标准》的达标情况，大学则检查大学生合格标准的达标情况，同时要结合学生的运动能力和身体素质进行评价。

思考题

1. 课外体育活动的意义是什么？
2. 课外体育活动的特点有哪些？
3. 对课外体育活动的要求有哪些？
4. 简述课外体育活动的组织形式与方法。
5. 阐述课外体育活动的计划与评价。

第六章 体育说课与片段教学

第一节 体育说课

一、开展说课的目的与意义

说课是通过主讲人的个人演讲或通过集体的讨论把一堂课的教学设计和构想，以"说"的特殊形式展现给大家，是教学过程中备课的一种方式，目的是加强备课的深度和广度，进一步了解教材重点、难点，根据教学对象的特点，制定切合实际的教学目标，采取行之有效的教学方法，使整堂课的设计更适合学生的需要。

开展说课的意义：一是提高体育教师对中学体育教学计划、大纲课程标准、教材等的熟悉和理解程度；二是促进体育教师的教学理论水平的提高；三是提高体育教师的文化素质；四是提高体育教师的口头语言表达能力；五是提高体育教师应用现代教育技术的能力；六是提高体育教师的综合素质。

二、说课的类型

说课的类型多种多样，从主讲人的形式，可分为个人说课和集体说课；从演讲的形式，可分为主讲式说课、汇报（报告）式说课、讨论式说课；从说课的范围，可分为小组（备课组、教研组）说课、大会说课；从说课的目的，可分为以备课为目的的说课、以竞赛为目的的说课、以考核为目的的说课；等等。

（一）个人说课

个人说课主要是体现个人的思维与构思，把一堂课的设计以主讲的形式或用说课稿的形式展现给听课者。这种形式主要体现个人的备课特点，简单、方便、快捷。但由于个人思维的局限性，可能会出现片面或思路狭窄的不足。为了弥补这一缺陷，故而出现了集体讨论式的说课形式。

（二）集体说课

集体说课主要是通过多人集体的说课的形式来进行。这种形式主要体现集体的构思与遐想，对一堂教学课或教学片段或教材中的某一重点、难点或教师的教法、组织形式，学生的学法等展开讨论，通过"说"来听取多方意见和建议，集思广益，突破教学中的瓶颈，使教学内容完美地展现在学生的面前。

三、说课的内容

说课的内容主要包括：说指导思想；说教学目标（认知目标、技能目标、情感目标）；说教材（以什么样的教材、什么样的教学内容来实现教学目标）；说教材重点、难点；说对象；说教法与手段；说学法；说教学过程；说学习评价；说运动负荷；说场地器材。具体分析如下。

（一）"说"指导思想

以"健康第一"为指导思想，激发学生的运动兴趣，培养学生终身体育的意识、能力和习惯，以学生发展为中心，重视学生的主体地位，关注学生的个体差异和不同需求，培养学生的实践能力，确保每一个学生受益，使学生在宽松、愉快、热烈、积极的氛围中主动学习，达到健康体育的目的。因此，体育课程不仅应该注意对学生身体健康的培养，注意学生体质、体能的增强，还应注意学生的心理健康，注意对学生情感、态度、价值观的启迪与教育，使学生身心健康地发展。

（二）"说"教学目标

"体育与健康"课程的目标体系主要是由课程目标、领域目标、水平目标构成，以目标的达成来统领教学内容和教学方法的选择。"体育与健康"课程的目标体系包括运动参与、运动技能、身体健康、心理健康、社会适应五个方面，这一目标体系充分体现了"体育与健康"课程以身体练习为主的特点和身体、心理、社会的三维健康观。在实施教学时，要全面关注五个学习领域目标的达成，特别要加强对心理健康和社会适应这两个新的学习领域的研究。不是每堂课都必须达成五个领域目标，应根据教学中的需要而定，有时体现一两个目标，有时体现两三个目标，有时侧重于运动参与、运动技能，有时又侧重于身心健康或社会适应，有时会体现为以一个目标为主，另一目标为辅，主辅目标相成。说课中，教学目标的确立，应根据实际授课的具体情况和学生对象的特点来确定。

（三）"说"教材

在确定教学目标后，应考虑以什么样的教材、什么样的教学内容来达成教学目标的实现，这也是以目标来统领教学内容的真正含义。如果本堂课的教学目标是促进学生的运动参与，培养学生的运动兴趣，在运动中激发学生的团结协作，这时教师所选择的教学内容应围绕着目标来展开。如果教师选择的是短跑教材，就应该考虑如何通过短跑教材来实现教学目标。例如，教师可采用新颖的奔跑性游戏或各样的接力比赛来进行，在游戏和竞赛中，不仅能提高学生的奔跑能力，还能激发学生的参与兴趣，促进学生的团结与协作，学生就会被一堂丰富多彩的教学课所吸引，由此引发对田径运动的兴趣。此外，在整堂教学课中，教师应善于启发学生，使学生充分认识到，要想获得竞赛的胜利，奔跑能力的提高是获胜的基础，团结协作是获胜的关键。

（四）"说"教材重点、难点

当今的"体育与健康"课程标准，虽淡化了学生对动作技术的掌握，但不等于就不需要动作技术，不需要教材的重点、难点。如果完全不需要动作技术，不需要教材重、难点，"体育与健康"课程标准又为何要确定运动技能目标，运动技能目标的达成又从何而来。现在的"体育与健康"教学课，不像传统的体育教学课那样，不是教师的技术讲解与示范，就是学生对动作技术的反复练习，非让学生的动作达到精益求精不可，给学生自主的时间与空间太少。"体育与健康"课程标准的教学理念是充分体现学生的主体作用，给学生主体发挥的时间更多了，让学生在自主学习或小组探究学习过程中，体会到掌握技能与增强体能的重要性和必要性。

（五）"说"对象

说明授课班级、人数、男女生合班或分班、时数、场地器材和设备条件等情况。说课中，无论是目标的确立、教材的选择还是教法组织形式的应用，都必须认真考虑教学对象的年龄特点和心理特征。

（六）"说"教法与手段

教法不宜多，关键在于能否驾驭教学。体育教学方法与手段多种多样，在教学中，教师应脚踏实地，根据所确立的教学目标和教学对象的特点选择简单易行的教法与手段，不要为了赶时髦而生搬硬套。教法与手段的应用应有利于启发学生的思维，有利于激发学生动手动脑。

（七）"说"学法

学法大致包括自主学习法、探究学习法、协作学习法、自我展示法、学案导入法、收集资料法等。学法的确立，要适合学生的需求，能激发学生的学习主动性、积极性。

（八）"说"教学过程

教学过程的设计，应全面考虑，使各环节衔接紧凑，起到承上启下的作用，有利于教学目标的达成，有利于启迪学生的智力，有利于学生技能的培养，有利于激发学生的学习兴趣。其教学过程如下：

1. 开始部分（常规导入）：整队、点名、宣布目标与内容、集中精力。
2. 准备部分（愉悦热身）：慢跑、徒手操、游戏、辅助练习。
3. 基本部分（学练部分）：教与学、练与导、交流与评价。
4. 结束部分（恢复身心）：整理活动、小结、布置收拾器材。
5. 场地与器材：准备与布置、收拾与返还。
6. 课后反思（优点、不足、对策）。

（九）"说"学习评价

学习评价是课程改革的重点和难点，在"说"学习评价时，应注意以下几个方面：学生自评、同学互评和教师评价三者的结合；定量评价与定性评价的结合；终结性评价与过程性评价的结合；绝对性评价与相对性评价的结合，应把握好评价的时机。

1. 体能的评价（参照学生体质健康标准）。
2. 知识与技能的评价（"体育与健康"知识和方法的掌握与运用，专项运动技能的掌握与运用）。
3. 学习态度的评价（出勤与表现）。
4. 情意表现与合作精神的评价（情意——情绪、自信心、意志；合作——交往、协助、责任感）。
5. 健康行为的评价（含生活习惯、遵守作息制度、个人卫生和公共卫生等）。

（十）"说"运动负荷

运动负荷是建立身体健康的基础之一。教学中要以培养学生的兴趣和终身体育意识为基本出发点。过大的运动负荷不仅不利于学生的身体健康，而且会挫伤学生的学习积极性，不利于学生兴趣的培养；过小的运动负荷不但达不到锻炼学生肌体的目的，还会使一堂教学课松松垮垮，提高不了学生的学习热情。

（十一）"说"场地器材

教学中，教师对场地的布置和对器材的利用是很讲究科学性的。场地器材的布置合理，让人有安全感、舒适感、美感，有利于队伍的调动，方便学生的练习，能为一堂课的成功起到锦上添花的作用。

四、说课与上课的区别（异同点）

1. 共同点：都是对同一教材进行处理。
2. 不同点：说课不是教案的翻版，更不是教案的抄写与缩写。

说课应把握以下五点：第一，把握好时间（10～15分钟）；第二，应体现是说而不是念（脱稿或半脱稿）；第三，语言表述清晰、流畅，注重轻重缓急；第四，说课程序有条理，重点难点突出；第五，说课过程应生动、表情自然。

五、体育说课范例

"体育与健康"课程说课稿（1）

（一）指导思想

以"健康第一"为指导思想，以五个领域目标为依据，促进学生的团结与协作，寓教于乐，激发学生的学习热情，结合素质教育，培养学生的创新意识和实践能力，使学生在轻松、愉快、热烈的气氛中，提高技能和体能，使学生身心得到全面发展。

（二）教学目标

通过教学，增进学生对健美操的了解，促进学生的积极参与，提高学生对动作节奏感、韵律感的表现力，塑造健美的形体，陶冶美的情操。在快乐体育中，为学生提供多项体育活动内容，让学生自由选择自己所喜爱的锻炼项目，激发学生的学习热情，促进学生个性的发展。

（三）对象与教材

对象为初二年级男生，教材为健美操和快乐体育。

（四）教法与手段

教法：教师主要采用讲解示范、提问作答、启发动机、分析诱导、思考讨论、分组练习、归纳小结等方式，来达到传授技能、提高体能、培养兴趣、激发参与的目的。

手段：主要通过课件的应用，把全套健美操进行播放，学生观赏，教师点评，其目的是使学生对健美操有进一步的认识，使学生建立正确的观感、更直观地理解，并通过课件对学生进行动作的创编，培养学生的创新意识和实践能力。通过课的不同部分应用不同的音乐效果，激发学生的学习主动性，提高学生对动作节奏感、韵律感的表现力。例如健美操——强劲迪斯科音乐、整理运动——轻音乐等。

（五）学法

充分发挥学生在教学中的主体作用，培养学生的创新意识和实践能力以及自我管理能力。例如，健美操练习时由学生自喊口令，并为学生提供自主练习、协作练习的时间与空间；快乐体育，学生根据自己的爱好和特点，选择适宜的锻炼项目，彻底改变传统的"教师保姆式"教学管理的理念，激发学生主观能动性，使学生真正成为课的"主人"，充分体现体育课程标准的新理念。

（六）教学程序

1. 课的常规。

（1）常规导入：集合队伍，检查人数、着装。师生问好，安排实习生的工作。

（2）宣布本课内容任务，注意事项，导入教学。

2. 愉悦热身。根据主教材的特点，主要以游戏的形式进行，并由各小组自定（选）活动内容，可做课堂上做过的游戏，也可做学生自己创编的游戏。

3. 温故知新。

对已学的健美操动作进行分组练习。

目标：促进参与和协作。

4. 新授知识。学习健美操新动作。

目标：提高运动技能。

重点：动作准确，规范化。

难点：动作连贯、协调有力、节奏感强。

5. 协作性学习。分小组进行自练与创编。

目标：培养学生的创新意识和实践能力。

6. 展示与评价。各小组展示各自的做操风采。

目标：培养自信与个性。

7. 快乐体育。主要安排了四个项目的活动内容——篮球、足球射准、健美操、羽毛球。学生根据自己的爱好选择锻炼项目，并在小组长的组织下有序地进行。

重点：培养学生的个性发展。

难点：使学生快活起来。

目标：促进身心健康。

8. 恢复身心。应用轻音乐和简单的舞步进行放松。

（七）预计效果与负荷

通过课的周密计划，采用合理的教法和手段，85%以上的学生应能较好地掌握动作，全面完成教学任务。预计最高心率可达到165～175次/分，平均心率为130次/分，练习密度为50%，强度指数为1.63。

（八）场地器材

篮球场1块，录音机1台，篮球2个，羽毛球拍5副，足球4个，哑铃3副，跳绳5条，小垫5块，挂图1幅。

【评析】本案例简明扼要地概括了说课的全过程，其最大特点是在教学的每一个过程都设计有具体的教学目标，并且把教学中的重点与难点体现在教学的主要环节上。

"体育与健康"课程说课稿（2）

（一）教材

根据初中"体育与健康"课教材的设置，结合本校实际，在初三年级限选教材中安排了排球这一运动项目，其意义是通过排球基本理论知识和基本技术的学习，让学生了解排球运动的起源与发展，了解排球运动的特点与锻炼价值；了解排球的竞赛规则，懂得如何欣赏排球比赛。其作用是通过排球的比赛或练习达到娱乐健身的目的；通过学习，培养学生的判断能力、分析能力、应变能力，以及团结合作、顽强拼搏的集体主义精神。

（二）课的设计

1. 课的指导思想。依据新教材《课程标准》的要求，以促进学生身体、心理和社会适应能力整体健康水平的提高为目标。根据初三年级学生的心理与生理的特点，通过排球基本技术学习，让学生学会一种运动技能，激发学生的运动兴趣，培养学生的组织能力、创新能力、实践能力，以及吃苦耐劳的意志品质、团结互助的集体主义精神和终身体育的意识。确保"健康第一"思想落到实处，使学生健康成长。

2. 教学对象与内容。对象为初三年级学生，内容为巩固提高排球基本技术的垫、传球技术。

3. 教育教学目标。通过排球基本技术教学使学生达到以下领域目标：

（1）运动参与：通过多种教学方法与手段，使学生主动参与排球活动，发展体能，获得运动技能，养成良好的锻炼习惯和终身体育意识。

（2）运动技能：通过排球基本技术的教学，让学生学会排球正面垫球、传球的基本技术，并使排球运动成为自己的爱好，从而提高终身体育锻炼的意识和能力。

（3）身体健康：通过排球基本技术教学，让学生明白体育活动是促进身体发展和健康的重要手段，从而引导学生积极参与体育活动，形成良好的生活方式。

（4）心理健康：通过排球基本技术目标练习与学习评价的设置，提高学生的自信心、意志品质和调节情绪的能力，培养学生诚实公正的道德品质；促进学生心理健康水平的提高。

（5）社会适应：通过排球基本技术教学，使学生形成良好的体育道德和合作精神，增强他们对社会的责任感。

4. 教学重难点。

（1）重点：垫球、传球手形，击球点，击球部位，手指弹力及身体协调用力。

（2）难点：正确地运用垫球、传球手型和击球点，指、腕、臂等身体的协调用力。

5. 教学重难点突破的方法与手段。

（1）方法：采用课前观看课件引导学习、课中讲解示范、打擂台竞赛、提问题、分组练习、目标练习、自评、互评等方法促进学生自主练习。

（2）手段：采用多媒体课件、图片、文字说明方式让学生建立更加完整的技术概念。精心设置练习场地与练习目标及评价内容，激发学生学习积极性与主动性，从而达到掌握动作的目的。将本次课排球有关技术名称配上英语（单词、词组），使学生在练习中学习外语，培养学生随时学习英语的良好习惯，掌握更多体育专项英语词汇。

6. 教学程序。

（1）课间时间：指导学生观看课件及练习场地，让学生了解本课学习目标与评价内容，激发学生对本次课的学习兴趣，使学生对排球垫、传技术建立完善的动作概念。

（2）课开始约3分钟：进行常规练习，集中学生注意力做好上课的准备。提出练习目标及评价内容，激发学生的学习兴趣与信心。

（3）热身操约7分钟：全班分成四个小组，由小组长组织进行。培养学生的组织能力、合作能力、创新能力。

（4）教学实践步骤约30分钟：学生根据教师设置的练习场地与练习目标进行有序自主的练习，体会、运用动作技能，素质练习，学习评价等过程。给学生提供充分表现才能的机会，促进其个性发展，从而达到培养学生的学习兴趣、提高竞争意识、激发自信心的目的。进行多项素质练习（多级跳、跳绳、侧身移动、仰卧起坐等），提高学生身体素质，通过评价练习，学会评价自己与他人，提高鉴赏能力。

（5）课结束前约5分钟：应用音乐做整理活动，进行课后小结及布置课外锻炼任务。

（三）器材

本次课需多媒体小推车2辆、排球50个、海绵垫4块、跳绳8根、小黑板4块、挂图4幅、学习评价记录夹8本、秒表1只。

附1：记录夹

A. 学习评价记录及小组名单

小组长：_____ 组别：_____ 项目：_____ ____年___月___日

姓名	等级	动作技能		学习态度		自练能力		合作意识		心理素质		身体素质		调节能力	
		自评	互评	自评	互评	自评	互评	自评	互评	自评	互评	自评	互评	自评	互评
	好														
	中														
	差														
	好														
	中														
	差														

B. 学习评价参考表

动作名称		动作技评参考
正面双手垫球	优	准备姿势、手型正确，迎击触球部位准确，全身协调用力
	良	准备姿势、手型正确，迎击触球部位较准确，全身协调用力较好
	中	准备姿势、手型较正确，迎击触球部位较准确，全身协调用力较好
	差	准备姿势、手型不正确，迎击触球部位不准确，全身协调用力不好
正面双手传球	优	准备姿势、手型正确，迎击触球部位准确，全身协调用力
	良	准备姿势、手型正确，迎击触球部位较准确，全身协调用力较好
	中	准备姿势、手型较正确，迎击触球部位较准确，全身协调用力较好
	差	准备姿势、手型不正确，迎击触球部位不准确，全身协调用力不好

说明：通过学习评价的记录可以比较客观地评价学生的学习情况，培养学生的观赏能力，提高自信心。

附2：小黑板［根据各区所需进行设计（如传球区）］

练习任务（自传、抛接、移动、对传等练习）。

练习目标（每项练习连续20次以上）。

示范图片（略）。

相关英语（volleyball——排球、forearm pass——正面双手传球、double contact——连击、lift——持球等）。

简单规则（略）。

动作要领（略）。

易犯错误与纠正方法（略）。

说明：通过小黑板提示学生可以随意选择练习，培养学生自主锻炼和学习的能力。

（四）教学场地设计

场地：学校田径场或球场。

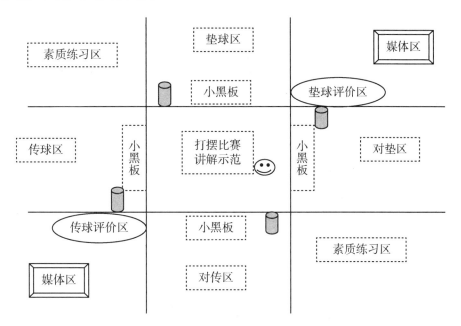

场地说明：教学场地共分 15 个区（如上图所示），"▯" 为球筐，四条线长度 40 米以上。学生可根据自己所需随意进入各个区进行练习。

（五）预计运动负荷与目标

预计通过本次课学习，95% 以上学生懂得应用排球的垫、传技术进行体育锻炼。预计本次课学生的运动强度指数为最高心率 170 次/分左右，平均心率 130 次/分左右，练习密度为 50% 左右。

（六）展示课件

通过课件应用可以使学生更加完善地掌握排球的正面垫、传技术，激发学生学习积极性与主动性，提高教学效果。

【评析】该案例的最大特点是，内容全面，设计独特，教师充分利用教学组织手段，对场地和器材做了周密的安排，以图解结合教师的"说"来达到说课的最佳效果。教师还设计了学生学习评价表，以评价促进学生的学习，这也是本案例的一大亮点。

"体育与健康"课程说课稿（3）

（一）教材分析

1. 教材的选择。接力跑是运用集体合作的方式进行的，它是训练学生相互配合、密切协作的一项良好活动，能更好地培养学生的集体主义精神，是促进学生集体荣誉感的首选教材之一。根据我校学生短跑素质较差但团结协作的集体主义精神却较强的现状，选择此教材既可提高初二学生快速跑的能力，发展灵巧、速度等身体素质，又可使学生养成互帮互助、团结协作的良好作风。

2. 本课内容。接力跑、趣味接力游戏、快乐体育。

3. 教学目标。本课作为初授课，主要是让学生了解和体会接力跑这项特殊的运动项目，初步学习接力跑的各种技巧，并在课堂中将素质教育贯穿于教学过程中，采取丰富多样的内容和练习形式培养学生全面发展身体素质的能力。

4. 教学重点、难点。

（1）重点：定好让距，掌握好起跑时机。

（2）难点：高速行进间的接力技术。

（二）教法分析

本课立足于素质教育的要求，本着全面发展学生身体素质和培养学生终身体育兴趣的原则，采取各式各样的教法，促进学生对技能的掌握和对运动的爱好：

1. 学生认识和掌握某项技术或技能有一个由浅入深的过程，所以应采用循序渐进的教法。

2. 本课的开始部分采用到室内集中观看课件的形式进行，使学生更加直观清楚地观察到各项练习和动作的整体示范及讲解，充分利用先进的教学媒体达到以前光靠教师无法达到的效果，而不必让教师在接下来的课中浪费太多的时间。

3. 采用设疑问答形式激发学生的思维能力，促进学生思考，加强对动作的领悟性。

4. 在教学的主要部分均采用音乐配合。选择合适的音乐来激发热情，放松身心，活跃和调整课堂的气氛。

5. 不论是慢跑、做操还是各种形式的练习，教师均参与学生的练习，这样可以带动学生的练习热情，调节学生的紧张情绪。

6. 主教材接力跑的练习内容及练习方法较为多样，这样既不像以往的教学那样只抓住某项技能技术进行枯燥的讲解和练习，又可以激发学生的学习兴趣，促进其对整个接力跑技术有一个清晰的概念。另外，在布置课外作业上也采取了三种方法，让学生课外自由地选择练习，以达到发展学生个性的需要。

7. 趣味接力游戏是考虑到既复习原来一年级所学过的立棒式传接棒方法，又可以通过多种形式提高学生的练习兴趣、快速奔跑能力、反应能力和弹跳水平等，达到调节学生情绪、增强练习强度的目的。

8. 实践快乐体育，采用四种练习任选一种方法的形式，既可以弥补主教材无法练到身体一些部位的不足，达到全面锻炼身体的目标，又可以给学生较多的选择空间，对培养学生的体育兴趣有很大的作用。

9. 值日生的带操和各小组长带队的练习可培养学生勇于实践的能力，发展他们的组织能力，对学生而言，得到了锻炼；对教师而言，更容易做到全面地观察；对课堂而言，组织更有序了。

（三）学法分析

学生的学习是课的主体，本课由浅入深、全面细致的教学设计对学生的学习会有较大的帮助。

1. 模仿练习还是目前绝大多数学生采用的方法。

2. 提问的方式使学生懂得学习时带着问题去思考，这样更易体会动作的要点，掌握整堂课的教学内容及程序。

3. 根据学生身体素质的差异进行有选择的分组练习，避免学生在学习过程中由于没有适合自己的练习而达不到锻炼的效果。

4. 观看录像后，循序渐进地学习各项辅助技术，最终能顺理成章地完成完整、完美的动作。

5. 音乐、游戏及快乐体育的介入，使学法有了较大的改善，学生可根据自身的特点选择合适的学习方法。

（四）教学程序

1. 常规导入：8分钟。

（1）电教室集中、点名，并提出本课所要学习的动作的问题。

（2）观看课件5分钟，带着问题思考。

（3）操场上安排实习生慢跑。

2. 肌体启动：3分钟。

（1）结合本课所学动作，设计合理的准备动作。

（2）通过音乐的介入和小组长的带操活跃学生的气氛。

（3）通过教师加入学生队伍中的练习激发学生的热情。

3. 实践与体验：26分钟。

（1）接力跑。

1）持棒练习起跑动作。

2）练习接棒人起跑动作。

3）学生成4列横队，左右间隔两米，前后相距1米左右，原地摆臂按教师信号做传接棒练习。

4）在慢跑和中速跑中做传接棒练习，练习队形同上，但前后相距5～10米，按同伴信号进行传接棒练习。

5）两人一组，40米中速跑在接力区内做传接棒练习。

6）四人一组，中速跑在直道上练习交接棒。

7）循环4×30米接力（学生可根据自己的身体条件自由选择6和7练习）。

8）4×50米接力。

9）4×100米全程接力（学生可根据自己的身体条件自由选择8和9练习）。

（2）趣味接力游戏：5分钟。

（3）快乐体育：5分钟。

1）毽子。

2）呼啦圈。

3）跳绳。
4）飞碟。

4. 恢复身心：3分钟。
（1）音乐介入呼吸及四肢调节放松。
（2）提出问题，学生回答后讲评。
（3）布置三种课外练习供学生选择。
（4）安排收拾器材。

【评析】该案例从教材、教法、学法分析和教学程序的设计等方面，详细介绍了课的全过程。重点突出教材与实施教法、学法的密切关系，并在教学程序的设计中，构建出课的总体步骤，给人以清新、明了的感觉。

"体育与健康"课程说课稿（4）

教学内容：
（1）投掷；持轻物投准。
（2）跳跃；跳绳。
教学目标：
（1）通过本次课的教学培养学生的乐学、好学，对体育活动产生兴趣，促进学生的积极参与，在活动中使学生掌握投准的基本技术动作，提高投掷能力。
（2）发展学生上下肢力量、灵敏、弹跳力及协调配合等能力，加强学生的安全意识。
（3）培养学生勇敢、顽强的优良品质和爱国主义精神，陶冶美的情操。

一、材料分析

（一）主教材分析

1. 教材系统分析。投掷是人们日常生活中的实用技能，又是锻炼身体、增强力量的手段。初中一年级的投掷教学，主要是使学生基本掌握肩上屈肘、自然挥臂的方法，将投掷物迅速投向指定的目标，发展学生的力量和协调性等身体素质，促进上肢肌肉、关节、韧带的发展，全面锻炼身体。同时，通过教学培养学生的组织性、纪律性和听从指挥等优品质，并对学生进行素质教育和爱国主义教育。本次课在投远的基础上学习投准，是娱乐型体育课，使学生能够在娱乐中学习知识，锻炼身体。

娱乐型体育课的主要特点是让学生积极参与、表现自我，其目标在娱乐上。侧重于学生身心的某种需要与满足，通过活动调节情绪、转换注意力、掌握某种喜欢的活动方法，发展某一薄弱素质或能力，表现自己的运动能力或体力，锻炼意志，争取成功，等等。为了体现娱乐型体育课的特点，选择了趣味性、游乐性很强的组织形式，课堂设计具有明显的情境安排，艺术化处理。创设情境，以"形"为手段，以"美"为突破口，以"情"为纽带，以"周围世界"为源泉，利用去大森林郊游这一故事情节，引发学生学习的积极性，根据故事发展学习持轻物投准，并消灭"坏人"，以此培养学生的兴趣，体验成功，培养自信，获得心理上的愉悦，促进学生身心健康。

2. 教材选编意图分析。充分考虑初一学生的身体状况和心理素质等情况，结合教材，制订学习计划、目标及任务。安排了持轻物投准、跳绳和游戏，以此发展学生的整体素质。通过情境教学，开拓思维，激发学生的学习热情。主要以培养学生、诱发学习自主学习为主；以指导观察为基础，强化感受性；以发展思维为中心，着眼于创造性；以陶冶情感为动因，渗透教育性；以演练能力为手段，贯穿实践性。根据学校特点因地制宜地创设情境，最终达到"形真、情切、意远、理蕴"的目的，充分体现教学过程的育人功能，把学生培养成全面发展的一代新人。

3. 教学的知识技术结构及目标分析。持轻物投准动作要领：正对投掷方向，两脚前后开立，左脚在前，右手持投掷物屈肘于肩上，肘关节向前，眼看前面的标志靶，把轻物投向标志靶。教学重点：正确的投掷姿势。教学难点：协调用力，目标准确。

（二）搭配教材的意图说明

本课主教材是持轻物投准，以发展学生上肢力量为主，为使学生身体得到全面发展，达到体育课对学生身体负荷的要求，搭配了学生比较喜欢的下肢运动跳绳练习，使学生上下肢均能得到协调发展。跳绳是一项民族传统体育运动，深受广大中小学生的喜爱，是娱乐性与趣味性很强的体育锻炼项目，不受地域、人数、场地器材的限制，动作简便易行，具有一定的强身、健心、益智的锻炼效果。本节课打破以往体育教学以单纯地锻炼身体为主的教学活动，让学生在课堂中动脑思考，开发学生的创造力和适应能力，使脑体结合，体现出练中有思、思中有变、变中有乐，使学生学有所得，练有所获，培养学生独立锻炼身体和善于动脑解决问题的能力，使素质教育在体育课堂上得以充分体现。

二、教学方法的利用

本次课有技术练习、素质练习，为了充分发挥教师的主导作用，体现学生的主体作用，在课的"教、学、练"的过程中，有针对性地选择了教与学的方法。

（一）教的方法

以引导法为主，结合分解教学法、讲解与示范法、自学法、形式变换法、语言鼓励法、分层教学法等，充分地为学生创设成功与表现的机会，并通过引导，激励和帮助学生克服和战胜学习的障碍。例如，在课上我这样引导学生："同学们，我们在前面的课中已教了几种跳绳的花样，你们想想看，还有没有更多的花样呢？"然后，在音乐伴奏下，各小组同学开始创编花样跳绳，这样不仅可以培养学生的创新能力，而且达到了在体育课中落实素质教育的目的，使学生在身体得到发展的同时智力也得到相应的开发。又如，我在游戏中又利用"坏人"做靶心，激发学生的成功欲望，并引导他们只有动作对，才能打得准，充分引导激励，并帮助学生进步，使每个学生都有机会获得成功，充分展现自我。又如，考虑到学生现有的运动能力等因素，在课上组织分层次教学，即按能力分组。练习时，学生可根据自己的体质、力量及身高等方面的差异，选择不同距离的标志靶，在线后进行投准。再如，个子高、力量大、运动能力强的学生选择较远的标志靶，身体素质差的学生就选择较近的标志靶，能力及素质还不错的学生可选择中等距离标准靶,这样就可以使不同素质的学生均能达到锻炼效果,使每一个学生都有获得成功的机会,满足学习欲望。

另外,在教学过程中,我常采用鼓励的语言,对学生多表扬、多鼓励、多肯定,体现平等教学,尊重学生人格,提高学生兴趣。教师把关心、爱心、耐心、热心、信心融于整个教学环节,因此,师生关系融洽,为教学奠定了良好的氛围。

(二)学的方法

教师乐教,学生乐学。现在我国教学方针提倡减轻学生学业负担,体育课也不例外。因此我把整个教学过程故事化、情节化,以郊游的形式出现,让学生乐学、乐练,学得快乐,练得顺心。教学中教师是引导者,学生是学习的主体,学生通过实践动手、动脑,培养了全面的素质。整节课,学生都表现出浓厚的学习兴趣,并能主动、尽力、欢快地活动,真正达到了在乐中学、在乐中练、在乐中受教育的目的。通过以上教法与学法的结合,学生积极思维,课堂气氛活跃愉快,为发展学生自我锻炼能力、组织管理能力、创新能力创造了良好的学与练的环境。

(三)电化教学手段的利用

电化教学是现代体育教学所必需的,在课前,利用课件,使学生对整节课的教学内容、练习方法有一定的了解。另外,教学的每个环节我都使用了录音机,在音乐的伴奏下,陶冶学生情操,使他们体验运动的美感及乐趣,培养他们对体育的兴趣。

三、课堂教学设计

以情境教学来完成课的教学目标,以激发学生的学习兴趣为动机,使每一个学生都有机会获得成功,使其在愉快的氛围中学习知识,身心得到协调发展。

教材顺序与时间分配:

创设情境(2分钟):在简单的教学常规后,以去大森林郊游的故事情境拉开课的序幕。

进入情境(4分钟):在郊游中,同学们一起在大森林里"打猎"——做游戏。游戏方法:将学生分成人数相等的两队,作为进攻方和防守方。防守方分散在规定的距离内,进攻方分散在规定距离外,双方均不得逾越限定。进攻方队员向防守方队员投掷沙包(击头部以下)。被击中者退场,如沙包被防守队员接住,则接住一次可救活一名场下队员,两分钟后看哪一队击中的队员多。然后两组交换。但在做游戏的过程中遇到了"坏人",于是,由游戏过渡到打"坏人"。

情境体验(30分钟):本阶段以打"坏人"为主,练习方法如下:在平坦的土地上画直线,在距直线3、4、5、6米处各画一个"飞镖盘",在飞镖盘的中心画一图像,代表"坏人",学生在直线后面根据自己的能力选择不同距离来练习投准。然后做自编游戏"特殊任务",培养学生机智、果断的优良品质。为激发学生对体育活动的兴趣,制作生动、形象的"坏人",使学生看到实物后,充分联想,仿佛身临其境地进入了真正的大自然中。

做游戏时放音乐《祖国祖国我们爱你》来抒发情感,既培养学生乐观向上、积极进取,又培养了爱国主义精神。

游戏方法:将学生分成人数相等的四队,站在起跑线后方。游戏开始,每队排头同学迅速跑出，跑到相距起跑线10米的位置后，用沙包击距离5米的"坏人"，若击中了就跑到"坏人"旁用彩色笔画申奥图标，然后跑回击第二名同学的手，第二名同学跑出，继续完成任务……直至每人完成一遍，看哪一组的任务完成得又快又好。完成任务后，学生们继续在大森林里做游戏——花样跳绳。

情境回顾（4分钟）、情境体验完了，该轻松轻松了，在音乐声中边放松边回顾郊游的感受。回顾完，由一名同学讲一个小笑话来调节一下紧张的心情。

四、组织与队形变换

以往的教学，学生都是在教师规定的范围内活动，尽管活动的内容丰富多彩，但学生还是有一种被限制的感觉。这次课，我不限制学生们站、练的队形，而是让他们选择能看到教师、能听到教师说话的位置即可，这样学生们觉得更轻松些，也更有利于学生创造性思维的发展。

从培养学生的创新精神和实践能力着手，使他们能够用所学的知识、技术、技能去锻炼身体，在锻炼身体的同时又能得到快乐，以达到益智健身的目的，为树立健康第一、终身体育的观念奠定基础。

【评析】本案例主要通过设置教学情境来完成一堂投掷课的教学，有自己的独特之处。对主、辅教材的选择和搭配意图都做了详细的说明，并利用多种教法、学法来激发学生的学习欲望，达到在乐中学、在乐中练、在乐中受教育的目的。

第二节　片段教学

一、片段教学的定义

所谓片段（片断）教学，是相对于一节完整的课堂教学而言的。一般说来，截取某节课的某个局部的教学内容，让教师进行教学，时间限定在10～15分钟。也就是说，片段教学只是教学实施过程中的一个断面，执教者通过完成指定的教学任务，来表现自己的教学思想、教学能力和教学基本功。

二、开展片段教学的意义

片段教学不受时间和场地的限制，人数可多可少，时间也可长可短，非常灵活。运用的范围也很广，领导检查教学情况、评价教师的教学水平，教师之间研讨教学，开展教学技能竞赛，等等，均可采用片段教学的方法。因此，片段教学不但具有教研作用，而且具有评价教师业务水平的功能。

开展片段教学的意义，一是有利于提高教师的教学能力，如语言表达能力、示范能力与模仿能力等；二是有利于提高课堂教学的效果，如激发学生学习兴趣等；三是有利于提高教研活动的实效，如相互交流、互相借鉴等；四是有利于提高评价教学水平的信度，如教师组织、教师讲示、师生互动等。

三、片段教学的基本特征

片段教学时间短，时间限定在 10～15 分钟，既具备了普通体育课实践性、完整性特点，又具备了虚拟性与预设性的特征。

（一）实践性

这是片段教学最基本也是最重要的特征，从本质上说，片段教学就是一次教学实践活动。它是将教学构想具体化、实践化的过程（就像体育教师上公开课，先要写课时计划，然后根据计划进行模拟教学），体现其教学设计的合理性、可行性和实效性，是实践与理论的统一。

（二）完整性

片段教学既不是宣讲教案，也不是课堂的浓缩，片段教学如同平时授课一样，要实现教学重点突出和教学难点突破，完成教学目标，所以，进行片段教学时，要有清晰且完整的教学步骤的实施过程。正因为片段教学既要确定教学重点和难点，也要进行教学设计，同时还要课堂实施，所以整个过程体现了完整性。

（三）虚拟性

这是片段教学所具有的一种虚拟性特征。平时教学实践的实施对象是学生，而虚拟型片段教学面对的却是同事、同行与评委，因此，在教学实施过程中带有浓重的虚拟色彩。

（四）预设性

由于虚拟型片段教学无法面对真正的学生，以至于学生的发言、活动、师生互动交流难以进行，而片段教学的虚拟性决定了这些课堂互动是必不可少的，因此，体育教师只有加以预设，片段教学才能顺利进行。这就要求体育教师做到眼中有学生、心中有课堂与预设虚拟教学。

四、片段教学的操作

片段教学侧重于展示教师的教学艺术与能力，主要反映教师驾驭课堂的实际教学能力和水平。

（一）表现崭新的教学理念

教学目标：根据三维目标来确定。教学方法：采用启发式、引导式，发挥学生的主体作用，倡导自主、合作、探究的学习方式。

（二）注重片段教学设计

1. 吃透教材：做到胸有成竹，有的放矢，从容不迫。

2. 教学过程：合理走动，步骤清晰。
3. 设计内容：导入设计、问答设计、活动设计、互动设计等。

（三）善于虚拟教学情景

虚拟教学情景可以通过体育教师的口头语言、肢体语言、间歇停顿等来构建，再现真切的教学情景。例如，在跳远教学中，助跑与起跳，教师让学生进行分组练习，巡视指导后，通过评价学生练习助跑与起跳的长处与不足来完成虚拟的分组练习情景；体育教师提出一个问题，停顿片刻后，通过评价该生的回答来完成虚拟的答题情景；体育教师让学生再次进行分组练习，并在课堂上稍作巡视，通过对不同组的观察、指导来完成虚拟的纠正错误动作情景。还可以虚拟各组互相观摩、互相提示活动等情景，使课堂教学师生互动、情感交融，给人身临其境的感觉。

（四）注意运用教学语言

片段教学要像上课那样，有声有色，灵活多变，前后连贯紧凑，过渡流畅自然。要把听课的人看作自己的学生，有问有讲，有练有导，用自己语言的变化将他们带入你的课堂教学中去，使之未进课堂却仿佛看到体育教师上课的影子，感受到课堂教学氛围与效果。

（五）及时调整自己的心态

片段教学中的角色与说课、讲课中的角色均不尽相同，这种角色的移位需要体育教师迅速适应，在片段教学实施过程中，因其虚拟性需要较强的表演能力，因此，片段教学适时应有较强的应变能力，能够及时调整自己的心态，让自己尽快进入片段教学的角色。

（六）努力展示自身素质

体育教师可以用优美的动作来表现自我示范功力，通过讲解来表现语言能力，举形象的例子来显现自己的知识面与幽默感，还可以用自然的肢体语言、教态、饱满的精神、洋溢的激情去获取评委老师的好感，等等。总之，需要扬长避短，在有限的时间内充分展现自身良好的专业素养。

五、片段教学的评价

从评价的导向性来看，是否抓住重点，突出主要矛盾，从体育教学和科研方向上去评，给体育教师指出努力的方向；就客观性而言，从教师、教材、学生的实际出发，准确客观地评价，肯定成绩，找出不足，给教师以激励作用；以整体性而言，既要依据片段教学内容去分项评析，又要从整体上给片段教学下结论、写评语，更要指导教师、培训教师，使之尽快提高专业理论水平和业务能力。

优秀片段教学的评价：一是教学目标明确，能以局部目标体现整体教学的三维目标。二是教材分析透彻，能正确认识所选片段在教材中的地位、作用，确定教学重点、难点，挖掘教材资源，选好教学的切入点和突破口。三是教法科学实用，总体设计合理、有新意、有独立的见解，能实现教学目标。导入、教学、结尾等教学环节和重点、难点突破符合学科特点，能调动学生的学习积极性，肢体语言形象、富有感染力。四是教学对策恰当，对学生学习本课的原有基础和现有困难分析准确，采取的教学对策有助于学生克服学习困难和心理障碍。五是能力训练到位，训练目的明确、具体，与本课的教学目标一致。训练设计面向全体学生，体现层次性。训练方法得当，有助于学生体育能力的培养。

六、片段教学范例

片段教学可以被看成某一节体育课中的片段，若干个片段教学组成了一节完整的体育课。在实际的课堂教学中，每个片段都离不开教师的指导和学生的学练过程。下面列举两例来自实验区的片段教学。

《投准》教学片段（水平四）

对象：七年级学生

片段一

一、教学意图

教师把事先布置好的各种不同的练习场地提供给学生，让学生自己选择伙伴，自己设计活动内容（但必须是用球来做投准的活动），在激发学生学习兴趣的基础上，提高投掷能力。

二、场地设计

第一练习区：肋木上挂两个体操垫作为高度不一的投掷目标。

第二练习区：联合器械上挂一个体操垫作为投掷目标。

第三练习区：靠围墙边放置四个栏架当守球门。

第四练习区：操场中间放置两个竹箩筐当投掷区。

三、教学方法

（一）引导、观察

使学生了解各练习区大致的活动类型。

（二）趣味游戏，思考讨论

你们所选择的练习区，该玩什么，采用什么样的投掷方法？

（三）指导、解决问题

教师依次参与各组的练习，并帮助解决问题。

（四）集中展示

各组展示"投准"的方法。

四、学生练习场景

第一练习区（15个学生）：

开始有一个女生向挂得低一点的体操垫做引臂投掷动作，接着第二个、第三个，……很快15个学生很自觉地排成一路纵队，都以同样的动作做投准练习（个别同学可能感到等待时间太长）。后面几个同学跑到另一个挂得高一点的目标前做投掷练习，但命中率不高。投了一阵后，突然有一个同学做了一下手上抛的动作，结果投准了，正好被老师看到，受到表扬。这下不得了：有的同学双手向上抛投；有的做后抛投；有的站在目标侧面，异想天开，打算一口气同时瞄准两个目标，好让老师表扬一番……

再看第三练习区，第一个栏架被一个男生当成手球门了，4个同学当中有一个当守门员，两脚张开站立在栏架正面，3个同学当射门球员。球门宽只有1米，高不到1米，要正面攻击还真不容易。3个同学讨论一番，结果是第一个从守门员胯下做快速攻击，第二个马上出手，第三个紧接着又投出，虽然3个都没投中，可是却让守门员紧张了一番；接着他们又改变了战术，采用先把球向地面使劲甩，这时球反弹进了，成功！射手们激动不已。

第二、四练习区……花样多极了。

【评析】教师在课前做了精心设计。首先，设计了4个练习区，看似简单的几个器材摆放，不仅有利于学生选择不同的练习活动，关注到学生之间兴趣爱好的差异性，使每位学生都有机会选择自己相对喜欢的活动内容，而且通过这几个练习区，很快把学生对投掷的理解向生活化、趣味化引导，而不是局限在"一引、二转、三甩手，投掷角度前上方成抛物线"的纯竞技技术的投掷动作上。其次，教学方式人性化，符合体育课标精神，关注学生身心健康，特别是关注学生的学习兴趣，让学生用"玩"的形式来投掷，保证了学生的学习积极性。有了兴趣什么都好办，学生就会积极地去思考"怎样才能投得准"这个问题，才能乐学、爱学；而不是"应该这样投、应该那样投"，强硬地把技术动作要领传授给学生，使其做机械的模仿，造成学生好不容易盼来的体育课变成枯燥乏味的练习课，真正创造学习空间让学生的身体动起来、头脑动起来，使禁锢的身体在自然环境中得到充分的舒展。最后，设计的游戏区，不论学生怎么玩，都离不开投准二字，因而也为一堂课的主要目标达成铺上天然的"草垫"，为后面的学习打下了基础。

片段二

一、设计意图

通过"炸坦克""打降落伞""排地雷"等军事游戏，让学生瞄准空中和地面的目标，做不同角度的投准练习，在提高投掷能力的同时体验体育活动所带来的愉悦。

二、游戏设计

游戏一:"炸坦克"——全班同学围成一个大圆圈,手持"炸弹"(软皮球),老师在中间,用箩筐罩住身体以半蹲姿势移动为"坦克",学生瞄准目标投准。

游戏二:"打降落伞"——队形同游戏一,教师将"降落伞"往空中抛出,待下落时学生瞄准目标投准。

游戏三:"排地雷"——教师以大花皮球为地雷,在地面滚动,学生瞄准目标投准。

三、教学方法

形象直观——以学生在生活中所熟悉的军事游戏为主线,用箩筐、降落伞(自制)、地雷(大皮球)为教具,加上语言引导,使学生身临其境地做各种投准练习。

四、学生练习场(以游戏三为例)

老师把大皮球扔到地上滚动。提示:这是地雷,当它滚到你面前,你必须以最快的速度把它排开,否则就会爆炸。

当地雷滚到男生面前时,有的学生狠狠地对着地雷用力向下甩球,有的采用滚保龄球的动作排雷,大部分学生没投准,地雷越滚越近,此时不知哪个同学打中了,哇!学生欢呼。地雷滚向女生这一边,同学们专注地以各种姿势瞄准,可是地雷越滚越近,结果来不及了,没有被排开,在脚下开花了,两个女生一蹦老高(条件反射),好像脚下真是地雷。

【评析】首先,设计的游戏与军事活动紧密结合,具有挑战性和对抗性,符合学生的年龄特征,容易激发其学习兴趣,并能在短时间内高度集中学生的注意力,使学生全身心地投入"战斗"。其次,选择的教具(坦克、降落伞、地雷)形象、直观,能够牢牢扣住一个"准"字。设计的游戏中隐藏着无声的语言——快!准!它不仅催促学生出手要快,还要准,如降落伞就要落地了、地雷就要滚到学生面前,学生不得不千方百计、想尽一切办法把它打中、将它排开。再次,看看老师对学生投准率的要求,不是用投准了多少次的量化语言,而是以"你用什么方法才能投得更准?"给予空间,促其思考,保护学生的自尊心和学习积极性,在达成学习目标的同时,为今后的学习创造更广阔的空间。

与传统的教学相比较,以上两个片段反映出教师几个转变:观念转变,教学不是"学生跟着教师转",而是"教师跟着学生转",教为学服务;角色转变,教师变大纲教材的执行者、传授者为学生活动的引导者,与学生建立密切的伙伴关系;教学方式转变,变知识技能的单一传授为互动学习,让课堂教学游戏化、趣味化;学习方式转变,要为学生创造必要的自主学习的时间和空间,启发、指导学生进行探究、合作和创造性的学习。

《综合素质练习》片段教学（水平四）

对象：八年级学生

一、设计意图

通过各种合作性游戏练习，培养学生的思维能力，激发学生的学习兴趣，使学生能认识到个人在集体活动中的作用，为后续更好地合作学练打下基础。

二、游戏

(1) "火车赛跑"。思考：火车为何跑得快？每节车厢起到什么作用？

(2) 两人合作练习："三脚人"，一对一搬（背）运等。

(3) 三人合作练习："抬轿子""三人五足跑"。

(4) 多人合作练习：自编活动内容。

三、学生练习场景

游戏1：火车赛跑

把全班同学分成六列火车，其中有"气动火车""燃煤火车""蒸汽火车"。当教师发出出发的命令时，只见"气动火车"的航标员启动轨道关卡（彩旗），全体同学发出"簌簌"的声音（以示他们的速度特别快），再看他们每人左手搭在前一个同伴的肩上，右手反背在身后抓住后一个同伴的踝关节，快速绕过事先设置的障碍物。可是速度太快了，中间有位同学脱手了，火车头却没有停下，并以更快的速度冲向目的地。无效！教师宣布。唉！真遗憾。接下来，他们围成一圈，似乎出台了一个更新的计划。"燃煤火车"开的速度虽慢了一些，但是他们每人双手搭在前面同伴的肩上，小心地绕过障碍物后，直奔目的地，成功了！还有"蒸汽火车"……三次比赛，每次"火车"搭接方法都在变化。教师小结："气动火车"跑得最快，动作也很有创意，但成功率较低，为什么？燃煤火车动作有创新，成功率较高，但跑得较慢，为什么？"气动火车"学生回答："因为我们第一次配合××同学的脚步与前面一个同学不一致并碰到前面的，因而造成了脱节；第二次我们把口号加上去，'一二、一二'，节奏整齐，脚下也统一了步调，因此就成功了。""燃煤火车"学生回答："我们都是双手搭肩，抓得更牢些，大家和着'恰恰恰'的节奏。不过，双臂搭肩影响了速度，所以跑得不够快……"

游戏2：三人合作

两人四只手臂紧紧地握在一起，另一人坐在上面，还有卧在上面（仰卧、俯卧）、趴在上面的……有的快速跑，有的小心翼翼往前跑；再看"三人五足跑"，有横排一列，中间两位同学用绳子各绑住两条腿在跑，有纵向排，第一个同学抱着中间一位同学的一条腿，后面同学扶着中间同学一起跑；还有……总之千姿百态，同学们可谓绞尽脑汁，想了一个又一个办法，全身心地投入练习。老师："同学们，游戏到此结束，想不到大家想出这么多的好办法，远远超过了老师的预计。不过现在请大家思考一个问题，刚才三人合作练习过程中，如果有一位同学没有配合好，游戏又会怎么样？"这时同学们七嘴八舌，有的说："做不成、受影响……""同学们，现在我们懂得了，所谓的合作学习，就是要群策群力、缺一不可。"

【评析】首先，教师选择了最能体现集体合作的活动游戏——火车赛跑。火车嘛，就必须连接起来，要想快，就必须步调一致。因此，怎么才能跑得快就成了同学们研讨的核心，如节奏、步伐、搭肩等。教师巧妙地运用无声的语言，把学生的学习兴趣充分调动起来。其次，通过小结中的两个为什么，让学生明确了自己在集体合作中的重要性，真正明白集体的力量来自每一个人，使合作学习初露端倪。

接下来是三人合作，是"合作学习"的升华，虽然游戏人数减少，但有一定的风险，一些同学把整个身体都卧到"四只手臂"上，这是对同学的信任，三个同学一起，共同承担责任来完成学习任务。教师以"设计"各种不同形式的合作跑游戏，促使学生动脑筋、想办法，大胆尝试，同时教会学生怎样关爱他人，谁也不能逃避责任；每组同学为了共同的目标齐心协力，这对当今独生子女来说，具有深刻的教育意义，真正使学生在合作学习的过程中体验到体育活动的愉悦，学生在不断地变换"合作"形式的同时展示自我，同时明确了人与人之间的相互学习、相互支持、相互配合及相互帮助的重要性。教师巧妙地运用游戏轻而易举地达成目标，真可谓小游戏大智慧。

第三节 案 例

案例是对一个实际情景的描述，都是事件或者故事，作为事件就要有过程，不是平面地去分析，而是动态地反映过程。案例中都包含着问题，其反映的事件要对疑难问题有说明意义，同时也可能包含解决这些问题的方法在教育教学上具有典型性和普遍性。

所谓体育教学案例，实际上是一堂体育课中的片段教学。其中存在矛盾冲突与疑难问题，经过分析研究，可以获得宝贵的教学原理或人生经验，借以启迪思考，益人智慧，发人醒悟。

体育案例是基于体育教学、教研的需要和一定的教学目标撰写或编辑起来的原始材料、案例报告、案例研究。美国案例研究者理查特对教学案例的界定是：教学案例描述的是教学实践，它以丰富的叙述形式，向人们展示了一些包含教师和学生的典型行为、思想、感情在内的故事。

教学案例讲述的是一个教学方面的故事，叙述的是一个教学事例，并且要围绕一个主题来写，比如关于课堂教学或是运动训练等内容。叙述过程要求具体，要说明事件发生的时间、地点，反映教师与学生围绕一个特定的教学目标和特定的教学内容展开的双边或多边活动。下面列举8个案例供参考。

案例 1

有感于激励教学

跨栏跑在田径运动中，是一项技术比较复杂、锻炼价值较高的短跑项目。由于跨栏要在快速奔跑中连续跨过 10 个有一定高度的栏架，因此既可以培养学生勇敢、顽强、果断等意识品质，又能使学生的身体素质得到较全面的发展。

在教学过程中，初学者，尤其是初学的女生，却往往出现怕"栏"的现象。对这一现象，我在教学实践中采用了以下做法。

（一）消除学生的心理顾虑，培养其自信心

在教学中多用一些鼓励性的语言，如："不要害怕，其实你完全能跨得过去，只要克服心理顾虑，你一定能行。"再则，降低栏架高度，缩短栏间距离进行练习，这样可消除因栏架太高及栏距偏远所造成的心理顾虑，从而逐步壮大练习者的胆量，使他们很快学会"跨"而不是"跳"，并能用三步跑完栏间的距离。

（二）采用激励式的教学手段

现代心理学家研究表明，以勉励的口气布置任务可以发挥学生的主动性和创造性，而生硬的口气会影响和减弱学生的主动性和创造性，并降低他们的活动热情。教学中若采用"你们必须给我跨过去，跨不过去要受罚"，这种生硬的口气学生听了心里一定不舒服，带着顾虑练习，效果肯定不会好，也容易出现伤害事故。如果换一种方式："同学们要大胆地练习，跨不过去没关系，老师会继续辅导你们。"这种语气学生听了不但乐意去练，而且练习时也没有心理负担，效果肯定会比前者来得好。

在体育教学中，表现好的学生，最大的期望莫过于得到教师恰如其分的评价和鼓励；有某些过失的学生，最害怕的莫过于受到教师的挖苦和冷遇。因此，对待学生该表扬的，就应该实事求是地给予表扬，并提出新的期望，鼓励其向更高的目标迈进；对有过失的，评论要适度，应动之以情，晓之以理，激发其补缺改过的动机和行为。所以，教学中适时采用勉励式的激励语言可以充分调动学生的学习热情，从而获得积极的情绪体验，使其潜在的能力得到最大的发挥。

案例 2

对后进生尤其需要尊重

学生在教师心目中的地位，是关系学生能否健康成长的重要问题。对后进生尤其需要尊重。

初一（1）班×××是年级有名的痞子，学习差，平时行为习惯不好，最让人头疼的是不懂得尊重人，在老师心目中的地位是可想而知的。正由于他留给老师的印象不好，导致他在烂泥中越陷越深。但如果细心去观察，就会发现他其实很脆弱，他也希望得到别人的关心。有一次上体育课，其他同学都很认真，唯有他坐在旁边低着头。这时，我走过去问为什么不与同学一起活动，起初他没回答，后来他终于道出了他心结。在我的耐心开导下，他终于说出"谢谢"二字。事后，我特别注意他的表现，只要有一点进步我都及时给予肯定、鼓励。他的体育素质不错，上课时，我经常有意无意地叫他领操或示范动作，从而增强他的自信心和个人能力。由于我的引导及他自身的努力，他慢慢发生了改变，留给教师的印象也渐渐好了，期末成绩也有了显著的提高。他高兴地说："老师，我终于成功了。"

看到他的进步，我也很欣慰，后进生同样需要尊重。

案例3

学生教会我微笑

每年9月开学的第一堂课，我对待新生总是重复《课堂常规》的内容，要求同学们上课服装整齐，并制订严惩的办法，因为我无没法容忍学生们穿阔腿牛仔裤和松糕鞋来上课。我的课堂要求是严肃的，提出的要求是没有商量的。私底下曾听到学生议论我平时看起来笑容可掬，上课时就成了苦瓜脸。我知道后不当一回事。有一天上一个职高班的课，我安排学生做"贴膏药"的游戏活动，同学们在场上活动得火热，我在一旁看着。不知哪位学生做了一个十分滑稽好笑的动作，同学们哄堂大笑，我忍不住也笑了。课后有位与我平时相处甚好的学生走到我身边，悄悄地对我说："老师你刚才笑得很美。"那天夜里我失眠了。我回顾这几年的教学工作，过去我担任初中体育教师，我对待男同学不仅严格，而且常常用棍子教训他们，男生总是不喜欢我上课，今天我找到了答案：我的课堂缺少微笑和爱心。我想用近一年的教学实践告诉大家，"微笑"不是什么灵丹妙药，但它却是师生之间沟通的"黏合剂"。

有一首歌唱响中华大地，其中有一句歌词是"请把我的歌带回你的家，请把你的微笑留下"，我想，这句话也适合教师这个职业。作为一名教师，无论在课堂上还是在校园里，都应该"请把你的微笑留下"。教师微笑着面对学生，就会给学生增添很多乐趣，也会使学生减少许多沮丧。

要做到"把你的微笑留下"，就要在教学活动中学会用微笑的方式与学生交流，拉近彼此间的距离，真正成为学生的知心朋友。以"笑"育"笑"，对学生持尊重、信任和宽容的态度，让每个学生都能有一个良好的学习心境。这样，在教学工作中，才能得到学生的支持，在班级管理上才能得到同学们的配合。

教学经验证明：教师的笑，对学生有良好的心理指向作用。学生对教师有着自然的敬畏之心。教师的笑，能够使师生情感共鸣、心灵共振，进而启迪学生的思维，激发学生的潜能，培养学生健康的情感，健全学生的人格，这样，不仅提高了教学效果，而且培养了师生间的友谊。

要想"把你的微笑留下"，应当做到"三心"。首先，要有"信心"。对你的学生不管是优秀生或是后进生要一视同仁，充满信心，多一点关爱给后进生，只要思路正确，加强引导，耐心教育，热情帮助，后进生也会向优秀生逐步转化。其次，要有"热心"。我校大部分是住校生，他们离开父母，日常生活中缺少关爱，有的性情孤僻、消极悲观，作为教师，应当多为他们着想，从生活上体贴关心他们，以朋友的身份与他们交流，谈论知心话题。最后，要有"耐心"。教师不仅是知识的传授者，也是文明和美德的化身。我们对待教书育人的工作不能一劳永逸，不能简单急躁，而是要有耐心，下细功夫、苦功夫。

让我们把微笑留下吧！

案例 4

老师，我也要参加

初一（2）班有一位男生成绩在班上一贯是垫底的，平时表现吊儿郎当，家长、教师都认为他无可救药了。但这个学生有个狂热的爱好，那就是足球。平时电视转播足球赛他场场不落，甚至还跑到体育中心看厦门足球队的训练，讲起足球明星来头头是道。去年夏天，学校让我组织一支 U15 少年足球队，购买了统一服装，准备参加市中学生足球比赛。这个学生知道后心痒难耐，找到我："老师，我也要参加！"我本想一口拒绝，这不是因为他学习差、表现差，而是足球队的人选也差不多齐了。但我看到他那充满渴求的眼光，一时不忍拒绝。思考片刻后，决定让他一同参加训练。但事先约法三章：他只是"编外人员"，能否"转正"全看他的表现。条件是：不仅足球水平要高，学习成绩也得提高，若有老师反映他表现不好，那就与足球队"拜拜"了。他一听有机会，兴奋得两眼放光，连连点头。

转眼到了学期结束，我了解到各科教师对这个学生的评价都有了较大的改观，学习成绩也上升到了中游水平，我深感高兴，再看他确实是块踢足球的材料，就把他"转正"了，现在他已是足球队的前锋。

通过这一事例，我体会到作为一个教师的重大责任。试想，如果我当时只是考虑到减少麻烦，一口拒绝他，而不是多加引导，也许他会破罐子破摔，也许再也回不到正道上了。

案例 5

小组合作、自觉锻炼、增强素质

今年我担任初一6个班女生的体育教学工作，在如何发展学生的耐力素质方面，我有些困惑。这是个棘手的问题，耐力练习辛苦不说，光是其枯燥的本性就让每一位学生感到乏味。按照以往对待学生的方法，该干什么就要干什么，该跑几圈就得跑几圈，不想跑就逼着跑，学生毕竟是学生，就是再无可奈何也得服从指挥。这样虽然也能达到一些既定的目标，但对于学生的心理健康是不利的，也是有悖于《课程标准》精神的。

由于初一年级的学生在小学没有接受过系统的耐力训练，撇开学生的自身素质不说，应该说起点大体是相同的。因此，这学期我对初一年级学生的耐力素质训练采用了这样的方法：

1. 开始阶段。开学不久，就对学生现有的耐力水平做了一次测试，测了每一位学生的800米成绩。

2. 准备阶段。根据学生的成绩分好、中、差三个档次，再根据成绩把这三个档次的学生重新组合，分成四个小组，而这四个小组成员的平均耐力水平大体一致，每组都挑选一名身体素质好，性格活泼、热情，能够起到模范带头作用的学生当小组长。

3. 实施阶段。教师给小组长的任务就是提高本组组员的耐力水平，在正式测验800米之前的每一节课都有近半节课的时间由小组长支配，练习的方法可由小组长自己定，可跑、可跳、可打球、可玩游戏，也可以利用课余时间或体育锻炼时间练，给学生充分的自主权。最后4个小组进行评比，看看哪一组学生的耐力水平提高最快。这种方式不仅发挥了小组长的组织能力，而且又调动了全组同学练习的积极性，耐力差的同学也会受到集体力量的感染而在耐力好的同学帮助下使成绩逐步提高。

更重要的是许多同学脸上的无奈和沮丧不见了，取而代之的是一种自信，是一种成功的喜悦，我想作为一名教师，最大的收获莫过于此。

案例6

发挥学生自主能动性，拓展学生创新能力

一次，上跳绳课时，我正在教学生各种跳短绳的方法，有一个学生说："老师，您不讲，让我们自己想想怎样跳，好吗？"我一想，对呀！现在的《课程标准》不是提倡让学生根据自己的学习要求，大胆地想象、创新体育动作吗？但这是这个同学的想法，还是所有同学的想法呢？如果只是这个同学的想法，那么其他同学会跟着做吗？于是，我"激将"道："你们能想出来吗？能想出多少种跳法？"我话音刚落，同学们马上反驳道："老师，别小瞧我们，我们的想象力肯定比你丰富。"我继续"激将"道："好，我们从现在开始20分钟内看谁想的花样多。"于是所有的学生（包括平时最不爱运动的同学）都开始了练习，看到他们积极练习，我开心极了。20分钟后，我和同学们进行了一场花样跳绳的比赛，结果同学们想的一些花样我确实没有想到。从此，每次上课，我都让学生自己选择练习方法或自己创新练习方法，这样，不仅充分发挥了学生的创新、想象能力，同时也培养了学生对体育的兴趣，达到了《课程标准》的要求。

美国著名学者罗杰斯认为："当学生选择学习方向，参与发现自己的学习资源，阐述自己的问题，决定自己的行动路线，自己承担选择后果时，就能在最大程度上从事有意义的学习。这类参与学习比消极被动学习有效得多。"教师教学生不仅仅是传授知识，而且要教给他们学习的方法，所谓"授之鱼，不如授之以渔"，不仅要使他们"学会"，而且使他们"会学"。学生在校学习的时间是有限的，在学校学到的知识也是有限的，教师应注重培养学生自主学习的能力，重视指导和训练学生的学习策略，培养学生的创

造能力，使学生学会学习，掌握科学的学习方法，为学生今后踏上社会能独立地、自主地分析问题、解决问题，不断接受外界新信息而打下坚实基础。

案例7

一堂短跑课

在一次初三年级女生短跑复习课上，按照体育课的教学常规，我先后宣布了教学内容和教学任务。当一切准备活动就绪后，我开始讲解并示范了短跑（50米）的动作要领和技术，其练习方法是：①蹲踞式起跑20米×3；②50米×3，针对某些同学3次跑的成绩要求达到9秒钟的欲望。话音刚落，就看到站在第三排队伍中的一位同学高举着手有话要说，我立马让她发言。她说："老师，我想今天的50米跑能否改成9秒钟跑？"我问为什么。她接着说："把过去的50米跑变成了9秒钟跑，实际上是让我们自己跟自己比。每个人都想在9秒钟内去努力，跑得快和跑得慢都有自己的目标。再说，评价一个学生50米跑几秒和9秒钟跑多少米，是一个有限和无限的差别。9秒钟跑能给我们提供无限的可能性，我们可能在每次的体育课上都会有小小的进步，每次能多跑1米、2米，甚至更多米，而且还能看到自己的努力和结果。反过来看50米跑几秒钟，由于时间范围更小，就不可能有那么大的发展空间，很难提高我们的积极性。"

我及时采纳了她的建议，学生们果真提高了练习积极性，使原本单调、枯燥、乏味的跑步变成了充满竞争的活动，谁都想利用9秒钟的时间多跑一些距离。课后我也总结了自己的感受，认为学生这种思维反应才是有创新的。看来，谁的思维敏捷，应变能力强，行动果断，谁就能"捷足先登"。这样，教师原有的思维定势被打破了。

案例8

老师，再比一次……

玩了两次抢救"伤员"的游戏后，许多同学仍热情不减，纷纷要求："老师，再比一次。"老师说，"再比下去，会影响下一节课的，以后我们再找机会比，好吗？"……

这个游戏是某节体育短跑课的内容之一，很显然，学生很喜欢这个游戏，那么，这是一个什么样的游戏呢？

1. 将学生分成4组，每组12人，按要求抢救"伤员"，先抢救完者为胜。

2. 每组有伤员5名。其中有2名为"重伤员"，抢救时必须用抬，即2人救1人（抬人方式自定）；其余3名"伤员"可背或抱（选择的方式自定）。先救哪位"伤员"自定。

3. 每人扮演的角色由各组商定，但必须在3分钟内完成。

4. 抢救过程中"伤员"不能落地，如落地，要立即救起后再前进。

5. 抢救时的路线如下图：

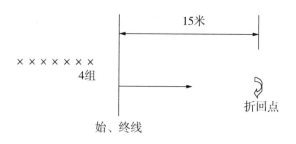

（第一名"伤员"过线后，将手中接力棒传给第二位"伤员"后，第二位"伤员"的抢救工作才能开始。）

本则游戏从教学设计到教学的实施都体现了"体育与健康"课程的新理念：

1. 淡化了竞技体育在体育教学中的地位。由于游戏胜负的不确定性——取胜之道不再单纯看速度和力量素质，转而更依赖于群策群力的结果，增加了练习的悬念和趣味性。它改变了固有的胜负规律，很好地激发了学生参与的热情，因而学生会发出"再比一次"的心声。

2. 引发思考，培养了学生的创新素质。游戏要求各组自行制订参赛方案，如谁扮演"伤员"、谁抢救"重伤员"等，然后通过实践进行验证，成功了，自然欣喜异常；失败了，不甘心，找原因，制订新的参赛方案，再验证……在这种欲罢不能的气氛中，学生怎能不乐此不疲、要求"再比一次"呢？

3. 在潜移默化中，培养了学生良好的社会适应能力。游戏通过抢救伤员这个主题，让学生浸润于互助友爱、救死扶伤的道义之中，让学生懂得同伴之间的友好合作是获得比赛胜利的先决条件。

思考题

1. 何谓说课、片段教学？
2. 说课与片断教学的意义是什么？
3. 简述说课与片段教学的技巧。
4. 说课的基本内容有哪些？
5. 怎样进行片段教学？

实践编

第七章 田 径

第一节 田径教学任务

一、促进学生身体形态的生长发育

学生身体形态的生长发育正常与否，不仅关系到外表的美丑，更重要的是影响着各器官、系统机能的发展。如"鸡胸""驼背"，不仅体态欠佳，而且有碍心肺机能的发展；身体纤弱，不仅缺乏青少年应有的丰姿，而且各器官、系统机能也很薄弱。所以说，身体形态的生长发育关系着学生的身体健康。为此，教师要善于选择和运用各种练习，促进学生的身体形态全面、匀称、协调地生长发育。

二、全面发展学生的身体素质

身体素质（力量、耐力、速度、灵敏、柔韧）是一个抽象概念，是从跑、跳、投、支撑、负重、推、拉、攀登、爬越等身体基本活动能力中抽象出来的共性因素，是身体各种机能在体育活动中的表现，它是衡量学生体质强弱的标志。因此，在田径运动教学中，全面发展学生的身体素质，是增强学生体质的重要环节。

三、改善生理机能，全面发展学生身体的基本活动能力

这一条教学任务，也是在田径教学过程中，通过学生从事各种身体练习来完成的。要想把任务完成好，不出偏差，在加强"三基"（基本知识、基本技术与基本技能）教学时，教师应根据人体机能活动能力变化的规律安排各项练习，并探索比较合理的生理负荷量的心率指数，以便改进教学。

另外，为检查生理机能的改善情况，应测量入校新生安静时的心率（以分为单位）和参加练习后恢复到安静心率所需的时间。以这两项指标为基础数据，然后通过定期测量，对比两项指标的变化动态，可以了解其生理机能的改善情况。

第二节　田径运动特点及教学注意事项

一、田径运动特点

1. 它是在统一规则限定范围内、以个人活动为主的运动项目。
2. 它是以最短时间、最长远度、最高高度作为衡量运动效果的标准。
3. 在跑、跳跃、投掷各类项目中，都包含着近似的技术环节。

二、教学注意事项

（一）认真做好调查研究

体育教师在接新班之后，要对学生身体素质和运动能力情况作全面的调查了解，并进行初测，把跑、跳、投的成绩分别登记在成绩册上。记录各种项目的最高和最低成绩，求出平均值，找出基本技术方面的主要问题，并利用室内课把上述情况介绍给学生，要求每个学生都记住自己的最初成绩。教师应依据预测的成绩，适当修订教学计划。

（二）每节课都让学生看到自己的进步

田径教学的特点之一是教学效果最易用数量来表示。为了激发学生学习的积极性，每节课都应该用时间、高度和速度的进步来鼓励学生，使其自我和相互之间都有比较，并可广泛地采用比赛法进行教学。

（三）加强安全教育，防止伤害事故

田径教学发生伤害事故的情况大体有以下几种：投掷器材打伤人，跳高跳远时跌伤或扭伤，奔跑时冲撞，长跑时心脏过重负担（为数极少）。因此，为防止发生伤害事故，在教学中除加强安全教育外，应采用有效措施。比如，不要相对投掷，挖好沙坑，沙坑附近不要放铁锹等铁器，跑步中要按逆时针方向跑，等等。合理地安排运动量、做好准备活动和整理活动也是防止伤害事故的重要措施。

第三节　短距离跑教学方法

短距离跑，就是大纲里的"快速跑"。它的特点是强度大，时间短，以最快的速度跑完全程。通过短距离跑教学，培养学生跑的正确姿势，提高快速跑的能力，发展速度素质。

一、起跑接疾跑

(一) "站立式"

1. "各就位"姿势的练习（教师纠正或学生相互纠正动作）。
2. "预备"姿势的静态练习（学生相互纠正动作）。
3. 从"各就位"到"预备"的练习（学生相互纠正动作）。
4. "站立式"起跑（20米）。
5. 两臂体前自然下垂的"站立式"起跑（20米）。
6. 两手叠按在前支撑腿的"站立式"起跑（20米）。
7. 直体前倾自然跑出的练习（15米）。
8. "站立式"起跑接加速跑（20米）。
9. 结合游戏的"站立式"起跑练习，如迎面接力跑、过"五关"等。
10. 助力性的疾跑练习。

(二) "蹲踞式"

1. "各就位"姿势的练习（教师纠正或学生相互纠正动作）。
2. "预备"姿势的练习。
3. 从"各就位"到"预备"的练习（学生相互纠正动作）。
4. "蹲踞式"起跑接疾跑的练习（20米）。
5. 直体前倾自然跑出的练习（15米）。
6. 快跑上台阶练习（10～15级）。
7. 快跑下台阶练习（15～20级）。
8. 低支撑快速高抬腿练习（20次）。
9. 原地快速高抬腿，听信号冲出15米。
10. 三点支撑快速后蹬跑2～3步接快跑15米。
11. 游戏性"蹲踞式"起跑练习。

(三) 易犯错误及纠正方法

1. "站立式"起跑接疾跑。

（1）易犯错误："预备"的身体重心不落在前脚上，而落在两脚间。纠正方法：讲清要领，多做示范；强调指出两脚间正确的前后距离；多做"预备"姿势的静态练习。

（2）易犯错误：抢跑。纠正方法：调整两脚间的前后距离；教师的"预备"口令要缓和清晰，尽量解除学生的紧张心理；上体要前倾以便维持平衡；教育学生不要有取巧心理，教师要有意延长或缩短从"预备"到"跑"（鸣笛或枪）的时间，不给取巧机会，多做反应性速度练习。

二、途中跑教学步骤

1. 讲解、示范途中跑的技术动作。
2. 组织学生观看优秀运动员的途中跑技术图片（或电影等）。
3. 做跑的专门练习。如高抬腿跑、转身跑、折叠腿跑等。
4. 沿 20～60 米各种不同距离的直线、跑道做匀速慢跑、中速跑或行进间跑。
5. 用匀速慢跑、中速跑或行进间跑的方法，跑过以长短不同的各种距离分别画出的等距离横线（15～20 格）。
6. 短距离迎面接力游戏。
7. 各种不同距离的往返跑（如 20 米 ×4、20 米 ×6、30 米 ×4 或 30 米 ×8）。
8. 快跑上坡练习（25 米）。
9. 快跑下坡练习（15～30 米）。
10. 自然加速跑 30 米 + 惯性跑 10～15 米（2～3 次）。
11. 快走 15 米 + 快跑 30 米（2～3 次）。

三、终点冲刺跑

1. 讲解、示范终点冲刺的完整技术动作。
2. 30 米中速、快速跑，过终点后做高抬腿减速跑至停歇。
3. 30 米快速跑接减速跑。
4. 原地的和慢跑的集体听信号做撞线运动的模仿练习。
5. 60 米、100 米全程跑和中程跑（中速、快速）接减速跑。

四、易犯错误及纠正方法

1. 易犯错误："坐"落跑。纠正方法：发展腿部力量，做后蹬跑；矫正上体姿势，发展髋关节的柔韧性。
2. 易犯错误：大腿抬不起。纠正方法：发展腰腹力量及髋关节的灵活性，做支撑高抬腿跑和上台阶跑；中速跑过等距离放置的标志物（实心球或沙袋）。
3. 易犯错误：向前甩小腿。纠正方法：多做惯性小腿练习；做上坡、上台阶跑和各种方式的高抬腿跑。
4. 易犯错误：身体重心移动轨迹不是直线。纠正方法：做均衡发展下肢力量的各种对称练习；端正头部位置，固定视线方向；做正确的摆臂练习；做矫正"八字"脚的练习。
5. 易犯错误：肩关节紧张。纠正方法：发展肩关节的灵活性；多练习轻松自然的中速跑。

第四节 中、长距离跑教学方法

在教学中,体育教师首先应定期测试学生安静时的心率和活动后恢复到安静时心率的时间,就两项指标的先后变化,了解生理机能提高的幅度,摸清生理机能指标与耐力素质之间的变化规律;其次,应经常探索有氧代谢和无氧代谢机能的单独或同时发展与练习方法之间的关系及其规律,以指导教学。

一、起跑接加速跑

(一)教学步骤

1. 讲解起跑接加速跑的动作要领。
2. 示范起跑接加速跑的技术动作。
3. 按两个信号做"站立式"(或"半蹲踞式")起跑的"各就位"姿势的静态练习。
4. 在弯道上做分道和不分道的起跑加速跑(沿画出的切线)的抢道练习。
5. 在直道上做不分道的起跑接加速跑(沿切线)的抢道练习。

(二)易犯错误及纠正方法

1. 易犯错误:鸣枪(笛)后停顿一下。纠正方法:多做反应速度练习;纠正"各就位"的姿势;按两个信号的要求反复练习起跑。
2. 易犯错误:抢道时跑折线。纠正方法:用对比法讲清跑切线和折线的利弊;沿画好的切线反复练习抢道跑。

二、途中跑

(一)教学步骤

1. 讲解、示范途中跑的技术动作。
2. 让学生观看技术图片或录像。
3. 原地练习摆臂动作。
4. 匀速慢跑(体会跑的技术及呼吸方法)。
5. 走跑交替(体会跑的节奏)。
6. 短距离中速跑(体会脚落地的方法及呼吸节奏)。
7. 学习弯道跑的技术。
8. 沿大小不同的圆形做匀速慢跑、中速跑(体会弯道跑技术)。
9. 上弯道跑。
10. 下弯道跑。

11. 变速跑（利用自然地形或在跑道上跑）。

（二）易犯错误及纠正方法

1. 易犯错误：摆臂方向不正确。纠正方法：讲解技术动作概念；原地做摆臂练习（由肩关节放松两臂自然下垂开始摆动，然后逐渐过渡到屈臂摆动）；发展肩关节的柔韧性与灵活性。
2. 易犯错误：后蹬不充分。纠正方法：多做弓箭步走和后蹬跑；反复做发展髋、膝、踝关节灵活性与柔韧性的练习；多做拖重物跑、上坡跑和上台阶跑。
3. 易犯错误：跑时身体重心上下跳动。纠正方法：发展髋关节的柔韧性；做弓箭步走和原地弓箭步跳；发展水平弹跳力。

三、终点冲刺跑

（一）教学步骤

1. 讲解终点冲刺跑的技术要点。
2. 结合走跑交替、匀速慢跑、中跑、越野游戏和课堂测验，练习终点冲刺跑。

（二）易犯错误及纠正方法

1. 易犯错误：上体前倾太大。纠正方法：发展耐力；在跑中反复体会终点冲刺跑的有利时机。
2. 易犯错误：过终点后突然停下。纠正方法：讲清减速停歇的技术要领及跑后放松跑的作用，反复练减速跑。

第五节　跑的专门练习教学方法

跑的专门练习，是帮助学生掌握跑的技术、形成跑的正确姿势、发展身体素质和提高跑的能力的重要手段。教师应把专门练习同跑的基本技术教学有机地结合起来，以提高教学效果。

一、小步跑

（一）教学步骤

1. 讲解、示范小步跑的技术动作。
2. 原地做两大腿交换半抬的练习（体会膝、踝两个关节的放松动作）。
3. 原地做两大腿交换半抬并积极下压的练习（体会小腿顺惯性前摆和积极"扒地"的动作）。
4. 原地两脚交替提踵练习。

5. 手扶墙壁、肋木、双杠、树干，两脚交替做提踵练习。

6. 原地小步跑过渡到行进间小步跑。

7. 慢频率逐渐过渡到快频率小步跑的练习。

8. 小步跑分别过渡到高抬腿跑、后蹬跑和加速跑的综合练习。

（二）易犯错误及纠正方法

直腿跑。纠正方法：发展膝、踝关节的灵活性与柔韧性；反复做半抬，大腿膝、踝放松和大腿积极下压，小腿顺惯性前摆并积极"扒地"的练习。

二、高抬腿跑

（一）教学步骤

1. 讲解、示范。

2. 原地，两手按交替高抬的大腿做下压的练习。

3. 原地做小步跑过渡到高抬腿跑。

4. 支撑（肋木、墙壁、树干等）小步跑过渡到支撑高抬腿跑。

5. 行进间小步跑过渡到高抬腿跑。

6. 按信号做小步跑和高抬腿跑相互交替练习。

7. 高抬腿跑，做上坡、上台阶的练习。

8. 两小臂体前平屈，做大腿触碰手撑的原地和行进间高抬腿跑。

9. 大腿触及横绳（皮筋）的原地高抬腿跑。

10. 过固定标志物（等距离放置的沙袋或实心球）的高抬腿跑。

11. 高抬腿跑过渡到后蹬跑和加速跑的综合练习。

（二）易犯错误及纠正方法

易犯错误：上体后仰"坐着跑"。纠正方法：讲清技术动作要领，要求髋、膝伸直，提踵，发展腰腹肌力量。

三、后蹬跑

（一）教学步骤

1. 讲解、示范。

2. 两脚原地交替轻跳。

3. 做小弹步练习。

4. 连续一步跨跳。

5. 小步幅和大步幅的后蹬跑。

6. 后蹬跑过等距离放置的标志物（沙包）。

7. 做由小步跑、高抬腿跑分别过渡到后蹬跑，再由后蹬跑过渡到加速跑的综合练习。

8. 不同距离的后蹬跑计时赛。

(二) 易犯错误及纠正方法

易犯错误：后蹬不充分和摆动腿脚掌"扒地"不积极。纠正方法：多做示范；发展下肢力量和髋关节的柔韧性；反复做脚掌"扒地"的辅助练习。

第六节　接力跑教学方法

接力跑是田径运动中集体锻炼、比赛的项目，它既是发展速度素质、协调性和培养快速奔跑能力的有效手段，又可培养密切合作的集体主义精神。

一、传、接棒技术

1. 持棒原地摆臂做上挑或下压式传、接棒的练习。
2. 在起跑中按规定的信号做传、接棒练习。
3. 在慢跑中做传、接棒练习。
4. 在中速跑和快速跑中做传、接棒练习。
5. 组织各种接力游戏和教学比赛。

原地练习时，可将学生排成两列横队，前后距离约1米，传棒人的右臂对着接棒人的左臂，轮流做传棒和接棒的练习。第3、4两种练习方法可排成若干跑纵队在走步和跑动中，按规定信号由排尾向前做传、接棒的姿势。递棒信号应在接棒人的臂向后摆时发出，配合要密切。应先教上挑式，再教下压式。

二、接力区内的传、接棒技术

1. 用中速跑在接力区内做传、接棒的练习。
2. 用快速跑在接力区内做传、接棒的练习。

教学中应使学生了解接力区的接力规则，让学生在接力区内按人数分组分道进行练习。要求学生注意配合，传棒人必须准确地将棒传给接棒人，接棒人的臂要及时向后摆伸，并在接力区完成传、接棒任务。

三、全程接力跑技术

1. 按规定人数分组分道在接力区进行传、接棒练习。
2. 分组（队）进行全程接力跑练习或比赛。

组织教学比赛时，应尽量使各队力量平均，跑程可缩短，增加练习次数。全程比赛应严格执行规则，并鼓励学生用集体主义精神完成比赛任务。传、接棒时，双方应注意传、接棒和速度的密切配合。

四、易犯错误及纠正方法

1. 易犯错误：标志线定得不合适。纠正方法：应根据传、接棒人的速度纠正标志线的距离。
2. 易犯错误：配合不密切，造成犯规。纠正方法：传棒人应在接棒人将要向后摆臂时发出信号，接棒人的动作应及时准确。
3. 易犯错误：信号喊得不适时，完不成传、接棒任务。纠正方法：教育学生在传、接棒时要克服紧张情绪。
4. 易犯错误：传、接棒人跑的位置不对，影响传、接棒动作的完成。纠正方法：使学生明确传、接棒的位置和方法。
5. 易犯错误：接棒人过早向后伸臂，影响奔跑速度。纠正方法：强调信号的意义，并反复练习，以提高传、接棒的技术。

第七节　跨栏跑教学方法

跨栏跑在田径运动中是一种技术比较复杂、节奏性比较强的项目，要求运动员在快速奔跑中跨越固定距离上设置的固定高度及固定数量的栏架，运动时间短、强度大。其技术特点是：有节奏的快速跑与合理的过栏技术相结合。运动成绩的获得取决于运动员的平跑速度、过栏技术及跑与跨的衔接能力。从事跨栏跑练习，身体素质可得到全面发展，尤其是发展灵敏性、柔韧性及各关节的灵活性，能增强内脏器官的功能，是一项具有很高价值的运动。

一、讲解跨栏跑的意义和简略的跨栏知识与技术

1. 简单介绍跨栏跑的锻炼价值。
2. 讲解跨栏跑的方法要领和发展概况。
3. 教师示范。
4. 让学生参阅跨栏跑的图片或图解，丰富学生的知识，建立跨栏跑的正确概念。
5. 让身体素质比较好和接受能力比较强的学生，按照示范和讲解要求跨过1～2个栏架，启发学生的跨栏兴趣。

二、跨栏跑专门性辅助练习

1. 连续跨栏坐。
2. 发展髋部柔韧性的练习，如跪坐等。
3. 肋木压腿结合双臂摆压练习。

三、跨栏步的专门练习和技术教学

在跨栏步教学中，要求上栏前跑速快，摆动腿攻摆快，下栏落地快，上下肢动作

协调。

（一）摆动腿技术的练习方法

1. 原地攻摆练习：面向栏站立（距离是练习者的一腿长），上体稍前倾，摆动腿屈膝向前方高抬，膝超过栏面后，小腿迅速向前摆出，然后大腿迅速下压，脚前掌在身体重心投影前落地。

2. 原地在鞍马上或肋木上做攻摆练习：要求上体前倾，摆动腿的脚跟应擦马背前伸，异侧的臂前伸，同侧的臂后伸与后摆。

3. 行进间作攻摆练习：走 3～5 步做一次攻摆练习，要求同 2，注意两臂配合动作；高抬腿跑或小步跑做攻摆练习。

4. 高抬腿做攻栏练习：跑 3～5 步做一次攻摆动作。

5. 小步跑接过栏做攻摆练习：最后一步摆动腿高抬，膝过栏架后小腿前伸，起跨腿后前屈膝提拉，注意臂的配合动作。

6. 跑动中做攻摆练习：跑至栏侧 1 米左右时，在起跨腿高抬落地的同时，摆动腿屈膝向前上方抬起，小腿迅速前摆，大腿下压落接着向前跑进，可过 3～4 个栏。

（二）起跨腿过栏的练习方法

1. 原地在栏侧做起跨腿过横放栏架的练习：上体稍前倾，要求起跨腿过栏时要充分折叠，膝盖外转高抬，足尖勾起。

2. 在肋木前做起跨腿过横放栏架的练习：上体稍前倾，手扶肋木，摆动腿前脚掌撑地，起跨腿在栏板后做提拉过栏动作。

3. 在肋木前做起跨腿过竖放栏架的练习：要求起跨腿屈膝外展轻高抬，小腿放在栏架上，足尖勾起，做提拉起跨腿的练习。

4. 在栏侧做提拉起跨腿练习：注意上下肢配合。

5. 行进间做徒手提拉起跨腿的练习：走一步或 3～5 步做提拉起跨腿练习时，应在栏架后 1～1.2 米处起跨，起跨腿积极后蹬，摆动腿下压上体前骨，过栏后向前跑动。

（三）"跨栏步"技术的练习方法

1. 原地过栏练习。站于离栏架 20～30 厘米处，上体直立，摆动腿屈膝放在栏架上，起跨腿的脚跟提起。然后摆动腿直膝后上摆起，大腿积极下压，在前脚掌落地的同时，起跨腿迅速提拉过栏。

2. 高抬腿跑过栏的练习。

3. 跑 5 步过栏的练习。

4. 跑 7 步过栏的练习。

以上第 3、4 两种方法，要注意做到慢跑快跨，栏间步子准确均匀、轻松有力。做跨栏步时要积极有力、迅速连贯。

四、栏前跑和跨越第一栏技术

（一）试跑练习

站立式起跑，以最快速度跑 8 步，确定步长距离。要求步点准确，节奏轻快，起跨腿落蹬迅速，最后一步应缩短步程。

（二）跨越标志物的练习

在第一栏处放置标志物，让学生跨越该标志物。

（三）跨越横杆的练习

在第一栏处放一稍低于栏架的有支架的横杆，让学生按上述要求跑 8 步跨越横杆，过杆后应继续向前跑几步。

（四）跨越第一栏的练习

站立式起跑，8 步跨越第一栏架，要求跑动轻快，起跨积极，过栏后保持跑速。
蹲踞式起跑，8 步跨越第一栏架的练习，要求同上。

五、过栏和栏间跑相结合技术

（一）节奏跑练习

8 步加速跑做栏步接栏间跑的练习。

（二）在栏侧做摆动腿攻摆练习

站立式起跑，跑 8 步起跨，在栏侧做摆动腿攻栏动作接栏间跑，反复过 3～5 个栏。

（三）在栏侧做起跨腿练习

在栏侧做提拉起跨腿动作接栏间跑，其他教法同上。

（四）站立式起跑

反复过 3～5 个栏的练习。

（五）蹲踞式起跑

反复过 3～5 个栏的练习。

采用（一）～（五）方法时，起跑至第一栏的距离可调整，栏架可降低，步点要准确；栏间跑可根据学生的身体条件，跑 5 步、4 步、3 步均可。练习时应强调过栏快、节奏好。

六、全程跑技术

1. 蹲踞式起跑，跑过 5 个栏的练习。
2. 蹲踞式起跑，跑过 8 个栏的练习。
3. 蹲踞式起跑，跑过 10 个栏的练习。
4. 可分组进行练习或测验。
5. 组织小组比赛，集体计分。

全程的距离是：初中，女生跨 80 米低栏，男生跨 100 米低栏；高中，女生跨 100 米低栏，男生跨 110 米低栏。在教学中应固定全程距离，栏架不强求统一，可高可低。

七、易犯错误及纠正方法

1. 易犯错误：胆小，缺乏信心。纠正方法：通过讲解、示范消除恐惧心理。
2. 易犯错误：起跨消极无力。纠正方法：提高学生身体素质，提高速度和力量。
3. 易犯错误：直腿攻栏。纠正方法：多做摆动腿的攻摆练习，明确攻栏概念。
4. 易犯错误：跳栏。起跨点太近，髋关节紧张。纠正方法：加强跨栏步技术练习，改进过栏技术。
5. 易犯错误：起跨腿收腿过早，起跨时后蹬无力。纠正方法：发展学生踝关节、脚掌肌肉和腿部的力量。
6. 易犯错误：起跨腿后拖下栏停顿。起跨时的步子大，落地制动。纠正方法：加强速度和起跨腿的技术练习。
7. 易犯错误：步点不准，栏内节奏不好，连贯性差；第一栏技术差，上栏前变速，下栏后停顿。纠正方法：加强起跑和跨过第一栏的技术和栏内跑练习。

第八节　跳高教学方法

跳高是人体的基本活动之一。通过跳高的教学，能增强学生的下肢力量，提高弹跳能力，发展学生的灵敏性和协调性；能使学生掌握跳跃的基本知识与技能；能培养学生沉着、勇敢、果断等优良品质。跳高主要有以下几种方法。

一、跨越式

（一）建立跨越式跳高的正确概念

通过图片、讲解示范，使学生了解跨越式跳高的助跑、起跳、过杆、落地的完整技术。

（二）起跳技术

1. 原地起跳练习。摆动腿在前，起跳腿在后。起跳腿向前一步踏跳，脚跟先落地，摆动腿以髋关节为轴向上摆起，用起跳脚落地。

2. 走三步的起跳练习。可先在草坪地上练习。要求第二步和第三步连接要快，摆动腿先落地。

3. 三步助跑的起跳练习。三步的速度应逐步加快，摆动腿先落地。

4. 五步助跑的起跳练习。可用橡皮筋做杆进行练习，方法同3。

（三）过杆和落地动作

1. 走三步跳起，跨过40～60厘米的横杆，当身体跳到最高点时，摆动腿上摆靠近胸部，然后外摆越过横杆，摆动腿先落地。

2. 慢跑三步起跳，越过60～80厘米的横杆。动作同1。

3. 慢跑五步起跳，越过80～100厘米的横杆。动作同2。

（四）助跑和确定步点

1. 用7～9步助跑，确定各人的助跑角度、距离和节奏。练习时可先在平坦的草坪上或跑道上跑准跑步点，再到跳高场地做跳高练习。

2. 全程助跑的跨越式跳高。要求学生按照已确定好的助跑角度、距离、步点在跳高练习场地做完整的跨越式跳高练习。

（五）易犯错误及纠正方法

1. 易犯错误：起跳时，上体过分前倾，跳不起来，摆动腿摆不起来。纠正方法：要求做出充分的起跳动作，注意上体要直，摆动腿要带动髋关节，使骨盆提起。

2. 易犯错误：过杆时，上体太直，使臀部下坐，容易碰杆。纠正方法：反复做起跳和助跑与起跑相结合的辅助练习。

3. 易犯错误：过杆时屈腿，脚或小腿碰杆。纠正方法：起跳摆腿时，腿要伸展，摆动腿的脚过杆后，脚尖稍向内转，起跳腿迅速上提，以免碰杆。

4. 易犯错误：助跑与起跳脱节。纠正方法：反复做助跑和起跳的练习。

二、俯卧式

（一）建立俯卧式的正确概念

参看"跨越式"（一）的概念。

（二）起跳技术

1. 手扶肋木做直腿摆腿练习。要求摆动幅度大，方向正；后摆时膝微屈，动作放松，前摆时腿要直，同侧臂做配合摆动，并积极送髋。

2. 原地摆腿练习。要求同1。

3. 原地做起跳模仿动作练习。

4. 起跳前的倒数第二步练习。

(1) 倒数第三步起跳蹬地，摆动腿向前迈出，身体重心跟上，上体前倾转为正直，两臂自然外张。

(2) 脚着地后膝关节迅速向前移动，使髋骨与大腿垂直，身体重心由脚跟移至前脚掌，屈腿，用全脚掌支撑地面。

(3) 起跳腿蹬地后，屈腿向前伸至摆动腿的侧面，准备迈出最后一步。

(4) 方法同(3)，连续做走步动作，反复体会倒数第二步脚落地后髋的迅速前移及髋与大腿成垂直支撑的动作。

5. 伸起跳腿技术的练习。

(1) 两脚前后开立，摆动腿在前屈膝前压；起跳腿在髋关节的带动下积极地向前伸出超过肩，同时收小腿；最后小腿前伸，脚跟先着地，接着迅速转为脚掌着地，使上体与跳腿成直线。

(2) 摆动腿一侧的骨盆前移，拉长大腿前侧肌肉群，形成反弓形支撑，大小腿间成90～100度，小腿约与地面平行，两臂向两侧张。

6. 做向前迈一步的起跳练习。要求起跳腿迈一步，摆动腿蹬地向前伸至起跳腿的侧面；起跳腿同侧的骨盆继续向前送出，身体重心移至起跳腿上，屈膝，使上体与起跳腿的大腿成一直线。练习方法如下：

(1) 走步中做迈步摆腿的练习。

(2) 迈两步做起跳的练习。

(3) 走步中做起跳的练习。

(三) 助跑技术

1. 低重心跑的练习。要求上体与地面接近垂直，两臂自然摆动，前摆稍大；迈步时不要甩小腿，脚落地后膝关节要积极下压，骨盆前移，脚跟先落地，脚前掌落地时即积极蹬地；跑动的速度应逐渐加快，后蹬积极有力，并保持身体平稳。

2. 从高重心跑转入低重心跑练习。要求由放松跑开始，步子应有弹性、节奏好，上体稍前倾，用脚前掌蹬地，跑6～8步。随着速度的加快，大腿、小腿的弯曲度逐渐加大，转入低重心，然后继续跑4～6步。

(四) 助跑和起跳相结合

此项教学任务是为了解决"结合好"和"跳得起"两个技术环节。练习如下：

1. 做3、5、7步或4、6、8步跑的跳动练习。练习时应注意助跑的角度、速度和节奏，尽量保持身体与地面垂直腾起的姿势。

2. 助跑方法同1。起跳脚落在跳箱上或其他高物上的练习。

3. 助跑方法同1。起跳后用头或摆动腿触及高物的练习。

4. 助跑方法同1。起跳后，过栏架或低横杆。练习时，先做短助跑(3、4步)，逐步延长为中距离助跑(5、6步)，最后做长距离助跑(7、8步)练习。

5. 助跑方法同1，做越过横杆的练习。开始可正面助跑，然后逐步过渡到起跳腿一侧与横杆成一定角度的侧向助跑,直体跳过横杆。

6. 侧助跑起跳后,做骑上或俯卧在跳高练习的跳马上的练习。

（五）过杆与落地技术

1. 摆动腿,上摆后内扣转体180度（上摆幅度逐渐加大）。
2. 近步踏跳后,摆动腿内扣转体180度（起跳高度逐渐增高）。
3. 两手撑地,起跳腿向上收并屈膝,随之将膝向侧上方翻转。
4. 利用斜插在地上的标枪或竹杆做过杆的模仿练习。
5. 4～6步的侧面助跑直体过杆、转体180度,摆动脚落地。
6. 侧面助跑4步,跳越斜放的横杆。
7. 做侧面走或跑,摆腿跳上跳箱、跳马或跳高练习架上的练习。摆动腿内侧臂先落地,落地点应布置松软的垫子或沙土。
8. 助跑4、6、8步做完整的过杆练习动作。可按技术水平分组进行练习。评教评学,或进行教学比赛。

（六）易犯错误及纠正方法

1. 易犯错误:助跑的步幅、节奏不明显。纠正方法:反复检验和调整助跑点,固定助跑距离,按标志助跑准确地踏上起跳点起跳。
2. 易犯错误:起跳时臀部后坐,跳不起来。纠正方法:反复做迈步摆腿、迈步起跳、助跑起跳和助跑起跳后头触高物的练习。
3. 易犯错误:起跳时倒体。纠正方法:反复沿直线助跑起跳,检查脚的落地点是否落在一条直线上。摆动腿要向上摆。
4. 易犯错误:起跳趴杆。纠正方法:反复做助跑与起跳的各种练习,改正起跳动作。
5. 易犯错误:过杆时,起跳腿碰杆。纠正方法:反复做快速上收和翻转练习;利用斜插标枪或跳箱,跑马做过杆练习;加强髋关节灵活性的练习。
6. 易犯错误:过杆后,身体落地的部位和横杆夹角过大。纠正方法:反复练习起跳动作,用标志线限制落点。

三、背越式

（一）助跑

背越式跳高助跑的前一段为直线,后一段为弧线。在起跳腿远离横杆的一侧助跑。一般跑8～10步,后4～5米在弧线上助跑。弧线半径为5～6米,最后一步的助跑路线与横杆成20～30度夹角。整个助跑过程中,两脚应沿助跑线放置。由于弧线助跑时人体内倾姿势,因而弧线助跑的足迹与人体重心的投影点不叠合,形成并列的两条线。

直线助跑阶段,一般采用走几步跑几个碎步的方法,踏上标记后开始助跑。助跑动作类似短跑,但多采用一步比一步快的节奏进行加速。

弧形助跑阶段，身体保持向内倾斜。跑时大腿高抬用前脚掌着地，并积极后蹬，最后三步脚要严格放在弧线上，由脚跟滚动到前脚掌，上体和髋快速前移，两腿积极后蹬，节奏比前段要快。

（二）起跳

背越式跳高是用离横杆远的脚起跳。起跳点在两跳高立柱之间，离近侧立柱1米左右，距横杆投影线60～90厘米处。

背越式跳高起跳与俯卧式不同，要充分发挥助跑的水平速度，起跳时要发挥起跳爆发力，摆动腿动作，由体侧后方协调用力向上摆，以便练习者向助跑方向开始做急旋转动作。起跳后转为背向横杆。

（三）过杆与落地

1. 使学生初步了解背越式跳高技术。通过讲解示范或观看技术图片、录像等，使学生对背越式跳高的技术有初步了解。

2. 学习弧线助跑技术。在教学中熟练掌握弧线助跑技术，是正确完成起跳和过杆动作的重要基础。

（1）在直径10～15米的圆周上做加速跑。

要求：速度逐渐加快，人体内倾逐渐加大。

（2）由直道进入弧线助跑。

要求：弧线段人体内倾，并加快速度、节奏。

（3）在跑道上进行曲线变速跑。

要求：以身体倾斜的动作来控制自己在曲线上跑进。到曲线时做4～5步加速跑，其他段落放松跑。

（4）在球场上进行"8"字变速跑。

3. 学习助跑与起跳相结合的技术。

（1）一步放脚起跳练习。

要求：摆动腿在前，身体微内旋；起跳腿向前迈出并放摆动腿于同侧肩前面；摆臂摆腿起跳，摆动腿上摆时稍向内；落地的身体稍向起跳腿一侧转动。

（2）1～3步助跑，在直径10～20米的圆周上做连续的起跳练习。

（3）2～4步助跑，在预先画好的弧线上对着墙壁起跳，起跳点距离墙壁1米左右。

要求：身体向内倾斜，足迹在弧线上；注意垂直上跳，助跑不宜太快。

（4）8～10步助跑，在横杆前面跑进。

（5）8～10步助跑，在横杆前面向上跳起。

（6）弧形助跑起跳后，手或头触高物（树枝、篮网、吊球等）；弧线助跑做单手反手投篮动作。

4. 学习过杆和落地技术。

（1）仰卧在垫子或草地上，两肩或两脚撑垫（地），做上抬臀挺髋的动作。

（2）在同伴帮助下做"桥"的练习。

（3）体后屈顶髋练习。

（4）背对海绵垫子，提脚跟，挺髋和仰头、挺胸，肩后倒落在海绵垫上。

（5）垫上做挺髋甩腿练习。

（6）背对同腰高的垫子，在离垫约30厘米处向后倒体，做顶髋起跳的练习。

（7）背对肋木架，双手正握肋木，向前做屈膝顶髋和引肩挺髋动作。

（8）背对搭放垫子的跳马跳立，提起脚跟，肩向后伸展，做背越式过杆动作，顺势向后落下。

（9）原地站立背越式跳高练习。

要求：背对海绵垫站立，两腿屈膝半蹲，然后用力向上跳，两臂配合上摆；肩向后伸展，抬臀、挺髋成背越式姿势；肩背着垫。

此练习可站在弹跳板或低箱盖上进行。也可用简单易翘板来完成原地背越式过杆动作。

（10）在练习者腰间系一根软质坚固的腰带，两头各长出2米，分别由两人牵引。练习者向上腾起时，助力上提，当身体到达最高点时，抖动腰带示意练习者引肩挺髋。

（11）原地背越式跳过低横杆，初学阶段最好用橡皮筋代替横杆。

5. 练习完整的背越式跳高技术。

（1）弧形助跑跨越式过杆，过杆后坐在软垫子上，掌握助跑与起跳相结合的技术。

（2）弧形助跑背越式跳上垫子垛，身体呈拱桥形卧于垫子垛上，膝关节弯曲。

（3）4步弧形助跑背越式进杆（橡皮筋）。要求步点准确，起跳后身体充分向上腾起；过杆时身体舒展，与横杆成"十"字交叉，背肩落垫。

4. 6～8步助跑背越式过杆练习。

要求：①掌握好"引、挺、收、甩"时机。即人体起跳到最高点时引肩、挺髋，身体在杆上呈桥形；接着收腹提膝甩小腿，身体呈"L"形落垫。②做到"三快"：助跑快，起跳快，整个动作完成快。③做到"二平稳"：起跳后身体在空中要平稳，过杆后肩背落垫要平稳。

（四）易犯错误及纠正方法

1. 易犯错误：助跑不敢加速，起跳前节奏太慢。纠正方法：调整弧线半径和助跑距离，开始助跑的节奏稍慢些；反复进行弧线助跑练习。

2. 易犯错误：起跳时倒体，躺杆。纠正方法：2.4米助跑，在预先画好的线上对着墙壁起跳，起跳点距离墙壁1米左右；8～10步助跑，在横杆前面向上跳起。要求：身体向内倾斜，足迹在弧线上；注意垂直上跳，助跑不宜太快。

3. 易犯错误：坐姿过杆。纠正方法：在同伴保护与帮助下做"桥"的练习。

4. 易犯错误：身体与横杆成斜交叉过杆。纠正方法：4步助跑在横杆前做过杆练习。注意摆动腿同侧臀肩向横杆上面摆动，使身体背对横杆。

教学提示：

1. 背越式跳高教学应时刻注意安全，最好是能有跳高海绵包。学校如果没有购置海绵包，可用砖头搭一个 3.50 米×2.5 米×0.60 米的平台，在平台上铺三层垫子代替海绵包。这同样可进行背越式跳高教学。

2. 在开始学习背越式过杆动作阶段，先用橡皮筋代替横杆练习，既可减轻学生过杆的顾虑，又可减少横杆的损坏，同时还可避免学生在学习过杆过程中压平受伤，过杆动作熟练后再用横杆试跳。

第九节 跳远教学方法

跳远的完整技术是由助跑、起跳、腾空和落地四个基本部分组成；它的空中姿势有蹲踞式、挺身式、走步式三种。按大纲的要求，这里介绍蹲踞式、挺身式两种姿势的教学法。

一、介绍跳远技术

充分利用多媒体如电影、录像、幻灯、课件、图片等直观教具进行示范讲解，使学生建立正确的跳远技术概念。

二、学习踏跳和腾空步动作

1. 原地踏跳模仿动作。
2. 上步踏跳练习。摆动腿在前、踏跳腿在后站立，踏跳腿向前迈步，摆动腿大腿很快向前上方摆动，提肩拔腰，两臂上摆，头向上顶，同时踏跳腿用力蹬地跳起，动作快而有力。
3. 短距离助跑和踏跳练习。助跑有节奏，动作要协调。踏跳时，要求踏跳腿充分蹬直，动作快而有力。
4. 在沙坑前 1.5 米处画一个 70 厘米长、50 厘米宽的踏跳区。短距离助跑后在踏跳区内踏跳。起跳后在空中成腾空步姿势，摆动腿落地，踏跳腿顺势向前跑进。

三、确定助跑距离的方法

1. 根据个人情况，在跑道上用站立式起跑，全速跑 40～50 米。经过反复练习后，测量从开始起跑到一定步数（根据个人情况）的总长度，然后移至助跑道上并做标记，再进行练习。为了校对步点，可在最后几步增设标志线。
2. 要在助跑道上反复做全程跑练习。根据步点，调整标志位置，以求得准确助跑距离。

四、学习空中动作和落地技术

（一）蹲踞式

1. 站在离沙坑 40～60 厘米远的地方向沙坑跳。在空中模仿蹲踞式姿势。

2. 利用踏板或弹跳板做短距离助跑踏跳，练习蹲踞式跳远姿势。
3. 半程、全程助跑后做蹲踞式跳远练习。

（二）挺身式

1. 原地做挺身式模仿练习。
2. 先用踏板或弹跳板做短距离助跑的挺身式跳远练习，再将踏板或弹跳板去掉，做4～6步助跑的挺身式跳远练习。
3. 中长距离助跑后做挺身式跳远练习（6～8步）。
4. 全程助跑做挺身式跳远练习。

（三）易犯错误及纠正方法

1. 易犯错误：踏跳时踏跳腿不充分蹬直。纠正方法：多做增强腿部力量的练习；踏跳后以头触空中悬挂的球。要求踏跳时积极向前送髋，踏跳腿充分蹬直。
2. 易犯错误：踏跳时用脚跟先着地。纠正方法：适当缩短最后一步距离。
3. 易犯错误：踏跳后做不出腾空步。纠正方法：多做踏跳的各种专门性练习。
4. 易犯错误：助跑时步幅变化较大。纠正方法：多做跑练习，改进跑的技术，加强助跑节奏练习，以形成稳定的助跑习惯。
5. 易犯错误：助跑后踏板不准确。纠正方法：反复做短程助跑和踏跳练习，调整助跑距离。
6. 易犯错误：助跑最后几步未能达到最高速度。纠正方法：让学生了解助跑的意义和作用，多做助跑踏跳相结合的练习；反复进行检查跑，调整标志线，以求得准确的助跑距离。
7. 易犯错误：落地时，过早向前收起跳腿。纠正方法：多做超过一定距离的标志后收踏跳腿的练习；做踏跳后头触高悬物的练习。
8. 易犯错误：落地时两腿没有前伸。纠正方法：练习时在落地点前画一标志线，要求落地时两腿越过该线。
9. 易犯错误：起跳后，挺身动作做不出来。纠正方法：多做腾空步和模仿动作的练习。
10. 易犯错误：过早做挺身动作。纠正方法：反复做高腾空步的练习，要求用头触及高悬在空中的球或物。

第十节 实心球教学方法

推实心球是教学大纲内容之一，是以力量为基础的运动项目，对学生发展肌肉力量、提高投掷基本活动能力和全身各部位用力的协调素质均起到十分重要的作用。由于掷实心球存在一定的危险性，要求体育教师在教学时对学生进行安全教育，以免发生伤害事故。

一、原地侧向推实心球

（一）讲解学习推实心球的动作要领

1. 握球。两手十指自然分开把球放在两手中间，两手的食指、中指、无名指和小指放在球的两侧将球夹持，大拇指紧扣在球的后上方成"八"字，以保持球的稳定。握球和持球时应注意：①两脚前后开立，相距50～80厘米，球应握稳，两臂肌肉放松，两手将实心球高举头后，身体稍后仰，有稍微背弓；②在动作过程中能控制好球，并有利于充分发挥两臂、手指和手腕的力量。

2. 推球。握好球后，身体侧对投掷方向，将实心球由头后经头顶至体前，预摆1～2次。当第二次预摆开始时，由肩带动上肢蹬地和前臂，摆速加快，利用下肢蹬地和腰腹的力量，快速将实心球摆到上肢与身体呈大约45°夹角方向时，用力将球抛离双手，同时下肢及两脚交换位置。用力顺序为蹬地—转体—挺身—推球。

3. 先做徒手推球，体会蹬地、展体、出手的用力顺序：蹬—转—挺—推；再手持轻物，做实心球、垒球、沙袋等练习。

（二）徒手练习

1. 模仿推实心球姿势练习。
2. 模仿侧向推实心球练习。
3. 面对墙推撑。
4. 俯卧撑离地面击掌。
5. 双人原地（或跳起）互相拍掌。
6. 做蹬地抬体练习。

（三）手持轻物

1. 正对投掷方向，左脚在前，右脚在后，脚微屈，利用后腿蹬伸力量将球推出。
2. 面对投掷方向，两脚侧开立，将实心球从锁骨窝处推出。
3. 同2，双手持实心球于胸前推出。
4. 利用实心球进行拨指练习。

二、原地背向推实心球

1. 学习握持器械，教师讲解示范动作，学生跟着练习，然后教师检查和纠正每个学生的动作。
2. 学习出手动作，采用徒手"站架"法，主要体会球离手瞬间身体姿势，"两腿充分蹬直，右肩离左肩，抬头挺胸，屈腕拨指"，集体练习。
3. 轻推实心球。两腿前后开立，向右稍转体后将球推出。
4. 学习投掷前姿势，学生应在不同条件下完成动作，如在连续上跳中完成动作，在后退跑中完成动作，在各种转动中完成动作。当徒手掌握了以后，可以持球做练习。

5. 转髋腰练习，按教师口令，"预备"——投前姿势。
6. 原地背向推铅球，练习时让学生默念口诀：蹬、转、亮、推、拨。

三、侧向滑步推实心球

(一) 步骤

1. 复习原地推实心球技术。
2. 学习侧向滑步推实心球的预备姿势。
3. 学习侧向滑步动作。
4. 学习侧向滑步推实心球。

(二) 方法

1. 徒手做预摆练习。按教师口令做，左腿摆出右腿支撑，左腿回收右腿屈膝。
2. 滑步的摆、蹬练习。由一人拉住练习者的右手，做摆动腿用力摆动和右腿蹬地练习。体会两腿"摆""蹬"的配合。
3. 徒手或持球连续滑步练习。在地面画一直线，沿直线进行练习。
4. 滑步和最后用力结合练习。教师采用口令或击掌的信号刺激加快左脚的着地和右脚的蹬地送髋动作。
5. 各种力量素质练习。
6. 在圈内滑步推实心球练习。

四、背向滑步推实心球

(一) 学习背向滑步技术

1. 短距滑步或用力前预备姿势。背对投掷方向右弓箭步站立，两手背后，体重大部分在右腿上，教师口令"抬"——学生抬左腿向后滑 10～20 厘米或用力前预备姿势。
2. 在 1 的基础上，两臂下垂，加大滑距为 40～60 厘米。
3. 在 2 的基础上，将左右手放到正常位置上，加大滑距为 80～100 厘米。同时右膝、脚向内扣转 35～90 度成投掷前姿势。
4. 利用肋木做摆、蹬练习及预摆—用力—摆蹬—滑扣练习。

(二) 学习完整的背向滑步推实心球练习

1. 短滑距控制在 20～30 厘米推球。
2. 中滑步推球，将滑距控制在 40～60 厘米推球。
3. 长滑步推球，将滑距控制在 1 米左右推球。在练习过程中，教师应运用完整动作的示范，配合口诀的提示，如"以摆带蹬，快速快扣"等。
4. 在圈内进行完整的滑步推球练习。为更快地掌握技术，可采用轻重器械结合练习，每个学员可多拿些器械，如石球、砖块等，都可当作实心球推。

5. 在完整技术教学时，进行测验和比赛，重点解决滑步和最后用力的结合，要求滑步后迅速转入爆发式的最后用力。

五、易犯错误及纠正方法

1. 易犯错误：持球手掌心触球或不置于锁骨窝处。纠正方法：讲清概念，反复做握球与持球的练习。

2. 易犯错误：只用手臂推球。纠正方法：讲清概念，多做投掷臂不用力的原地推铅球练习（要求靠下脚及腰、背、胸的协调用力将球弹出），矫正预备姿势。

3. 易犯错误：推球时臂部后坐。纠正方法：多做持球手同侧腿和蹬转送髋练习，调整两脚的距离。

4. 易犯错误：推球时上体左倾。纠正方法：多做还手的原地推球练习。

5. 易犯错误：滑步时跳动。纠正方法：反复做徒手的和持小铁球的摆蹬练习，发展髋关节的柔韧性。

6. 易犯错误：滑步后停顿。纠正方法：（以右手为例）让学生直立上体前俯，紧接着右腿弯屈，左腿后撤一步，待左脚着地时右脚立即蹬转髋，以此反复练习，发展下肢力量。

7. 易犯错误：滑步时上体直起来。纠正方法：矫正预备姿势，发展下肢力量。

8. 易犯错误：滑步后跳起推铅球。纠正方法：讲清最后用力概念并反复进行练习。

思考题

1. 田径教学的任务是什么？
2. 短、中、长距离跑的教学步骤是什么？
3. 跑的专门练习教学方法是什么？
4. 接力跑的教学方法是什么？
5. 跨栏跑的教学方法是什么？
6. 跳高的教学方法是什么？
7. 跳远的教学方法是什么？
8. 实心球的教学方法是什么？

第八章 体 操

通过体操教学，全面地发展学生的力量、速度、灵巧、柔韧、协调等身体素质和身体的基本活动能力，有效地增强体质。通过体操"三基"的学习，要使学生了解和掌握科学锻炼身体的方法，培养学生良好的组织性、纪律性和集体主义精神，以及勇敢、果断、机智、顽强的意志品质，树立不怕困难、勇往直前的战斗作风。本章内容包括队列队形、技巧和器械体操，详略分明，更加突出实用性。

第一节 队列和体操队形的教学方法

一、教学要求

1. 学校体操队列和队形教材内容没有分年级编写，只把基本动作按难易顺序排列，教师可根据大纲提出的要求和学生的实际情况选用。

2. 在练习结构上要组织紧凑，争取在较短的时间内达到要求。运用口令要慎重，不喊无目的与重复的口令，注意口令之间的联系和衔接。

3. 队列和队形教学的重点是：使学生形成身体的正确姿势，促进身体正常发育；培养学生的组织纪律性和朝气蓬勃的精神，做到令行禁止；与学生密切配合，严格要求，刻苦训练。

4. 队列和队形是体育教材的重要内容，必须予以足够的重视。一般可安排在课前的准备部分进行，用一定的时间练习，并贯穿全课的始终。在课程进行中，教师如有意让学生放松，或无需做出队列动作时，应明确指出，不致使学生产生进行队列练习要按队列要求完成、而在课程进行过程中却可随意的错觉。

5. 教学时动作要领需讲清楚，示范要正确，较复杂的动作要分解做。例如"向右转"可分为"两动"来教，先教转体再练习并腿，然后做完整动作。

6. 队列和队形的教学，既要严格要求，也要生动活泼。过于严肃搞成刻板的模式，或用于教队列的时间过长，都会影响学生上课的积极性。但上课不集合或不教队列，如果是根据课程的某些特点偶尔如此是可以的，若把上课不集合变成一种模式，则是不可取的。

二、口令的运用

口令是指挥者的口头命令，依据动作特点和指挥需要来确定，一般由预令和动令组成，有的口令还需要一定的指示词，以明确动作的目标和要求。为此，口令运用要正确，口令结构和用字要符合教材特点和指挥需要。以此为基础，还要做到以下几点。

（一）清楚

吐字清晰，发音清脆。学生听到口令，对动作的做法和方向没有任何疑问。执行（队列条令）时要具备下述几点基本要求：

1. 发音部位要正确。下达口令用胸音或腹音。
2. 要掌握好音节。下达口令要有节拍，预令、动令和微歇有明显的节奏，使队列人员能够听得清楚。
3. 注意音节音量，不要平均分配下达口令。一般起音都较低，由低向高拔音。如"向右看齐"，"齐"字发成"7"的音。
4. 突出主音。下达口令时重点字的音量要加大。如"向右后转"要突出字转，"向前三步走"要突出数字。

（二）洪亮、果断

洪亮的基本标准是使全队每一个人都能听清；果断是指口令用语简明、语气坚定，表现出非做不可的号令性。

（三）富有节奏

口令除了要掌握好音节、音量外，在进行练习时还要与节奏合拍，单个口令、结合口令、各口令之间的间歇节奏都应掌握好音节、音量。

三、教学方法

（一）指挥者的位置

指挥者的位置一般在其队形最前面的等腰三角形的顶点，某些纵队练习时也可在队头，以方便观察学生动作和便于口令指挥为准。行进时，可随队伍移动以利于观测前方；前进时，队伍的节奏要一致，以利于指挥和发现问题。纵队行进时，指挥者一般处于左前侧。

（二）指挥的合理性

在练习结构上要组织紧凑，排除各动作之间不合理的间隔，争取在较短的时间内达到要求。在场地使用上要布局合理，充分发挥场地作用；因地制宜，巧妙回避场地障碍和环境干扰，减少不利因素的影响。运用口令要慎重，不喊无目的的口令，不重复口令，并注意口令之间的联系和衔接，不漏用口令。

（三）实践的有效性

课堂教学要结合学生实际，以学生目前基础经努力能够达到为标准。首先要求正确,然后要求整齐。注意练习方法步骤的实效性,不搞无实效的练习。边指挥边观察分析,先注意动作做法、方向问题,然后再注意动作时机、节奏问题。扬优抑劣,重在突出重点,抓住动作的关键环节。

第二节 体操教学方法

一、技巧

（一）前滚翻

1. 动作要领。由蹲撑开始,两手向前撑地,两脚向后下蹬地,腿蹬直,同时提臀,屈臂低头,使头后部在两手支撑点前着地,接着背、腰、臀依次着地向前滚动。当背部着地时,屈膝团身,两手抱小腿中部,上体迅速紧随大腿向前滚动成蹲的姿势。（如图8.1）

图8.1 因身前滚翻

2. 保护和帮助。保护者跪在练习者侧前方,当后者的头后部将要着地时,一手托颈;当滚翻至臀部着地时,两手顺势推后者的后背前送成蹲撑。

3. 教学方法。

（1）团身滚动或成蹲立。

（2）在斜面上,由高处往低处做前滚翻。

（3）在帮助下做前滚翻。

4. 易犯错误及纠正方法。

易犯错误：团身不紧。纠正方法：增加辅助练习。如仰卧团身,在颈部和腹股沟处分别夹一手帕,两手十指交叉于头后,由另一学生两手分别扶于肩和膝关节处,做"不倒翁"练习。

（二）后滚翻

1. 动作要领。由蹲撑开始,身体稍向前移,随即两手推地,使身体重心迅速向后移,接着团身低头向后滚动,同时屈臂夹肘,两手放在肩上（手指向后）,使臀、腰、

背依次着地。当向后滚动至肩和头着地时，臀部上翻，两手撑地臂撑直，两脚落下成蹲撑。（如图8.2）

图 8.2　因身后滚翻

2. 保护和帮助。保护者站在练习者侧后方，当后滚至肩背着地时，保护者两手扶起其腰的两侧，向上提拉，帮助其推手和滚动；还可适当向后推练习者臀部，帮助翻转。

3. 教学方法。

（1）两手放在肩上做向后团身滚动。

（2）由头手着地蹲撑开始，迅速推直两臂。

（3）在斜面上，由高处往低处做后滚翻。

（4）在保护者帮助下做后滚翻。

4. 易犯错误及纠正方法。

（1）易犯错误：后翻歪斜。纠正方法：在帮助下直接练习。

（2）易犯错误：身体松散，团身不紧。纠正方法：练习团身向后滚动，体会翻臀和肩上撑手。

（3）易犯错误：翻臀不足。纠正方法：在斜面上由高处向低处做后滚翻。

（三）肩肘倒立

1. 动作要领。由直角坐开始，向后滚动，收腹举腿翻臀，两臂用力撑地，接着在向上伸展髋部和两腿的同时，两手撑于腰部的两侧（两肘内夹），身体伸直，成肘、头和肩支撑的倒立姿势（如图8.3）。

图 8.3　肩肘倒立

2. 保护和帮助。保护者站在练习者侧面，两手握其小腿，向上提位。如练习者倒立姿势不正确、身体不能充分伸展时，保护者可用膝盖顶其背部，帮助练习者完成动作。

3. 教学方法。

（1）肩臂倒立，臀部位置不动，屈髋，两脚在头上位置触地，再伸直成肩臂倒立，连续做。

（2）在保护者的帮助下完成动作。

4. 易犯错误及纠正方法。

（1）易犯错误：先撑腰后倒体，举腿伸髋困难。纠正方法：直腿做，后倒举腿翻臀，两臂压垫，撑腰夹肘，稳定重心并向上伸展髋部。

（2）易犯错误：失去重心。纠正方法：在帮助下直接练习。

（3）易犯错误：展髋不充分。纠正方法：可在扶腿上提的同时用小腿顶起骶部。

（四）头手倒立

1. 动作要领。蹲撑，两手同肩宽，与前额成等腰三角形撑地，两肘内夹，提臀，两腿蹬直。当臀部靠近垂直部位时，一腿上举，另一腿蹬地。当臀部在支点垂面时，并腿伸髋立腰成头手倒立姿势。（如图8.4）

图8.4 头手倒立

2. 保护和帮助。

（1）自我保护。做头手倒立，身体重心超过垂直部位时，为了避免摔背，应用力推撑，迅速低头，做团身前滚翻。

（2）保护者站在练习者前侧面，两手扶其腰部，当练习者成头手倒立时，两手扶其小腿。

3. 教学方法。

（1）由单膝跪撑开始做头手倒立。

（2）由蹲撑、两脚蹬地、屈腿做头手倒立。

（3）由分腿立撑开始做头手倒立。

4. 易犯错误及纠正方法。

（1）易犯错误：头手位置不当。纠正方法：在垫上画约一肩宽为边长的等边三角形，明确头的位置。

（2）易犯错误：腰颈松散，重心失控。纠正方法：两手与前额按已定位置撑垫，一腿上举升臀，一腿向前移动，轻蹬离地，紧腰梗头，稍停。

二、支撑跳跃（山羊分腿腾越）

（一）动作要领

快速助跑，主动上板，积极踏跳，抬臂含胸，上体稍前倾，稍屈髋向前上方腾起。两臂主动前伸，空中紧腰，接着用力向前下顶肩推手，稍提臀，两腿向两侧分开。推离时（肩不超过支点），制动腿，抬上体伸展身体后落地。（如图8.5）

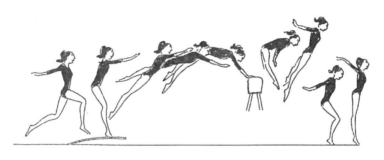

图8.5　山羊分腿腾越

（二）保护和帮助

保护者站在练习者落地点的前方，用两手顶住其两肩，并顺势握其上臂，稍上提并后退，帮助其更好地腾跃器械。

（三）教学方法

1. 俯撑，两脚蹬地腿后摆，同时推手成分腿站立，接着挺身跳。
2. 板距由近至远，山羊由低到高做分腿腾越。
3. 在山羊和板间放矮山羊，跳分腿腾越，要求空中做出控制髋关节角度的动作。

（四）易犯错误及纠正方法

1. 易犯错误：提臀低于器械。纠正方法：用练习分腿立卧撑提臀顶肩。
2. 易犯错误：屈腿。纠正方法：用练习原地连续分腿跳，脚尖绷直。

三、器械

（一）单杠

1. 上法。
（1）跳上成支撑。
1）动作要领。由杠后两臂伸直握杠站立开始，稍屈膝下蹲，接着向前上方跳起，同时两臂用力压杠，两臂伸直，以大腿上部撑杠，上体稍前倾，两眼平视挺胸，伸髋，"紧腰"，两腿稍后举，成支撑（如图8.6）。

图 8.6　跳上成支撑

2）保护和帮助。保护者站在杠后侧方，两手扶练习者腰部，助其跳上成支撑。

3）教学方法。先在低于肩的双杠或单杠上做支撑练习，然后再在稍高于肩的单杠上做站立悬垂跳上成支撑。

（2）翻上。

1）动作要领。由站立悬垂开始，左腿后举、屈臂，接着左腿向前上、向后摆起，右脚蹬地迅速与左腿并拢，同时屈臂用力引体，倒肩伸髋，使腹部靠杠。当身体翻转两腿至杠后水平部位时，制动两腿，抬头挺身，翻腕，两臂伸直成支撑。（如图8.7）

图 8.7　翻上

2）保护和帮助。保护者站在杠前侧方，当练习者蹬地后，一手托住他的臀部，另一手托起其肩部帮助翻上。

3）教学方法。在低单杠前放置一矮跳箱或其他矮器材，用蹬地脚踏器械做翻上。

2. 杠上动作。

（1）单腿向前摆越成骑撑（如图8.7）。

1）动作要领。蹬地摆腿，引体倒肩，翻腕抬头，越成骑撑，要协调配合。

2）保护和帮助。保护者站在杠前左侧方，在练习者后倒时一手托其肩部，另一手托起其臀部前送。当做挂膝上时，一手托其背部、另一手压其左大腿帮助上成骑撑。

3）教学方法。挂右膝悬垂摆动体会钟摆动作。

(2) 骑撑转体 180 度成支撑。

1）动作要领。由右腿骑撑（右手反握）开始，重心向右移动，左手松杠，上体稍向右后倒，同时以右臂为轴向右转体，身体左侧尽量伸展，转体时以上体转动带动左腿摆越过杠，然后左手握杠成支撑。

(2) 保护和帮助。保护者站在练习者前面，以双手握住他的右脚，顺势帮助转体。

(3) 教学方法。在保护者帮助下完成动作。

3. 下法。支撑后摆挺身下。

(1) 动作要领：由支撑开始，两腿先前摆，接着两腿用力后摆，肩稍前倾，两臂伸直撑杠。当后摆接近极点时，稍含胸并制动两腿，接着两臂伸直，迅速用力顶肩推杠，抬上体挺身跳下。（如图 8.8）

图 8.8　支撑后摆挺身下

(2) 保护和帮助。保护者站在杠后侧方，一手握其上臂，另一手托其腿部，帮助后摆，然后扶持其身体跳下。

(3) 教学方法。低杠上做支撑后摆，做不松手的跳下；低杠上做支撑后摆下。

（二）双杠

1. 上法。杠端跳起前摆成分腿坐。

1）动作要领。距杠端约一步远，站立握杠，跳起支撑顺势前摆超过杠面，分腿坐撑（如图 8.9）。

图 8.9　杠端跳起前摆成分腿坐

2）保护和帮助。保护者在练习者侧前方，在其体前撑杠时，一手握其上臂，在其腿后摆时，另一手托其膝部进杠，并顺势换托其臀部前摆成分腿坐。可由两人保护帮助。

3）教学方法。杠端跳起顺势前摆，分腿向后成分腿坐，体会站位、顺势前摆。

2. 杠上动作。

（1）滚杠。

1）动作要领。由分腿坐开始，后摆转体180度成分腿坐时，两腿必须摆出杠面后，再转髋、分腿、换握（如图8.10）。

图8.10 滚杠

2）保护和帮助。保护者站在练习者左侧方，当其做滚杠时，一手于杠下托其肩或背部，另一手扶压腿，帮助翻转。

3）教学方法。练习手的握法；在帮助下做慢动作；在保护下完成动作。

（2）分腿坐前进。

1）动作要领。杠端跳起成支撑，两腿顺势向前摆起，当超过杠面后迅速分腿，以大腿内侧坐杠成分腿坐。然后身体挺直，上体前移，两手顺势与体前稍远处用力撑杠，同时两腿伸直压杠后摆并腿进杠，接着支撑前摆成分腿坐。（如图8.11）

图8.11 分腿坐前进

2）保护和帮助。保护者站于练习者腿前侧方，当其上体前移两手撑杠、两腿压杠后摆动时，左手握其上臂，在两腿前摆时，右手再顺势稍托送其背部或臀部至分腿坐。

3）教学方法。练习支撑小摆动成分腿坐；在帮助下完成1～2次前进动作；独立完成动作。

（3）支撑后摆转体180度成分腿坐。

1）动作要领。在后摆出杠面后，迅速以脚尖带动转髋，随即左右分腿坐杠，两手换握，重点是后摆出杠面，难点是转髋与分腿的配合。

2）保护和帮助。保护者站在练习者转体同侧，在其后摆出杠面后，顺势搓转髋部。

3）教学方法。复习支撑后摆下，体会摆出杠面的感觉；支撑摆动后摆出杠面，做转髋练习，体会转髋时机；在杠上练习，保护者托送其髋部帮助转体。

3. 下法。支撑前摆挺身下。

1）动作要领。下杠时，两腿摆到接近最高点时，再伸腿髋，制动，推手移重心，挺身要充分（如图 8.12）。

图 8.12 支撑前摆挺身下

2）保护和帮助。在练习者右侧，在其前摆出杠面时，推其髋部，助其移出杠外。

3）教学方法。支撑摆动，前摆出杠面；杠端跳起支撑摆动，前摆至最高点，推撑换握出杠外；在帮助下练习。

第三节 体育舞蹈教学方法

一、常用的基本舞步

（一）跑跳步（一拍完成）

小八字步站立，两手叉腰。左腿屈膝前举，绷脚面，同时右脚向前跳一小步，随即左脚向前落地，再换右腿屈膝前举。可向前、向侧、向后做，要求动作轻快、欢跃，两臂自然前后摆动。

（二）跳踢步（两拍完成）

自然站立，两手叉腰。第一拍，两脚轻跳一次；第二拍再跳起，左脚向前踢出，同时右脚落地。可连续做，也可左右腿交换做；可向前、向侧、向后方踢腿；可原地做，也可在移动中做；可直膝踢腿，也可屈膝踢腿。要求动作轻快活泼，头部协调配合。

（三）踵趾步（两拍完成）

自然站立，两手叉腰。第一拍两脚轻跳，右脚落地稍屈膝，同时左脚跟在体前点地；第二拍右脚轻跳，落地稍屈膝，同时左脚尖在体后点地。可连续做，也可经过渡动作交换腿做。踵趾可在同一方位连续点地，也可在不同方位分别点地。要求动作活泼欢快，协调配合上姿势和头位动作。

（四）踵趾踢步（四拍完成）

自然站立，两手叉腰。第一拍，两脚轻跳，右脚落地稍屈膝，同时左脚跟在右脚尖前方点地；第二拍，右脚轻跳，落地稍屈膝，同时左脚尖在右脚的右侧点地，膝稍屈；第三拍，右脚轻跳，同时左腿向左前方踢出；第四拍，右脚轻跳，双脚同时落地还原。可交换腿做，也可连续做。要求动作轻快活泼。

（五）快踏步（两拍完成）

自然站立，两手叉腰。第一拍，上半拍，左腿屈膝上摆，同时右脚蹬地随之屈膝上摆，左脚落地；下半拍右脚随即落地，同时左膝屈膝上抬。第二拍，左脚落地；换右腿屈膝上摆开始。可在原地做，也可在前进中做或左右移动中做。要求动作轻快、节奏分明。

（六）踢毽子（两拍完成）

自然站立，第一拍，左腿屈膝上抬，随即右脚蹬离地面后屈膝，小腿从左腿前面内拐上踢，同时左脚落地。第二拍，右脚落地还原。可连续做，也可经过渡动作交换腿做；可使右小腿从左腿后面内拐上踢成右腿的后踢毽，还可使右小腿在侧面外拐上踢成侧踢毽。要求动作轻捷、节奏分明，两臂随腿的动作自然摆动。

（七）垫跳步（两拍完成）

自然站立，两手叉腰。节拍前右膝稍屈，左膝前抬稍离地。第一拍，左脚前脚掌垫地，伸膝立踵，右脚直膝离地。第二拍，右脚落地，还原节拍前动作。可连续做，也可经过渡动作交换腿做；可在原地做，也可在向前、向侧、向后移动中做，还可以边转体边做。要求动作柔和、有弹性，上下起伏节奏清楚。

（八）踏跳步（两拍完成）

自然站立，两手叉腰。节拍前左膝前抬离地。第一拍，左脚踏地跳起，右腿屈膝前摆；第二拍，左脚落地，右膝前抬停留在空中，换右脚踏地。可在原地做，也可在移动中做，还可以边转体边做；可向前、向侧、向后屈膝摆动，也可直膝摆动。要求动作刚健有力、节奏感强。

（九）跳点步（两拍完成）

自然站立，两手叉腰。第一拍，上半拍左脚向左跳出一步，下半拍右脚随之在脚旁点地；第二拍，左脚原地踏一步，换右脚跳出，可向各种方位跳出。要求动作欢快活泼，注意上体和头位的配合。

（十）三步一跳（四拍完成）

自然站立，左脚开始，向左走三步，每步一拍；第四拍，左脚蹬地跳起，右脚同时向左踢，左脚落地。换右脚向右走。可向前后左右各个方位做；可直膝踢腿，也可屈膝抬腿。要求动作轻快自然，两臂随动作自然摆动。

（十一）秧歌步（四拍完成）自然站立

1. 三进一退。左脚开始，向前扭三步，每步一拍，双膝随之稍予颤动，两臂在胸前做横"8"字摆动；四拍右脚原地退一步，左脚稍离地。

2. 三步一跳。1～3拍同1前三拍，第三拍后半拍左脚跳起小腿后踢，右脚向前跨出，两臂摆起至右肩膀位，左臂托掌位右脚落地。

3. 十字步。第一拍，左脚向右前方迈一步；第二拍，右脚向左前方迈一步；第三拍，左脚向左后方撤一步；第四拍，右脚向右后撤一步，两臂随脚在胸前做横"8"字形摆动。可原地做，也可在前进中做；可加转体做，边做边向左转体。

以上三种秧歌步都要求动作流畅、欢快热烈。

二、基本舞步与动作组合

（一）踏跳步组合（八拍完成）

节拍前自然站立，两臂侧举，半握拳。

1～2拍，左脚踏跳，右腿在后屈膝摆动，两臂内摆至右臂在体后屈，左臂在体前屈。

3～4拍，左脚踏跳，左腿向前屈膝摆动，两臂外摆至侧举。

5～6拍，左脚踏跳，右腿在右侧屈膝摆动，两臂内摆至右臂在体前屈，左臂在体后屈。

7～8拍同3～4拍，反复进行。可原地做，也可边做边向右侧移动。两个八拍后可换右脚。

（二）先踏跳，向左侧动

踢毽步组合（八拍完成）。

1～2拍，抬左膝，右腿前踢毽步。

3～4拍，抬左膝，右腿后踢毽步。

5～8拍，右脚侧踢毽步两次。可反复进行，两臂随动作自然摆动。两个八拍后换左脚做。

（三）跳点步组合（八拍完成）

1～2拍，左脚向左做跳点步，左臂屈肘由右至左在头前方小晃手，右手在左肘下按掌。

3～4拍，右脚向右做跳点步，换右臂小晃手。

5～6拍，左脚向前做跳点步，上体前俯，同时左臂前下伸右臂后上举，头后屈，眼看左手。

7～8拍，右脚向后做跳点步，同时上体右转后仰视，头向左转仰视，左手叉腰肘向前，右手扶头后，可以右脚开始做，注意手臂、上体和头位配合。

（四）踵趾步，快踏步组合（八拍完成）

1～2拍，左脚做前踵后趾步。前踵时，臂体前小交叉，上体左侧；后趾时，两臂外翻打开成侧下举，上体正直。

3～4拍，左腿屈膝前摆做快踏步，同时两前臂向上内绕至手叉腰。

5～8拍，动作同3～4拍，但换右脚做。可原地做，也可在快踏步时向前移动；可在第二个八拍时做转体360度的快踏步，两臂上摆至三位。

（五）跳踢步、垫踏步组合（二八拍完成）

1～4拍，做左腿屈膝外摆侧踢的跳踢步两次，同时头右偏左转，眼看左脚，两手在右耳旁击掌两次。

5～8拍动作同1～4拍，但换成踢右脚。

二八拍的前四拍，右脚做垫踏步两次，同时右转180度，两手在胸前击掌后摆至两臂侧举，眼看左手。

5～8拍动作同1～4拍。

三八拍开始，可换右腿先做侧踢。

（六）秧歌步组合（四八拍完成）

1～8拍左脚开始做两次三进一退步。

二八拍做两次十字步，第二次向左转体180度。

三八拍做两次三进一跳步。

四八拍同二八拍动作。

（七）三步一跳组合（四八拍完成）

学生手牵手成圆圈。

1～8拍，先向左后向右各做一次直膝踢腿的三步一跳。

二八拍先向前再向后做一次屈前抬的三步一跳。向前做时，两臂由下向前至上举；向后做时，两臂经下向后摆。上体随动作俯仰配合。

三八拍开始不牵手，先向左做一次三步一跳，右腿屈膝抬起向右摆，两臂在头上从右向左挥摆，跳起时再随之向右挥摆。再向右做一次，动作同，方向反。

四八拍先向前再向后做一次屈膝前抬的三步一跳。向前做时，两臂向后轮转一周至左臂前下举，右臂后上举；向后做时，两臂向后轮转一周半至右臂前下举，左臂后上举。

（八）组合舞蹈"春天来了"（四八拍完成）

学生牵手成圆圈，单数出列站成逆时针方向的内圈。

1～8拍，外圈拍手，内圈从左脚开始向前做8个跑跳步，两臂打开，四侧向下经前至上举成三位，上体随之由前俯逐步抬起，做两次。

二八拍内外圈相对，一起做左腿跳踢步两次，左手叉腰，右臂后上举；再换右腿做两次，手臂相反。

三八拍，前4拍先向左后向右做跳点步小晃手一次；后4拍做秧歌十字步转体180度，内外圈交换位置后相对。

四八拍做一次踵趾步、快踏步组合练习。

（九）组合舞蹈毽子舞（四八拍完成）

学生牵手成圆圈。

1～8拍，前4拍用抬左腿踢右腿做一次前后毽踢步组合，后4拍向右做4次跑跳步。

二八拍同一八拍动作，但向左做跑跳步。

三八拍和四八拍做一次跳踢步、垫踏步组合练习。

三、教学方法

1. 注意各动作的区别和联系，合理安排教学顺序，充分发挥各动作之间的有利影响，避免可能出现的干扰。

2. 以单个动作为基础，及时转入舞步组合练习，既提高对学生的练习要求，又提高学生的练习兴趣。单个动作练习时，要着重抓好动作基本形态的教学，在学生掌握后再根据需要进行动作演变形态的教学，启发学生思维，培养想象力。

3. 在学生基本掌握动作后，要及时选配适宜恰当的音乐伴奏，让学生在欢快的气氛和优美的旋律中练习，激发学生情感的共鸣，提高练习的热情和动作的表现力。伴奏前，先让学生熟悉音乐的节奏和旋律特点。

4. 舞蹈教学要与学校课外活动相结合，为师生提供一个广阔的课堂，使学生的表现力、想象力、创造力能得到充分的发挥，既能丰富校园文化生活，又能极大地巩固、提高和扩展课堂教学效果。

四、体育舞蹈集体舞练习范例

第一节 提膝跳（4×8拍）

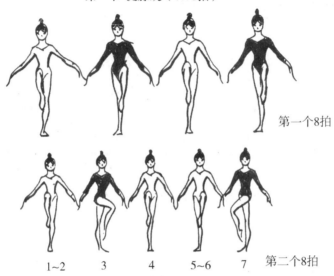

第一个8拍

1~2　3　4　5~6　7　第二个8拍

第二节 小踢腿跳

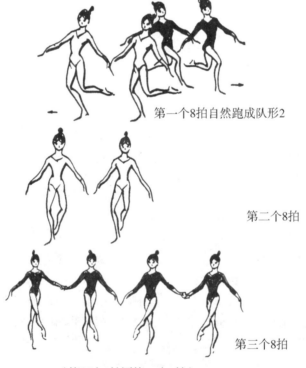

第一个8拍自然跑成队形2

第二个8拍

第三个8拍

（第四个8拍同第二个8拍）

第五个8拍

（第六个8拍同第二个8拍）
第七个8拍跑步还原成队形1

（第八个8拍同第二个8拍）

第三节 换位跑（4×8拍）

第一个8拍单双排换位跑成队形3

1~4　　　　　　5~8

第二个8拍还原成队形1

1~4　　　　　　5~8

（第三至第四个8拍同第一至第二个8拍）

图8.13　集体舞蹈练习

思考题

1. 简述队列与体操队形教学方法。
2. 简述如何应用队列与体操队形的口令。
3. 简述前滚翻、后滚翻、肩时倒立、头手倒立与支撑跳跃的保护与帮助？
4. 体育舞蹈教学方法是什么？

第九章 球 类

球类运动是以球为主要器具，用手、足、头或借助于其他器具（如球拍、棒等）对球进行控制，并遵循一定的规则而进行的一种对抗性的体育运动。

球类运动一般包括篮球、排球、足球、手球、乒乓球、羽毛球、网球、棒球和垒球等项目。球类活动是中学生最喜爱的体育项目，是大纲的基本教学内容。

第一节 球类教学任务

球类是一种综合性的活动，由各种各样的动作，如奔跑、跳跃、扣球、投掷和身体各部位的屈伸、转动等组成。

1. 结合球类活动的特点，对学生进行思想教育工作，培养他们机智果断，勇敢顽强，胜不骄、败不馁，团结协作的集体主义精神。

2. 通过球类教学，发展学生身体各种基本活动的能力，提高他们的身体素质，增进机体各部分的机能，促进健康，增强体质。

3. 使学生学习和掌握球类运动的基本技术、简单战术和锻炼身体的方法，为提高球类运动技术水平打下扎实的基础。

第二节 篮球教学方法

篮球运动是我国青少年最喜爱的一项体育活动，它是由跳、跑、投等基本动作所组成的一项集体的直接对抗性的竞赛活动，在活动中要求密切配合、灵活机动。篮球运动对提高学生的身体素质水平和锻炼身体有较高的价值，因此，在大纲中，篮球为限选教学内容。

一、篮球技术

（一）移动

移动是对篮球比赛中队员的位置、方向、速度、高度变化时所采用的各种脚步动作方法的通称，是篮球比赛中一项主要技术动作。移动技术是各项技术的基础，是实现篮球战术配合的重要因素。

1. 种类。

(1) 跑。起动跑、侧身跑、变速跑、变向跑。

(2) 跳。双脚起跳、单脚起跳。

(3) 急停。跨步急停、跳步急停。

(4) 跨步。顺向跨步、交叉跨步、绕步。

(5) 转身。前转身、后转身。

(6) 碎步。

(7) 滑。侧、后、前。

(8) 交叉步。

(9) 撤步。

2. 教学方法。

(1) 体会移动动作要领,按体操队形进行基本站立姿势及各种移动练习,可边讲边练,讲练结合。

(2) 按口令练习移动动作。学生按体操队形听教师口令或看教师进行各种移动练习。

(3) 结合实践练习。两人一组,一攻一守,结合实践练习各种动作,进一步巩固动作质量。

(4) 在篮球场内练习。根据篮球场上的线圈和固定目标进行各种移动练习。

(5) 利用障碍物练习。利用各种障碍物进行移动练习,要求学生认真观察,合理运用。

(6) 抛接球练习。各组成纵队站立,站排头持球向前方 4～5 米外的上空抛起后,快速起动,接球急停转身,将球传回本组,依次进行。

(7) "拉网捕鱼"练习。

3. 易犯错误及纠正方法。

(1) 易犯错误：两脚开立的距离近,重心高,上体前倾过大。纠正方法：教师在练习中多提醒动作要领和关键,或者重复讲解动作要领,并以正确的示范动作指导学生的练习。

(2) 易犯错误：开始移动时蹬地无力,腰腹灵性差,动作速度跟不上。纠正方法：重点讲解示范蹬地动作及上体的配合动作,并在慢速练习中体会。

(3) 易犯错误：移动中手脚配合不协调。纠正方法：在慢速练习中,体会手脚配合动作,逐渐提高要求。

(4) 易犯错误：不会合理地运用前脚掌蹬地,显得灵活性差,动作速度慢。纠正方法：在慢速练习中体会前脚掌蹬地和脚触地动作的方法。

(5) 易犯错误：急停触地时,不是以脚跟着地滚动到前脚掌,而是前脚掌触地,易前倾,急停不稳。纠正方法：先练跨步急停,再练跳步急停,并注意由慢速到快速,逐渐提高要求。

（二）运球

运球是摆脱对手、发动战术配合时所经常采用的一种基本技术。运球方法有高运球、低运球、运球急停急起、体前变向换手运球、体前变向不换手运球、背后运球、胯下运球、运球转身等。

手对于球的控制能力，即为控制好球的反弹高度、速度与角度，脚步移动的熟练程序和手脚的协调配合。

1. 教学方法。

（1）原地垂直的高低及各种变向运球、体后运球的动作要领。

（2）对墙运球的练习，提高腕、指的控球能力。

（3）体前单手做推提运球的动作要领。

（4）行进间的运球练习。

（5）全场绕圆弧形运球。要求左右手交替，绕圆时用外侧运球。

（6）在对抗条件下做攻守运球、防运球的练习，单手背后。

2. 易犯错误及纠正方法。

（1）易犯错误：运球时身体不协调，手与球的接触部位不正确。纠正方法：讲解、示范运球技术动作要领，在慢速练习中体会动作。

（2）易犯错误：低头运球，控制球的能力差。纠正方法：可采用在运球中喊出教师手指的数目或注视目标的方法，帮助克服低头运球的错误。

（3）易犯错误：运球时不会合理地用身体保护球，球容易被对方将打掉。纠正方法：讲解、示范运球时的身体动作及手臂的协调配合方法，并说明保护球的重要性，先在慢速练习中体会。

（4）易犯错误：在运球变向、变速和运球转身时动作过大，形成明显的翻腕动作，造成二次运球违例。纠正方法：重复讲解变向、变速、运球转身时手触球的部位和身体的动作方法。首先在慢速练习中体会动作，逐渐加快速度，提高水平。

（三）传接球

传接球是篮球比赛中队员之间有目的地转移球的方法，是组成进攻的纽带。接球是与传球紧密联系在一起的技术，接球的目的是为了获得球，以便投篮、突破、传球或运球。

1. 种类。

（1）接球技术种类。①各种原地双手或单手传接球；②移动中双手或单手传接球；③行进间（先做慢速再做快速）双手或单手传接球；④综合传接球。

（2）传球技术种类。①双手胸前传球；②双弹传球；③双手头上传球；④单手胸前传球；⑤单手肩上传球；⑥单手低手传球；⑦单手体侧传球；⑧单手勾手传球。

2. 教学方法。

（1）各种原地双手或单手传接球。

（2）移动中双手或单手传接球。

（3）行进间（先做慢速再做快速）双手或单手传接球。

（4）综合传接球。

3. 易犯错误及纠正方法。

（1）易犯错误：接球手型不正确，无缓冲动作。纠正方法：指出正确的手型，加大迎球距离。要求臂部、肘关节放松，接球时顺势后引，在慢速练习中体会动作。

（2）易犯错误：持球手型不正确，掌心触球，传出的球无力量。纠正方法：进一步讲解、示范正确的持球手型，可采用每人持一球的互推练习，帮助体会正确的持球和出手用力的方法。

（3）易犯错误：持球或传球时肘关节外张。纠正方法：注意手腕不要紧张，肘关节不要下垂，还可做模仿练习，帮助体会正确的动作。

（4）易犯错误：传球时动作不协调，双手传球时用力不一致或两手交叉，传出的球侧旋；单手传球时好似推铅球或甩球。纠正方法：可在慢速练习中体会正确的动作。注意出手后的手臂动作，用时要求学生注意落点，讲明落点不准主要是传球技术的错误，引起学生重视并认真练习。

（5）易犯错误：行进间传接球时手脚配合不协调，有的腾空较高，有的侧身跑动，影响速度和效果。纠正方法：进一步讲解、示范行进间传接球和手脚配合的方法。可先在慢速练习中体会正确的动作，逐渐提高速度。

（四）投篮

投篮是队员在进攻中得分的一种方法，是篮球运动中最重要的技术。任何进攻战术的目的都是为了创造有利的投篮机会。但是，即使战术配合得很熟练，投篮时机很好，若投篮不中，则前功尽弃，所以，在投篮教学中应特别注意强调"准"。投篮"准"的基础是正确的手法和协调性。另外，还应注意瞄篮点、球飞行的抛物线、球的旋转；在比赛中还要具备坚强的信心、高度集中的思想和良好的体力，并掌握投篮时机。在教学中，应当以要求学生掌握正确的投篮手法为重点，坚持认真刻苦练习，这样就一定能提高投篮水平。投篮方法有原地投篮（双手胸前投篮、双手头上投篮、单手肩上上篮、单手低手上篮、双手低手投篮、反手投篮、勾手投篮）、原地跳起投篮（单手肩上投篮、双手头上投篮、双手补篮、单手补篮）和扣篮等。

1. 教学步骤。

（1）初学阶段，学习并初步掌握正确的投篮动作，体会投篮技术的关键和要领。特别要掌握投篮手法，逐渐做到动作连贯、用力协调，并掌握瞄篮点、球的飞行抛物线和球的旋转规律。注意认真纠正错误动作。

可组织徒手模仿投篮练习、对墙投篮练习和原地投篮练习等。

（2）在初步掌握投篮的正确技术后，要不断巩固，反复强化，及时改正错误动作，形成正确的动力定型，为实战运用打下坚实的基础。

可组织多种形式和各种条件下的练习，注意练习次数和时间，强调质量。

（3）提高投篮与脚步动作、传接球、运球、突破等技术的衔接能力和控制身体平衡的能力，为实战运用奠定基础。可进行传球投篮、运球投篮、运球转身投篮等练习，并可采用传切、突分、掩护、接应或综合配合投篮练习等方法。

（4）采用对抗性的投篮练习，使练习更加接近比赛条件。可进行竞赛性的练习以及在防守条件下的投篮练习，以提高学生的兴奋性和技术运用的应变能力。根据教学大纲的安排，在不同的阶段运用不同的教学方法，采用不同的练习形式，认真完成教学任务。

2. 教学方法。

（1）原地双手或单手近距离投篮。

（2）行进间（先慢速后快速）双手或单手投篮。

（3）跳起双手或单手投篮。

（4）补篮或扣篮。

3. 易犯错误及纠正方法。

（1）易犯错误：持球时掌心触球，投篮动作不协调。纠正方法：教师应注意强调持球时手触球的部位要正确，并可采用对墙做投篮模仿练习，以帮助体会动作。

（2）易犯错误：肘关节外展，致使投篮时用不上力量，投篮出手时手腕、手指僵硬，投出的球不是向后旋转，而是有些横转动。纠正方法：面对墙站立，反复做瞄篮与收回的动作或出手的动作（自接）。每做一次都要注意观察肘关节、手腕、手指的动作和球的旋转方向是否正确。

（3）易犯错误：投篮时出手角度太小，手臂只向前推，而没有向前上方伸出的动作，使球的飞行抛物线过低，不易投中。纠正方法：在投篮者前面站一人（或放挡板），双手高高举起，这样不仅可以帮助投篮者提高投篮的抛物线，而且能帮助其改进投篮或跳投时身体前倾的错误。

（4）易犯错误：投篮出手时，过早地运用手臂、手腕、手指的力量；球刚出手，手臂就急速收回，没有建立起"伸臂护送球入篮"的感觉。纠正方法：在练习中强调手臂向前上方伸展到将要伸直的一刹那间才运用手腕、手指的力量。出手后观察自己的手臂动作，并要求随投篮方向在空中稍停，护送球入网。

（5）易犯错误：行进间投篮步法乱、跳起时动作不协调等。纠正方法：可在走动中或慢速跑动中，以正确的步法去拿教师手举的球练习投篮，逐渐加快跑动的速度，去接教师传给的球进行投篮练习。

（6）易犯错误：行进间投篮起跳时，身体前冲过大，控制不住身体平衡，使投球出手时用力过大。纠正方法：练习中，强调第一步大、第二步稍小一些，从用脚跟落地过渡到全脚掌着地，摆动腿上摆的同时，向前上方举球抬肘，主要用手腕、手指的力量，柔和地将球投出。可采用徒手练习体会起跳及出手手法的正确动作。

（五）持球突破

持球突破是持球队员运用脚步动作和运球技术相结合、快速超越对手的技术，它是一项攻击性很强的个人进攻技术。持球突破方法有原地持球突破（交叉步突破、同侧步突破、后转身突破）和跳步急停突破（正对篮的突破、前或后转身突破）等。

1. 教学方法。
(1) 首先要注意培养学生勇猛顽强的战斗作风，要求各种持球突破时机合理，动作做得既有速度，又果断勇猛、扎实有力。
(2) 培养学生在原地或快速移动中接球后，两脚都能做轴心脚，并能及时快速地向不同方向突破。
(3) 持球突破的教学要与投篮、传接球等技术相结合，并要求衔接紧密，动作协调，运用自如。
(4) 教学中要狠抓观察、蹬跨、转体探肩、放球、加速等环节的规格和协调动作的练习与提高，同时注意贯彻规则。
(5) 教学中应注意强调和加强脚步动作、运球、保护球相结合技术等能力和技巧的培养与提高。

2. 教学步骤。
(1) 原地交叉步或同侧步突破。
(2) 跳步急停突破。
(3) 前（后）转身突破。
(4) 结合其他技术的突破。

3. 易犯错误及纠正方法。
(1) 易犯错误：持球突破时机和假动作的运用不合理。纠正方法：讲解持球突破时如何运用假动作，如何选择时机。可在慢速中进行练习体会，并对假动作的运用提出要求。
(2) 易犯错误：持球突破时的蹬跨，转体探肩，放球，加速不连贯、不协调。纠正方法：教师进行示范时，指出几个环节结合的重要性，并站在练习的位置上以较慢的速度示范，促进建立正确的动力定型。
(3) 易犯错误：持球突破时轴心脚移动，或运球时球在手中有明显的停留，造成违例。纠正方法：讲解、示范如何确定轴心脚，并合理地选择练习形式和手段，提高突破时的脚步动作和运球技术，同时注意贯彻规则。
(4) 易犯错误：持球突破时身体重心高，不注意保护球，造成失误。纠正方法：教师站在突破的位置上，两臂侧平举，让学生从臂下运球突破，帮助降低重心，提高保护球的能力。

（六）个人防守技术

1. 防守有球队员。进攻队员有球时，将以投篮、突破或传球来威胁防守队员。因此，对有球队员的防守，必须尽可能地阻挠他和影响其各种进攻技术的运用与发挥。

1) 教学方法。
(1) 讲解有球队员进攻的威胁。
(2) 讲解防守有球队员时对位置、距离的选择。
(3) 讲解平步或斜步防守的动作方法。
(4) 讲解防守移动以及如何运用抢球、打球、封球的技术和方法。

2）易犯错误及纠正方法。

（1）易犯错误：防守有球队员时，对防守位置、距离和防守动作的选择不恰当。纠正方法：重复讲解、示范防守对手的基本要求和方法，建立正确的概念。在慢速练习中体会，帮助练习者正确地选择防守位置、距离和防守动作。

（2）易犯错误：防守时身体重心高，不便于随时移动。纠正方法：在练习中教会学生养成低重心防守的习惯，始终保持合理的位置、距离，可采用滑步时手触地的练习方法，帮助降低身体重心。

（3）易犯错误：防守中盲自地抢、打对方手中的球，而造成防守的失误或犯规。纠正方法：重复讲解、示范如何判断抢球、打球、封球时机和运用技术。在慢速中或协作的条件下练习抢球、打球、封球，最后可结合比赛实际进行。

2. 防守无球队员。进攻队员无球时的进攻任务主要是摆脱防守，空切到篮下或在有利的位置去接球、投篮。因此，防守无球队员必须合理地、积极地选择有利的位置，尽力防堵无球队员的摆脱空切，并随时注意断获传向他的球，始终保持防守的合理性、积极性、攻击性。

1）教学方法。

（1）讲解说明无球进攻队员的威胁及其战术上的意义。

（2）讲解防守无球队员时对位置的选择。

（3）讲解防守中积极移动的方法及要求。

（4）讲解防守中手臂的配合与合理运用断球技术的方法。

2）易犯错误及纠正方法。

（1）易犯错误：防守中只注意球的转移，而忽视对手的移动，不能抢占有利的位置。纠正方法：重复讲解、示范防守无球队员的基本要求和方法，说明防守时人、球、球篮间的关系，以引起学生的重视。练习防守无球队员时的移动方法。

（2）易犯错误：防守中只单纯注意对手，而没有根据球的转移随时调整防守位置，造成防守错误。纠正方法：讲解球在各个不同位置时防守对手的移动方法和位置选择。先在慢速中练习，强调合理性，逐渐过渡到接近比赛条件下练习。

（3）易犯错误：防守中移动速度慢，造成漏防，或者移动过猛造成犯规。纠正方法：讲解、示范合理积极移动的方法和要求。先在慢速中练习，逐渐在快速中练习，或采用竞赛性练习。

（4）易犯错误：防守中不善于判断断球时机，不积极去断球。纠正方法：讲解防守无球队员时运用断球的积极意义，大力提倡断球，认真组织练习，培养断球意识和技术。

（七）抢球、打球、断球

抢球、打球、断球是个人防守技术中攻击性较强的技术，既是积极防守思想在防守过程中的体现，又是积极防守战术的重要环节。抢球方法有拉抢、转抢，打球方法有打持球队员手中的球、打运球队员手中的球、打上篮队员手中的球、盖帽，断球方法有横断球、纵断球、封断球等。

1. 教学方法。
(1) 讲解抢球、打球、断球时的防守位置,防守时的准备姿势,防守移动及准确地判断时机的方法。
(2) 讲解快速起动方法和抢球、打球、断球时的身体、手臂动作方法。
(3) 讲解抢球、打球、断球后的进攻意识和动作方法。
(4) 掌握抢球、打球与断球的时机,控制身体平衡,避免犯规。
2. 易犯错误及纠正方法。
(1) 易犯错误:抢球、打球和断球时机的判断不准确,行动不果断,动作迟缓,不能达到抢球、打球、断球的目的。纠正方法:在教学中首先注意提高学生观察、判断和反应能力的训练。同时采用合理的练习形式,如固定路线、固定方法的练习形式,提高起动速度、弹跳、灵敏等素质,帮助提高抢球、打球、断球的效果。
(2) 易犯错误:抢球时手臂和身件配合不协调,有时用力过猛,造成扑空或者犯规。纠正方法:在慢速中练习双手抢球时的手触球动作及手臂和身体的协调配合方法,学会突然快速抢球的方法。
(3) 易犯错误:打球不是以手腕的短促动作拍击球,而是抡臂打球,造成扑空或犯规。纠正方法:重复讲解打球的方法和要求,可多做些手腕动作的专门性练习,如徒手的模仿练习,体会打球时动作快而短促的用力方法。
(4) 易犯错误:防守位置不适当,不便于断球;起动不及时和前冲过猛,造成扑空或犯规。纠正方法:讲解、示范断球时所需要的防守位置和起动方法。练习中教师给予信号,并对快速起动提出要求。
(5) 易犯错误:断球跳起腾空后,身体和手臂不能充分伸展。纠正方法:可采用徒手的模仿练习或断球空中动作的专门性练习,帮助改进提高。
(6) 易犯错误:抢、打、断球获球后进攻意识差或出现违例。纠正方法:讲解攻守转换方法,并示范如何进攻,同时贯彻规则精神。

(八) 抢篮板球技术

抢篮板球是投篮不中时,双方争抢控制球权的技术。它是篮球运动中的主要技术之一,在进攻或防守中都是很重要的,在比赛中是攻守矛盾转换的关键。

进攻时有效地控制篮板球,不仅可以增加进攻次数和投篮得分的机会,而且可以增强同队队员投篮的信心,减少对方发动快攻的机会。

防守时有效地控制篮板球,不仅可以中断对方的连续进攻,造成进攻队员投篮的顾虑,而且能为本队快攻创造有利条件。

1. 教学步骤。
(1) 球触篮板或篮圈时弹起的情况,判断方向和抢占位置的方法与动作。
(2) 起跳动作和空中身体动作,以及两臂和手的抢球动作。
(3) 得球落地动作及进攻意识和方法。
(4) 抢进攻篮板球与补篮、投篮技术,抢防守篮板球与快攻一传、运球突破技术结合练习。

2. 易犯错误及纠正方法。

（1）易犯错误：进攻队员抢篮板球的时机不适宜，动作不积极。纠正方法：注意培养冲抢习惯，加强绕过、闪躲防守者冲抢篮板球的脚步动作的练习。

（2）易犯错误：防守队员抢篮板球时易出现"顾人不顾球"或"顾球不顾人"的错误，造成抢篮板球失利。纠正方法：培养挡人抢球的习惯，建立"一挡二抢""挡抢结合"的意识，加强"挡人"的脚步动作练习。

（3）易犯错误：做"挡人"动作或空中抢球动作时，队员间的接触出现顶、推、拉等现象，造成犯规。纠正方法：讲解、示范正确的动作，加强正确的"挡人"冲抢动作训练。

（4）易犯错误：抢篮板球后的攻击意识差，动作慢。纠正方法：讲解、示范合理的攻击方法，采用结合以信号刺激的方法提高效果。

二、战术基础配合

战术基础配合，是两三人之间通过良好的协同动作而组成的简单配合，有进攻和防守之分，是组成全队攻守战术的基础。

（一）进攻战术基础配合

进攻战术基础配合包括传切配合、突分配合、掩护配合、策应配合等，是组成全队进攻战术的基础，它对配合位置、移动路线、配合时间和技术动作的要求是很严格的。

1. 教学方法。根据进攻战术基础配合的方法与特点，应培养学生的集体主义精神和密切协作、默契配合的能力与技巧。具体包括以下内容：

（1）配合方法的基本技术动作（持球与不持球）的练习。

（2）不加防守的二人或三人配合方法的练习。

（3）加消极防守的二人或三人配合方法的练习。

（4）加积极防守的二人或三人配合方法的练习。

（5）比赛条件下的二人或三人配合方法的练习。

2. 易犯错误及纠正方法。

（1）易犯错误：落位队形不合理，进攻配合的范围小，不易使配合成功。纠正方法：应重复讲解、示范配合的落位要求，明确进攻队形。

（2）易犯错误：假动作运用不合理，真假变化慢、不逼真。纠正方法：讲解、示范假动作的种类及合理运用的意义与要求，并抓住重点、难点反复练习。

（3）易犯错误：跑动路线不选捷径，或跑动中不侧身、不看球。纠正方法：按配合方法、路线严格要求、严格训练。可标出配合路线，让学生在慢速中练习、体会，逐渐加快速度，提高要求。

（4）易犯错误：配合队员传球不及时，隐蔽性差，失去进攻时机。纠正方法：应着重练习传接球、运球技术。在配合中对传球技术提出明确的要求，并给予方法上的指导。

（5）易犯错误：配合中基本技术的运用和结合不及时、不合理等。纠正方法：应加强基本技术和结合技术能力培养。

（二）防守战术基础配合

防守战术基础配合包括"关门"配合、夹击配合、补防配合、挤过配合、穿过配合、绕过配合、交换防守配合等，是组成全队防守战术的基础。在实际配合中，只有严肃认真、积极顽强地掌握配合时机、配合路线和配合位置，并熟悉地运用技术，配合才能成功。

1. 教学方法。根据防守战术基础配合的方法与特点，对学生进行积极防守思想的教育，培养他们严肃认真、积极顽强的战斗作风以及密切协作的集体主义精神，提高他们的协防配合能力与技巧。具体包括以下内容：

（1）配合脚步动作练习。

（2）二对二慢速协作的练习。

（3）三对三慢速协作的练习。

（4）二对二或三对三快速协作的练习。

（5）比赛条件下的练习。

2. 易犯错误及纠正方法。

（1）易犯错误：个人防守位置、距离的选择缺乏战术要求。纠正方法：重复讲解、示范对方进攻配合时的特点及技术要求，说明防守位置、距离的重要性。

（2）易犯错误：配合的两名防守队员移动路线不符合要求，容易造成漏洞和犯规。纠正方法：可在慢速中练习，体会移动路线和配合时的动作方法，增加练习次数，强调质量。

（3）易犯错误：配合时，手脚配合不协调，不能正确扩大防守面积。有时因急于从对手手中掏球、打球而发生犯规行为。纠正方法：讲解、示范，指出配合时的正确技术动作和配合的目的要求，并在练习中经常给予指导。

（4）易犯错误：配合成功后，回防速度慢，位置选择不合理、不积极。纠正方法：在练习中指出如何回防，并给予"换防""回防"的信号，促使加快回防速度。

（5）易犯错误：防守配合时的配合动作不及时，如撤步或上步，则跨步、跟进移动等动作速度慢，贻误配合时机，造成防守失误。纠正方法：解释合理的多种练习形式，在慢速中体会动作，逐渐提高动作速度、质量。教师可在配合时发出"撤步""上步""换防"等信号刺激，提高积极性和动作速度。

（6）易犯错误：防守掩护的队员在配合时不注意运用语言信号，造成防守的失利。纠正方法：在练习中强调要求学生运用语言信号，提高兴奋性和配合效果。

三、篮球基本练习范例

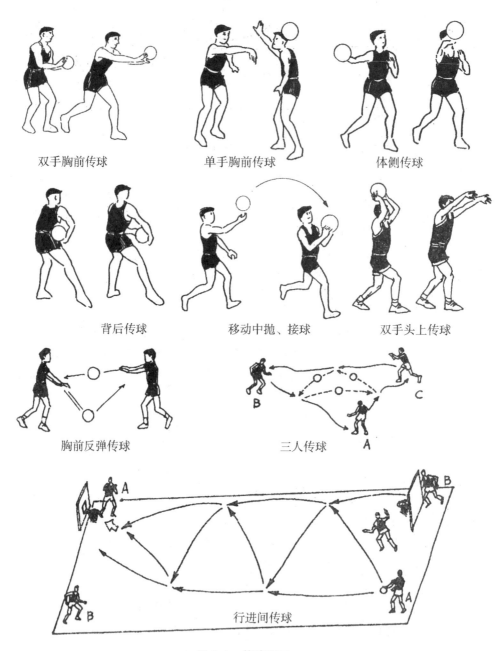

图9.1 篮球练习一

图 9.2 篮球练习二

防有球队员

篮板球的争抢

抢占位置

持球突破

图 9.3　篮球练习三

第三节　排球教学方法

排球运动是我国广大群众尤其是青少年喜爱的运动之一，它几乎不受场地、人数和地区的限制。作为一项运动，它的技术和战术要求细致，手与球接触时间必须短促，有高度的技巧性，比赛时攻守交替频繁，要求有精确的判断能力、快速的反应能力以及勇猛顽强的战斗作风。对中学生来说，在课间或课外活动时托几下排球，既可以使大脑得到休息，又可以活动身体。

一、基本技术

基本技术是组成战术的基础，是参加排球竞赛活动必须掌握和运用的各种合理动作。只有掌握一定的技术动作，才能完成一定的战术配合。因此，扎扎实实地学好各种基本技术，对中学生来说是非常重要的。

排球运动的基本技术包括发球、垫球、传球、扣球和拦网，以及作为这些技术动作基础的准备姿势和移动步法。

（一）准备姿势和移动步法

准备姿势和移动步法是排球运动各项技术在运用时的先行动作基础，准备姿势有平行站法和错开站法两种，移动步法有并步法、跨步法、跨跳步法、跑步法和后退法等。

1. 教学步骤。

（1）讲解与示范。要讲明准备姿势和移动步法的重要性、名称、用途和要领，要做正面的和侧面的、不同位置的和不同技术运用时的示范。

（2）徒手试作。①全班成两或四列横队站立，看教师手势进行准备姿势练习；②队形同上，根据教师手势向前、向后或向左、向右做移动步法练习。

（3）结合身体素质练习和对技术动作的学习，改进与提高准备姿势和移动步法。①反应速度练习；②在练习各项技术动作过程中，结合练习各种准备姿势和移动步法，借以提高移动能力。

2. 易犯错误及纠正方法。

（1）易犯错误：臀部后坐，两腿太直，重心过高又靠后。纠正方法：重新进行讲解与示范，多做低姿势摸线移动练习或低姿滚球移动练习，反复体会动作要领。

（2）易犯错误：两脚之间的距离过大或过小，全脚掌落地，踏地太死，起动过慢。纠正方法：首先要求做好准备姿势，再做前脚掌着地的小碎步快速移动练习。

（3）易犯错误：移动步幅过小或过大，移动后不能保持正确的准备姿势。纠正方法：提出具体要求，采用信号或结合实战进行练习。

（二）发球

发球是比赛的开始，又是进攻手段之一。有攻击性的发球，常常可以直接得分，或者破坏对方的战术意图，为本方防守反击创造有利的条件。

目前，排球发球方法甚多，根据发球的动作方法、站立方向和发球性能，基本上可分为下面下手发球、侧面下手发球、正面上手发球、勾手大力发球、正面上手发飘球和勾手发飘球等。

1. 教学步骤。

（1）在简单条件下学习和掌握发球技术。

1）讲解与示范。一般是先示范、后讲解、再示范，或边讲解、边示范。示范要正确，选好位置。讲解要简明扼要，通俗易懂，依次按动作的名称、作用、特点、动作要领以及注意事项的顺序讲解。

2）做徒手摸或击固定球练习，体会协调用力挥臂击球的动作要领。

3）抛球练习。站在网边或墙边做抛球练习，要求掌心向上，平稳地向上托送，高度和位置要适宜。

4）对墙或对网发球。体会抛球、击球手法和全身协调动作。

5）两人一组相距9米左右发球，体会击球点、击球部位和协调用力的方法。

6）站在端线外或发球区内做发球过网练习，体会完整动作。

（2）在复杂条件下改进和巩固发球技术。

1）做不同路线、不同场区或有指标的发球，要求发球准确，改进发球技术。

2）结合接发球进行发球练习，统计发球成功率和发球效果。

3）结合接发球和防守练习，要求发球后马上进场做后防守练习。

（3）在比赛条件下提高和运用发球技术。

1）在教学比赛中，提出任务与要求，并统计发球的得分和失误率。

2）在分队比赛中，提出任务与要求，并统计发球的得分和失误率。

2．易犯错误及纠正方法。

（1）易犯错误：抛球不准。纠正方法：反复强调抛球的重要性，多做抛球和向固定目标抛球练习。

（2）易犯错误：挥臂动作不协调。纠正方法：多做徒手挥臂动作练习或掷小实心球甩臂练习。

（3）易犯错误：击球不准。纠正方法：进一步明确击球手法的动作要领与要求，多做固定目标的发球练习。

（三）垫球

垫球是排球运动的基本技术之一，是接发球和后排防守的主要方法。垫球技术包括正面双手垫球、体侧双手垫球、正面双手低姿垫球、背垫球、前扑垫球、鱼跃垫球、滚动垫球、单手垫球、单双手挡球等。

1．教学方法。

（1）在简单条件下学习和掌握垫球技术。

1）讲解与示范。一般是先示范、后讲解、再示范，或边讲解、边示范。示范要正确，选好位置。讲解要简单扼要、通俗易懂，依次按动作的名称、作用、特点、动作要领及注意事项的顺序讲解。

2）徒手试作。体会动作要领，要求臂直压腕，蹬地跟腰，动作协调。

3）垫固定点球。体会击球点和垫击部位。

4）垫抛球。垫击正面抛来的球，体会抬臂动作和用力手法。

5）对墙垫球。体会协调用力和控制球的能力。

6）正面垫球。体会垫击动作，要求出球弧度适当。

7）移动垫球。着重要求判断来球和移动取位，对准来球将球垫起。

8）小组配合垫球。根据学生人数和排球多少，选择适宜的小组配合练习方法进行练习，要求垫出的球弧度适当和准确。

（2）在复杂条件下改进和巩固垫球技术。

1）两人相距5～6米、一扣一垫，或相距9～10米、一发一垫地练习。要求做好准备，加强判断，取好位置，将球垫起。

2）利用球网，一人发球三人垫球，要求互相配合，垫球到位。

3）三人一组，进行发、垫、吊练习，要求判断取位，垫球到位。

4）全队接发球练习，要求按战术形式站位，注意全队配合。

5）在对方进攻、我方拦网情况下练习后排防守技术。

2. 易犯错误及纠正方法。

（1）易犯错误：击球时屈肘，两臂并不拢。纠正方法：做对墙垫球和移动后垫来自不同角度及不同距离的球。要求判断准确、移动迅速、对准来球，手臂插入球下，平稳地将球垫起。

（2）易犯错误：肩关节紧张，身体不协调。纠正方法：做对墙自垫球或垫不同弧度的来球练习，要求垫到一定目标，注意腰部动作。

（四）双手上手传球

传球是排球运动最基本的一项技术，是进行比赛与组织战术的基础，特别是作为组织进攻的第二传，在比赛中起着从一传防守转为进攻或反攻的桥梁作用。

接发球和接扣球主要采用垫球，第二传主要采用双手上手传球。二传技术非常细腻，运用是多种多样的。按传球的姿势可分为站立传、半蹲传、跳传和倒地传，按传球的方向可分为正面传、背传或侧传，按传出球的距离远近和弧度高低可分为集中球、拉开球、快球和小弧度传球等。

1. 教学步骤。

（1）在简单条件下学习和掌握传球技术。

1）讲解与示范。一般是先示范、后讲解、再示范，或边讲解、边示范。示范要正确，选好位置。讲解要简明扼要，通俗易懂，依次按动作、名称、作用、特点、动作要领及注意事项的顺序讲解。

2）体会动作。先做模仿动作练习，再做传球手型练习，体会动作要领与手型，近距离对墙传球或自传练习，体会手型与用力方法，传对面抛球或自抛后传向对方，体会击球点与伸臂用力动作。

3）两人正面对传球或多人正面互传球，体会完整传球动作。

（2）在复杂条件下改进和巩固传球技术。

1）基本掌握原地传球技术之后，即可进行移动传球和小组传球练习，再进行三角传球练习，逐渐增加传球难度，不断改进传球技术。

2）结合场地和球网进行传球练习，或结合战术做小配合传球练习，提出较高较难的要求，使之进一步接近比赛实际情况。

2. 易犯错误及纠正方法。

（1）易犯错误：手型不正确，大拇指朝前。纠正方法：多做自抛自传和对墙传球练习。

(2) 易犯错误：击球点不适宜。纠正方法：多做快速反应、起动及移动练习。

(3) 易犯错误：用力不协调。纠正方法：多进行不同发力要求的发球练习。

(五) 扣球

扣球是排球技术中最关键性的技术动作，是得分的重要手段。一个球队攻击力量的强弱，往往决定于该队的扣球技术水平的高低，强有力和带有战术目的的扣球，可使对方难以防守和反攻，从而使本方顺利地得分。

根据手臂挥动方向和技术动作的特点，扣球技术基本上可分为正面扣球、勾手扣球、扣快球和扣调整球等。正面扣球又分为正面屈体扣球、小抡臂扣球以及各种变化的正面扣球。

1. 教学步骤。

(1) 在简单条件下学习和掌握扣球技术。

1) 讲解与示范。进行完整的和分解的讲解与示范。分解教学时要边讲解、边示范；完整教学时要注意动作协调正确，使学生建立完整的动作概念。

2) 徒手练习。做原地挥臂动作练习、原地起跳及助跑起跳模仿扣球动作练习。

3) 扣球手法练习。包括：原地扣固定球练习；自抛对墙扣球练习；低网前原地自抛自扣球练习；两人相距 6～7 米，原地自抛自扣练习，着重体会挥臂击球和甩腕动作。

4) 助跑起跳扣固定点球的练习。扣吊球或扣手托球练习，着重体会起跳后空中击球动作。

5) 在 4 号位或 2 号位扣 3 号位抛球和传球，着重体会助跑起跳时间、起跳点和击球点，注意保持好人与球和球网的关系。

(2) 在复杂条件下改进和巩固扣球技术。

1) 指定扣球路线。要求扣斜线球、小斜线球和直线球。

2) 进行扣远网球、近网球、拉开球及扣快球练习，提高扣球适应能力，增加扣球变化。

3) 结合单、双人拦网及其他技术进行扣球练习，改进扣球技术，增强配合能力。

4) 接发球组织各种战术的扣球，组织各种反攻的扣球练习，在结合实战中改进与巩固扣球技术。

(3) 在比赛条件下提高和运用扣球技术。

1) 结合全队防反练习，练习双人拦网，注意互相之间的配合。

2) 通过比赛应用拦网技术。

2. 易犯错误及纠正方法。

(1) 易犯错误：助跑起跳的最后一步太小，起跳时制动不充分，前冲过大。纠正方法：可做徒手练习、跨大步起跳练习，或对墙助跑起跳做徒手扣球动作练习。

(2) 易犯错误：起跳时间不对，过早或过晚。纠正方法：做助跑起跳至最高点伸直手臂在前上方接球练习，或采用教师发信号以帮助起跳找球练习。

（3）易犯错误：击球手法不对，全手掌打不满球，手指手腕控制球能力差。纠正方法：做对墙投垒球或小实心球练习和连续对墙扣球练习。

（4）易犯错误：击球时手臂不能充分伸直，用不上挥臂甩腕力量。纠正方法：手持短绳或小木棍做挥臂扣球动作练习、双手直臂掷实心球练习或对墙扣平远球练习。

二、集体战术

排球战术有个人战术和集体战术两类。个人战术已在技术部分里有所论述，这里只谈集体战术。

集体战术分接发球与进攻战术（以下简称"一攻"）和接扣球防守与反攻战术（以下简称"防反"）两大战术系统。一攻是在接起对方发球所组织的第一次进攻，防反是在防起对方扣过来、拦过来、传过来或处理过来的球所组织的反击。两个战术系统是相互联系、相辅相成的，片面地强调一方而忽视另一方都是错误的。

初学集体战术时，先教接发球组织进攻战术，再教接扣球防守与反攻战术，然后把一攻与防反结合起来进行练习。以攻带防、以防促攻，在提高一攻水平的前提下，加强防反练习，提高防反水平。

技术是战术的基础，战术是技术的合理组织与良好运用。因此，在学习集体战术时，应在学生掌握一定基本技术的基础上进行。注意狠抓基础战术，不断增大难度，增加对抗性，并逐步在比赛中改进和运用。

（一）接发球与进攻战术

进攻战术是从接发球开始的。接发球站位不仅要考虑把球接起来，还要考虑组织有效的进攻战术，力争第一个回合夺取发球权。进攻战术主要有"中一二""边一二""插上"和"两次球"四种战术形式。

1. 教学步骤。

（1）讲明所教战术的名称、特点和组织方法，依靠图示和在场内站位跑动的方法，明确各个位置的职责及配合。讲解与演示时要力求把要点讲清楚，避免练习时发生错误。练习时，要让学生进行位置轮转，体会每个位置的站法和打法。

（2）分解练习。把战术过程分成几个局部，进行配合练习，增强战术意识和战术配合能力。例如教"中一二"进攻战术时，由本方6号位做一传，3号位做二传，把球传给4号位或2号位进攻，然后由教师或学生在对方场区向6号位抛球，其他练习同上。又如教"边一二"进攻战术时，可以分为3号位扣半高球或加快球和4号位扣拉开球两个局部来进行，待基本掌握之后，再将两个位置的扣球结合起来，根据情况由2号位把球传给3号位或4号位进攻。

（3）结合练习。经过分解练习之后，用接发球的方法把集体进攻战术结合起来进行练习。首先由教师或骨干学生在对区场内发球，然后过渡到在发球区内发球。由一点接发球，到两点、三点或多点接发球，要求接起对方的发球后组织进攻战术。

（4）一组发球，另一组接发球组织进攻。要求完成规定次数后轮转一个位置继续进行，使学生明确各个位置的特点和任务，体会战术配合方法。

（5）双方对抗性竞赛，甲方连续发球10个，乙方接发球组织进攻，甲方防守反攻10次之后由乙方发球，甲方进攻。每队获得发球权时，轮转一个位置再继续练习。

（6）进行四对四或六对六的教学比赛，接发球组织各种战术的扣球，组织各种反攻的扣球练习。在比赛中可规定某种战术组织成功可得两分，以鼓励积极组织战术配合。

（7）通过分队比赛或友谊比赛提高和运用所学过的进攻战术。每次比赛都要提出具体任务和要求，使学生不仅提高技术和战术的运用能力，而且能增强团结，互相学习，共同进步。

（二）防守与反攻战术

防守与组织反攻，是相互紧密联系的两个方面。防反过程一般由拦网、后排防守、调整二传和反攻扣球四个环节所组成。防守是反攻的基础，反攻是防守的继续和得分的重要手段。

接扣球防守战术有单人拦网、双人拦网、三人拦网和无人拦网四种防守战术形式。反攻战术有前排拦网的反攻、后排防起的反攻、接起对方吊球的反攻和接起对方处理过来球的反攻等四种情况。

其教学步骤具体如下：

（1）进行分解练习。例如前排某位置的拦网与保护练习，后排防守的开局与灵活跟进练习，拦网与后排防守练习，防守与二传调整的配合练习，后排防守、二传调整与反攻扣球的配合练习，等等。

（2）进行合练。首先讲明场上6个队员的防守位置和职责，然后以口令、手势或用球示意对方某号位进攻，要求场上队员徒手移动，做防守练习。

（3）教师在对方场区抛球或高台扣球。要求学生在双人拦网或单人拦网情况下，进行全队防守与反攻练习。

（4）教师在对方场区2号或4号位高台扣球或吊球。要求防守队进行单人拦网及后排防守练习、双人拦网及后排防守和跟进保护练习、防守之后的反攻练习。

（5）在对方场区2、4号位或2、3、4号位交替进攻下，进行全队防守与反攻练习。例如教单人拦网防守形式时，将一组学生分为两队，与对方场区2、4号位交替扣球。另一组学生按6个防守位置站位，进行全队防守与反攻。当对方场区4号位进攻时，防守一方的2号位队员拦网，3号位队员后撤保护，4号位队员后撤和3个后排队员组成半弧形的防守圈，将球防起后即组织反攻；当对方场区2号位进攻时，防守形式相反，这样进行若干个球的练习后，轮转一个位置再练。

（6）通过六对六教学比赛，进行全队防守与反攻练习。例如，教师在场外连续向两侧抛球。抛到某方，某方即组织进攻，另方就组织防反，使两队连续攻防，反复地进行练习。但是，组织反攻时，必须根据本方的技术能力以及场上出现的不同情况，灵活地运用不同战术形式。

三、排球基本练习范例

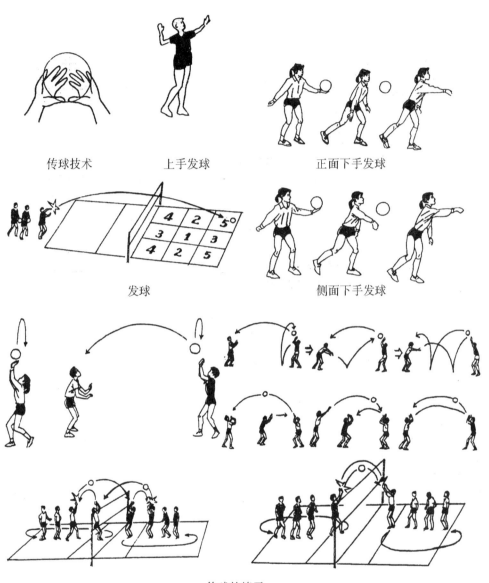

图9.4 排球练习一

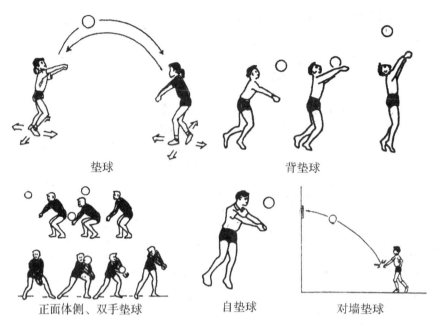

图 9.5　排球练习二

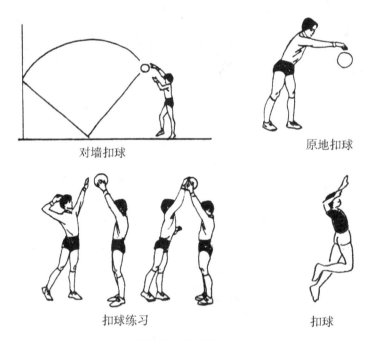

图 9.6　排球练习三

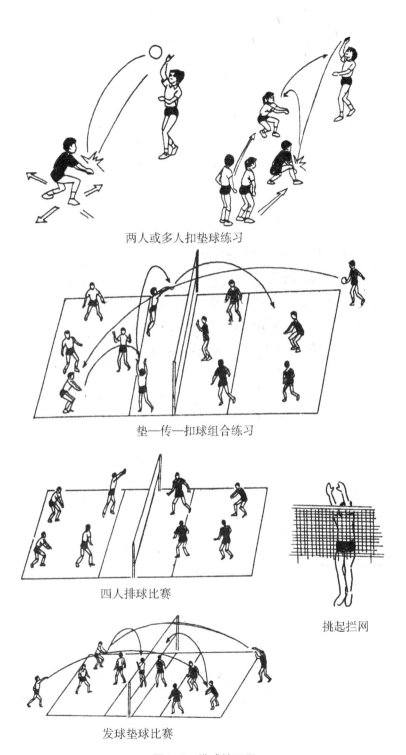

图 9.7 排球练习四

第四节　足球教学方法

足球教学的主要任务是发展学生的无球技术能力和身体素质，掌握足球的基本技术和战术，有助于培养勇敢、顽强精神，对促进学生个性健康发展和形成文化的行为规范也有重要的意义。足球教学内容主要有无球技术、踢球、接球、运球、顶球、抱球、抱截、掷界外球、射门、守门员技术及攻防战术。

一、无球技术

足球运动员在比赛中的无球跑动占全场比赛的绝大多数时间。无球跑动大致分为跑、跳、停、起动、晃动和转身。

（一）跑

足球场上的跑有冲刺跑、快跑和中速跑。在跑动中，要求队员必须随时急停或减速，并且通过转身及时改变运动方向，必须降低重心，并且使脚接近地面，双臂摆动应比正常冲刺跑幅度小，这样有助于维护身体平衡，更敏捷地调整步法。

（二）停

无论哪种跑，为了保持急停的稳定性和平衡，必须迅速降低身体重心。稳定与平衡是成功运用所有技术的坚实基础。

（三）起动

足球场上必须绝对避免静态下起动，活动中起动是在慢跑、走、滑步状态下进行的。

（四）转身

转身常与急停和起动交织在一起，低重心做转身是重点，同时避免在改变方向跑时交叉腿转身。

（五）晃动

晃动是指侧倾和以身体垂直轴为中心的扭转。晃动动作用以诱骗对手的重心失去平衡。低重心和合理的脚部支撑站位，对保持虚晃时的身体稳定性非常有利。

（六）跳

足球场上队员的跳有三种：双足跳、单足跳和跳越障碍。应在动中起跳，跳起后保持身体平衡，专注于垂直向上起跳，同时注重爆发力训练。

提高无球技术，主要是要形成正确动作，提高动作质量，重点应放在急停、稳定性和平衡力三个方面。无球技术一般在准备活动中练习，在身体素质训练中安排，并且尽量在儿童阶段进行无球训练。选用活动性游戏激发学生学习无球技术的兴趣，也是常用的方法。

二、踢球

踢球是指用脚的不同部位将球传、射向目标。方法有脚内侧、脚背内侧、脚背正面和脚背外侧踢球。

（一）动作方法

1. 脚内侧踢球。踢定位球时，正面直线助跑最后一步稍大，支撑脚踏在球的侧方10～15厘米处，足尖正对出球方向，膝微屈。与此同时以髋关节为轴摆动腿，大腿带动小腿由后向前摆动，同时髋关节、膝关节外展，足尖翘起，脚掌与地面平行，用脚内侧击球的后中部。踢球时踝关节要紧张，足跟前送，两臂配合协调摆动。

2. 脚背正面踢球。踢定位球时，直线助跑，最后一步稍大，支撑脚积极地以脚跟着地，跳在球的侧后方10～15厘米处。膝微屈，足尖正对出球方向；以髋关节为轴摆动腿，大腿带动小腿做抽摆，当膝关节摆至球垂直上方时，小腿猛抽前摆，用脚背正面击球的后中部。击球时脚面绷直，踝关节紧张，上体稍前倾，两臂配合协调摆动。

3. 脚背内侧踢球。踢定位球时，斜线助跑，助跑方向与出球方向约成45度角。支撑脚外侧积极着地，踏在球的侧后方25～30厘米处，膝关节微屈，足尖指向出球方向，身体稍向支撑脚一侧倾斜并转向出球方向；大腿带动小腿积极前摆，当膝盖摆到接近球内侧垂直方向时，小腿加速前摆，同时足尖稍外转，脚面绷直，脚趾扣紧，足尖指向斜下方，用脚背内侧击球的后中部。踢球后，踢球腿随球继续前摆，两臂随踢球动作自然摆动。

4. 脚背外侧踢球、踢定位球时，正面直线助跑，最后一步稍大，支撑脚积极而迅速地以脚跟着地，踏在球的侧后方10～15厘米处，膝关节微屈，足尖正对出球方向；以髋关节为轴摆动腿，大腿带动小腿屈膝积极向前摆动，当膝盖摆到接近球的垂直上方时，小腿加速前摆，同时足尖内转，脚面绷直，脚趾扣紧，足尖指向斜下方，用脚背外侧击球的后中部。踢球后，踢球腿随球向前继续摆动，两臂配合踢球动作协调摆动。

踢球的重点是支撑脚的位置，踢球腿的摆动和脚触球的部位。

（二）教学方法

无论哪种踢球动作方法，动作顺序都是助跑→立足→摆腿→触击球→踢后随送动作。采用的教学方法基本相同，只是在立足、摆腿、触击上有区分。如果要寻找传球不准确的技术原因，就应对上述五个动作环节进行分析。

1. 无对抗练习。

（1）两人一组在10米×10米的方格区域内练习各种传球，体会助跑、立足、摆腿、触球和跟随动作。

（2）5～7名队员为一组并形成一圆圈，一名队员向另一名队员传球后，立即跑向这名接球队员所在位置,接球队员控球后,以同样的方式继续进行。体会同(1)。

(3)两名队员各自站于10米×10米方格场地的两条相对的边线一端。队员A给正由边线一端跑向另一端的队员B传球,应当是球到人到。A传球后沿其所在边线跑到另一端,然后由队员B为A传球。体会高度关注传球目标,传球力量要适当,出球时机要适当。

2. 消极对抗练习。在20米×20米的练习区域内有5名进攻队员和1名防守队员。防守队员要迅速逼近控球队员,只能断球而不能抢球。防守队员的作用是给控球队员的传球造成一定的压力。进攻队员应积极跑动以接应控球队员。

3. 积极对抗练习。

(1)练习区域为10米×10米,由3名进攻队员和1名防守队员共同进行。进攻队员应通过相互接应保持控球权,应多观察,寻求更佳接应角度。防守队员则要设法抢下球。

(2)练习区域为20米×20米。由4名进攻队员和2名防守队员共同练习。体会无球队员的积极跑动是关键,传球的质量、传球的时机及队员之间的呼应配合是重点。

4. 小场地比赛。可采用三对三、四对四、五对五人的比赛。体会要求同(2)。

5. 大场地比赛。可采用七对七、九对九、十一对十一人的比赛。体会同4。

(三)易犯错误及纠正方法

1. 易犯错误:踢球时脚部过度放松,未能用脚的正确部位触球,使踢出的球方向不准,力量掌握不好。

2. 纠正方法。

(1)反复进行无球的模仿踢球动作练习,也可用实心球做触球练习,体会动作要领。

(2)对墙做踢球练习,左右脚反复进行,体会动作要领。

(3)在掌握了的基础上,可由同伴手抛各种方向、高度的球,及时调整位置,并用飞脚背踢、外脚背踢各种反弹球、体侧球,也可结合射门练习,要求踢预定目标。

三、接球

接球是指队员有目的地用身体的合理部位触球,以改变运动中球的力量、方向,使传球处于所需要的控制范围内。临场运用的射门、传球、运球等的先决条件是要获得并控制住球。比赛的激烈程度和高速度,使得接控球须在狭小的空间和短暂的时间内进行,必须熟练地掌握接球技术,以适应现代足球比赛的需要。

接球的方法主要有脚内侧、脚背正面、脚背外侧、脚底、大腿、腹部、胸部、头部等部位的接球。接球技术尽管多种多样,但其动作结构大多由移动与选择接球方法、改变运行中球的力量和方向、随球移动三个环节组成。

(一)动作方法

1. 做各种接球运动模仿练习。体会动作顺序,尤其是缓冲来球下撤的动作要领。

2. 接各种地滚球练习。可以两人一组，一人手抛球，一人练习接控球动作，体会动作要领。

3. 接各种反弹球练习。

（1）自抛自接球、自踢高球自接球、自颠球后踢起自接球，体会各种接球动作要领。

（2）二人一组互抛互接、互踢互接，体会各种接球技术要领。

（3）在增加消极防守情况下做接球练习，进一步掌握接球技术要领。

4. 接各种空中球练习。由自抛自接、互抛互接，加上消极防守者的接球练习，在掌握接球技术动作要领后，逐步增加难度。

（二）易犯错误与纠正方法

1. 易犯错误：接球时踝关节过于紧张，后撤或下撤的时间掌握不好，易使球蹦出去。纠正方法：做抛接实心球的接球练习，自抛自接反复体会踝关节放松和下撤的时机。

2. 易犯错误：接反弹球时判断不好落点，将球漏过。纠正方法：自抛球判断落点，体会接球时机，也可多做互抛互接反弹球练习，根据球的不同弧度判断反弹方向。

3. 易犯错误：接球时部位触球不准，易漏球，接不准球，控制不住球。纠正方法：多做自抛接球，逐步过渡到互抛接球的练习。强调目视来球，用正确部位触球。

四、运球

运球是用脚的推拨动作、把球控制在自己控制的范围之内的连续触球动作。常用的方法有脚内侧运球、脚背正面运球、脚背外侧运球等。

（一）动作方法

1. 脚内侧运球。要求在运球前进时支撑脚始终位于球的侧前方，肩部指向运球方向，支撑腿膝关节微屈，重心放在支撑脚上，另一条腿提起屈膝，用脚内侧推球前进，然后运球脚着地。

2. 脚背正面运球。运球移动时与正常跑动时姿势相同。上体稍前倾，步幅不宜过大，运球腿提起，膝关节稍屈，髋关节前送，提踵，脚尖下指，在着地前脚背正面部位触球后中部推送前进。

3. 脚背外侧运球。整个动作基本同脚背正面运球，只是脚尖向内转，使脚背外侧正对运球方向，在运球脚落地前用脚背外侧推拨球的后中部。

4. 脚背内侧运球。身体稍侧转，膝微屈外转，提踵，脚尖外转，使脚背内侧正对运球方向。在运球脚落地前用脚背内侧推拨球，使球随身体前进。

运球脚对球的推拨动作是运球的重点。

（二）教学方法

1. 在走和慢跑中用左右脚交替运球，体会推拨球的技术动作要领，注意动作规范化。

2. 直线变速运球；曲线变速运球；越各种障碍运球。体会同1。

3. 在消极防守中运球。

（1）看信号运球，要求运球时能观察场上情况。

（2）在限制的区域内（如中圈内）自由运球时，不许碰人或影响别人运球。

（3）一对一消极防守中运球，可用拨球过人、拉球过人、扣球过人、挑球过人、变速突破、掩护晃动过人等技术做运球过人练习。

（4）在教学比赛中运球，结合实践掌握要领。

（三）易犯错误及纠正方法

1. 易犯错误：运球时目光盯住球，不能观察场上形势变化。纠正方法：应加强控制技术练习。

2. 易犯错误：人球脱节，失去对球的控制。纠正方法：注意运球时步幅不宜太大，重心不偏高，降低运球速度练习。

3. 易犯错误：无法控制球的运行方向。纠正方法：注意掌握好触球以及触球脚的位置。

五、顶球

头顶球是有目的地运用头的前额部位直接处理空中球的技术，其方法有原地正额顶球、原地侧额顶球和跳起侧额顶球。

（一）动作方法

1. 原地正额顶球。身体正面迎来球，两脚前后开立，膝微屈，上体稍后仰，重心放在后脚上，两臂自然张开，当球运行到身体垂直部位前的刹那，后脚用力蹬地，上体迅速前摆，身体重心前移到前脚，同时收下颌，颈部紧张，用前额正面顶球的后中部，上体随继续前摆，两眼注视球的方向。

2. 跳起正额顶球。原地双脚起跳时，两腿先屈膝，重心下降，然后用力蹬地跳起，两臂屈肘上摆，在起跳上升时展腹挺胸，当跳至最高点时身体成反弓形，待球飞行到身体垂直部位前的刹那，迅速收腹、折体前屈，用前额正面将球顶出，球顶出后两腿屈膝落地。助跑单脚起跳时，可做三步、五步助跑，最后一步步幅稍大。

上体后仰时收下颌，颈紧张，顶球时机和触球部位是重点。

（二）教学方法

1. 双手持球用球在头部前额处触击，以体会顶球部位和消除惧怕心理。

2. 徒手做顶球动作模仿练习，体会动作要领。

3. 用吊球做顶球，体会动作要领。

4. 自抛球做顶球练习。

5. 两人一球，一抛一顶。

6. 用头做连续颠球练习。

7. 两人一组互踢顶球练习。

8. 用排球场做顶球练习。

（三）易犯错误及纠正方法

1. 易犯错误：顶球无力，顶球时间过早或过晚。纠正方法：先顶固定吊球，要求体会上体后仰，挺胸展腹，收腹折体，反复体会用力时机，在此基础上再做一抛一顶。

2. 易犯错误：顶球时闭眼、缩脖，不敢主动迎顶。纠正方法：除多做模仿练习外，多顶固定吊球，并且可用球主动触及头部顶球部位，以消除害怕心理。

3. 易犯错误：顶球时选不准，顶不到球或蹭顶球。纠正方法：先做助跑顶悬吊球，再顶高抛球，反复体会顶球时机，并提高判断。

六、抢截

抢截是占据有利位置，封堵球的去路或阻挠对手自由地运动，把对手控制的球夺过来或者破坏掉的一项技术。抢截包括抢球和截球两个内容。

（一）动作方法

1. 正面跨步抢球。当靠近对方时，在对手运球脚触球后球离得较远时，立即蹬地抢球，脚疾步跨出，膝关节弯屈，踝关节紧张，脚内侧正对球。触球后用力提拉，使球从对方脚背上滚过，同时身体重心迅速跟上，把球控制好。

2. 侧面抢球。与运球者平行跑动时，当对方远离自己身体一侧的脚落地时，利用合理冲撞使其失去平衡，乘机将球控制好。

3. 正面倒地铲球。面对运球者做好准备，在对方运球脚触球即将着地或刚着地时，一脚立即用力后蹬，另一脚沿地面向前滑铲，同时上体侧转后倒地、蹬地成弧形扫踢球，将球破坏掉。铲球后屈肘用手扶地或接着侧滚。

4. 侧后铲球。同侧脚铲球时，在运球者侧后跑动，当对方拨出球的一刹那，后脚用力后蹬成跨步，上体后仰，前脚以脚外侧沿地面向外侧滑出，用脚背或脚尖将球踢出，接着小腿外侧、大腿外侧和臀部依次着地。

5. 截球。当对方传球后用各种方法把球断下来或破坏掉。截球时，判断选位、抢球时机是重点。

（二）教学方法

1. 示范讲解，要突出动作要领。

2. 一人脚旁放一实心球，另一人做抢球练习。体会脚触球部位。

3. 两人相距4～6米，中间放一实心球，两人同时做向前跨步抢球。体会重心前移的要领。

4. 一人做直线运球，另一人做正面跨步抢截。体会判断选位和抢球的时机。

5. 两人并肩慢跑互相做合理冲撞练习后，一人运球，另一人在侧后做铲球练习。

体会同 4。

（三）易犯错误及纠正方法

1. 易犯错误：抢球时猛扑，失掉重心。纠正方法：多做徒手模仿练习，或一人消极进攻，一人抢球。体会抢球时机和动作要领。

2. 易犯错误：侧面抢球时冲撞时机不好，造成用手、肘、臀部推人，以致犯规。纠正方法：可做两人在慢跑中做合理冲撞动作，注意当对方靠近自己一侧的脚离地后进行冲撞，同时冲撞一侧的手臂应紧贴身体。

3. 易犯错误：铲球时机过早或过晚而失误。纠正方法：多练铲定位球（实心球），体会正确的着地方法和时机。

七、掷界外球

掷界外球是指按照足球规则、有目的地用双手将球从场外掷入场内的技术，掷界外球的方法有原地掷界外球和助跑掷界外球两种。

（一）动作方法

1. 原地掷界外球。面对出球方向，两脚前后开立，膝微屈，上体后仰成背弓，重心在后脚上，两手指自然张开，拇指相对持球侧后部，屈肘将球举至头后。掷时由后脚发力，迅速摆体、收腹、挥臂，当球摆至头上时用力甩腕，将球掷入场内。在掷球过程中，后脚可沿地面滑动，但两脚均不得离地。

2. 助跑掷界外球。助跑要自然协调，速度快慢由掷球远近而定。助跑时两手持球于胸前，在迈出最后一步时，上体后仰成背弓，同时将球举至头后，掷球时用力蹬地，迅速摆体、收腹、挥臂，当球摆至头上方时，用力屈腕，用甩腕和手指的力量将球掷出。

双臂经头上掷球，身体协调用力是重点。

（二）教学方法

1. 助跑做徒手掷球练习。体会动作要领。
2. 两人一球互掷球，距离由近至远。体会动作要领，动作应规范。
3. 结合战术练习掷界外球。

（三）易犯错误与纠正方法

易犯错误：掷球时后脚离地；掷球时球不从头上连贯掷出；改变方向掷球，造成犯规。纠正方法：多做原地模仿练习，体会动作方法和用力顺序。掷球距离由近逐步向远过渡，强调动作的规范性，并且要遵守规则进行练习。

八、射门

射门，或者叫临门一脚，是足球运动最重要的技术。射门决定胜负，应作为一项专门技术来学习和训练。

关于射门的各种脚法和形式，在踢球、头顶球中已介绍过，这里只谈应注意的问题：

（1）射门必须准确、突然、有力。只有准确才能破门得分，在此基础上再强调突然性和力量。

（2）注意主动寻找射门时机，射门意识强，能抓住瞬间出现的机会破门得分。

（3）培养应变的能力。这是以各种熟练的射门技术为基础的，只有运用自如，才能保证对临场各种来球采取应变措施，最大限度地捕捉射门机会。

九、守门员技术

守门员的任务是不让球射入本方球门。守门员大部分技术都是通过手来完成的，常用的技术有接球、扑球、拳击球、运球、掷球和踢球，在做各种技术前还应做好准备姿势和快速移动。

（一）动作方法

1. 选位。位置的选择根据射门地点和射门角度来决定。一般应站在射门时球与两门柱所形成的分角线上，为了扩大防守面，可根据射门距离适当前移。

2. 准备姿势。两脚左右开立与肩同宽，两腿自然弯屈，膝稍内扣，脚跟提起，重心落在前脚掌上。上体稍前倾，两臂自然弯屈，手指张开，掌心向下，两眼注视来球。

3. 移动。侧滑步移动时，先用左（右）脚用力蹬地，右（左）脚稍离地面并向右（左）滑步，左（右）脚快速跟上，使身体正对来球。交叉步移动时，身体先向右（左）倾斜，同时左（右）脚用力蹬地并快速向右（左）前方跨出一步成交叉步，然后右（左）脚向右（左）侧移动，左（右）脚和右（左）脚，依次快速移动，并蹬地跃起。

4. 接球。

（1）接地滚球。直腿式接球时，两脚左右分开约一拳，足尖正对来球，上体前倾。两臂并肘前迎，两手小指靠近，手掌对着球。当手触球的刹那，随球后引并屈肘、屈碗、两臂靠近将球抱于胸前。单腿跪撑式接球时，身体正对来球，两脚稍前后开立，一腿弯屈支撑身体重心，另一腿内转跪撑，小腿内侧接近地面，膝靠近前脚脚踵，上体前屈，两臂下垂，两手小指相对，手掌对准来球前迎。当手触球的刹那，两臂靠近随球后引，屈肘、屈腕，将球抱于胸前。

（2）接平直球。身体正对来球，两脚左右开立，两臂微屈前伸，手指张开，拇指相对，手掌对准来球，当手触球时，两臂顺势后引，转腕将球抱于胸前。

（3）接高球。掷臂上伸迎球，手指张开，拇指相对成八字形，当球触手时，两臂顺势屈肘后引，转腕将球抱于胸前。

（4）扑球。倒地侧面扑低球时，右（左）脚迅速蹬地，左（右）腿屈膝向左（右）跨出一步，身体左（右）脚着地后，接着以小腿、大腿、臀部、上体和手臂的侧面依次着地，同时两臂向前伸出，左（右）手掌正对来球，另手在其上方，两手腕稍向内屈，触球后把球收回胸前、然后站起。

5. 鱼跃扑侧面地滚球。两膝弯屈，重心下降，在身体向扑球方向侧倒时，同侧脚用力蹬地跃出，挺胸使身体展开，两臂快速伸出，两手指分开，手掌对球，向球扑去，以两手按球、前臂、肘、肩部、上体、臀部、大腿、小腿侧面依次着地，并以屈肘、扣腕的连续动作将球抱于胸前，同时屈膝团身，站起。

6. 拳击球和托球。当遇到迅疾而有力的高球，而且球门附近又比较混乱时，守门员没有把握将球接稳，或者有对方猛烈的冲撞，为了避免接球脱手，常采用拳击球和托球的方法把球处理掉。单拳击球时，屈肘握拳于肩前，在击球前的刹那，快速冲拳，以拳面将球击向预定目标。双拳击球时，两臂屈肘握拳于胸前，两拳靠拢，拳心相对。当出击时，两拳同时快速冲击，以拳面将球击向预定目标。托球时，跳起后全身伸展成背弓，一臂快速上伸，掌心向上，用手掌前部或手指用力将球向后上方托起，使球越过门梁。

7. 抛踢球。抛踢球是自抛下落的或踢自抛的反弹球的踢球方法。为踢得远些，一般要踢球的后下部。

接球和扑球是守门员技术的重点。

（二）教学方法

1. 看信号做各种移动练习。
2. 接抛球、从地滚球→平直球→高空球，体会掌握各种接球方法的要领。
3. 接踢球，要求和体会同2。
4. 扑球练习，双手举球跪在沙坑或垫上，然后腿、上体、手臂依次倒地，成扑地滚球姿势。要求体会倒地顺序和方法。
5. 站在沙坑内，做双手举球倒地扑球练习。体会同4。
6. 在沙坑内扑抛来的地滚球→平直球。体会同4。
7. 站立扑接地滚球→平直球→高球。
8. 守门练习，接不同角度射门的球。
9. 在实战中进行守门练习。

（三）易犯错误与纠正方法

1. 易犯错误：由判断错误而造成选位错误。纠正方法：反复练习接或托抛来的高球。要求根据来球的高度逐步掌握选位的准确性。
2. 易犯错误：移动迟缓。纠正方法：连续扑接从不同角度抛来的各种球，根据来球的速度、方向进行快速移动，提高反应速度。
3. 易犯错误：手触球部位不准确，使球脱手。纠正方法：反复扑接侧面定位球。
4. 易犯错误：双手抓球，后撤缓冲不好，使球从手中弹出。纠正方法：多讲动作要领，反复练习接力量大的低平球。

十、战术

为了达到足球比赛胜利的目的,在千变万化的攻防战术行动中应遵循一定的准则,从而达到提高战术行动效率、减少战术行动失误的目的,扩大取胜的良好效果。战术分为进攻战术、防守战术和定位球战术。

(一)进攻战术

1. 小组配合。

(1)交叉。由于交叉配合时,进攻队员有意识地交换各自的位置,防守队员不得不跟随进攻队员被动地调整自己的防守位置,往往在进攻队员交叉换位时被进攻队员甩掉,产生防守洞,用交叉常常可以争取进攻的时间和空间。

(2)居后插上。指位置相对较后的队员突然前插,跑到控球队员前边的防守队员身后的空档里去。

(3)斜向跑。所谓斜向跑,是指进攻队员在跑动时的方向与球门线成一定的角度,以减少背对球门接球时转身困难和清楚防守人的位置。

(4)身后跑。在防守的腹地插进,以创造控球起脚射门的空间和机会。

(5)一次触球。预先确定攻击目标,突然把球传向对方防守的薄弱环节,在禁区附近多用此方。

2. 边路进攻。边路进攻指在对方半场侧面地区发动的进攻。边路突破后传中路,由中路的同伴包抄抢占射门。

3. 中路进攻。中路进攻利用球场中间区域组织的进攻,具体办法有:

(1)个人突破,切入射门。

(2)多变的"二过一"突破,如中路斜传直插二过一,斜插直传二过一,斜传斜插二过一,转身反向传球二过一,等等。

(3)制造第二空档突破。运用撒空突插进攻。

(4)外围传中争顶配合射门。

4. 快速长传反击。利用对方压至中场附近、防守人数少的机会,得球后长传给突前的前锋发动快速反击,往往能取得较好的效果,快速反击要有组织,配合默契。

(二)防守战术

防守的队员位置不同,担负角色不同,运用的战术方法、手段也不同,封堵、抢截、保护与补位是防守的主要办法。

1. 个人防守战术。主要是指攻击性地逼抢对手的能力;贴盯、断截和干扰对手控球的能力;能预判和观察对手的进攻力量、将重要地区保护起来的能力。

2. 区域防守。区域防守是指全队层层设防、形成层层盯人加保护的整体性防守体系。对自己的防守区域内的对手进行强行紧逼、锲而不舍。防守队员的保护常常由居后的同伴进行补位、保护。

3. 盯人防守。各人专盯自己的防守对象,他跑到哪里就紧盯到哪里。通过逼迫试的凶猛抢断压制对手的进攻和技术优势。

4. 混合防守。这是人盯人加区域防守的结合、将两种防守优势集中起来的防守访法。

（三）定位球战术

定位球战术是指利用"死球"机会组织进攻和防守配合的战术方法，包括中圈开球、角球、任意球、点球、掷界外球等。

（四）常用教学方法

1. 通过图示、声像、照片等资料展示和讲解，明确职责，并配合路线和方法，做到概念清楚，行动明确。
2. 在无防守情况下做战术演示，进一步明确方法和概念。
3. 在有消极防守人的情况下进行战术配合练习，速度由慢到快，配合时机要准确。
4. 在有防守人的情况下进行实战演练。
5. 在比赛条件下进行实战。

（五）易犯错误及纠正方法

1. 易犯错误：场上位置概念不强，缺乏配合意识。纠正方法：采用各种"二过一"配合的站位练习。
2. 易犯错误：传球时机、方向和力量把握不好，造成配合失误。纠正方法：采取慢速移动、实战中的配合练习。
3. 易犯错误：人球不能兼顾，造成防守脱节。纠正方法：做两人一攻一守练习。

十一、足球基本练习范例

脚背正面运球

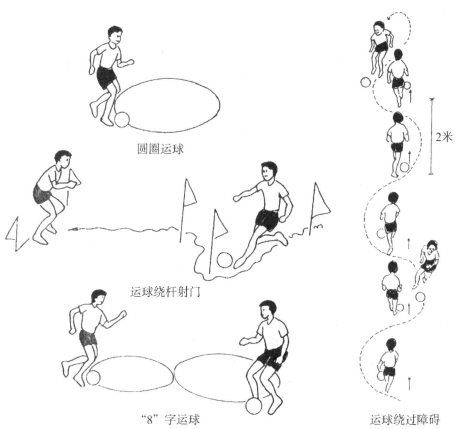

圆圈运球

运球绕杆射门

"8"字运球

运球绕过障碍

图 9.8 足球练习一

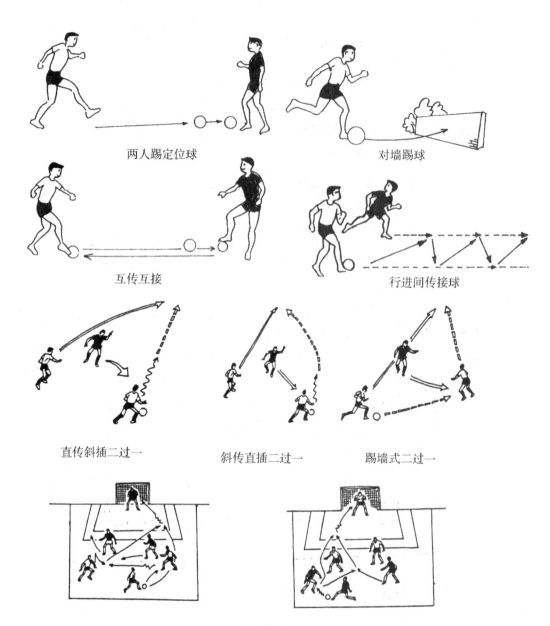

图9.9 足球练习二

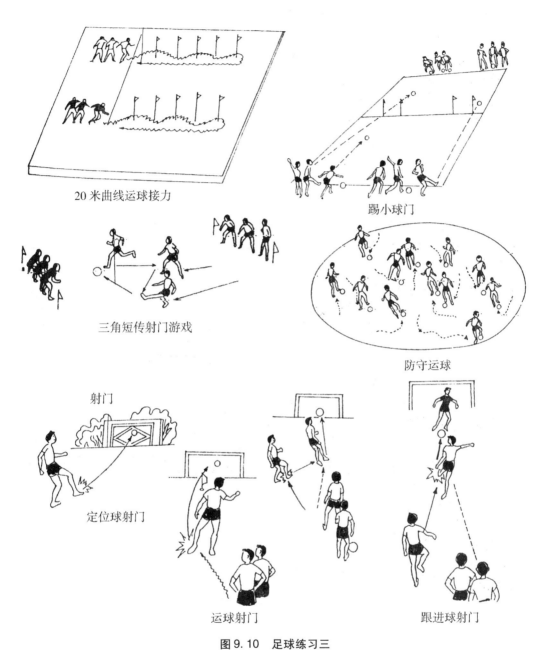

图 9.10　足球练习三

第五节　乒乓球教学方法

乒乓球运动的特点是球小、速度快、变化多；设备比较简单，在室内、室外都可以进行；运动量可大可小，不同年龄、不同性别和不同身体条件的人都可以参加。经常参加乒乓球运动,有助于学生发展身体素质,培养灵敏性和协调性,增强对小肌肉群的控制能力和神经系统的灵活性,增进上下肢和腰部的活动能力,改善心血管和内脏机能,促使身体全面发展,培养勇敢、顽强、沉着、冷静、果断的意志品质。

乒乓球打法按其握拍的形式可分为直握和横握球拍两类,直握球拍的特点是打法"快、准、狠、变",横握球拍的特点是打法上"守得稳、削得低、旋转变化两面攻"。中小学的乒乓球教学以学习基本步法、发球和接发球、推挡、攻球及弧圈球等基本技术为主,这些基本技术是进一步学习乒乓球技术战术的基础。

(一) 基本技术

1. 熟悉球性练习。

(1) 动作要领。

1) 原地颠球:直握或横握球拍,将球拍平放于体前,另一手将球轻轻抛起,当球下落接近球拍时,用球拍轻轻向上颠球,如此反复进行。

2) 行进颠球:动作与原地颠球基本相同,只是在颠球时,球拍稍向前倾,将球向前上方颠起,当球下落时,同时向前迈步,再将球向前上方颠起,过走边颠。熟练后,边跑边颠。

3) 对墙击球:手持球拍,离墙 2～3 米将球向墙击出,接着将从墙上反弹回来的球击向墙壁,反复练习。熟练后,再逐渐向前移动,离墙 0.5～1 米,将球向墙壁击出。

4) 两人面对面传球:两人对面站立,每人握一球拍,一人先将球打向对方,对方不等球落地,又用球拍把球打回,如此来回击球,从固定位置到走动击球。

5) 在地上比赛:在水泥地上(或平坦的硬地)画一横线,球在地面反弹后,对方立即把球打过线,击回的球反弹后再打过线去,如此往返击球,凡回球未击过线或球在本方地上反弹两次尚未击回对方,则判失误,算对方得分。每局以先得 6 分或 11 分者为胜。

(2) 教学方法。

1) 熟悉球性对初学乒乓球者是很重要的一环,开始一般不利用球台打球,练习时最好人手一拍一球,采用各种形式教学,保证大家有更多的机会练习。

2) 在地上比赛时,要注意步法的移动,强调根据来球的远近,采用最适宜的步法移动,待移动到适宜的位置再击球。

2. 基本步法。

(1) 动作要领。

1) 单步:击球时,以远离来球的一脚前脚掌为轴,另一脚向前、后或左、右移动一步。

2) 跳步(并步):击球时,以远离来球的一脚用力蹬地,两脚同时离地向左或向右移动,两脚依次落地。

3) 换步:击球时靠近来球方向的一脚向来球方向跨出一步,另一脚跟上。

4) 跨步:击球时,以来球同方向的一脚向来球方向跨出一大步,另一脚再跟着移动。

5）交叉步：击球时，以远离来球一脚向来球方向跨出一步，接着另一脚再向同一方向跨出一步。

6）侧身步。①击球时，左脚先向左跨出一步，然后右脚随即向左后方移动；②击球时，左脚先向前插上，右脚向左方移动。

（2）教学方法。

1）学生站成二或四列横队散开成体操队形，按教师口令或手势做各种步法练习。

2）利用上述队形，结合挥拍做各种步法练习。

3）按规定组数和次数，做某一种步法练习。

4）练习基本步法时，要使学生根据来球远近，采取不同的步法进行练习，如单步适用于击球角度不大的球，换步适用于稍远一点的球，跳步则适用于速度快、角度大的球，跨步适用于急而且角度大的球，交叉步适用于远离身体的球，侧身步适用于逼近身体的球。

3. 握拍方法、站位与基本姿势。

（1）握拍方法。

1）直拍握法。

动作要领：握拍前，以食指和拇指用力握住拍柄，并留有空隙，把拍柄压在虎口上。握拍后，三指弯曲贴于拍的中上部。

2）横拍握法。

动作要领：以中指、无名指、小指自然握住拍柄，拇指在球的正面轻贴在中指旁边，食指自然伸直斜放于球拍的背面，虎口轻微贴拍。

（2）站位与基本姿势。两脚平行站立，与肩同宽或稍宽于肩，双膝微屈，前脚掌着地，重心放在两脚之间，上体略前倾收腹，离球台底线45～55厘米。持拍手臂自然弯曲，肘略外张，球拍置于腹前，离身体20～30厘米。站在球台中间偏左的位置（以右手握拍为例）。

（二）单项技术

1. 发球。

（1）反手发急球。

动作要领：左脚稍前，持拍手位于身前，在持球手将球轻轻向上抛起的同时，持拍手向左后方引拍，拍形稍向前，用前臂和手腕发力，击球中上部。

（2）正手发平击球。

动作要领：左脚在前，身体稍向右转，左手掌心托球，置于身体右侧，右手持拍于体右侧，左手向上抛球，同时右臂稍向后引拍，将球拍从身体右后方向前挥拍，拍形稍前倾，击球的中上部，将球平击出去，击出球先落在本方台面，弹起后再落到对方台面。

（3）反手发右侧上（下）旋球。

动作要领：右脚稍前，持拍手位于身前，持球手位于左侧，发上球时，拍与球接触的刹那间前臂带动手腕，由左向右下方挥动。同时，前臂略向内旋，拇指压拍，使拍面逐渐向左倾斜，从球的正中部向左下方摩擦，球的第一落点靠近端线约20厘米处，越网落到对方的左角。

反手发右侧下旋球与发右侧上旋球动作上的区别在于触球的一刹那，拍面略做后仰，拍从球的中下部向右侧下摩擦，球从本方台面弹起后，越网落到对方的左角。

（4）正手发转球与不转球。

动作要领：左脚稍前，抛球时将拍引至肩高，手腕略向外展，拍面稍后仰，球回落时，手腕前臂迅速向前下方发力摩擦球的中下部。

发不转球与转球的区别，在拍球的刹那间减小拍的后仰角度，并稍加前推的力量。

2. 接发球。

（1）动作要领：站位应根据自己的打法和对方发球的位置而定，接发球时必须从对方球拍与球接触的一瞬间，根据球拍移动的方向来判断来球的旋转，根据手腕用力的大小判断来球的力量大小和球的长短。看清来球后，采用攻球、推挡、搓球或削球还击。

（2）教学方法。

1）徒手模仿各种接发球动作练习；

2）对墙做各种接发球的练习；

3）两人一组，在球台上交换练习各种发球和接发球；

4）在台前用多球进行发球练习；

5）两人一组（一人发球，一人接发球），练习发斜线和直线球，对方将球击回，两人轮换练习；

6）练习发各种旋转球和接发球；

7）练习接发球时，最好是固定用推挡、搓球或削球中的任何一种技术接对方的单一发球；

8）通过两人记分比赛提高接发球的能力，每人发5个球，换发球一次，也可以每人发一局球，这样一方可专门练习发球，而另一方专门练习接发球。

3. 推挡。

（1）动作要领。

1）平挡球：两脚开立稍有前后，站在离球台底线约30厘米中间偏左的地方，两腿微屈，上体稍前倾，重心放在前脚掌上，球拍在体前。当来球从台面弹起，小臂立即向前伸出，稍用力使球拍向前平挡，借对方来球力量将球挡回，球与球拍接触后，动作立即停止，迅速还原。

2）推挡球：准备姿势与平挡球相同。当球从台面弹起来达最高点时，小臂和手腕同时用力向前推压，球拍稍向前倾，推击球的中上部。来球如弹得较高，则拍面前倾角度应稍大些。压住球的中上部，以抵消球的上升和反弹力量。

（2）教学方法。

1）先做模仿动作练习，体会动作要领；

2）对墙做平推球和推挡球的练习；

3）两人一组，在台上做不限落点的练习，要求将球平挡或推挡到对方台面上；

4）两人一组，在台上做直线对直线、斜线对斜线的平挡或推挡球练习；

5）两人一组，一人发球，另一人做平挡或推挡球练习；

6）两人一组，一人逐渐加力推挡，另一人用均匀力量推挡，二人轮流练习；

7）两人一组，做一点推两点或一点推不同落点练习。

4. 正手攻球

（1）动作要领。

1）直拍正手攻球：准备击球时，左脚在前，右脚稍后，两膝微屈，击球前，身体稍向右转，上体稍前倾，重心先放在右脚上，向身体左侧引拍，肘关节自然弯曲，球拍自然倾斜。当来球着台面弹起时，前臂和手腕向前上方挥动，并配合内旋转腕动作，使拍面前倾，击球中上部，拍触球刹那，拇指压拍，同时加快手腕内旋，使拍面沿球体做弧形挥动，击球后，挥拍至头部高度，同时身体重心由右脚移至左脚。击球后迅速放松还原。

2）横拍正手攻球：击球时，手臂自然弯曲，手腕与前臂几乎成直线，并约与地面平行。前臂和手腕稍向前上方用力，击球时间、部位和拍形与直拍基本相同。

（2）教学方法。

1）先做模仿动作练习，体会动作要领；

2）对墙做平推球和推挡球的练习；

3）两人一组，在台上做不限落点的练习，要求将球平挡或推挡到对方台面上；

4）两人一组，在台上做直线对直线、斜线对斜线的平挡或推挡球练习；

5）两人一组，一人发球，另一人做平挡或推挡球练习；

6）两人一组，一人逐渐加力推挡，另一人用均匀无力量推挡，二人轮流练习；

7）两人一组，做一点推两点或一点推不同落点练习。

5. 搓球。

（1）动作要领：左脚稍前，身体离球台约50厘米，持拍手臂向左上引拍，击球时，前臂和手腕向前下方用力，同时配合内旋转腕的动作，拍面后仰，在下降期击球中下部，击球后，前臂顺势前送。横拍搓球时，拍形略竖一些，击球后向左下方挥摆，击球时部位和拍形与直拍基本相同。

（2）教学方法。

1）徒手模仿动作练习；

2）自己在本方球台抛球，弹起后将球搓过网；

3）两人一组，接发球时将球搓回对方球台，然后轮换；

4）两人一组，对搓练习。

6. 削球。

（1）动作要领。

1）正手削球：左脚稍前，身体离球台1米以外，上体稍向右转，重心放在右脚上。击球前，手臂自然弯曲，将球拍向右上引至肩同高。击球时，手臂向左前下方挥动，在球下降期间击球中下部，拍面稍后仰。触球刹那间加速削击，同时手腕向下辅助用力。

击球后，球拍随势前送，重心移到左脚。

2）反手削球：右脚稍前，身体左转，手臂弯屈，球拍向左上方引至与肩同高，拍柄向下，重心放在左脚上。击球时，手臂向左前下方挥动，前臂与手腕加速用力削击来球，在球下降期，击球中下部，拍面稍后仰，击球后，身体向右转动。球拍随势至身体右侧，重心移到右脚。

（2）教学方法。

1）徒手模仿削球的动作；

2）对墙削球动作练习；

3）两人一组在接发球时，用正手或反手将球削回对方拉、攻过来的球；

4）用正手或反手连续削对方抽过来的球；

5）用正手或反手削直线或斜线球；

6）正手或反手结合向固定点削球；

7）多球训练，做削球练习。

7. 弧圈球

（1）动作要领。

1）正手高吊弧圈：两脚开立，右脚稍后，身体略向右转，两膝微屈，重心放在右脚上。准备击球时，持拍手臂自然下垂由前向后下方引拍，左臂略低于右臂，拇指压拍使拍面略微前倾，拍形固定。当来球从台面弹起时，手臂向前上方挥动，前臂在上臂带动下很快收缩，在球下降期用拍摩擦球的中部或中上部，摩擦球时，要注意配合腰部向左上方转动和右脚蹬地的力量，击球后，重心移至左脚。

2）正手前冲弧圈：两脚开立，右脚稍后，身体略向右转，重心支撑点放在右脚上。自然引拍至右下方约与台面齐高处，拍面保持前倾，当来球弹起时，腰部由右向左转动，前臂在上臂带动下向前发力，手腕略为转动，拍面与台面约呈 50 度，在高点期摩擦球的中上部。击球后，重心支撑移至左脚。

（2）教学方法。

1）徒手模仿弧圈球动作练习；

2）两人一组，一人推挡，一人练习连续拉弧圈球，两人轮换；

3）两人一组，一人推挡，另一人练习拉弧圈，两人轮换，要体会击球手法、拍形和击球部位；

4）两人一组，对搓，固定一人搓中拉弧圈球，两人轮换；

5）两人一组，一人削球，另一人练习拉弧圈球。

8. 结合技术。将两种或两种以上单项技术结合起来运用的技术统称为结合技术，主要有以下几种：

（1）推挡侧身攻击是由推挡和侧身正手攻球组成的结合技术，特点是用推挡的力量和落点的变化，给侧身正手攻球创造机会。

1）动作要领：推挡后的左脚先向左跨一步，腰部向左侧移动，随后右脚向左后方移动，重心支撑点立即由左脚移至右脚，形成一个侧身位置。侧身攻球时，拍面稍前倾，充分发挥腰部转动和腿部的力量，在来球高点期击球的中下部。

2）教学方法。①做徒手模仿动作练习；②两人一组，一人推挡在对方反手位，一人推挡结合侧身攻，两人轮换；③进行多球训练，一人供球，一人做推挡侧身攻球，两人轮换。

（2）左推右攻。一方攻击两角，另一方以反手推挡和正手攻球结合起来进行回击，叫作左推右攻。

1）动作要领：推挡后，身体重心支撑点应放在左脚上，转入正手攻球时，左脚蹬地，右脚迅速向前方尽量跨出一大步，左脚立即跟上一步。手臂同时快速向前挥拍击球，拍面稍前倾，来球上升期击球的中上部。

2）教学方法：①做徒手模仿动作练习；②两人一组，一人推挡固定左右两点，一边一次，一人做左推右攻练习，并将球打到对方左侧，两人轮换；③两人一组，两直对两斜地左推右攻，一人在左推右攻中专打直线，另一人在左推右攻时专打斜线，然后两人轮换；④多球进行训练，一人攻球左右两点，一人左推右攻，两人轮换。

（3）推挡侧身攻后扑右方（推侧扑）。是指由推挡、侧身攻和从左至右移动中正手攻三个单项技术组成的结合技术。

1）动作要领：推挡侧身攻后，身体重心支撑点已在左脚，当从左往右跑动时，右脚应先向右移一小步，重心支撑点立即转至右脚，然后迅速向右做交叉步移动，在脚着地的同时，腰部左转并带动手臂向前挥击，在来球处于高点期击球的中上部，击球的同时，右脚迅速向右移动。

2）教学方法：①徒手做推挡侧身攻扑右方（推侧扑）模仿动作练习；②两人一组，一人推挡，推到对方的反手位，另一人做推挡侧身攻后，推挡者再推对方正手拉，让对方扑正手攻，然后两人轮换；③多球进行训练，一人攻球，一人做推挡侧身攻扑正手练习，然后两人轮换。

（4）搓中起板（搓中突击）。是指由搓球和正手攻球两个单项技术组成的结合技术。

1）动作要领：①来球若不转，击球时拍面稍前倾，以手臂向前发力为主，在球处于高点期击球的中部和中上部，拍比球要稍低；②来球是下旋球时，击球时拍面可与台面近乎垂直，在球处于高点期击球的中下部，拍比球要略低些。来球下旋球越强，手臂向上挥击的力量就越大。

搓中突击时，往往要根据对方回球的落点来移动脚步；当来球飞向台面的左侧时，左脚应向左前方跨出一步，腰部略向左转，右脚向左后方移动，做好突击的准备。如果来球角度小，也可用单步让出位置进行突击。当来球飞向右方时，则左脚或右脚向右前方跨出一步。

2）教学方法：①两人一组，对搓斜线，搓中一方侧身起板抢攻；②两人一组，一方一点搓两点，另一方左搓右攻；③两人一组，两点对两点对搓，搓中一方（或对方）起扳抢攻；④全面搓攻；⑤多球训练，一人攻球，一人搓中起板。

（5）削中反攻。是由削球和攻球组成的结合技术。

1）动作要领：削球在下降期击球，反攻则是在高点期。所以，当削球转入反攻时，要注意身体重心的迅速转换。在远台反攻时，要加大上臂的发力，拍面要稍前倾，击球时,以手臂向前发力为主,拍面要固定。

2)教学方法:①两人一组,做一人攻球、一人进行单线削球和攻球的结合练习;②每人一组,多球训练,一人攻球,削球者在削球中伺机反攻;③两人一组,做一人攻球、削球者正手或反手削斜线和攻直线的结合练习(用一点对两点的线路进行);④两人一组,做一人攻球、削球者反手削球和正手攻球或正手削球和反手攻球的结合练习(用两点对一点的线路进行);⑤两人一组,做一人攻球、削球者全面地削攻的结合练习,可在对方水限落点拉攻练习中进行削球反攻。

(三)双打技术

双打在乒乓球比赛中有很重要的地位,在乒乓球七个比赛项目中,双打就占三项,在男女团体赛中还有一场双打,而这场双打在双方技术水平相当的情况下,往往对胜负起决定性作用。

1. 双打的特点(规则)。乒乓球台中央有一条3毫米宽的中线,把球台分成左右相等的两个半台,右半台即为双打的发球区,发球后,每一方均轮流还击,否则判失分。

2. 教学方法。

(1)以双打发球区为限,做正手攻球基本走位的练习。

(2)全台对半台的练习。

(3)以一方发球和发球抢攻为主练习。

(4)及时调整基本站位的练习。

(5)一人单打帮助两人双打练习,借以增加回击次数,更好地锻炼脚步移动速度。

(6)多球步法练习。

(7)全面双打练习。

(8)计分练习及比赛。

思考题

1. 简述篮球运球、传接球、投篮的教学方法。
2. 简述排球发球、垫球、双手上手传球、扣球的教学步骤。
3. 简述足球的教学方法。
4. 简述乒乓球的教学方法。
5. 如何提高乒乓球与羽毛球步法的灵活性?

第十章 武　　术

武术是我国宝贵的文化遗产之一,是一项具有独特风格民族形式的体育项目,也是《大纲》规定的基本教材之一。

第一节　武术教学任务

1. 使学生了解武术的特点及其在中华民族文明史上的作用,明确学习武术的目的既是为了锻炼身体,又是继承民族文化遗产,发扬和光大我国的优良传统文化。

2. 通过武术的教学,发展学生的柔韧、灵敏、速度、协调和力量等身体素质,增强其肌肉、韧带的伸展和弹性,提高各关节的灵活性和中枢神经系统、心血管等内脏器官的机能。

3. 使学生掌握教材中的武术操、基本动作和组合动作、拳术套路以及攻防动作。

4. 培养学生勇敢顽强、机智果断的优良品质和朝气蓬勃、吃苦耐劳的精神,增强民族自豪感。

5. 由于武术具有系统性和动作的连贯性以及内外合一、神形兼备的特点,通过对动作、套路的记忆,以及对攻防含义的理解,提高学生的理解能力和独立思考能力,促进学生德、智、体全面发展。

第二节　武术教学的一般规律

一、武术教学的三个阶段

中学的武术教材是根据由易到难、循序渐进的原则编写的,在教学中可分成以下三个阶段:

1. 进行武术中拳术的手型、手法、步型、步法等基本动作和武术操的教学,提高学生的身体素质,使学生学会动作,并掌握动作的规格。

2. 学习组合动作和少年拳,掌握套路特点和运动方法。

3. 在巩固和提高少年拳的基础上,掌握单人和双人攻防动作,初步掌握攻防技术的性质和作用。如果学习攻防动作的条件不够成熟,也可选棍术或剑术进行教学,初步掌握器械套路的方法。

二、武术教学的顺序

武术教学的特点之一，就是以套路为运动形式，而套路由若干基本动作所组成。每个完整的套路，一般都包含着动作的方向路线、功架的结构、发力的特点、节奏的变化、意识的走向、手眼的配合等要素。要让学生逐步学会动作和套路，可按下列教学顺序进行：

1. 弄清动作的方向路线。
2. 进一步掌握动作姿势的准确和工整。
3. 要使学生完整地掌握动作，并使其规格化。
4. 要使学生体会、了解武术的技法，以及神形兼备的要求。
5. 通过多练、多复习达到熟练掌握套路，并不断提高质量的目的。

三、讲解和示范的特点

在武术教学中，教师的讲解和示范对于教学的成败起着极其重要的作用。讲解和示范是思维和直观相结合的教法，是使学生建立正确的动作概念和掌握动作的基本方法。

（一）讲解的特点及内容

1. 讲解动作的规格和要求时，力求通俗、精炼、形象准确，可采用武术的术语和口诀。
2. 讲解动作的基本技法，即带有一般规律的基本方法，如进攻和防守的方法与部位。
3. 按动作的顺序，每一个动作，一般先讲下肢（步型），再讲上肢，最后讲上下肢的配合及眼看的方向。
4. 讲解动作的关键环节，即难点。
5. 讲解动作的攻防含义。
6. 讲解动作易犯的错误。

（二）示范的特点及方法

教师的示范是使学生通过直观感性认识来了解动作的形象、结构过程，从而获得正确的动作概貌。武术教学的示范有自己的特点和方法。

1. 示范的位置。可以选择在横队的等边三角形的顶点或左前方、右前方。
2. 根据动作的需要，教师的示范面可采用正面、镜面、斜面、侧面和背面。在教套路时，需要示范领做，教师要随着队型的变化方向不断变换自己的位置，最好保持在队列前进方向的左前方，领做时最好先用背面示范，便于学生直接模仿教师的动作。开始可用慢速示范，以后逐渐加快示范的速度。

四、组织教法

1. 以集体练习为主、分组练习为辅，要充分发挥教师的主导作用，调动学生的练习积极性。

2. 注意培养和使用武术骨干，使其发挥"小教员"的作用。集体练习时，把他们安排在适当的位置，可以起到示范不同角度的作用。分组练习时，发挥"兵教兵"的作用，让他们当好教师的助手。

3. 练习时可进行教学比赛，择优示范和讲评，可提高学生的兴奋度，促使其熟练掌握动作，提高质量，互教互学。

第三节　武术基本动作教学方法

武术中的基本技术动作是组成套路的主要内容，主要包括手型、手法、步型、步法、腿法、身法、眼法和跳跃。这些动作是武术所特有的，在教学中会反复出现，并具有独特的风格和技击意义。另外，这些动作不仅是套路演练过程中看得见、用得上的基本技术，也是发展专项身体素质的有效方法。因此，加强基本技术动作的教学，不仅有助于学生领会和掌握教材中的套路，保持武术技术动作规范性的独特风格，而且还可达到有效地锻炼身体的目的。

一、手型

手型是指两手所塑造的不同形状。

（一）拳

1. 教学步骤。
（1）拇指外展，四指并拢成八字形。
（2）四指由第一骨节依次屈曲握紧。
（3）拇指紧扣于食指和中指的第二指节上。
（4）直腕，即前臂的轴线穿过拳面的中心。
2. 易犯错误及纠正方法。
易犯错误：握拳无力，拳心空虚，拳面不平，指骨突出。纠正方法：强调握拳加"卷饼"，将手充分握紧，并用拳面支撑，做俯卧撑练习。

（二）掌

1. 教学步骤。
（1）四指并拢向后伸张。
（2）拇指屈曲紧扣于虎口处。
2. 易犯错误及纠正方法。
（1）易犯错误：四指分开或四指不直，而且后弓不明显。纠正方法：可用向后扳手腕的方法纠正，即一手五指并拢、伸直，小指在下，横放在另一手的手心上，然后用另一手把它握紧后向手背方向扳动。

（2）易犯错误：拇指屈附不紧，远离食指侧面而成八字掌。纠正方法：强调大拇指弯曲、内收。

（三）勾

1. 教学步骤。

（1）直腕，五指第一指关节捏拢在一起。

（2）用力屈腕似"镰刀"。

2. 易犯错误及纠正方法。

易犯错误：五指散开，屈腕深度不够。纠正方法：用一只手握紧另一只手撮拢的五指，向下拉引。

二、手法

（一）冲拳

1. 教学步骤。

（1）握拳、屈肘、抱腰（俗称"抱肘"），拳心向上。

（2）单臂用力快速向前冲拳（小臂内旋，力点要达于拳面），拳心向下为平冲拳，拳眼向上为立冲拳。

（3）两臂交替冲拳。

（4）学习前冲拳后，再学侧冲拳。

（5）结合步型练习冲拳，如弓步冲拳或行进间弓步冲拳。

2. 易犯错误及纠正方法。

（1）易犯错误：冲拳时肘外展，拳从肩前冲出。纠正方法：强调肘贴肋运动，拳内旋冲出。

（2）易犯错误：冲拳无力。纠正方法：强调紧握拳、肩下沉，冲拳时前臂内旋速度快。

（3）易犯错误：冲拳高低不当。纠正方法：在练习者前面设一与肩同高的目标，向目标冲拳。

（二）架拳

1. 教学步骤。

（1）慢速练习右拳上架、旋臂、向左甩头，注意眼随拳走，甩头时眼光迅速向左。

（2）快速练习。注意走拳路线和手眼配合。

2. 易犯错误及纠正方法。

易犯错误：耸肩，缩颈，屈肘过大，拳在头顶，旋臂时间不当。纠正方法：让同伴对其头部冲拳（给以目标），体会架拳动作要领。

（三）推掌

1. 教学步骤。

同冲拳（由腰间出手时，拳迅速变立掌。注意力点在小指外侧和掌根部）。

2. 易犯错误及纠正方法。

（1）易犯错误：推掌时肘外展，掌从肩前推出。纠正方法：强调肘贴肋运动，前臂内旋推掌。

（2）易犯错误：推掌无力。纠正方法：强调立掌和肩下沉；推掌时前臂要内旋，动作速度快。

（3）易犯错误：推掌高低不当。纠正方法：在练习者前面设一与肩同高的标志物，对准目标推掌。

（四）亮掌

1. 教学步骤。

（1）慢速练习右掌沿身体右侧上摆至头右上方（稍高于肩），要求旋臂、亮掌、甩头。然后再练习左侧。

（2）快速练习。注意亮掌、甩头、转目的协调一致。

2. 易犯错误及纠正方法。

（1）易犯错误：抖腕不明显，以臂部动作为主。纠正方法：单独练习抖腕，多做转腕练习，提高手腕的灵活性。

（2）易犯错误：抖腕、亮掌与转头不协调一致。纠正方法：用信号（击掌）或语言提示，使动作协调一致。

三、步型

（一）马步

1. 教学步骤。

（1）立正站立，两手叉腰或抱拳于腰间。

（2）量出三脚或三脚半距离，两脚尖正对前方。

（3）上体挺胸塌腰，两脚屈膝半蹲，膝部不超过脚尖，大腿接近水平，全脚掌着地，身体重心落于两腿之间。

（4）教师用口令或信号强调学生做动作时要挺胸、塌腰、展髋、裹膝、脚跟向外蹬等。

（5）可采用行进间进行，以一脚为轴，另一脚上步，退步后转体180度完成马步或连续上步做马步架打动作练习。

2. 易犯错误及纠正方法。

（1）易犯错误：脚尖外展成"八"字。纠正方法：采用定势"站桩"以形成正确的动力定型。另外，强调两脚跟往外蹬来纠正；还可以原地做马步蹲起练习，即蹲马步和立站交替进行；也可结合一些手法进行练习。

（2）易犯错误：两脚距离过大或过小。纠正方法：可量出三脚距离练习"站桩"。

（3）易犯错误：大腿过高。纠正方法：以低头下视时膝盖遮住视线为准，固定大腿的高度。注意发展髋关节、踝关节的柔韧性和腿部力量。

（4）易犯错误：低头、弯腰、跪膝。纠正方法：强调挺胸、塌腰之后再下蹲，两眼平视前方，膝关节的投影不得超过脚尖；也可用手扶住固定物体，并用膝关节顶住对面的肋木或其他物体做马步。

（二）弓步

1. 教学步骤。

（1）两脚前后开立，距离为本人脚长的4～5倍。

（2）身体左转或右转，重心下沉，前腿屈膝，大腿接近水平，与脚尖垂直，脚尖微内扣，后腿蹬直，挺膝伸直成弓步，眼向前平视。

（3）原地转体180度，左右变换弓步。

（4）上步或行进间完成左右弓步或左右弓步冲拳。

2. 易犯错误及纠正方法。

（1）易犯错误：后脚拔跟、掀跟。纠正方法：强调脚跟蹬地，脚尖内扣，提高踝关节的柔韧性。

（2）易犯错误：后腿弯屈。纠正方法：强调后腿挺膝，用力后蹬。

（3）易犯错误：上体弯腰、前俯。纠正方法：强调头部上顶，两眼平视，髋关节下沉。

（三）仆步

1. 教学步骤。

（1）立正成抱拳于腰间姿势。

（2）左（右）脚向左（右）侧跨一步。

（3）右仆步时重心左移，左腿屈膝全蹲。大腿和小腿靠紧，臀部接近小腿，全脚掌着地，腿和膝外展挺直平仆，脚尖内扣（左仆步相反方向），身体稍右转，眼向右平视。

（4）听教师口令或信号做成仆步，注意挺胸腰、沉髋等技术要领。

（5）左右交替进行，可结合手型、手法做左右仆步勾手亮掌，或行进间连续做仆步穿掌。

2. 易犯错误及纠正方法。

（1）易犯错误：平仆腿不直，脚外侧掀起，脚尖上翘或外展。纠正方法：可让学生将平仆腿的脚外侧抵住固定物体（如墙根），或两人的脚外侧互相抵住做仆步。

（2）易犯错误：屈腿不够，没蹲到底，脚跟提起。纠正方法：强调平仆腿一侧的髋关节下沉，同时拧腰。多做仆步展开，塌腰后再下蹲成仆步。

四、步法

步法包括上步、撤步、交叉步、垫步、走步、跃步等。教起来比较容易，要求快速敏捷，不拖泥带水。做步法时，脚要轻抬轻放，脚底不要擦地，下面仅以跃步为例。

1. 教学步骤。
（1）由右弓步冲拳姿势开始。
（2）重心前移至右腿，左腿屈膝上提，上体前倾。
（3）两手直接向侧后下摆，掌心向里，身体稍向左转并稍前倾。
（4）左脚向前落步，右腿屈膝向上提，左脚随即猛力蹬地向前跃出，两臂向上绕环摆动，眼看左掌。
（5）右脚落地全蹲，左脚随即落地向前伸直成仆步；左掌变拳抱于腰间；左掌屈臂成立掌停于右胸前。

2. 易犯错误及纠正方法。
（1）易犯错误：左脚蹬地无力，跃不起来。纠正方法：多练左腿单跳，注意右腿屈膝上摆；发展腿部力量。
（2）易犯错误：跃起后两臂摆动，上体转动不协调，与步法配合不好。纠正方法：在走步中练习上肢动作，以便配合协调。

五、腿法

（一）弹腿

1. 教学步骤。
（1）两腿并立，两手叉腰。
（2）先练习弹低腿，即弹击对方小腿胫骨部位，力达脚尖，然后增加高度至水平。
（3）左右腿交替练习。
（4）结合手法，如弹腿冲拳、推掌等。
（5）做行进间的弹腿冲拳或推掌动作。

2. 易犯错误及纠正方法。
（1）易犯错误：屈伸不明显，近似踢摆动作。纠正方法：强调收髋、屈膝后再弹踢出去。
（2）易犯错误：力点不明显，没有爆发力。纠正方法：强调猛挺膝，绷紧脚尖。

（二）侧踹腿

1. 教学步骤。
（1）先做侧压腿、侧摆腿练习。
（2）立正成抢肘姿势，左腿屈膝上提，脚尖上勾，向左下方踹出，与膝盖同高。
（3）手扶一定高度的物体（如椅）做侧踹腿练习，身体向物体方向稍倾。
（4）左右交替做侧踹腿练习。

2. 易犯错误及纠正方法。

（1）易犯错误：脚尖向上面侧蹬腿。纠正方法：强调将腿内旋后再踹出。

（2）易犯错误：力点不明显，收髋。纠正方法：多做仆步压腿、侧压腿等练习；强调侧踹时要有爆发力。

六、武术基本动作练习范例

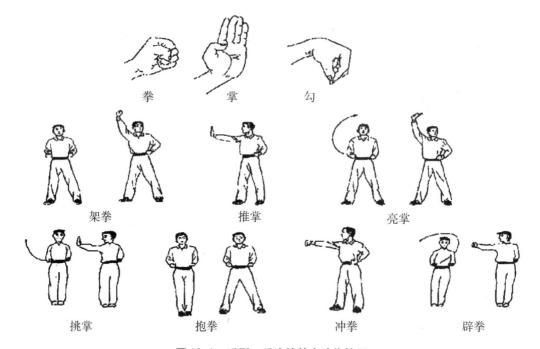

图10.1　手型、手法的基本动作练习

图 10.2 腿、脚基本动作练习之一

图 10.3 腿、脚基本动作练习之二

第四节 攻防动作教学方法

教学中的攻防动作是从武术中的踢、打、摔、拿等技击法中选出来的，是在格斗或对练中的进攻和防守时为制胜对方而采用的动作，包括单个动作和双人动作，它在强身健体、壮筋骨，锻炼人们勇敢、机智、灵敏、顽强和快速的反应能力，以及在格斗、擒敌等方面，都具有一定的实用意义。攻防动作的教学，要继承武术具有较强攻击性的风格和特点，要讲究踢打摔拿，攻防兼备，勇敢顽强，出奇制胜。

1. 预备姿势。两脚左右或前后开立，左右拳前后停置于胸前，身体侧对前方，目视对手，其目的是为了防护胸前、裆部、脸部和后脑，而且也便于攻击。攻时，前臂顺肩前伸，后腿蹬地，动作能迅速有力；防时，两手能迅速到达头、肋等部位，配合各种动作保护头和上体。

2. 防守动作的力量要适当，幅度要小，防止对方佯攻，而且要迅速地进行反击。

3. 反击动作，在对打时，防守后迅速做出进攻的动作，其目的和进攻动作一样。教材中的很多动作都是防守反击动作，如上架直拳、下砸弹腿、搂手勾踢、双架搬推等。缠腕动作既是防守又是进攻动作。

4. 武术运动，就是以攻防为核心组成的各种技术动作的组合。攻和防是辩证统一的，攻要注意防，防要想着攻。

5. 教学的步骤应遵循由简到繁、由浅入深、循序渐进的原则。学习单人动作后再学习双人动作。单人动作先学预备势和基本步法。全身动作先学上肢动作，再学下肢动作，最后学上下肢配合。下面以上架直拳的单人、双人动作为例具体说明：

第一步：先学习和掌握单人的预备势，原地上架直拳、上步上架直拳、退步上架直拳的动作方向和路线。

第二步：学习和掌握左脚上步、出右直拳、右腿退步、左臂上架，即单方动作的动作方向和路线。

第三步：学习和掌握双人攻防的配合动作。

6. 除遵守一般的要求外，教师要按动作先后顺序讲解，要讲解进攻和防守的部位、技击特点和要求，以及易犯错误。

7. 双人练习时的示范位置，可在队伍前后或两排对面队形中间各做一次。示范面多采用侧面示范和正面示范相结合的方法。示范时可由教师分别做甲乙两方的动作，最好课前挑选一个武术基础较好、动作正确的学生，协助示范，便于两方的学生观看和模仿。另外，要把示范和讲解结合起来运用。

8. 组织练习的口令。可分为两步进行。

第一步：初学时，第一个口令由甲方完成进攻动作，第二个口令由乙方做防守的动作，第三个口令由乙方做还击动作，等等。这种分解的口令可按"预备""1""2"……"停"的口令进行。口令前也可提示动作名称。

第二步：当学生掌握动作后，教师下达一个口令时，甲乙双方同时各做进攻、防守、还击的动作。也可按"预备""开始"的口令进行。

9. 攻防动作的练习，要先慢后快，从分解到连贯，由不用力到用力。双人练习以体会动作为主要目的，不能用力过猛。

10. 原地和退步扶地后倒。这个动作是在对打时用于自我保护。教材中的勾踢、搬推、缠拧动作中都用得上，扶地后倒才不至于摔伤臂部和后脑。练习时，要尽量降低重心，先用慢动作按臂部→背部→前臂的顺序依次着地，体会着地的部位，开始时要在垫子、沙坑等地方练习，动作掌握后要在平坦的土地上做动作。

11. 双人练习距离要适当，双方距离太近，动作伸展不开；双方距离太远，双方的攻防守动作够不上，会显得松散。分组时，要让身高体重相近的两人为一组。

12. 当学生较熟练地掌握双人动作后，教师要不断提出要求，提高质量。例如，双方配合要默契，节奏要一致，动作要逼真，精神要集中，技击要有意识，等等。

第五节　怎样看武术图解

武术教材中的图解是由描绘动作路线的图案和讲解动作顺序、方向的文字说明结合而成的，正确地掌握图解的方法，便于学生自我练习，这对于培养自修能力和提高教学水平都有一定的帮助。

1. 武术教材的插图中，用虚线表示左上肢和右下肢的下一动作进行的路线，实线表示右上肢和左下肢的下一动作进行的路线。箭尾为起点，箭头为止点，而且用曲线表明了下一动作所要停的位置，熟练地掌握以后，只看插图就可以把整个套路串起来。

2. 武术的动作很多，身体部位的变化也大，基本是由身体的左右前后的方向来确定的，因此，图解运动方向也是以图中人的身体和该动作所处的位置为准。如少年拳（第二套）中的第二动"望月平衡"，前后左右的方向是以图中人的身体姿势为准。如转体时，以转体后的身前为前。

3. 在插图中的动作带有附加图，这主要为了弥补在背向或侧向看不清手的方位而特意增加的。

4. 图解中的方案说明，为了简练，有的地方只用术语，如左、右弓箭步。这些在教材前面的"拳术的基本手型、步型和动词术语"及其他资料中都有说明，可自行查阅。

5. 在少年拳、攻防动作、棍术、剑术的套路图解中，对每一个完整动作做说明后，都增加了动作要领，提示这个动作的要领及应注意之处。

6. 按武术图解自学武术，要先看插图与说明，按其路线要求去做动作，然后再对照图解，看做出的动作是否合乎图解的要求。对于比较复杂的动作，可以采用分解看图的办法，先学某一部位动作路线，如先学上肢动作，从而完成完整的正确动作。另外，自学套路时，开始要记好方向，掌握套路的规律。如教材中的套路，都是由右向左练，到第（6）动为一段，从第（1）动又返回来，结束时，要回到开始的地方。如果回不到起势的位置，就要查对图解，看看有的动作的转体角度或方向是否错了。建议2～3人结伴学习，可由一人读图解说明，另一个人或两个人练，这样边学、边看、边议、边练、边纠正，读和练习的人可随时交换。

看图解自学，开始时学动作不宜过多，并要记熟，下一次学习时，先复习巩固学过的动作，然后再进入新的内容，逐步提高自学能力。每次学习的进度要根据个人的基础和掌握动作的情况而定。

思考题

1. 简析武术的教学任务。
2. 简析武术基本动作的教学方法。
3. 简析攻防动作的教学方法。
4. 如何运用武术图解练习？

第十一章 游 泳

教学内容有熟悉水性，蛙泳、自由泳、仰泳和侧泳的基本技术，以及上述姿势的教学方法。在游泳教学指导中，提出游戏教学的一般原则和要求。

第一节 熟悉水性

一、熟悉水性的含意

要在水中游泳，先要熟悉水的环境和特性，就要熟悉和适应不同于空气的水的压力、阻力、浮力，以及水中游泳的姿势和运动特点，消除怕水心理，培养对水的兴趣，并掌握一些最基本的如呼吸、滑行等方法，为进一步学习游泳技术打下基础。所以，熟悉水性是游泳教学的首要环节。

二、熟悉水性的方法

（一）水中行走练习

这是熟悉水性的第一个练习，目的是体会水的阻力和浮力，初步掌握身体在水中保持平衡的方法，消除怕水心理。具体练习如下：

1. 手扶池壁向前、向两侧慢步行走。
2. 离开池壁用手维持平衡向前、向后、向两侧慢步行走。
3. 全组手拉手（或搭肩）向前或圆圈行走。
4. 在水中向各方向跑动和跳跃。
5. 在水中做走跑追逐游戏。

（二）呼吸练习

游泳时的呼吸与陆上习惯的呼吸方法不同。游泳是用口吸气，然后在水中用鼻口慢慢呼气。这一练习是使初学游泳者掌握呼吸方法，锻炼把头浸入水中的勇气，进一步消除怕水心理。具体练习如下：

1. 手扶池槽或在同伴帮助下用口吸气后闭气，然后下蹲把头全部浸入水中，停留片刻后起立，在水面换气，口鼻出水后先呼后吸。
2. 同1练习，要求把头浸入水中停留片刻后，在水中用鼻慢慢呼气直至呼完，然后起立，在水面上用口快速吸气。

3. 同2练习，要求吸气后把头浸入水中，稍闭气后用口鼻同时呼气，在接近水面时用力把气呼完并即用口在水面上吸气，吸气结束后再把头浸入水中。连续有节奏地做吸、闭、呼动作。吸气要快而深，呼气时要慢，最后用力将气呼尽。

4. 两脚开立，按上述练习要求连续做呼吸动作15～20次，稍事休息后重复练习。

（三）浮体与站立练习

练习的目的是体会水的浮力，初步学会控制身体在水中平衡的能力和水中站立的方法，树立学会游泳的信心。具体练习如下：

1. **抱膝漂浮练习**。原地站立，深吸气后下蹲低头抱膝，膝部尽量靠近胸部，前脚掌蹬离池底成低头团身抱膝姿势，自然漂浮于水面。

2. **展体漂浮练习**。两脚开立，两臂放松向前伸出，深吸气后身体前倾，两脚轻轻蹬离池底成俯卧姿势漂浮水面；两臂两腿自然伸直。站立时，收腹，收腿，两臂向下压水并抬头，两腿向下伸，脚触池底站立。

（四）滑行练习

滑行是各种泳式的基础，是整个熟悉水性练习的重点，目的是进一步体会水的浮力，掌握水中的平浮和身体滑行姿势。具体练习如下：

1. **蹬池底滑行练习**。两脚前后开立，两臂前伸，两手并拢。深吸气后屈膝，当头和肩浸入水中时，前脚掌用力蹬池底，随后两脚并拢，使身体呈流线型向前滑行。

2. **蹬边滑行练习**。背向池壁，一手拉水槽，一臂前伸，同时一脚站立，一脚贴池壁。深吸气，低头，上体在水中前倾成俯卧姿势，然后支撑脚向上收起，两脚掌贴住池壁，臀部尽量靠近池壁，随即拉水槽的一臂向前伸出与前臂并拢。头夹在两臂之间，此时头与臀是一条直线，然后两脚用力蹬池壁，使身体呈流线型向前滑行。

3. **仰卧滑行**。面对池壁两手扶水槽，两脚蹬池壁，两臂置体旁，下颌贴近胸骨，蹬腿向前滑行。

4. **滑行打水**。滑行后两脚上下轻轻打水，体会水的推动力。

三、教学方法

1. 呼吸练习中的浸水和闭气是学习游泳的基础，也是消除怕水心理的重要手段，要鼓励学生大胆把头浸入水中。

2. 闭气练习是浮体和滑行的必要条件，要注意引导学生逐渐延长闭气时间。

3. 滑行练习时，可2～3人一组互相保护和帮助，做扶、拉、接、推的练习，增长滑行距离。

4. 用游戏和比赛的方法延长闭气时间，增加滑行距离，提高学习兴趣。

四、易犯错误及纠正方法

1. 易犯错误：吸气呛水。纠正方法：通过讲解示范，使学生明确用口吸气的道理和方法；反复练习用口吸鼻呼的方法。

2. 易犯错误：浮体练习时浮不起。纠正方法：深吸气，尽量屈身团身抱膝。

3. 易犯错误：浮体或滑行后站不起。纠正方法：讲解示范，明确要领。反复练习两臂压水的同时双脚着池底站立。

4. 易犯错误：滑行不适。纠正方法：滑行前先做好两臂伸直头夹在中间的俯卧姿势，支撑脚和腿收起时尽量曲膝收腹，臂部靠近池壁，蹬壁要快速有力，蹬离池壁后身体伸直成流线型。

第二节 蛙 泳

蛙泳是模仿青蛙游泳动作的一种姿势。蛙泳时，头露出水面或浸在水里，抬头就可吸气，呼吸方便、省力持久，而且在游进中声音小、易观察、可负重，是实用性较强的游泳技能。

一、动作要领

（一）身体姿势

俯卧水中，两臂前伸并拢，微抬头，前额齐水面，稍挺胸略收腹，腿伸直呈流线型，身体纵轴与前进方向成 5～10 度角。

（二）腿部动作

蛙泳腿部动作包括收腿、翻脚、蹬腿、滑行四个连贯动作。

1. 收腿。收腿是把腿收至能为翻脚蹬水创造有利的位置。收腿是从滑行结束自然下沉开始，两腿边收边分，在收腿结束时大腿与躯干之间的角度为 130～140 度，小腿和脚靠近臀部，小腿与水平面成垂直姿势，两膝距离与肩同宽。收腿的要求是：腿要放松，收腿的力量要小，速度与蹬腿相比要慢，截面要小。

2. 翻脚。翻脚是为了造成有利于蹬水的效果。实际上翻脚是收腿的继续、蹬腿的开始。在收腿靠近臀部时，两膝内压，小腿外移，紧接着两脚外翻，使脚和小腿内侧对好蹬水方向，要求在收腿未结束之前开始翻脚，在蹬腿开始前完成。

3. 蹬腿。蹬腿的要点是用髋和大腿肌肉发力，按先伸髋再伸膝伸踝的顺序，以大腿内旋做快速有力的鞭状蹬夹水动作。蹬夹水结束时两腿并拢。

4. 滑行。紧接着鞭状蹬夹水动作，两腿并拢伸直，借助惯性向前滑行，身体成平卧姿势，腿部放松，为收腿做准备。

（三）臂部动作

蛙泳臂部动作不仅是游进的重要推动力，而且对维持身体平衡、配合呼吸有重要作用。蛙泳臂的划水动作可分为抓水、划水、收手、伸臂几个阶段。

1. 抓水。抓水是划水的准备阶段，抓水动作紧接滑行肩前伸，两臂内旋滑下，稍勾手，两臂分开向侧斜下方压水。抓水结束时，两臂分成 30～40 度角，两臂与水面成 15～20 度角。

2. 划水。紧接着抓水动作，两臂积极地向侧、向下、向后地屈臂高肘划水。随着划水的进行，大小臂的夹角不断地变化着。当划水至肩线以前，大小臂的夹角约为 90 度。

3. 收手。划水结束时，随着惯性，手臂继续用力向内、向上收至头的前下方。

4. 伸臂。伸臂是由肩向前冲伸的动能使肘关节伸直而完成的。掌心由收手时的向上逐渐向下方，两臂同时向前伸出，两手拇指并拢。

（四）臂与呼吸的配合

呼气是在水中用口鼻同时做由慢到快的呼吐动作。吸气是在水上用嘴把最后的余气有力吐完的刹那做短促有力的吸气动作。

当两臂开始划水时，利用产生的浮力，嘴露出水面吸气；两臂内收前伸时闭气低头；开始划水前，嘴鼻同时迅速呼气。随着技术水平的提高，吸气和划水可同时进行，或收手时再快速抬头吸气。

（五）臂、腿和呼吸的完整配合

臂、腿配合一般是臂划水时腿伸直放松、吸气后臂前伸时做收腿和蹬夹水动作。

臂、腿和呼吸的完整配合一般是：腿蹬夹一次，臂划一次，呼吸一次。也可采用臂划水两次或臂划水三次、吸气一次的配合。选择怎样的配合技术应根据个人特点而定。

蛙泳技术的重点、难点是腿部动作，而腿部动作的关键又是翻脚和鞭状蹬夹水动作。腿部动作的技术要求是慢收快蹬、翻脚充分、鞭状蹬腿、放松滑行；臂部技术主要注意屈臂划水和划水路线不起过肩。在完整配合技术中注意动作的节奏和连贯性。

二、教学方法

（一）腿部动作的教学

1. 坐在池边或岸上，上体后仰，两手后撑，按口令做收腿、翻脚、蹬夹伸直的蛙泳腿部动作练习，建立正确的腿部动作概念。

2. 俯卧在池边或岸上，做蛙泳腿部动作练习，建立正确的腿部肌肉感觉。

3. 扶池槽或由同伴帮助，在水中俯卧做收、翻、蹬夹动作，体会翻脚和弧形蹬夹水的动作。

4. 水中扶板做蹬腿练习，主要是巩固提高腿部动作技术。

（二）手臂动作和手臂与呼吸配合动作的教学

1. 陆上站立，上体前倾，两臂前伸，两手并拢掌心向下，做蛙泳划水、收手、伸臂的练习。可配合呼吸动作进行练习。

2. 两脚开立站在齐胸深的水里，上体前倾做臂的划水动作。主要体会划水路线和收手、伸臂动作。

3. 同2练习，配合呼吸动作进行。要求臂滑下时抬头吸气，收手时低头闭气，伸臂时呼气。

4. 同3练习，要求由原地到走动练习，并逐渐增加划水力量，体会前臂及手掌对水的高肘弧形划水动作。

5. 腿夹浮板做蛙泳臂与呼吸配合练习。

（三）完整配合动作的教学

1. 水中练习，滑行后做臂腿配合的练习。要求臂腿交替进行，臂划水时腿放松伸直，收手同时收腿，臂前伸时蹬腿。

2. 同练习1，加上抬头吸气动作。

3. 同练习2，由臂腿配合两次，呼吸一次，过渡到臂腿配合一次，呼吸一次，并逐渐增加游泳距离。

三、易犯错误及纠正方法

1. 易犯错误：蹬腿时没有翻脚。纠正方法：讲解示范，明确动作要领；多做分解动作练习，体会慢收、翻脚、快蹬的节奏；在同伴的帮助下做翻脚动作练习。

2. 易犯错误：平收腿，蹬腿过宽，蹬夹脱节或只蹬不夹。纠正方法：讲解示范，明确动作要领；用矫框过正法，要求两膝并着收蹬或用绳固定两膝距离；在陆上做模仿练习，体会收、翻和弧形蹬夹动作。

3. 易犯错误：收、蹬腿时脚的位置太低。纠正方法：腰部肌肉适度紧张，使身体平卧水面；积极收小腿，少收大腿。

4. 易犯错误：收、蹬腿时臀部上下起伏。纠正方法：头肩保持平稳，少收大腿，积极收小腿；强调弧形蹬夹、慢收、快蹬。

5. 易犯错误：划水路线太后，两臂划水太宽。纠正方法：要求臂划水时抬头吸气，高肘屈臂划水。

6. 易犯错误：吸不到气。纠正方法：强调吸气前先在水中呼气，口露出水面用口吸气；臂开始划水就抬头吸气；多做臂划水与呼吸配合的练习。

第三节 仰 泳

仰泳是人体仰卧在水中进行游泳的一种姿势。仰泳包括蛙式仰泳和爬式仰泳两种，前者比后者速度慢，竞技游泳比赛都采用后者。

一、动作要领

（一）身体姿势

身体自然伸展仰卧水中，头和肩稍高，下颌微收，脸露出水面，身体纵轴与水平面构成很小的仰角，腹部和腿平均在水下 5～10 厘米。

（二）腿部动作

两腿以髋关节为支点，由大腿发力带动小腿和脚，交替做"鞭打"式的"下压上踢"动作。

1. 下压动作。由大腿带动小腿和脚做下压动作，在腿下压动作中的前头 2/3，由于水的阻力而使膝关节伸直，踝关节由向上弯曲到向下伸直。在大腿由下压过渡到向上时，由于惯性作用，小腿和脚继续向下，直到大腿、小腿和脚依次结束向下而构成"下鞭"动作。

2. 上踢动作。当下压动作结束时，大小腿弯曲度为 135～140 度，此时大腿带动小腿做向上踢水动作；在完成上踢动作时，膝关节伸直，这就是大小腿和脚依次结束向上的"上鞭"动作。

（三）臂部动作

1. 入水。臂入水时自然伸直，拇指向上，小指先入水，入水点在肩的延长线上。

2. 抱水。臂入水后，躯干向入水的同侧方向转动，借助臂的前移产生动量，使臂下滑到一定深度时积极抓水，同时肩臂内旋、转腕、屈臂，使上臂处于有利的划水部位。

3. 划水。仰泳的划水动作包括拉水和推水两个阶段。拉水是在抱水的基础上进行的，开始时前臂内旋，肘关节逐渐向下弯曲；当手掌至肩侧时，手掌离水面约 15 厘米，肘关节的角度约为 90 度。推水是拉水的继续，当手臂划过肩关节时，利用拉水结束时前臂内旋做转腕下压动作，划水结束时手臂在大腿的侧下方约 40 厘米，划水路线呈 S 形。

4. 出水。在手臂划水结束后，利用手臂下压的反作用力和肩部收缩的力量将手臂自然提出水面。动作是先压水后提肩，使肩露出水面后由肩带动上臂、前臂和手依次出水。

5. 空中移臂。臂出水后沿肩上方由后向前快速移动，当移至垂直时掌心外翻，为入水做准备。两臂的配合是一臂划水结束时，另一臂已入水并开始划水。

（四）呼吸和臂、腿动作的配合

仰泳时因脸露出水面，呼吸只要用口有节奏地呼吸即可。具体配合是腿打六次，臂划两次，呼吸一次。臂与呼吸的配合是一臂移臂时开始吸气，另一臂移臂时进行呼气。

仰泳腿部动作的"下压上踢"打水技术是重点、难点。要进一步提高速度，臂划水和呼吸技术是重点，在教学的开始阶段要注意消除怕水心理。

二、教学方法

（一）腿部动作的教学

1. 陆上模仿练习。坐池边或地上做两腿直腿下压和屈膝上踢动作。
2. 水中练习。水中仰卧，由同伴托头做仰卧漂浮打水练习。
3. 两手反握池槽，做仰泳腿的打水练习。
4. 蹬池壁滑行，做仰泳漂浮打水或双臂前伸练习。

（二）臂部动作的教学

1. 陆上模仿练习。原地站立或仰卧在凳上，做仰泳臂划水练习。
2. 水中练习。仰卧水中，由同伴抱住腿，做臂划水练习。

（三）完整配合动作的教学

1. 水中仰卧打水配合两臂划水练习。
2. 同练习1，配合有节奏的呼吸。
3. 同练习2，做六次打腿、两次臂划、一次呼吸的练习。

三、易犯错误及纠正方法

1. 易犯错误：坐着游。纠正方法：讲解示范，明确要领；强调头不要太高，臂部伸直，用口吸气。
2. 易犯错误：小腿踢水。纠正方法：讲解示范，明确要领；强调大腿带动小腿向上踢水、向下打水。
3. 易犯错误：臂入水点太开。纠正方法：讲解示范，明确要领；加强肩关节柔韧性练习。
4. 易犯错误：踢水时膝部露出水面。纠正方法：讲解示范，明确要领；强调大腿带动小腿做"上踢下压"动作。

第四节　自由泳

自由泳又叫"爬泳"，是各种游泳姿势中速度最快的一种。

一、动作要领

（一）身体姿势

自由泳时身体伸直平卧于水中，身体纵轴与水面构成3～5度角，头与身体纵轴构成20~30度角。两眼注视前下方,发际齐水平面。

在游进过程中,随着转头呼吸和臂的动作,形成身体绕纵轴转动。在转动时仍保持身体的伸直姿势,避免左右摇摆。两腿打水应随着身体转动而做相应的方向变化。

(二) 腿部动作

在自由泳技术中,腿的打水动作主要是保持身体平衡,增加身体浮力,配合两臂的划水动作。

腿打水时以髋关节为支点,由髋部和大腿肌肉发力带动小腿和脚的鞭状上下打水动作。向下打水时,膝关节微屈,脚稍内旋,踝关节伸直、放松,打水动作由腿的伸直到屈膝(160度左右),两脚夹上下距离30~40厘米。

(三) 臂部动作

自由泳的两臂划水是推动身体前进的主要动力。为了便于分析,把臂部动作一个周期分为入水、抱水、划水、出水和空中移臂五个部分。但整个划水是连贯的动作,各部分之间没有明显的界线。

1. 入水。手臂的入水点一般在肩的延长线或身体纵轴与肩的延长线之间。入水时手指自然伸直并拢,肘部高于手,指头对着水的前下方或通过臂的内旋而使手掌向外、拇指向下切入水中。

2. 抱水。臂入水后要到与水平面成40度左右时才能进入有效划水阶段,因此,在划水之前应有一个抱水阶段,做好划水前的准备。抱水动作是手入水后积极插向前下方,并逐渐开始屈腕、屈肘,对水保持高肘,为划水做准备。

3. 划水。划水是指手臂在划水前与水平面成40度角起,至后与水平面成15~20度角止的这一动作过程。在整个划水过程中,肩之前称为拉水,肩之后称为推水。拉水是由直臂到屈臂的过程,推水是由屈臂到直臂的过程。从拉水转入推水是连贯加速完成的。在划水过程中,要注意手掌始终与水平面保持垂直,划水时手的轨迹呈S形。

4. 出水。划水结束后,利用肩带肌肉的力量由肩带动前臂、肘向外上方提拉出水面。要求臂和手腕的肌肉放松。

5. 空中移臂。臂出水后,由肩带动上臂、前臂和手做高肘快速移臂。整个移臂过程的前半部分是肘关节领先,前臂相对地慢,后半部分前臂向前伸出做入水准备。

(四) 臂和呼吸的配合

1. 两臂配合。两臂配合一般是一臂入水时,另一臂处于肩前方,与水平面构成约30度角。这种配合称为前交叉,还有中交叉、后交叉等。

2. 呼吸。吸入时肩和头向一侧转动,但不应将头抬起,转头也不应过大过猛。

3. 呼吸与臂的配合。以向右侧转头吸气为例,右手入水后口鼻开始慢慢呼气;右臂划水至肩下向右转头,呼吸量开始增加,右臂推水即将结束时呼吸量进一步加大;右臂出水张口吸气;移臂至一半时,吸气结束并转头复原;继续转头,移臂并闭气,脸部转向前下方。当头部姿势稳定时右臂入水,开始慢慢呼气。

（五）臂、腿和呼吸的配合

自由泳的完整配合一般是6∶2∶1配合技术，即腿打水六次（左右各三次），臂划两次（左右各一次），呼吸一次。也可采用2∶2∶1或4∶2∶1的配合技术。运动员可根据不同的项目和个人特点采用不同的配合形式。

自由泳技术中两腿鞭状打水和臂沿S形路线屈臂划水是教学的重点，呼吸是关键和难点。

二、教学方法

（一）腿部动作的教学

1. 陆上模仿练习。坐池边，两手后撑，两腿并拢伸直、内旋做腿打水练习。
2. 俯卧水中，手扶池边做腿打水的练习。
3. 蹬池边或扶板滑行做腿打水的练习。

（二）手臂动作和手臂与呼吸配合的教学

1. 陆上模仿练习。两脚开立，上体前屈，用单臂或双臂做划水的模仿练习。
2. 同练习1，配合转头吸气的练习。
3. 浅水中练习。按练习1、练习2的要求，在水中进行练习。
4. 同练习3，走动中做臂划水和吸气配合的练习。
5. 蹬边滑行或腿夹浮板做臂划水的练习。

（三）完整动作配合的教学

1. 蹬边滑行做臂、腿配合的练习。
2. 同练习1，加呼吸动作的配合练习。

三、易犯错误及纠正方法

1. 易犯错误：小腿打水。纠正方法：强调大腿带动小腿和脚打水；用直腿打水进行纠正。
2. 易犯错误：臂入水后向下沉，划水时扶水。纠正方法：强调不要过早用力划水，臂入水后屈臂高肘，掌心对准向后划水。
3. 易犯错误：手沿身体纵轴外侧划水。纠正方法：要求入水点不要偏外；强调沿身体纵轴屈臂做"S"形路线划水。
4. 易犯错误：抬头吸气或吸不进气。纠正方法：可调整为沿身体纵轴转头吸气；先呼气后用口吸气。

第五节 侧 泳

侧泳是指身体侧卧水中，两腿蹬剪水，两臂交替或同时划水，呼吸时头稍向侧转动。

侧泳动作简单、易学，且有很大的实用价值，武装泅渡、军事侦察、水中拖运物品和救护溺者等都可采用侧泳，因而侧泳深受广大群众特别是青少年的喜爱。

侧泳有手出水和手不出水两种方法，一般掌握了前者，后者就容易掌握。下面介绍手不出水的侧泳方法。

一、动作要领

（一）身体姿势

身体侧卧水中，背稍向上，胸腹稍向上，头的下半部浸在水中，下面臂前伸，上面臂置于体侧，两腿并拢伸直，游进时身体绕纵轴转动。

（二）腿部动作

侧泳的腿部动作包括收腿、翻脚和蹬剪腿三个动作。

1. 收腿。上腿向前收至大腿与躯干呈90度角。小腿与大腿呈45～60度角。下腿向后收，膝关节弯曲呈30～40度角。

2. 翻脚。当完成收腿动作后，上腿脚尖勾起，脚掌向后对准水，下腿将脚尖绷直，脚面和小腿前面向后对准水。

3. 蹬剪腿。上腿用大腿带动小腿稍向前伸，以脚掌对着蹬水方向，由体前侧向后方蹬夹水。下腿以脚面和小腿对着蹬水方向，用力稍向下再向后伸膝剪水，与上腿形成蹬剪水的动作。

（三）臂部动作

两臂交替划水，一臂在空中移臂，称为上面臂，另一臂在水下移臂，称为下面臂。

1. 上面臂。上面臂与自由泳划水动作相似，不同的是上面臂前移时上体略绕纵轴转动，这样就使两肩连线与垂直线之间的夹角度增大到45～50度。这个动作能使上面臂入水点通向前面，从而使划水路线增长。

2. 下面臂。侧泳时下面臂的动作分为准备姿势、滑下、划水和臂前移四个阶段。

（1）准备姿势。手臂前伸，掌心向下，手略高于肩。

（2）滑下。当臂滑下与水平面呈20～25度角时，稍勾手，屈臂使手掌和前掌对准水，即过渡到划水动作。

（3）划水。下面臂的划水动作不是在肩下进行，而是在靠近胸下方进行，当划至腹下，即告结束。

（4）臂前移。划水结束后，迅速收前臂使手掌向上，并沿着腹、胸向前移动。当手掌移至头前，随臂向前伸直，手掌逐渐转向下方。

（四）两臂配合动作

下面臂开始划水，上面臂前移；上面臂开始划水，下面臂开始做前伸动作，两臂在胸前交叉；上面臂划水结束，下面臂开始滑下。

（五）臂、腿和呼吸的配合

1. 臂和腿的配合。上面臂入水后，下面臂开始前移并收腿。上面臂划到腹下开始做推水动作时，下面臂向前伸，同时腿用力做蹬剪动作。
2. 臂和呼吸的配合。上面臂开始划水时逐渐呼气，划到腹下做推水动作时转头吸气。移臂和入水时，头还原闭气。

（六）侧泳的完整配合

两腿蹬剪水一次，左右臂各划一次，呼吸一次。两腿蹬剪水后，在上面臂划水结束、下面臂前伸时，仍有短暂的滑行。

侧泳腿部动作的收、翻、蹬剪是重点、难点。臂部技术要强调在胸、腹下屈臂划水。

二、教学方法

（一）腿部动作的教学

1. 陆上模仿练习。侧卧在地上或池边，做收腿、翻脚和蹬剪动作。
2. 水中练习。在浅水中，手扶池槽做收、翻、蹬剪动作的练习。
3. 互助练习。在浅水中，由同伴扶住臂和肩做腿部动作的练习。
4. 蹬池边或扶板滑行，做蹬剪腿动作的练习。

（二）臂部动作的教学

1. 陆上模仿练习，原地站立，做臂部动作的模仿练习。
2. 浅水中站立，上体侧卧水中，做臂的划水动作练习。

（三）呼吸与臂、腿配合动作的教学

1. 浅水中站立，上体侧卧水中，做臂的划水与呼吸配合的练习。
2. 在齐胸的水中蹬边滑行做臂、腿配合的练习。

三、易犯错误及纠正方法

1. 易犯错误：蹬剪时没有翻脚。纠正方法：讲解示范，明确要领；多做腿部动作的分解练习；强调收腿时上面腿勾脚尖，下面腿绷脚尖。

2. 易犯错误：收腿太快，蹬剪水太低。纠正方法：讲解示范，明确要领；强调慢快蹬剪；要求头和上体侧卧水中；注意蹬剪后侧卧滑行。

3. 易犯错误：臂划水路线太短。纠正方法：讲解示范，明确要领；强调经胸、腹下屈臂划水。

思考题

1. 熟悉水性、蛙泳、仰泳、自由泳、侧泳的教学方法。
2. 说说参加游泳运动后自身有哪些变化。

第十二章 举 重

第一节 举重技术与教学

一、举重运动的概念

举重运动是通过各种方式、方法举起重物并通过训练不断地增加所举重量，以增强体质特别是以发展力量为目的的运动项目。

二、举重运动的特点

1. 练习举重时，人体总要负担重量，并且重量不断增加，甚至经常达到最大负荷。①举重运动最基本的特点，简单地说就是要负重练习，最短时间内最大用力；②恢复性训练。
2. 按年龄、性别分组，按体重分级进行比赛。
3. 场地、器材、设备比较简单。

三、竞赛动作的技术原则

现代举重竞赛动作包括抓举、挺举，以双手抓举和双手挺举为竞赛内容，其技术四项原则为近、快、低（短）、准。

（一）近

在举杠铃过程中，人体重心和杠铃重心的运动轨迹与两脚构成的支撑面中心点垂直线应尽量接近。近的意义是为获得稳固的支撑和平衡，这是因为：①只有近，才能保持动作的平衡与稳定；②只有近，才能有效地发挥人体的最大力量；③只有近，才能省力。

（二）快

在举杠铃的过程中，杠铃应呈加速运动，在发力阶段应达到最大的速度（动作要快，特别是发力时动作要快）。这是因为：①只有快，才能获得更大的力量；②只有快，才能使杠铃获得最大的上升力和上升加速度与高度；③只有快，才能赢得杠铃惯性上升瞬间和身体积极向下撑接杠铃的时间。

（三）低（短）

举杠铃时，在保证最大用力的前提下，应尽量缩短杠铃行程（在发力结束时要迅速降低身体重心）。只有低，才有可能以有限的力量举起更大的重量。

（四）准

在举杠铃的过程中，身体各动作力要迅速、协调、准确，特别是向上用力与下蹲支撑后配合要迅速、协调、准确。只有准，才能充分发挥出参与用力肌肉群的力量，使杠铃上升到必要的高度并及时支撑杠铃。肌肉用力的协调性具体表现为：①神经系统调节机能的改善；②不同肌肉群在不同的动作阶段中用力的先后顺序要协调；③协同肌与对抗肌的用力配合要协调；④不同肌肉群的不同用力方式要协调配合；⑤不同阶段的动作节奏要协调。

快，是四项基本原则中的主要原则，是最积极、最活跃、最关键的因素。没有快，没有正确的迅猛发力，近也就失去了意义，低也无从实现，下蹲支撑杠铃就不会准确。快是关键，近是基础，短是为了提高快的效果，准是完成动作的保证。

四、抓举技术分析

运动员将杠铃平行地放在两小腿前面，两手虎口相对握杠，以一个连续不断的动作将杠铃从举重台上举至两臂在头上完成伸直，这就是抓举的过程，它是举重比赛中第一项竞赛动作。

抓举完整的技术动作是由预备姿势、开始提铃、发力、下蹲支撑与起立、放下杠铃等五个互相衔接的动作组成（如图12.1）。

图12.1 抓举完整技术动作

（一）预备姿势

1. 任务。①为试举做准备；②使身体各部位处于有利于开始提铃的姿势。
2. 重要性。预备姿势是否正确关系到整个动作的成功与失败（后一动作以前一动作为基础）。
3. 握杠铃方法。①锁握；②普通握；③空握（如图 12.2）。

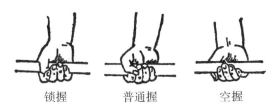

图 12.2　握杠铃方法

4. 握距。指握杠时两手之间的距离。握距可分为三种：①窄握；②中握；③宽握（如图 12.3）。

图 12.3　握距种类

抓举采用宽握较为适合，原因有以下几点：

（1）延长了上体运动的路线。
（2）相对降低了上举杠铃的高度（10～20厘米），节省了用力，体现了用力的经济性。
（3）缩短了两臂向上运动的路线，这是由两臂所处的位置不同而引起的。

（二）开始提铃

分为伸膝用力阶段、膝髋并伸阶段、伸髋引膝阶段（引膝阶段）（如图 12.1 之 1-3）。

（三）发力

发力是在开始提铃的基础上，引膝动作结束的瞬间进行的。

1. 任务。在最短时间内充分发挥出肌肉的最大力量，使杠铃获得向上运动的最大加速度，以便上升到必要高度。
2. 主要环节运动。伸大腿、伸髋、伸展躯干、屈足。

3. 用力顺序。蹬腿和伸髋→伸展躯干、耸肩→提肘→提踵。

发力是抓举提铃时的关键，而蹬腿和伸髋是发力的核心（图12.1之4、5）。

（四）下蹲支撑与起立

1. 任务。发力后借杠铃惯性上升的机会，使身体迅速向杠下屈膝蹲低以缩短上举杠铃的距离，及时地甩直两臂在头项上方支撑杠铃，两臂伸直后迅速起立、站稳，整个抓举动作基本完成。

2. 下蹲方式。包括下蹲式、箭步式。

（五）放下杠铃和呼吸方法

起立后，全身直立，两臂伸直。裁判员发出放下的信号后，运动员先屈臂将杠铃逐渐降低至胸前。稍屈膝蹲低，再向下翻腕将杠铃靠近身体放下。抓举动作的用力时间最短，而且是一气呵成的，所以是在憋气的状态下进行。

五、挺举技术分析

运动员以一个连续动作把杠铃从举重台上提至肩际。两腿平行伸直保持静止状态，先屈腿预蹲，接着用伸腿伸臂动作将杠铃举起至两臂完全伸直，两腿收回平行保持静止状态（如图12.4）。

图12.4 挺举完整技术

挺举动作包括伸膝、伸髋、屈体、上挺伸臂和深蹲中起立等。

第十二章 举 重

第一节 举重技术与教学

一、举重运动的概念

举重运动是通过各种方式、方法举起重物并通过训练不断地增加所举重量，以增强体质特别是以发展力量为目的的运动项目。

二、举重运动的特点

1. 练习举重时，人体总要负担重量，并且重量不断增加，甚至经常达到最大负荷。①举重运动最基本的特点，简单地说就是要负重练习，最短时间内最大用力；②恢复性训练。
2. 按年龄、性别分组，按体重分级进行比赛。
3. 场地、器材、设备比较简单。

三、竞赛动作的技术原则

现代举重竞赛动作包括抓举、挺举，以双手抓举和双手挺举为竞赛内容，其技术四项原则为近、快、低（短）、准。

（一）近

在举杠铃过程中，人体重心和杠铃重心的运动轨迹与两脚构成的支撑面中心点垂直线应尽量接近。近的意义是为获得稳固的支撑和平衡，这是因为：①只有近，才能保持动作的平衡与稳定；②只有近，才能有效地发挥人体的最大力量；③只有近，才能省力。

（二）快

在举杠铃的过程中，杠铃应呈加速运动，在发力阶段应达到最大的速度（动作要快，特别是发力时动作要快）。这是因为：①只有快，才能获得更大的力量；②只有快，才能使杠铃获得最大的上升力和上升加速度与高度；③只有快，才能赢得杠铃惯性上升瞬间和身体积极向下撑接杠铃的时间。

（三）低（短）

举杠铃时，在保证最大用力的前提下，应尽量缩短杠铃行程（在发力结束时要迅速降低身体重心）。只有低，才有可能以有限的力量举起更大的重量。

（四）准

在举杠铃的过程中，身体各动作力要迅速、协调、准确，特别是向上用力与下蹲支撑后配合要迅速、协调、准确。只有准，才能充分发挥出参与用力肌肉群的力量，使杠铃上升到必要的高度并及时支撑杠铃。肌肉用力的协调性具体表现为：①神经系统调节机能的改善；②不同肌肉群在不同的动作阶段中用力的先后顺序要协调；③协同肌与对抗肌的用力配合要协调；④不同肌肉群的不同用力方式要协调配合；⑤不同阶段的动作节奏要协调。

快，是四项基本原则中的主要原则，是最积极、最活跃、最关键的因素。没有快，没有正确的迅猛发力，近也就失去了意义，低也无从实现，下蹲支撑杠铃就不会准确。快是关键，近是基础，短是为了提高快的效果，准是完成动作的保证。

四、抓举技术分析

运动员将杠铃平行地放在两小腿前面，两手虎口相对握杠，以一个连续不断的动作将杠铃从举重台上举至两臂在头上完成伸直，这就是抓举的过程，它是举重比赛中第一项竞赛动作。

抓举完整的技术动作是由预备姿势、开始提铃、发力、下蹲支撑与起立、放下杠铃等五个互相衔接的动作组成（如图12.1）。

图12.1 抓举完整技术动作

（一）预备姿势

1. 任务。①为试举做准备；②使身体各部位处于有利于开始提铃的姿势。
2. 重要性。预备姿势是否正确关系到整个动作的成功与失败（后一动作以前一动作为基础）。
3. 握杠铃方法。①锁握；②普通握；③空握（如图 12.2）。

图 12.2　握杠铃方法

4. 握距。指握杠时两手之间的距离。握距可分为三种：①窄握；②中握；③宽握（如图 12.3）。

图 12.3　握距种类

抓举采用宽握较为适合，原因有以下几点：

(1) 延长了上体运动的路线。

(2) 相对降低了上举杠铃的高度（10～20 厘米），节省了用力，体现了用力的经济性。

(3) 缩短了两臂向上运动的路线，这是由两臂所处的位置不同而引起的。

（二）开始提铃

分为伸膝用力阶段、膝髋并伸阶段、伸髋引膝阶段（引膝阶段）（如图 12.1 之 1-3）。

（三）发力

发力是在开始提铃的基础上，引膝动作结束的瞬间进行的。

1. 任务。在最短时间内充分发挥出肌肉的最大力量，使杠铃获得向上运动的最大加速度，以便上升到必要高度。
2. 主要环节运动。伸大腿、伸髋、伸展躯干、屈足。

3. 用力顺序。蹬腿和伸髋→伸展躯干、耸肩→提肘→提踵。

发力是抓举提铃时的关键,而蹬腿和伸髋是发力的核心(图12.1之4、5)。

（四）下蹲支撑与起立

1. 任务。发力后借杠铃惯性上升的机会,使身体迅速向杠下屈膝蹲低以缩短上举杠铃的距离,及时地甩直两臂在头项上方支撑杠铃,两臂伸直后迅速起立、站稳,整个抓举动作基本完成。

2. 下蹲方式。包括下蹲式、箭步式。

（五）放下杠铃和呼吸方法

起立后,全身直立,两臂伸直。裁判员发出放下的信号后,运动员先屈臂将杠铃逐渐降低至胸前。稍屈膝蹲低,再向下翻腕将杠铃靠近身体放下。抓举动作的用力时间最短,而且是一气呵成的,所以是在憋气的状态下进行。

五、挺举技术分析

运动员以一个连续动作把杠铃从举重台上提至肩际。两腿平行伸直保持静止状态,先屈腿预蹲,接着用伸腿伸臂动作将杠铃举起至两臂完全伸直,两腿收回平行保持静止状态(如图12.4)。

图12.4 挺举完整技术

挺举动作包括伸膝、伸髋、屈体、上挺伸臂和深蹲中起立等。

挺举由提铃至胸、上挺两个紧密衔接而结构各异的动作组成。

1. 预备姿势→杠铃提起至胸→完成下蹲动作→起立。
2. 上起、预蹲→上挺发力→下蹲支撑与起立（两臂伸直、两脚对称地站稳在一条横线上）→裁判发令后放下杠铃。

提铃至胸：预备姿势、开始提杠、发力、下蹲支撑、起立。

上挺分"箭步式""半蹲式""下蹲式"，由预备姿势、预蹲、上挺发力、下蹲支撑与起立放下杠铃和呼吸等动作组成。

第二节　举重教学内容

教学与训练是从事举重练习过程中的两个基本阶段。教学是对举重从不知到知的阶段（掌握必要的知识、技术、技能），训练则是从知之不多到知之较多的阶段（提高知识、技术、技能）。这两个阶段既有区别，又是密切联系、不可分割的，因为教学过程离不开训练实践，而在训练过程中仍有新的东西要学。

由于教学是从事举重练习过程的开始阶段，开始基础打好，以后提高就有了保证，所谓"善始则功成其半"。因此，必须结合举重的特点认真搞好教学工作。

一、任务

1. 培养学生优良的思想和道德品质以及勇猛顽强的意志品质。
2. 使学生初步掌握举重的基本知识、技术、技能，以及发展力量的基本方法。
3. 使学生改善身体机能，增强体质，发展身体素质，特别是力量素质，提高运动成绩。

二、特点

1. 有机体直接参加运动活动。
2. 思维活动和体力活动紧密结合。
3. 技术、技能的掌握、提高以及反复练习的过程，也是发展身体、提高身体训练水平的过程。
4. 除以上三点外，还要举起一定的重物，在增加重量的过程中，不断改进和提高技术水平。

举重技术的掌握、提高和巩固包括三个阶段：①技术动作的分解教学阶段；②用轻杠铃改进技术动作阶段；③增加重量、继续提高和巩固技术动作阶段。

三、内容

包括举重基本知识、技术、技能三方面。

1. 基本知识（理论部分）——概述，技术分析及教法，竞赛，发展力量方法。
2. 技术（实践部分）——重点内容，一般内容，介绍内容，自选内容。

3. 技能——保护与帮助，教学实习，制订个人的课程或周的力量训练计划，组织教学比赛与裁判实习。

第三节 举重教学方法

一、竞赛动作和专项辅助动作教法

竞赛动作和半技术性动作由于结构复杂，多以分解法进行教学。分解法就是把动作分成几个部分，按部分依次地进行学习，最后连接成一个完整动作，达到全部掌握。它的优点主要是简化教学过程，有利于更快地掌握动作。划分动作各个部分时主要是根据动作结构和用力特点来确定，应注意它们之间的有机联系，使部分的划分不致改变动作的结构。动作的各个部分是一环扣一环的，前一个动作做不好会直接影响对后一个动作的掌握。因此，在教学过程中一定要注意，前一个动作没有掌握好，不要急于学习下一个动作。动作的划分不是一成不变的，可根据教学经验、对象水平、课时长短、要求高低、任务不同而改变。

（一）挺举教法

挺举包括提铃至胸（高翻、下蹲翻、箭步翻）和上挺两个部分。

1. 高翻。

（1）预备姿势。明确预备姿势的任务、要领，初步掌握预备姿势动作。

1）主要要求：近站、挺胸、直腰。

2）易犯错误：小腿离横杠过远；含胸弓腰。

3）教学方法：①这一动作只需做2～3次，以初步体会预备姿势的动作要领，主要应在以后各个动作的练习中，严格要求做好预备姿势后再开始提铃；②练习时适当将杠铃垫高，以便做出正确动作；③出现含胸弓腰错误动作时，练习者可挺胸直腰后再慢慢屈膝下蹲，或教练员纠正错误动作，一手向上提拉练习者的肩部，一手向下按压腰部，使其做出正确动作。

（2）开始提铃。明确开始提铃的任务、要领、主要环节运动、主要肌肉用力，初步掌握开始提铃动作。

1）主要要求：保持挺胸直腰直臂，第一阶段主要伸膝，第二阶段膝髋并伸，第三阶段主要伸髋，同时膝前移至杠下。

2）易犯错误：拉臂过早；含胸弓腰；杠铃不贴身；展体过早；抬臀过早。

3）教学方法：①练习时两臂牵引住杠铃提离地面一点，两臂保持伸直，再做开始提铃，以防开始就用力拉臂；②做3～4组，初步体会即可，主要应在以后各动作的练习中严格要求。

（3）膝上高翻。这个动作主要由发力和下蹲支撑两个部分组成，明确发力和下蹲支撑的任务、要领、主要环节运动、主要肌肉用力，初步掌握发力和下蹲支撑动作。

1）主要要求：蹬腿、耸肩、快蹲。

2）易犯错误：在"高翻"中再做分析。

3）教学方法：①发力和下蹲的配合是提铃技术的核心，故发力和下蹲的配合练习要多做几组；②反复强调发力时各环节运动的顺序，用蹬腿、耸肩来带动下肢和上肢各环节运动，避免拉臂过早。

（4）高翻。将预备姿势、开始提铃、膝上高翻等动作连接起来就成为一个完整动作。明确高翻的作用、要领、主要环节运动、主要肌肉用力以及完整的技术概念，初步掌握高翻完整动作。

1）主要要求：近、快、短。

2）易犯错误：发力过早和过晚；发力不猛；蹬展不充分；耸肩提肘不好；杠铃不贴身；下蹲不积极。

3）教学方法：①提铃时拉臂过早、蹬腿耸肩不好、下蹲不积极，可做徒手蹬腿和下蹲配合的动作，或做悬吊式（先将杠铃拉离地面一点）高翻；②杠铃翻上胸后，应要求将杠铃置于胸锁骨连接处和两三角肌上，不要单纯用两臂支持住杠铃。

2. 下蹲翻。下蹲翻与高翻的动作结构和要领基本相同，所不同的高翻是半蹲，下蹲翻是全蹲，故教学中主要结合下蹲翻的特点，与高翻对照来进行。

（1）前蹲。目的是为了体会深蹲中的支撑、前蹲的要领，初步掌握前蹲的要领，初步掌握前蹲动作。

1）主要要求：杠压三点（胸锁骨连接处和两三角肌），挺胸直腰。

2）易犯错误：含胸弓腰；下蹲太快。

3）教学方法：①做2～3组体会一下即可；②如因踝关节太僵硬蹲不下去，要多做压踝练习。

（2）膝上下蹲翻。主要学习发力与下蹲的配合，明确发力和下蹲的任务、要领、主要环节运动、主要肌肉用力，初步掌握膝上下蹲翻动作。

1）主要要求：蹬腿、耸肩、快蹲。

2）易犯错误：在"高翻"里已做分析。

3）教学方法：①为了体会发力与下蹲的配合，在准备活动中或练习前先做几次徒手发力下蹲的动作。先单独做身体和下肢的发力与下蹲的练习，然后再加上臂部动作。②初学者往往不敢快速下蹲，因此，除通过讲解消除顾虑之外，对蹲的深度和速度可逐渐提高要求。③初学者往往拉臂太多，杠铃由于拉得太高而蹲不下去或造成下砸，因此，发力时可着重要求蹬腿耸肩、快蹲。为了使两臂保持自然伸直放松，可将杠铃垫高（放在架上）来做。④介绍双人保护法，练习中加强保护。

（3）下蹲翻。明确下蹲翻的作用、要领、主要环节运动、主要肌肉用力以及完整的技术概念，初步掌握下蹲翻动作。

1）主要要求：近、快、低。

2）易犯错误：在"高翻"里已分析。

3）教学方法：①提铃时拉臂过早、蹬腿耸肩不好、下蹲不积极，可做悬吊式下蹲翻；②初步掌握下蹲翻后，简单介绍起立动作。

3. 上挺。

(1) 预备姿势。明确预备姿势的任务、要领，初步掌握预备姿势动作。

1) 主要要求：挺胸、直体、杠压三点。

2) 易犯错误：用手托着；含胸弓腰；身体和杠铃重心偏前。

3) 教学方法：①在讲解后做2～3次体会一下即可；②强调杠铃压三点，两臂高抬，挺胸直腰，杠铃重心落在支撑面中心。

(2) 预蹲。明确预蹲的任务、要领，初步掌握预蹲动作。

1) 主要要求：稳、直、适中。

2) 易犯错误：身体前倾；杠铃滑动；太浅或太深。

3) 教学方法：①做2～3组体会一下即可；②强调两膝外分，做到稳、直、适中，杠铃重心落在支撑面中心。

(3) 架上挺。从架上持铃做上挺，可省去提铃动作，把注意力集中在上挺的技术上。主要是体会上挺发力和分腿支撑与收腿的动作。明确发力、分腿支撑和收腿的任务、要领、主要环节运动、主要肌肉用力，初步掌握上挺动作。

1) 主要要求：猛蹬、快分、直体。

2) 易犯错误：发力不猛；下蹲不积极；身体前倾；前出腿太小；后腿外撇；先收后腿。

3) 教学方法：①学习架上挺之前，可做徒手箭步分腿，也可放在准备活动中来做。徒手箭步分腿练习，先做提踵后分腿，再做蹬腿接箭步分腿，并介绍收腿方法。为使分腿距离准确，可在地上画出"十"字标记练习。②强调发力时跳伞腿夹臀、夹肘抬上臂、下蹬积极、身体正直。

4. 箭步翻。箭步翻的预备姿势、开始提铃、发力与下蹲翻基本相同。而下蹲支撑和起立又与上挺箭步分腿和收腿动作基本相同，所不同的是箭步翻的分腿动作蹲得较低，前出腿膝盖超过脚尖垂线或在脚尖垂线上，故着重要求做好腿部动作。

(1) 箭步蹲。目的是体会箭步分腿下蹲的支撑，明确箭步蹲要领，初步掌握箭步蹲动作。

1) 主要要求：挺胸、直体。

2) 易犯错误：前出腿太大；蹲不下去。

3) 教学方法：①做2～3组即可；②强调前腿小腿垂直或膝关节略超过踝关节，尽量蹲低。

(2) 膝上箭步翻。主要学习发力和下蹲的配合。明确发力和下蹲的任务、要领、主要环节运动、主要肌肉用力，初步掌握膝上箭步翻动作。

1) 主要要求：蹬腿、耸肩、快分。

2) 易犯错误：在"高翻"里已做分析。

3) 教学方法：因箭步翻是在高翻与下蹲翻之后教学，故着重要求做好腿部动作。

(3) 箭步翻。明确箭步翻的作用、要领、主要环节运动、主要肌肉用力以及完整的技术概念，初步掌握箭步翻完整动作。

1) 主要要求：近、快、低。

2）易犯错误：在"高翻"里已分析。

3）教学方法：练几组初步体会即可，挺举主要仍要求采用下蹲翻。

5. 完整挺举。挺举提铃至胸的方式有两种，即下蹲翻与箭步翻。下蹲身体重心比箭步翻低，杠铃行程短，采用下蹲翻一般比箭步翻举的重量大，目前已被运动员广泛采用。但对于腿力、柔韧性、协调性差的运动员，也有采用箭步翻的。前面已经学习了下蹲翻、箭步翻、上挺动作，运动员可根据个人特点选择下蹲翻或箭步翻，将下蹲翻或箭步翻和上挺连接起来，就成为一个完整的挺举动作。不过绝大多数运动员都采用下蹲翻挺。

1）主要要求：近、快、低。

2）易犯错误：在"高翻"和"上挺"里已分析。

3）教学方法：①每组翻1次挺2～3次；②注意完整动作的协调配合，根据存在问题重点提出要求；③初步掌握后介绍呼吸方法。

（二）抓举教法

抓举一般可采用高抓、下蹲抓、箭步抓三种姿势。

1. 高抓。高抓的预备姿势、开始提铃、发力和下蹲基本同高翻，所不同的是高翻采用窄握距，高抓采用宽握距；高翻的下蹲支撑将杠铃置于胸锁骨连接处和两三角肌上，高抓的下蹲支撑是两臂伸直在头后上方支撑杠铃，因此有伸前臂、翻腕和锁肩动作。

（1）预备姿势。明确预备姿势的任务、要领，初步掌握预备姿势动作。

1）主要要求：近站、挺胸、直腰。

2）易犯错误：在"高翻"中已做分析。

3）教学方法：①首先讲清高抓与高翻的预备姿势的主要区别，然后做2～3次即可，以初步体会预备姿势的动作要领，主要应在以后各个动作的练习中严格要求做好预备姿势后再开始提铃；②练习时适当将杠铃垫高，以便做出正确动作。

（2）开始提铃。明确开始提铃的任务、要领、主要环节运动、主要肌肉用力，初步掌握开始提铃动作。

1）主要要求：保持挺胸、直腰、直臂，第一阶段主要伸膝，第二阶段膝髋并伸，第三阶段主要伸髋，同时膝前移至杠下。

2）易犯错误：在"高翻"里已做分析。

3）教学方法：①练习时两臂牵引住杠铃或将杠铃提离地面一点，两臂保持伸直，以防一开始就用臂力提铃。②做3～4组初步体会一下即可，主要应在以后各动作的练习中严格要求。

（3）抓举支撑半蹲。目的是体会抓举支撑半蹲，明确抓举支撑半蹲的要领，初步掌握抓举支撑半蹲动作。

1）主要要求：挺胸、直腰、锁肩。

2）易犯错误：肩关节太僵；杠铃重心偏前。

3）教学方法：①做2～3组体会一下即可；②如肩关节太僵，杠铃重心偏前，则要多做压肩练习。

（4）膝上高抓。这个动作主要由发力和下蹲支撑两个部分组成，明确发力和下蹲支撑的任务、要领、主要环节运动、主要肌肉用力，初步掌握发力和下蹲支撑动作。

1）主要要求：蹬腿、耸肩、快蹲、锁肩。

2）易犯错误：在"高翻"里已做分析。

3）教学方法：发力和下蹲的配合是提铃技术的核心，掌握得好，对学习下蹲抓是很有利的，故可多练几组。

（5）高抓。将预备姿势、开始提铃、膝上高抓等动作连接起来就成了一个完整抓动作。明确高抓的作用、要领、主要环节动作、主要肌肉用力方法以及完整的技术概念，初步掌握高抓完整动作。

1）主要要求：近、快、短。

2）易犯错误：在"高翻"里已做分析。

3）教学方法：做好完整动作的配合，特别是发力和下蹲支撑的配合，故此练习应多做几组。

2. 下蹲抓：下蹲抓与高抓的动作结构和要领基本相同，所不同的是高抓是半蹲，下蹲抓是全蹲。故教学中主要结合下蹲抓的特点，与高抓对照起来进行。

（1）抓举支撑深蹲：目的是体会在深蹲中如何支撑和平衡，明确抓举支撑深蹲动作。

1）主要要求：挺胸、直腰、锁肩。

2）易犯错误：在"高抓"里已做分析。

3）教学方法：①用高抓举起杠铃后，接做2～3次支撑深蹲；②初学者往往蹲不下去，少数人除了肩关节柔韧性差外，主要原因是未能做出锁肩动作或没有挺胸直腰、躯干稍前倾，故教学中必须突出强调这两点；③需双人保护进行练习，杠铃重量应轻一些。

（2）膝上下蹲抓。这个动作主要由发力和下蹲支撑两个部分组成，明确发力和下蹲支撑的任务、要领、主要环节运动、主要肌肉用力，初步掌握膝上下蹲抓动作。

1）主要要求：蹬腿、耸肩、快蹲、锁肩。

2）易犯错误：在"高翻"里已做分析。

3）教学方法：①强调发力比下蹲抓更长更充分（特别是提肘翻腕动作），做好箭步式下蹲支撑；②在准备活动中或练习前做几组徒手膝上箭步抓。

3. 箭步抓。明确箭步抓的作用、要领、主要环节运动、主要肌肉用力，以及完整的技术概念，初步掌握箭步抓完整动作。

（1）主要要求：近、快、低。

（2）易犯错误：在"高翻"里已做分析。

（3）教学方法：

1）初步掌握后，强调根据个人特点选择姿势。但因下蹲抓比较先进，故主要还是采用它，要防止因畏难情绪而片面选择箭步式。

2）注意完整动作的协调配合。

3）初步掌握后介绍自我保护方法。

（三）辅助动作教法

专门性辅助动作基本上都是竞赛动作的个别环节，大多数已在竞赛动作的技术教学中进行，其余专门性和一般性辅助动作由于较简单，故可采用完整法教学。在简单的示范、讲解要领及作用之后，就可分组进行练习。在练习辅助动作时，仍应强调注意技术。

二、示范、讲解与口令运用

（一）示范讲解

（1）示范动作力求正确。
（2）选择最有效的示范方向和距离。
（3）讲解要正确，并符合学生的程度，简明扼要、通俗易懂、口齿清楚、富有逻辑性，要用启发式。
（4）扩大直观效果。

（二）口令运用

（1）在教学中恰当地运用口令来强化学生的练习，使学生较快地建立起正确的动作方向感和节奏感。
（2）举重教学通常采用的口令有数字、单字或短词。如"预备""一""二""放下"。

三、防止与纠正错误的方法

教学过程中，要想正确掌握技术，就应经常注意防止与纠正可能产生的某些缺点和错误。教师在工作中，应深入调查研究，钻研教材、教法，调动学生的主动性和积极性，采取其他各种措施，防止错误的产生。但是，掌握合理完善的技术是需要一个过程的，在这个过程中，由于学生基础不同，接受能力和可能出现的问题也常常不同，再加上教师的业务水平和其他相关条件的限制，以及运动技能形成的客观规律的影响，因而做动作常常会出现错误。在教学过程中，错误动作会给学生水平的提高带来很大的困难。因此，必须采取积极有效的措施，防止与纠正错误。

要想在课堂上防止与纠正学生在练习中出现的错误，教师站立的位置很重要。教师站立的位置视野要广，便于观察到大多数学生做练习，及时发现问题。发现问题以后，能否抓住要害则是关键，因此，要分析动作错误产生的原因。产生错误的原因是多方面的，有技术概念和身体素质问题，也有教学内容和组织教法问题；这些原因，有属于学生的，也有属于教师的，但教师在教学过程中起主导作用。因此，应从造成动作错误的错综复杂的情况中，根据具体对象、时间、地点，找出最主要的原因，针对这些原因，采用有效的措施，以防止和纠正错误。

防止和纠正错误一般采用个别纠正和集体纠正相结合的方法。个别纠正是指看到某个学生做练习时产生的错误，及时地给他指出来，使其在下一次练习中注意克服。集体纠正是指暂时停止练习，将大家集中在一起，通过讲解示范、正误对比，对主要的带有普遍性的错误进行纠正。集体纠正错误最好安排在某个练习的中间进行，以便纠正错误后还有时间进行练习，使学生能及时克服错误。还可以通过各种诱导性练习以及转移练习来防止与纠正错误的动作。纠正错误时通过讲解、示范，给学生一些辅助动作，以提高其基本技术和身体训练水平。一个错误动作应有两三个辅助动作进行纠正。此外，还要发动学生互相看动作、分析动作和纠正动作，以发挥"小先生"的作用。

四、保护与帮助方法

为了避免伤害事故，以及使学生更好地掌握技术动作，在教学中应学会必要的保护与帮助方法。

（一）两人保护与帮助方法

这是通常采用的方法。具体做法是，保护者各自站在杠铃横杠的两端，面对杠端，身体距杠端15～20厘米，两手掌心向上，虎口向前，手指重叠放在体前，两臂微屈。当练习者举杠铃时，保护者即将重叠的双手放于杠下，并随着杠铃的升降而上下移动，但手形不变，手不要触及杠铃。当练习者动作失败或支撑不住时，两名保护者应及时地同时用双手接住杠铃进行保护，练习要集中，两眼要始终注视着杠铃和练习者。保护时力求快速、准确。在保护时，两名保护者必须同时接住杠铃，否则容易造成一头接住一头脱手的现象而遭致受伤。

此种保护方法比较安全可靠，两项竞赛动作以及一些辅助动作均可采用，下蹲翻、下蹲抓及大重量挺举时用得最多。

这种保护方法常常是和帮助结合进行的，特别是在下蹲抓和下蹲翻的教学中，当练习者不能维持平衡时，保护者往往扶住杠铃两端，将杠铃扶正而帮助其维持平衡来完成动作，但必须注意，在比赛中，如保护者碰到杠铃则为犯规。

（二）一人保护与帮助方法

在某些动作中用此法。具体做法是，保护者根据动作的特点站在练习者的身前或背后，以不妨碍运动员做动作为原则，两手放在胸前，两眼注视运动员动作。发现动作失败，立即进行帮助与保护，扶住（或给以助力）或接住杠铃。该方法一般在下蹲抓、深蹲、卧推等动作中采用，但不及两人保护法安全。

（三）自我保护方法

当练习者的技术熟练以后，主要靠自我保护。此种保护方法可以在运动实践中学习体会。

1. 下蹲抓的自我保护。当杠铃重心偏前无法挽救时，则用两手将杠铃向前推开，人向后跳，或两膝伸直以保护膝关节不致被砸到。当杠铃重心偏向而无法挽救时，则向后转肩将杠铃向后推掉，人向前跳或向前挺腹，这样就可保证安全。也可以一手直臂握牢杠铃，一手松开并向握杠手方向转体180度，使身体迅速躲开。

2. 下蹲翻的自我保护。当由于提铃高度不够或展体不充分而造成杠铃重心偏前并无法挽救时，则两手用力将杠铃向前推开，人向后跳或上体前倾、伸直两膝以保护膝关节。但要注意，在杠铃未离开身体以前，手腕切不可放松，否则手腕有被压伤的危险。当由于提铃路线不对而造成杠铃重心偏后并无法挽救时，则两手应更加用力向前推开杠铃，人向后跳或抬臀，上体前倾使两膝伸直，以保护膝关节。

3. 箭步抓的自我保护。当杠铃重心偏前而无法挽救时，则两手将杠铃向前推开，同时上体前倾，前腿伸膝关节以保护前腿不致被砸中。当杠铃重心偏后时，则迅速顺势后收前腿进行挽救，这时注意腰背肌一定要收紧，肩要锁紧，同时两臂用力前拉杠铃。一般来说，在箭步抓时杠铃重心如果偏后，则总是可以挽救成功的。

4. 上挺未完成而支撑不住时，则用胸部承接杠铃（就在箭步姿势中承接），同时两膝随着胸部承接杠铃后而向下微屈以进行缓冲。注意在杠铃下落时两臂不能完全放松，臂伸肌应继续用力，使杠铃缓慢下落，以减轻杠铃对胸部的压力。如果杠铃重量过大，感到用胸部承接杠铃有困难，也可迅速后收前腿，让杠铃直接由体前落至举重台上。

第四节　专项辅助动作

一、抓举辅助动作

抓举辅助动作是与抓举关系较密切、主要用来提高抓举力量的技术性动作。

（一）半技术性动作

所谓半技术性动作，就是技术性较强的辅助动作。完成动作（包括提铃和上挺）时，不是用标准的下蹲，而是用不下蹲、半蹲、箭步下蹲，或从悬垂、垫铃开始做动作。这些动作既可以发展抓举的力量，又可以提高抓举的技术。

1. 直腿抓。

（1）动作要领。同抓举相似，发力后充分展体和提肘将杠铃抓起，而不做屈膝下蹲（如图12.5）。也可以从膝上和膝下不同角度开始做动作（悬垂或垫铃），或人站在垫木上做动作。

（2）作用。由于身体充分伸展，举起杠铃的高度较高，对发展抓举上拉力量，特别是对发展伸髋、伸展躯干、上提肩带、屈前臂的力量有较大的作用。但直腿抓发力后没有积极下蹲的动作，

图 12.5

对提高抓举发力与下蹲配合的技术不利，因此，直腿抓要和高抓结合运用。

2. 高抓。

（1）动作要领。下蹲深度为半蹲（膝关节角度大于90度），其他要领均同抓举（如图12.6）。也可以从膝上和膝下不同角度开始做（悬垂或垫铃）（如图12.7）。可以人站在垫木上做动作（如图12.8）。

（2）作用。主要提高抓举的技术和发展抓举上拉的爆发力。

图12.6

图12.7

图12.8

3. 箭步抓。如前所述，它是抓举竞赛动作的一种，主要用它来发展抓举的上拉力量。因为它的发力路线较长，举起杠铃的高度较高，因此，对发展抓举的上拉力量有较好的效果。

4. 宽高翻。

（1）动作要领。因为用抓举的宽握距，所以作为抓举的辅助动作。其他要领均同高翻（如图12.9）。

（2）作用。主要发展抓举的上拉力量，特别是对发展伸髋、展体、上提肩带和屈前臂的力量有较好的效果。由于握距较宽，发力时容易犯以肘为轴"甩前臂"的错误。因此，发力时要注意做出耸肩、提肘动作，杠铃要贴身，否则会破坏抓举发力和下蹲支撑的技术。

5. 悬垂抓和垫铃抓。

（1）动作要领。根据需要将杠铃提到或垫高到膝下或膝上不同角度来做，其他要领均同抓举（如图12.10）。

图12.9

图 12.10

（2）作用。它能保持发力前的正确角度，两臂自然伸直牵引住杠铃，杠铃重心容易落在支撑面中心，容易做出发力和下蹲支撑的配合动作，对提高抓举的发力和下蹲支撑的技术、发展抓举上拉的爆发力有较好效果。

6. 窄握抓。

（1）动作要领。用同肩宽或稍宽于肩的握距做下蹲抓，其他要领同抓举（如图12.11）。

（2）作用。延长了两臂和杠铃的运动路线，增加了难度，对发展抓举的上拉力量，提高抓举的技术、平衡能力与关节柔韧性有较好效果。

（二）上拉类动作

上拉类动作主要用来提高抓举的上拉力量和提铃技术。

图 12.11

1. 不下蹲宽拉。

（1）动作要领。同抓举提铃动作相似，发力后不做屈膝半蹲，而是充分展体、伸髋、耸肩、提肘、提踵，整个身体直立呈反弓形，将杠铃拉至胸线部位（如图12.12）。

（2）作用。由于身体充分伸展，发力后仍可继续用力，使肌肉充分收缩，对发展上拉力量，特别是伸髋、展体、上提肩带和屈前臂的力量有较大作用。

2. 宽拉。

图 12.12

（1）动作要领。它是抓举的主要辅助动作，同抓举提铃动作相似，当杠铃提到大腿中上部时，全身骤然用力，迅速做出展体、伸髋、蹬腿、耸肩、提肘、提踵等一系列动作，使杠铃加速上升，身体伴随做半蹲动作，同时顺势提肘（如图12.13）。要注意上拉的高度和速度，宽拉的重量不宜过重，一般用抓举最高重量或比抓举最高重量轻10千克与重10千克来做。为了提高上拉效果，可用助握带，以增加握力和减少前臂的紧张程度。

（2）作用。主要发展抓举的上拉力量，提高抓举提铃的发力和下蹲配合的技术。

图 12.13

3. 悬垂宽拉和垫铃宽拉。

（1）动作要领。根据需要将杠铃提到或垫高到膝下或膝上不同角度来做，其他要领均同宽拉。

（2）作用。对发展抓举的上拉力量，特别是提高抓举上拉的速度和高度，以及发力和下蹲配合的技术有较好效果。

4. 垫人宽拉。

（1）动作要领。垫木放在杠铃的横杠下，人站在垫木做宽拉，其他要领同宽拉（如图12.8）。

（2）作用。延长了杠铃的运动路线，增加了动作的难度，对发展抓举的上拉力量，特别是对提高开始提铃的伸腿力量和开始提铃的技术有较好效果。

5. 宽硬拉。

（1）动作要领。它是抓举的主要辅助动作之一，预备姿势和开始提铃与抓举相同，将杠铃拉至大腿中部时，继续伸膝、伸髋和展体将杠铃拉起至身体挺直。在整个动作的过程中，两臂始终伸直，没有"发力"以及耸肩提肘和屈膝半蹲动作（如图12.14）。

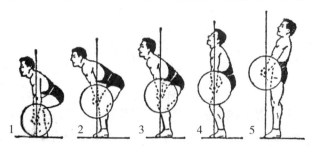

图 12.14

也可做垫铃、悬垂和垫人的宽硬拉。

（2）作用。由于重量较大，对发展抓举上拉的绝对力量，特别是伸膝、伸髋、伸展躯干肌群力量有较好效果。宽硬拉没有发力和下蹲协调配合的动作，而且强度较大，速度较慢，对提高抓举上下配合的技术和发力的速度是不利的，因此，宽硬拉和宽拉动作要结合运用。

6. 宽静拉。

（1）动作要领。根据需要将杠铃拉至不同的高度或保持特定的姿势对抗不动物体（一般划分成四个阶段：杠铃离开举重台的瞬间，杠铃杆位于膝关节处，杠铃杆位于大腿中部，起蹲站立姿势），静止6～12秒（如图12.15）。

（2）作用。由于宽静拉肌肉用力的时间较长，能引起更多的肌纤维持续紧张，对发展抓举的拉力特别是抓举的腰背支撑力量有较大的作用。

图 12.15

7. 退让宽拉。

（1）动作要领。基本上同宽硬拉，只是在拉起杠铃后，肌肉继续保持紧张，有控制地缓慢地将杠铃放下，放下杠铃用7～10秒（如图12.16）。

图 12.16

（2）作用。退让宽拉比宽硬拉发展上拉的肌肉力量效果更好，因为宽硬拉只是在拉起杠铃时肌肉收缩紧张，放下杠铃时则肌肉松弛，而退让宽拉是在拉起杠铃之后，有意识地控制杠铃下落速度，肌肉还要保持收缩紧张。

8. 直拉宽拉和直立抓。

（1）动作要领。

1）直拉宽拉，身体直立，两臂伸直下垂宽握杠铃，然后耸肩、提肘将杠铃拉至胸线部位，杠铃要贴身（如图12.17）。

2）直立抓，开始姿势同直立宽拉，然后耸肩、提肘、伸前臂、翻腕将杠铃抓起（如图12.18）。

（2）作用。主要发展上提肩带和屈前臂的肌肉力量，提高抓举的耸肩、提肘的技术。

图 12.17

图 12.18

9. 俯卧拉。

（1）动作要领。俯卧在长凳上，两臂伸直下垂持铃，屈臂将杠铃拉起靠近凳底面（如图 12.19）。也可做俯立拉，上体前屈成水平状态站立，或将前额顶住山羊（或鞍马），两臂伸直下垂持铃，屈臂将杠铃拉起靠近腹部（如图 12.20）。拉时不要抬上体和屈腕，两肘靠近体侧。

（2）作用。主要发展伸上臂、屈前臂、内收肩带的肌肉力量。

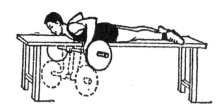
图 12.19

图 12.20

10. 直腿硬拉。

（1）动作要领。两腿伸直站立，上体前屈，挺胸紧腰，两臂伸直，用宽握或窄握距握住杠铃，然后伸髋、展体将杠铃拉起至身体挺直（如图 12.21）。上拉时，腰背肌不要放松，杠铃靠近腿部，也可站在垫木上做。

（2）作用。主要发展伸展躯干和伸髋的肌肉力量。

11. 弓身。

（1）动作要领。两臂持铃于颈后，两腿开立约与肩宽，身体直立，腰和腿收紧，上体慢慢前屈，臀部后移（像鞠躬动作），使上体成水平状态，然后向上挺直身体（如图 12.22）。可做直腿或屈腿弓身，也可坐在凳上做坐弓身（如图 12.23）。

（2）作用。同直腿硬拉。

图 12.21

图 12.22

图 12.23

12. 挺身。

（1）动作要领。俯卧在山羊或鞍马上，两脚固定在肋木间，两手在颈后固定杠铃，做体前屈与挺身起。前屈时慢些，挺起要充分，身体呈反弓形（如图 12.24）。也可俯卧在长凳上，固定两腿做俯卧挺身，或做两端都不固定的俯卧两头起（如图 12.25），以及两端都固定的俯卧挺身静力练习和控背练习（如图 12.26）。

（2）作用。同直腿硬拉。

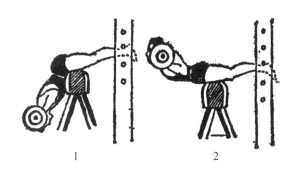
图 12.24

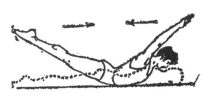
图 12.25

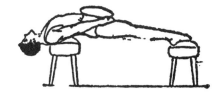
图 12.26

13. 体侧屈和侧拉。

（1）动作要领。

1）体侧屈，身体直立，两腿开立约与肩宽，肩负杠铃做左右体侧屈（如图 12.27）。

2）侧拉，两腿伸直分开站立，一手提铃，做体侧屈，做时手臂要伸直，身体尽量向侧下方弯屈（如图 12.28），两侧轮换练习；也可侧卧在长凳或山羊上，固定两腿，做侧卧起（如图 12.29）。

（2）作用。主要发展躯干侧屈的肌肉力量。

图 12.27

图 12.28

图 12.29

14. 引体向上。

（1）动作要领。两手握单杠，身体成悬垂姿势，做引体向上动作（如图12.30）。做时，头部要超过横杠，身体不能摆动，膝关节不能弯曲，有窄握、宽握；正握、反握；颈前、颈后各种不同做法。也可以做爬绳、爬杆等属于将人体拉向器械的练习。

（2）作用。主要发展屈肘肌群，以及胸大肌、背阔肌等肌肉的力量。

（三）支撑类动作

支撑类动作主要用来提高抓举的力量和技术。

1. 抓举支撑深蹲。

（1）动作要领。用抓举距直臂支撑杠铃，做深蹲与起立动作（如图12.31）。可将杠铃放在架上或由他人帮助拉起杠铃来做，也可做退让抓举支撑深蹲。

（2）作用。主要提高抓举下蹲支撑力量、平衡能力和关节的柔韧性。

2. 颈后宽挺蹲。

（1）动作要领。用抓举握颈后持铃，身体起立，挺胸别腰，然后稍微屈膝预蹲，蹬腿发力将杠铃挺起，随即迅速屈膝下蹲，伸直两臂支撑住杠铃（如图12.32）。下蹲支撑住杠铃后，也可向前后移步（如图12.33）。这个动作是在运动状态中完成的，肌肉由放松转入紧张，对肌肉用力的协调性和关节的柔韧性要求较高。为了避免肌肉和关节受伤，要充分做好准备活动，开始可先用体操棒或轻杠铃练习，注意加强保护。

（2）作用。基本上同抓举支撑深蹲，还可提高下蹲支撑的协调性。

图 12.30

图 12.31

图 12.32　　　　　　　　　　　　　图 12.33

3. 颈后宽推和颈后宽借力推。

（1）动作要领。①颈后宽推，用抓举的握距将杠铃从颈后推起至两臂伸直（如图12.34）。也可以坐在凳上做。②颈后宽借力推，采用抓举握距，杠铃置于颈后，而预备姿势、预蹲和发力的要领与上挺基本相同，发力后两腿和两臂伸直支撑住杠铃（如图12.35）

（2）作用。主要发展抓举两臂和肩带的支撑力量。

图 12.34　　　　　　　　　　　图 12.35

二、挺举辅助动作

挺举辅助动作是与挺举关系较密切、主要用来提高挺举的力量和技术的动作。

（一）半技术性动作

1. 直腿翻。

（1）动作要领。同挺举的下蹲翻相似，发力后不做屈膝半蹲，而是充分伸髋、展体、提肘，将杠铃翻至胸锁骨连结处和三角肌上（如图12.36）。也可从膝上和膝下不同角度开始做动作（悬垂

图 12.36

或垫铃），或人站在垫木上做动作。

（2）作用。由于身体充分伸展，举起杠铃的高度较高，对发展挺举的上拉力量，特别是对发展伸髋、伸展躯干、上提肩带、屈前臂的力量有较大的作用。但是，直腿翻发力后没有积极下蹲的动作，对提高挺举提铃至胸发力与下蹲配合的技术不利。因此，直腿翻和高翻或下蹲翻要结合运用。

2. 高翻。

（1）动作要领。下蹲深度为半蹲（膝关节角度大于90度），其他要领均同挺举的下蹲翻（如图12.37）。也可以从膝上和膝下不同角度开始做动作（悬垂或垫铃），或人站在垫木上做动作。有时也将高翻和上挺连接起来做（高翻挺）。

（2）作用。主要是提高挺举提铃至胸的技术和发展挺举上拉的爆发力。

图 12.37

3. 箭步翻。如前所述，它是挺举竞赛动作提铃方式中的一种（如图12.38），因为它的发力路线较长，举起杠铃的高度较高，因此，对发展挺举的上拉力量有较好的效果。

4. 下蹲翻。做下蹲翻动作，力量要集中，强度更大，能更好地提高挺举提铃至胸的技术和上拉力量。下蹲翻有悬垂下蹲翻、垫铃下蹲翻和垫人下蹲翻等做法，它们的特点和作用可参看悬垂抓、垫铃和垫人抓部分。

图 12.38

5. 借力推。

（1）动作要领。预备姿势、预蹲和发力均同上挺，但发力后不做箭步式分腿下蹲，而是臂部继续用力将杠铃向上推起至两臂伸直（如图12.39）。在完成动作的过程中，躯干始终保持正直、挺胸、紧腰，杠铃靠近面部上升。也可从颈后架上开始做。

（2）作用。由于身体充分挺直，举起杠铃的高度较高，发力后两臂仍可继续用力，使肌肉充分收缩，对提高上挺的力量和技术有较大的作用，但发力后没有积极下蹲的动作。对提高上挺发力和下蹲配合的技术不利。因此，借力推要和半挺或架上挺结合运用。

图 12.39

6. 半挺。

（1）动作要领。预备姿势、预蹲和发力均同上挺，发力后迅速屈膝半蹲，伸直两臂支撑住杠铃（如图 12.40）。在完成动作的过程中，躯干始终保持正直、挺胸、紧腰。也可从颈后或架上开始做。

（2）作用。半挺不做箭步分腿支撑杠铃，左右方向稳定性高（因左右方向的平衡区大），下蹲支撑杠铃的动作简单、迅速。如果能做到深蹲支撑杠铃，还可缩短杠铃的行程，比较省力。另外，对上挺的杠铃路线、协调性、准确性、平衡能力和柔韧性都有较高的要求，对提高上挺的技术和力量有较大的作用。

图 12.40

7. 架上挺。

（1）动作要领。实质上是挺举竞赛动作的上挺部分。杠铃放在深蹲架上，直接从架上持铃做上挺（如图12.41），省去下蹲翻提铃部分。也可将杠铃放在颈后做，大重量的杠铃放回颈后时，可由同伴保护。

（2）作用。力量更集中，强度更大，能更好地提高上挺的力量和技术。它是挺举的主要技术性辅助动作。

图 12.41

（二）上拉类动作

上拉类动作主要用来提高挺举的上拉力量和提铃技术。

1. 不下蹲窄拉。

（1）动作要领。用窄握距，其他要领同不下蹲宽拉（如图12.42）。

（2）作用。主要发展挺举的上拉力量，提高挺举提铃的发力与下蹲配合的技术。

图 12.42

2. 窄拉。

（1）动作要领。用窄握距，其他要领同宽拉（如图12.43）。它是挺举的主要辅助动作。

（2）作用。主要发展挺举的上拉力量和提高挺举提铃的发力与下蹲配合的技术。

图 12.43

3. 悬垂窄拉和垫铃窄拉。

（1）动作要领。用窄握距，其他要领同悬宽拉和垫铃宽拉（如图 12.44）。

（2）作用。参看悬宽拉和垫铃宽拉，主要发展挺举的上拉力量，提高挺举提铃的发力与下蹲配合的技术。

4. 垫人窄拉。

（1）动作要领。用窄握距，其他要领同垫人宽拉（如图 12.45）。

（2）作用。参看垫人宽拉，主要发展挺举的上拉力量和提铃技术。

5. 窄硬拉。

（1）动作要领。用窄握距，其他要领同宽静拉（如图 12.46）。也可做悬垂、垫铃和垫人的窄硬拉。它是挺举的主要辅助动作。

（2）作用。参看宽硬拉，主要发展挺举的上拉力量。

图 12.44　　　　图 12.45　　　　图 12.46

6. 窄静拉。

（1）动作要领。用窄握距，其他要领同宽静拉（如图12.47）。

（2）作用。参看宽静拉，主要发展挺举的上拉力量和挺举提铃的躯干支撑力量。

7. 退让窄拉。

（1）动作要领。用窄握距，其他要领同退让宽拉。

（2）作用。参看退让宽拉，主要发展挺举的上拉力量和挺举提铃的躯干支撑力量。

图 12.47

8. 直立窄硬拉和直立翻。

（1）动作要领。都采用窄握距。直立窄硬拉的要领同直立宽硬拉。直立翻的开始姿势同直立抓，然后耸肩、提肘，转肘将杠铃拉至胸锁骨连结处和两肩上（如图12.48）。

（2）作用。主要发展上提肩带和屈前臂的肌肉力量，提高挺举提铃的耸肩、提肘的技术。

图 12.48

（三）起立类动作

起立类动作主要用来提高挺举提铃的起立力量和起立技术。

1. 深蹲。

（1）动作要领。它是挺举的主要辅助动作，深蹲分前蹲和后蹲两种。将杠铃放置胸上的（两肩和锁骨上）为前蹲（如图12.49），将杠铃放置肩上的为后蹲（如图12.50）。做动作时保持腰背挺直，抬头收腹，平稳屈膝下蹲。根据需要可采用不同的速度（快速、中速、慢速、反弹）、不同的距离（窄、中、宽）、不同的伸腿动作（外展、内收、正常）来做。

（2）作用。主要发展伸膝和伸髋的肌肉力量，以及躯干的支撑力量。前蹲胸部所受的压力较大，而且杠铃放置的位置和挺举提铃至胸的下蹲起立动作一样，要结合挺举下蹲的技术。

图 12.49　　　　　　　　　　图 12.50

2. 半蹲。

（1）动作要领。屈膝下蹲至大腿近水平时，随即伸腿起立，其他要领同深蹲（如图 12.51）。也可以用相同高度的凳子做坐蹲（如图 12.52）。根据需要可采用不同的速度、不同的站距、不同的伸腿动作来做。

（2）作用。基本上同深蹲，在伸膝运动中当膝关节伸至 135 度角之后，膝关节的屈肌也积极参与伸膝活动。不同的膝关节角，股四头肌的四个头所起的作用也是不同的：在 35～90 度角时，主要由股直肌完成；90～165 度角时，主要由股外侧肌完成；165～180 度角时，主要由股内侧肌完成。因此，半蹲对发展股后肌群、小腿三头肌和股四头肌的外、内侧肌有较好的效果。另外，在下蹲起立过程中，当大腿伸至水平状态时是最困难的，因阻力矩最大，半蹲的强度又比深蹲大，对克服起立"极点"有较好的作用。但是，半蹲对发展股直肌的力量则不如深蹲，下蹲的深度也不及深蹲（难度小）。因此，练习时最好半蹲和深蹲结合运用。

图 12.51　　　　　　　　　　图 12.52

3. 半静蹲。

（1）动作要领。胸前或颈后持铃，下蹲至大腿呈水平状态（如图12.53），或做好半蹲姿势对抗不动物体，静止6～12秒。也可根据需要下蹲至不同角度来做，其他要求同深蹲。

（2）作用。基本上同半蹲，具有静力练习的特点（参看宽静拉）。

图 12.53

4. 退让深蹲。

（1）动作要领。基本上同深蹲，只是缓慢地用7～10秒的时间完成下蹲和起立（如图12.54）。

（2）作用。基本上同深蹲，具有退让练习的特点（参看退让宽拉）。

图 12.54

5. 箭步蹲。

（1）动作要领。胸前或颈后持铃，前后箭步分腿，做膝屈伸的蹲低与升高动作（如图12.55）。也可做箭步行进。

（2）作用。主要发展伸膝、伸髋、屈小腿的肌肉力量，对发展上挺的支撑力量也有效果。

图 12.55

（四）上推类动作

上推类动作主要用来发展臂部上推的力量，以利于上挺动作。

1. 力量推。

（1）动作要领。提铃至胸用高翻。预备姿势基本上同上挺，所不同的是两臂自然下垂靠近体侧，用两臂力量将杠铃贴近面部，从胸上推起至两臂伸直（如图12.56）。

力量推有各种不同做法，如出髋推（如图12.57）、窄握推、宽握推，推哑铃（如图12.58）、推壶铃（如图12.59）等。出髋推的做法是两臂用力上推杠铃时，向前下方送髋，推起杠铃至两臂伸直后，上体回到垂直姿势。

图12.56

（2）作用。主要发展上挺的两臂力量和上挺的夹肘抬肘技术。不同的握法，发展力量是有所不同的，窄握推对发展肱二头肌力量有利，宽握推对发展胸大肌、三角肌有利。

图12.57

图 12.58　　　　　　　　　　图 12.59

2. 颈后推。

（1）动作要领。杠铃放在颈后肩上，其他要领同力量推（如图 12.60）。

（2）作用。基本上同力量推，对发展三角肌力量有更好的效果。

3. 坐推。

（1）动作要领。人坐在凳上做上推动作，其他要领同力量推（如图 12.61）。

（2）作用。基本上同力量推。做动作时身体不能摆动，完全靠两臂力量推起杠铃，难度较大。坐推对发展肱三头肌的力量有更好的效果。

图 12.60　　　　　　　　　　图 12.61

4. 卧推。

（1）动作要领。仰卧在卧推架上，将杠铃推离卧推架，两臂伸直支撑住杠铃，慢慢将杠铃放在胸部，两臂靠近体侧，挺胸、别腰，然后向肩带上方推起杠铃至两臂伸直（如图 12.62）。如无卧推架，可用卧推凳代替，但要有两位同伴站在杠铃两端进行帮助和保护。

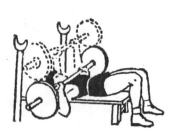

图 12.62

（2）作用。基本上同力量推。做卧推时肩胛骨固定，两腿蹬地，因此，举的重量要比站立推重得多。蹬腿挺腰的卧推又比平卧的卧推举的重量重得多。窄握夹肘的卧推对发展肱三头肌力量有利；宽握分肘的卧推对发展胸大肌、三角肌有利。窄握夹肘的卧推比较结合上挺的技术。卧推时身体的位置和杠铃的方向都不同于上挺动作，因此，安排训练内容时，应与站立的推举结合运用，而不应过多地安排卧推，以致影响练习上挺的技术动作。

5. 斜板推。

（1）动作要领。斜靠在不同角度的斜板推架上做动作，上推的角度根据需要而定，其他要领同卧推（如图12.63）。

（2）作用。基本上同力量推。角度不同，两臂上推用力的方向也不同，因此，能发展不同角度的两臂上推力量。

6. 半推。

（1）动作要领。将杠铃放在升降架上，高度与额平，身体直立，两臂用力将杠铃向头后上方推起至完全伸直（如图12.64）。也可坐着做（如图12.65）。

（2）作用。主要发展上挺伸前臂的力量。

图12.63

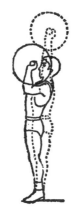

图12.64

图12.65

7. 推倒立。

（1）动作要领。在地上或倒立架上身体成直臂倒立姿势，两足可靠在墙上，身体保持平衡，然后两臂做屈伸动作（如图12.66）。

（2）作用。主要发展上挺的伸臂力量。

（五）支撑类动作

支撑类动作主要用于提高上挺的支撑力量和上挺的支撑技术。

图12.66

1. 预蹲。

(1) 动作要领。同半蹲相似,膝关节角度为 100~120 度(如图 12.67)。

(2) 作用。主要提高上挺预蹲的支持力量和上挺预蹲的技术。

2. 预蹲静力。

(1) 动作要领。膝关节角度为 100~120 度,其他要领同半静蹲。

(2) 作用。基本上同预蹲,具有静力练习的特点(参见宽静拉)。

图 12.67

3. 半蹲支撑。

(1) 动作要领。杠铃置于升降架上。采用窄握距,两臂伸直半蹲支撑住杠铃,然后伸腿起立(如图 12.68)。也可做静力练习。

(2) 作用。主要提高上挺半蹲支撑的力量和上挺半蹲支撑的技术。

4. 箭步支撑。

(1) 动作要领。杠铃置于升降架上。采用窄握距,两臂伸直箭步支撑住杠铃,然后伸腿和收腿起立,身体成直立姿势(如图 12.69)。也可做静力练习。

(2) 作用。主要发展上挺箭步支撑的力量和上挺箭步支撑的技术。

图 12.68

5. 仰卧起坐。

(1) 动作要领。仰卧在垫上、凳上、斜板上或山羊上,使上体处于水平位置或较低位置,固定下肢,两腿伸直或弯曲,然后向上抬上体至垂直部位。也可两手在颈后持重物练习(如图 12.70)。

(2) 作用。主要发展屈髋肌群的力量,对提高上挺箭步支撑的力量有帮助。

图 12.69

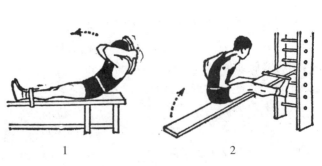

图 12.70

6. 收腹举腿。

（1）动作要领。仰卧在垫上、凳上、斜板上或山羊上，使身体处于水平或较低位置，固定上肢，也可将身体悬垂在单杠上或肋木上，做收腹举腿动作，两腿要伸直。小腿可捆上沙袋或穿上铁鞋，增加举的重量（如图 12.71）。也可做仰卧两头起或平坐举腿静力练习（如图 12.72）。单杠或双杠收腹举腿静力练习，一般大小腿成 90 度角（如图 12.73）。

（2）作用。基本上同仰卧起坐，只是肌肉工作时拉力的方向以及环节的运动方向不同，仰卧起坐是下端固定，而收腹举腿是上端固定。

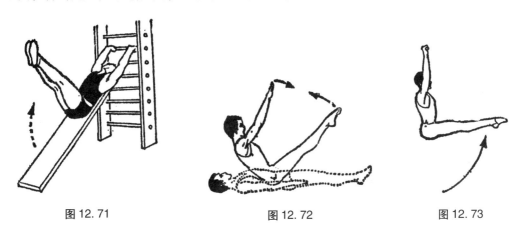

图 12.71　　　　　　　　图 12.72　　　　　　　　图 12.73

第五节　一般辅助动作

在举重训练中，除了采用专项辅助动作来发展竞赛动作所需的肌肉力量、改进竞赛动作的技术外，还必须采用一般辅助动作来发展人体各部位的肌肉力量。

在举重竞赛动作中，环节的运动不仅涉及原动肌和协同肌，而且涉及固定肌。另外，人体是一个有机的整体，肌肉的分布大部分是对称的，肌肉的大小有一定的比例，它们之间互相牵制着，维持人体的平衡。如果不注意对肌肉进行全面训练，结果有的肌肉很发达，有的肌肉很弱小，人为地造成肢体畸型的倾向，它们之间的平衡被打破，做动作时反而不协调。因此，选择训练动作时，必须考虑使身体各部位的肌肉都得到发展。

此外，肌肉、韧带的伸展性会影响肌肉工作的效果，以及对正确技术动作的掌握，也会影响对运动损伤的预防。例如抓举和挺举对肩关节和踝关节的要求很高。因此，还要采用发展柔韧性的一些手段去发展肌肉、韧带的伸展性。

辅助动作的主要作用一般是发展身体各部位的肌肉力量和肌肉与韧带的伸展性。根据它们发展身体各部位肌肉的作用，分为发展上肢力量的动作，发展躯干力量的动作，发展下肢力量的动作，发展全身力量的动作，发展柔韧性的动作。

一、发展上肢力量的动作

（一）直臂前上举

1. 动作要领。两足自然分开，身体直立，两臂下垂持铃，直臂向上举起杠铃（如图 12.74）。也可做仰卧直臂上举。

2. 作用。主要发展胸大肌、三角肌前部、斜方肌、前锯肌的力量。

（二）直臂前下压

1. 动作要领。与直臂前上举相反，两臂前上举握住拉力器，做直臂前下压（如图 12.75）。也可用杠铃做仰卧直臂拉起，仰卧在长凳上，两臂伸直在头后方握住杠铃，直臂拉起杠铃，还原时要慢些（如图 12.76）。

2. 作用。主要发展背阔肌、三角肌后部、胸大肌的力量和肩关节柔韧性。

图 12.74

图 12.75

图 12.76

（三）直臂扩胸

1. 动作要领。身体直立，手持哑铃或杠铃片，做直臂扩胸（如图 12.77）。也可做弓身两臂侧上举（如图 12.78）和仰卧扩胸（飞鸟）（如图 12.79）。

2. 作用。向后主要发展背阔肌、三角肌后部、斜方肌的力量，向前主要发展胸大肌、三角肌前部、前锯肌的力量。

图 12.77　　　　　　图 12.78　　　　　　图 12.79

（四）直臂侧上举

1. 动作要领。身体直立，两臂下垂持哑铃或杠铃片，做直臂侧上举（如图 12.80）。也可做侧卧直臂上举（如图 12.81）。

2. 作用。主要发展三角肌、斜方肌、前锯肌的力量。

 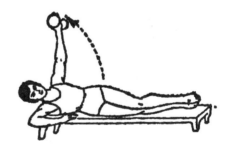

图 12.80　　　　　　　　　　图 12.81

（五）直臂侧下压

1. 动作要领。与直臂侧上举相反，两臂侧上举握住拉力器，做直臂侧下压（如图 12.82）。也可做侧卧直臂下压（如图 12.83）。

2. 作用。主要发展胸大肌、背阔肌的力量。

图 12.82

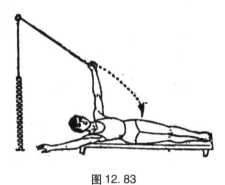

图 12.83

（六）直臂绕环

1. 动作要领。身体直立，两臂下垂持哑铃或杠铃片，做胸前直臂绕环（如图 12.84）。也可做仰卧直臂绕环（如图 12.85）。

2. 作用。主要发展肩关节周围的肌肉力量。

图 12.84

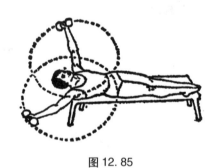

图 12.85

（七）弯举

1. 动作要领。身体直立，两臂下垂反握或正握杠铃，握距同肩宽，做体前臂屈伸动作（如图 12.86）。做时上体保持不动，上臂固定在体侧。

2. 作用。主要发展肱二头肌、肱肌、旋前圆肌的力量。反握比正握效果要好。

图 12.86

（八）前臂绕环

1. 动作要领。身体直立，手握哑铃或杠铃片，以肘为轴做前臂交替绕环（如图 12.87）。
2. 作用。基本上同弯举。

图 12.87

（九）颈后臂屈伸

1. 动作要领。身体直立，两臂上举反握或正握杠铃，握距同肩宽，做颈后臂屈伸动作（如图 12.88）。做时两臂固定在头的两侧，两肘向上，上体不动，尽量后屈。可用哑铃、杠铃片等重物来做。也可做仰卧头后弯举（如图 12.89）、弓身臂屈伸（如图 12.90）。
2. 作用。主要发展肱三头肌的力量。反握比正握效果要好。

图 12.88　　　　图 12.89　　　　图 12.90

（十）腕屈伸

1. 动作要领。两手反握或正握杠铃，前臂固定在膝上或凳子上，做腕屈伸动作（如图 12.91）。也可用哑铃和杠铃片做。
2. 作用。主要发展屈手肌群和伸手肌群的力量。

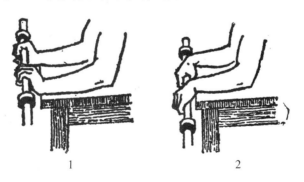

图 12.91

（十一）旋腕练习

1. 动作要领。身体直立，两臂前平举，反握或正握横杠，用屈腕或伸腕的力量卷起重物（如图 12.92）。
2. 作用。基本上同腕屈伸。

图 12.92

（十二）双臂屈伸

1. 动作要领。不负重或脚上挂重物，捆上沙护腿、穿上沙衣等，在双杠上做双臂屈伸动作（如图 12.93）。
2. 作用。主要发展肱三头肌、胸大肌、背阔肌的力量。

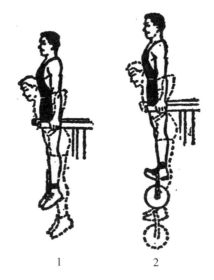

图 12.93

（十三）俯卧撑

1. 动作要领。在平地或倒立架上身体成俯卧姿势，不负重或背上负重物，穿上沙衣，做两臂屈伸动作（如图 12.94）。也可双人对抗做（如图 12.95）。做时身体保持平直，两肘内收，紧靠体侧，两臂支撑时要尽量伸直。
2. 作用。主要发展肱三头肌、前锯肌、胸大肌的力量。

图 12.94

图 12.95

二、发展躯干力量的动作

（一）转体和转体侧拉

1. 动作要领。①转体。身体直立，两足分开约与肩宽，肩负杠铃，身体左右转动。杠铃片一定要用卡箍固定住或用手拉住，防止甩脱（如图12.96）。做时速度要慢，减少转动惯性。②转体侧拉，两手持一壶铃，两腿伸直分开站立，身体先向左转与前屈伸，将壶铃放低与提起至直立，再向另一侧做转体与屈伸，将壶铃放低与提起，两个动作交替进行（如图12.97）。做时足不移动，臂不动、不屈，只靠体转肌肉力量来完成。

2. 作用。主要发展同侧腹内斜肌与对侧腹外斜肌和对侧臀大肌的力量。

图12.96

图12.97

（二）体回环

1. 动作要领。两腿伸直分开站立，两手握杠铃或重物，两臂伸直做回环动作（如图12.98）。做时速度要慢。
2. 作用。主要发展躯干伸展、侧倾和屈曲肌群的力量。

图12.98

三、发展下肢力量的动作

（一）侧箭步蹲

1. 动作要领。肩负杠铃，一腿屈膝下蹲，另一腿伸直，然后伸腿起立，两腿起立，两腿交替进行（如图12.99）。

2. 作用。主要发展股四头肌、股二头肌、小腿三头肌、屈足肌群的力量。

（二）单腿深蹲

1. 动作要领。单臂下垂持壶铃或哑铃做单腿

图12.99

交替下蹲与起立动作（如图12.100）。或肩负杠铃做登板凳、登台阶动作（如图12.101）。

2. 作用。基本上同侧箭步蹲。

图12.100

图12.101

（三）腿举

1. 动作要领。仰倒在地上，两足蹬住杠铃或重物做腿屈伸动作。一般在升降架上做，架上放上杠铃片（如图12.102）。

2. 作用。主要发展股四头肌、臀大肌、股二头肌、半腱肌、半膜肌、大收肌的力量，是减少腰部负担、发展腿部肌肉力量的一种好方法。

图12.102

（四）体后硬拉

1. 动作要领。杠铃放在体后，直臂持铃将杠铃提起至两腿伸直，其他要领基本上同宽窄硬拉（如图12.103）。

2. 作用。主要发展股四头肌、臀大肌、股二头肌、半腱肌、半膜肌、大收肌、骶棘肌、斜方肌、小腿三头肌、屈足肌群的力量。

（五）胯拉

1. 动作要领。杠铃在两足中间（胯下），屈膝下蹲握住杠铃，一臂在体前，另一臂在体后，两臂伸直，可用正握、反握，或正反握。挺胸、直腰，然后伸腿将杠铃拉至身体挺直（如图12.104）。

2. 作用。基本上同体后硬拉。

图12.103

图 12.104

（六）直腿前摆

1. 动作要领。身体直立，足负重物（穿上铁鞋），或捆上沙护腿和缚上拉力带，做前摆动作（如图 12.105）。也可把重物（杠铃片等）放在大腿上，做抬大腿动作（如图 12.106）。

2. 作用。主要发展髂腰肌和腹直肌的力量，以及伸髋肌群的伸展性。

图 12.105　　　　　图 12.106

（七）直腿后摆

1. 动作要领。与直腿前摆相反，做后摆动作（如图 12.107）。也可做俯卧直腿后摆动作（如图 12.108）。

2. 作用。主要发展臀大肌、股二头肌、半腱肌、半膜肌和大收肌的力量，以及屈髋肌群的伸展性。

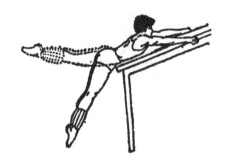

图 12.107　　　　　　　　图 12.108

（八）直腿侧摆

1. 动作要领。身体直立，足负重物（穿上铁鞋），或捆上沙护腿，缚上拉力带，做侧摆动作（如图 12.109）。也可做侧卧大腿上摆（如图 12.110）。

2. 作用。主要发展臀大肌上部、臀中肌的力量和内收肌群的伸展性。

图 12.109　　　　　　　　图 12.110

（九）直腿侧下压

1. 动作要领。身体直立，足腕缚上拉力带，做侧下压动作（如图 12.111）。也可做侧卧直腿下压（如图 12.112）。

2. 作用。主要发展大腿内收肌群的力量和大腿外展肌群的伸展性。

图 12.111

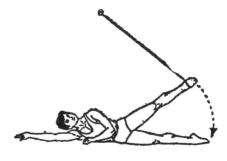

图 12.112

（十）腿屈伸

1. 动作要领。坐在山羊或高凳上，足勾住壶铃或挂上重物，做腿伸屈动作（如图 12.113）。也可做腿蹬出动作（如图 12.114）。

2. 作用。主要发展股四头肌的力量。

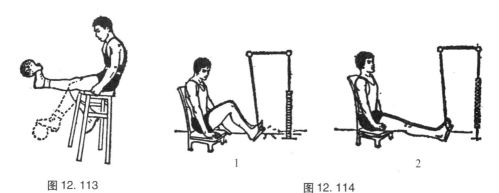

图 12.113　　　　　　　　　　图 12.114

（十一）屈小腿

1. 动作要领。身体直立，小腿捆上沙护，或穿上铁鞋，做屈小腿动作（如图 12.115），也可俯卧在专门的屈小腿练习器或长凳上，加上阻力，做屈小腿动作（如图 12.116），或进行双人对抗的屈小腿练习（如图 12.117）。

2. 作用。主要发展股二头肌、半腱肌、半膜肌、小腿三头肌的力量。

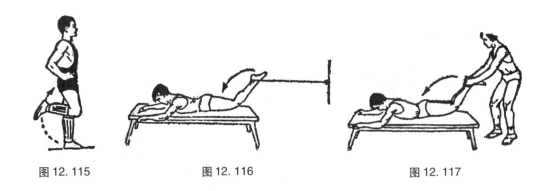

图 12.115　　　　　　图 12.116　　　　　　图 12.117

（十二）负重提踵

1. 动作要领。肩负杠铃，身体直立，前足掌垫高做提踵动作（如图 12.118）。也可坐在凳上，大腿上压上重物（杠铃片等），做提踵动作（如图 12.119）。

2. 作用。主要发展屈足肌群的力量。

图 12.118　　　　　　　　　　　　图 12.119

（十三）负重蹲跳

1. 动作要领。肩负重物（杠铃、壶铃、哑铃等），或穿上沙衣，捆上沙护腿，做半蹲跳动作（如图 12.120）。也可做纵跳、立定跳高、跳山羊（如图 12.121）、跳深、立定跳远、多级跳、单足跳、侧跨跳、箭步蹲跳、跳绳等跳跃动作。可以负重或徒手做。

2. 作用。主要发展弹跳力。

图 12.120

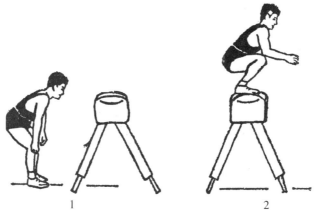

图 12.121

（十四）马步

1. 动作要领。基本上同半静蹲，所不同的是不负重进行练习，静止用力时间可长些。它是我国武术练腿功的一种传统方法。
2. 作用。主要发展股四头肌的力量。

（十五）鸭子步

1. 动作要领。两足开立与肩宽，两臂放在体后，屈膝下蹲，然后向前走步，保持挺胸、别腰。也可做肩上负铃鸭子步走（如图 12.122）。
2. 作用。主要发展股四头肌、小腿三头肌和屈足肌群的力量，提高挺胸、别腰的技术和踝关节的柔韧性。

图 12.122

四、发展全身力量的动作

快挺

1. 动作要领。同挺举相似。提铃至胸做好预备姿势,然后屈膝预蹲,接着蹬腿发力将杠铃向前上方挺起,立即前后箭步分腿,在收腿的同时将杠铃放回胸上,交替做快挺动作。快挺的两腿、躯干和两臂的动作要求不如挺举严格,它好像是一个"失败"的挺举动作,分腿比较小,躯干稍前倾,收腿时两脚同时跳回,两臂伸直后不要求支撑就立即又放回胸上。但是,速度要快,动作要协调(如图 12.123)。

2. 作用。主要发展全身的爆发力。

图 12.123

五、发展柔韧性的动作

发展柔韧性的动作主要用来发展人体各关节的肌肉和韧带的伸展性。

(一)压肩

1. 动作要领。两足开立约与肩宽,两腿伸直,躯干前屈成水平姿势,两臂伸直握住肋木,握距同肩宽或比肩宽,颈部负重或由同伴加压,逐渐向下压肩,拉开后保持一定时间(如图12.124)。也可做低单杠压肩,做好抓举支撑或挺举支撑动作后,用力向上起立,拉开肩关节,保持一定时间(如图 12.125)。或负重地抓举支撑深蹲和箭步支撑,保持一定时间。

2. 作用。主要发展肩关节的肌腱、韧带和关节囊的伸展性。

图 12.124

图 12.125

（二）转肩

1. 动作要领。由支撑或悬垂部位开始，肩关节做转前或转后的动作，握距根据肩关节的柔韧性而定（如图12.126）。
2. 作用。基本上同压肩。

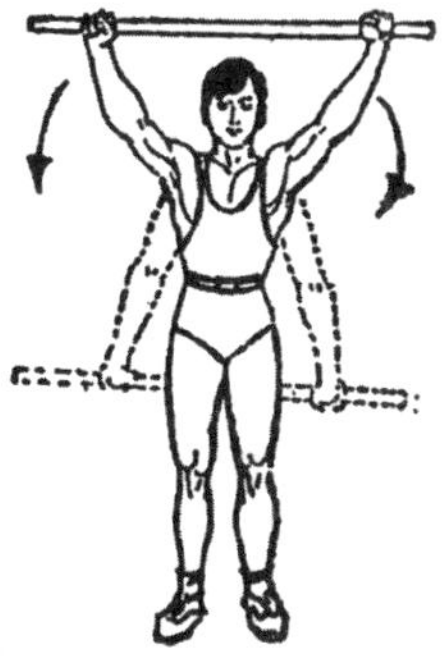

（三）直臂倒立

1. 动作要领。头朝下，足朝上，成直臂支撑倒立姿势，保持一定时间。
2. 作用。主要发展腕、肘和肩的肌腱、韧带和关节囊的伸展性。

图 12.126

（四）箭步压腿

1. 动作要领。一腿向前或向侧迈出一大步，膝关节尽量弯曲，另一腿伸直，躯干正直，两手按着大腿，用力向下压腿，保持一定时间。
2. 作用。主要发展踝、膝和髋关节的肌腱、韧带和关节囊的伸展性。

（五）劈腿

1. 动作要领。两腿前后或左右分开180度，保持一定时间。
2. 作用。主要发展髋关节的肌腱、韧带和关节囊的伸展性。

（六）压踝

1. 动作要领。两足平行开立约与肩宽，垫高前足掌，两腿伸直，小腿尽量向前挤压，拉开后保持一定时间（如图12.127）。或两脚平行开立，屈膝深蹲，将杠铃放在大腿膝关节部位，小腿尽量向前挤压，拉开后保持一定时间（如图12.128）。也可做大量的前蹲和抓举支撑深蹲，尽量向下压保持一定时间。
2. 作用。主要发展踝关节的肌腱、韧带和关节囊的伸展性。

图 12.127

图 12.128

（七）做桥

1. 动作要领。身体背向地面，手与足支撑成桥形的姿势，保持一定时间（如图12.129）。

2. 作用。主要发展躯干的肌腱、韧带和关节的伸展性。

（八）悬垂

1. 动作要领。两手握住单杠或肋木，臂、躯干和腿伸直成悬垂姿势，足可挂上重物，保持一定时间（如图12.130）。

2. 作用。肩、肘、腿关节的肌腱、韧带和关节囊被牵拉，因而发展了它们的伸展性。

图 12.129

图 12.130

第六节 发展弹跳力的方法

弹跳力是通过跳跃（下肢蹬离地面）动作使人体产生位移（向上或向前）的一种爆发力量。

弹跳力是很多项目重要的专门素质，弹跳力的好坏与该项运动水平的高低有直接的关系，如田径中的跳跃、短跑和投掷等项目都需要强大的腿部爆发力（弹跳力）；篮排球的制空权是身高和弹跳力的结合；体操的空翻翻得是否既高又飘、跳马的第二腾空高度多少，都与弹跳力好坏有密切关系；武术的空中造型要美，就必须有足够的滞空时间，这就要有很好的弹跳力；在上肢起主要作用的游泳项目中，在出发跳水、转身蹬池边以及蛙泳中，腿部爆发力也起着重要作用；等等，因此，发展弹跳力已是许多运动项目训练中的重要课题。

一、动作结构、肌肉用力及用力性质的分析

弹跳动作是下肢各关节由屈曲（踝关节为背屈）变为伸展的运动过程，向上纵跳时的摆臂，主要是肩关节屈，由胸大肌和三角肌前部等克服重力完成向心工作。摆臂目的是为了增加下肢的支撑反作用力，以及使动作协调，更有力地向上跳起。

在固定下面条件下，骶棘肌等完成向心工作，使躯干伸。这时，髋关节伸，臀大肌等完成向心工作；膝关节伸，股四头肌完成向心工作；足关节蹠屈，小腿三头肌等完成向心工作。

综上所述，所谓弹跳力，主要是股四头肌、臀大肌、股二头肌、骶棘肌、斜方肌和小腿三头肌等的用力（参见表12-1）。

表12-1 弹跳环节运动及肌肉用力

动作名称	主要环节运动	主要肌肉用力
原地纵跳、立定跳远、田径、篮球、排球、体操等许多项目中的起跳动作	伸膝、伸髋、躯干伸、足屈、上臂屈	股四头肌、臀大肌、股二头肌、半腱肌、骶棘肌、斜方肌、小腿三头肌、屈足肌群、三角肌前部、胸大肌

弹跳的特点是最短的时间最大的用力，如测得体操双腿起跳的时间仅为0.07～0.10秒，而跳伞蹬地的作用力却超过自身重量的10倍。因此，弹跳的用力性质属于爆发力。

发展弹跳力的练习多种多样，根据肌电研究和训练实践提供的材料，可以初步提出以下10个发展弹跳力的有效练习（如表12-2）。

表12-2 发展弹跳力练习肌电

动作名称 \ 肌肉放电量	小腿三头肌	股二头肌	斜方肌	股四头肌	臀大肌	骶棘肌
徒手纵跳	∨∨	∨∨	∨∨	∨∨∨	∨	∨∨
壶铃蹲跳	∨∨	∨∨	∨	∨∨∨	∨	∨∨∨
负（20千克）蹲跳	∨	∨∨∨	∨∨	∨∨∨	∨	∨∨∨
徒手深蹲				∨∨		∨∨
前蹲（分腿）	∨∨	∨∨	∨∨∨	∨∨∨	∨	∨∨
前蹲（并腿）	∨	∨∨	∨∨∨	∨∨∨	∨	∨∨
后蹲	∨	∨∨	∨∨	∨∨∨	∨	∨∨∨

续表 12-2

放电量＼肌肉＼动作名称	小腿三头肌	股二头肌	斜方肌	股四头肌	臀大肌	骶棘肌
后蹲抬臀弓腰起	V	V V	V V	V V V	V V	V V
半蹲	V	V V	V V	V V V	V V	V
坐蹲	V	V V V	V V	V V V	V V	V V
半蹲静力	V	V V	V V	V V V	V V	V V
负（15千克）单腿蹲	V	V V	V V	V V V	V V	V V
直腿硬拉（120千克）	V V	V V V	V V V	V	V V	V V V
宽拉（90千克）	V V V	V V V	V V V	V V	V V	V V
抓举（60千克）	V V V	V V V	V V	V	V V	V V V
挺举（80千克）	V V	V V	V V V	V V	V V	V V

注：V V V = 放电量大　　V V = 放电量中　　V = 放电量小

二、发展弹跳力的练习

1. 宽上拉和箭步抓。据肌电研究（如图 12.131），上拉、抓举的发力阶段，不仅使小腿三头肌和屈足肌群发生强烈活动，同时也使股后肌群的电位活动产生中等或显著的提高。

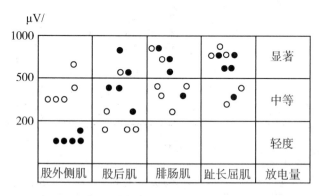

图 12.131　宽上拉和箭步抓发力阶段肌电变化

这两个全身爆发力练习，通常是先抓举 2～3 次，再快速上拉 3～5 次，共做 6～8 组。

2. 负重垫足趾半蹲提踵。这是一个既发展股四头肌、投后肌群力量，又发展屈足、屈趾肌群力量的练习。

3. 负重并腿慢速深蹲后减重（或加助力）站起。这是通过退让练习来发展腿力的有效练习。

4. 负重登板凳。美国和苏联的研究证实，这是青少年和一般运动员提高弹跳力的有效练习。

5. 腿蹬出。通常在综合练习架上训练。跳远 8.90 米的原世界纪录保持者比蒙很喜欢这种练习，一周练 3 次左右。

6. 负重连续跳栏架（跳橡皮筋做得比较安全）（如图 12.132），也可跳多级台阶（如图 12.133）。

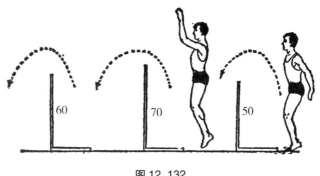

图 12.132

图 12.133

7. 跳深。负较轻重物从 0.7～1.2 米的高处跳下，再立即跳上另一高处（如图 12.134），或连续跳上不同高度的跳凳（如图 12.135）。

跳深、跳栏架、跳台阶和多级蛙跳等均属超长练习，对肌肉刺激较深，对发展快速弹跳能力的效果尤为显著。

图 12.134

图 12.135

8. 下肢爆发力的组合练习或循环练习。其做法是，持壶铃蹲跳、负重蹲跳、负重挺身等练习组合在一起或分别进行训练，或循环进行训练，以达到集中刺激的功效。这种"一条龙"的集中刺激方法，对肌肉刺激较深，但要防止因局部负担过重而劳损。

9. 半蹲后捆上沙袋跳台阶，一周练 1～2 次，每次练习做 150 次左右，这是排球运动员提高弹跳力的有效手段之一。

10. 各种形式的负重提踵，如骑人提踵（如图 12.136）、提踵跳、负重箭步行进，能有效地发展小腿三头肌及屈足、屈趾肌群。

图 12.136

三、训练方法及应注意的问题

1. 采用杠铃练习时,通常采用中等重量(70%～85%)、组数较多(6～8组)、次数中等(3～8次)、速度快的方法来发展爆发力。在训练的最后可以做几组重量轻、组数少(2～3组)、次数多(15次左右)、混合速度的训练,借以发展弹跳耐力,控制体重。

2. 所选练习应与专项技术动作结构相结合。如很多项目起跳时,膝关节的蹬地角是不一样的(如图12.137)。

图 12.137

通常把蹬地角在90度以下的称为深蹲跳,在90～135度角之间称为半蹲跳,把135度角以上叫做浅蹲跳。据肌电研究,股四头肌在浅蹲起跳伸膝时一般不起主要作用,因此,一些浅蹲起跳的项目如跳高、跳远等项可以少练深蹲而多做半蹲、宽上拉等动作,借以发展股后肌群的力量。另外,还要区别不同项目对弹跳力的不同要求,因而采取不同的训练手段。例如,体操空翻的弹跳力不同于抢篮板球的弹跳力,主要区别是哪个关节运动占主要地位,即主要原动肌在哪个关节。体操空翻的弹跳力足关节的蹬屈占主要地位,髋关节、膝关节的屈伸幅度很小,因此它的弹跳力以小腿三头肌,屈足、屈趾肌群的力量为主。抢篮板球的弹跳力主要是髋关节和膝关节伸,因此以臀大肌、股二头肌、股四头肌的力量为主,小腿三头肌等的作用就不如空翻那样突出。所以,不同专项在练弹跳力时应该变换内容和方法,结合专项动作结构特点来选择不同的练习。

3. 在弹跳训练中，要把发展腿部绝对力量和发展腿部爆发力结合起来；把发展大腿前群肌力和发展肌后肌群以及屈足肌群力量结合起来；把腿力练习和多种跳跃练习结合起来；把单个动作的多组数训练和几个动作的循环练习结合起来。

4. 注意心理训练，解除女运动员怕腿粗臀大、体重增加，青少年运动员怕压矮个子的不必要的思想顾虑。同时，在力量训练上应注意区别对待，女运动员每次力量训练后一部分可采用多动作（7～10个）、少组数（3～5组）、多次数（10次左右）、密度大（间歇在30秒以内）的"循环训练法"，这样就能在力量增长的情况下，使体重得以控制或有所下降。而青少年运动员则应适当少做大重量静力练习和极限强度的动力练习，这样身体就会得到正常发育，骨化就会以正常速度进行，身高不会受到任何影响，这已为科学实验和训练实践所证实。

第七节 举重运动员的力量训练

举重是大力士的项目，它的基础是力量、爆发力。抓举是从地面一下子举至两臂在头上伸直，靠的是爆发力，即最短时间最大的用力。它要求发力猛，充分伸展躯体，爆发全身力量，然后要尽快地降低身体重心，稳定地在头上伸直两臂。它需要爆发力、速度、准确和平衡。挺举则需要发挥全身拉力（腰背）将杠铃提至胸上，又要靠腿力从蹲位低的位置快速站起，而后用全身爆发力蹬腿向上，将杠铃从锁骨上伸直两臂在头顶固定。挺举是靠全身力量（腰背拉力、腿力、上挺能力）及爆发力来完成的，因此它能举起比抓举更多的重量（20～40千克）。

综上可以看出，举重运动员需要肌肉发达、身强体壮，全身诸方面的力量都要很大，不仅需要强大的腰背拉力、腿力、腰背支撑力、手臂伸肌向上的支撑力，还需要强而有力的抓握力量。

一、发展全身爆发力的方法

举重运动员的爆发力，主要表现在原地立足跳远能跳得很远。世界高水平的男运动员通常原地跳远为3.30～3.40米。如我国优秀运动员蔡炎书，抓举曾获得过世界冠军，他的原地跳远达到3.40米（抓175～180千克）。世界优秀运动员瓦尔达尼杨（苏联）也达到3.37米（抓175～180千克）。而普通的举重健将跳远都在3米以上。他们的原地向上纵跳能力也很强，原地纵跳在80厘米以上，肖明祥、何灼强等世界冠军纵跳单项达到1米上下。

全身爆发力、强大的腰背力的最好练习是：①宽速拉：80%/5次，8～10组；②膝上悬垂上拉：80%/6组5次；③抓拉组合练习：75%/抓2次+3次拉6组；④向上双手抛小杠铃或重壶铃：30～40次（或7.26千克铅球）；⑤抛实心球对攻游戏：20～30次。

二、发展腿部力量的有效练习

1. 前蹲。70%～90%，6 组，5～2 次。
2. 后蹲。70%～90%，6 组，5～2 次。
3. 前蹲+后蹲。前蹲 3 次后，放回杠铃后紧接着再练深蹲 3 次。

以上深蹲练习开始可慢做，然后反弹起立，这样既练习实力，又练习爆发力，还可采用不同站距来练。

4. 半蹲。慢速下蹲至大小腿夹角在 100～120 度之间，连续做 5 次左右，大腿接近伸直时，小腿三头肌要用力向上屈足。
5. 静蹲。大小腿夹角在 110～160 度之间，静蹲 5 秒后，快速站直并屈足。
6. 箭步蹲。可左右二腿轮换做，向前屈的角度，大小腿在 60～90 度之间。通常用中等重量做 4～6 次，做 6～8 组。
7. 箭步走。肩负 40～50 千克（女子 20～30 千克）做慢速向前跨一大步成箭步伸直后换腿前进，走 30～40 米。

三、发展腰背支撑力

1. 山羊上负重挺身。俄罗斯特级举重员阿列克谢耶夫是当今世界头号大力士，他一直保持着挺举世界纪录（257.5 千克）。他的腰背力量相当强大，竖脊肌尤其发达。他采用的有效练习是用 90 千克做 8～10 次山羊挺身，要求每次身体充分伸直抬平成 90 度。举重运动员应特别重视这一练习，通常优秀男运动员用 50～60 千克做 8～10 次，而女运动员用 20～30 千克进行训练即可。这个练习做起来令人非常难受，能培养运动员的顽强意志。
2. 轻杠铃做体侧屈。这个练习能发展脊柱侧屈肌群的力量和腹内外斜肌之力，也可做侧卧体侧屈。
3. 高轮滑拉力器上体前屈下压。练腹直肌。
4. 斜板上做屈膝仰卧起坐。负 5～10 千克大铃片，坚持做 4 组，每组尽力做 20 次。
5. 收腹举腿。双人对抗练效果最好。
6. 大重量做负重起。采用 90 度以上重量做 3～5 次。
7. 负重量体旋腰。这是发展腹内外斜肌的极佳练习方法。

四、发展上肢伸肌的肌力

1. 实力推。强度不大，能有效地练上肢伸肌（肱三头肌、三角肌）之力。
2. 卧推。能有效地发展胸大肌、三角肌前部、肱三头肌和前锯肌，采用窄握中重卧推对发展肱三头肌有利。
3. 头上颈后臂屈伸。用轻杠铃来做，力求使肘部伸直。
4. 颈后宽推。发展三角肌中后群及肱三头肌。
5. 倒立推。徒手做。

6. 俯卧撑。背上负重，通常做 2～4 组，每组尽力做 20～30 次。

五、发展握力

抓举特别要求有强大的握力，这样才能有效地发挥全身爆发力。平时训练因采用助握带及空握，对提高握力极为不利。采用以下练习对发展握力极为有利：

1. 单杠直体负重悬垂静力。负 10～20 千克或抱人，持续用力 12 秒左右。
2. 指撑俯卧撑。提高手指伸肌之力，通常做 4 组，每组做 4～6 次，慢速做。
3. 握铃片上提。这种铃片有 2～5 厘米的圆孔，可以抓握它来练握力。

总之，举重运动尤其要重视全身爆发力训练。举重运动员天生应该是"跳王"，原地纵跳、原地跳远能力要特别强，在两个准备期（比赛前 2～3 月冬训、夏训）尤其要重视爆发力训练，特别是拉抓组合、悬垂上拉练习。练前充分拉伸防止受伤，练后要充分放松跳舞，这样可以防止僵硬。

第八节 举重裁判法

一、举重裁判的任务

（一）思想素质

举重裁判必须具备以下思想素质：①具有良好的裁判职业道德；②遵守裁判员守则，热爱举重事业；③坚持原则，不徇私情，秉公执法，做到执行裁判中人人平等；④善于合作，团结互助，服从领导，听从指挥；⑤在执裁过程中，遵守"严肃、认真、公正、准确"八字方针。

（二）业务素质

1. 精通举重竞赛规则和举重裁判法，把举重竞赛规则的精神运用到比赛中，懂得举重技术和比赛技术，了解举重运动训练规律，了解当今世界举重运动发展的趋势，使自己的临场判罚尺度与举重运动的发展同步，做举重运动发展的推动者。
2. 努力钻研，精益求精，不断总结，不断更新观念，不断提高裁判水平。
3. 要有较高的组织竞赛能力和协调能力。
4. 作为一个国际级举重裁判员，除精通竞赛技术规则和举重裁判法，精通举重技术动作、举重比赛技术之外，还要具备一定的外语水平，掌握举重竞赛专业外语词汇。看懂、听懂外语，这样才能为我国的举重裁判工作打下良好基础，才能参加国际性比赛，完成好国际比赛裁判任务。

（三）身体素质

举重比赛中，举重裁判员思想高度集中，执行裁判工作时间长（一般每场比赛 2 个小时左右），裁判员对运动员完成动作判罚时间短，必须根据规则，在极短的时间内做出准确的判断。

因举重裁判的临场工作是一项复杂、细致和艰苦的工作，是高强度的体力、脑力劳动，所以，举重裁判必须具有健康的体魄才能连续紧张地进行工作，才能适应举重竞赛的需要。

（四）心理素质

不管比赛多么激烈、复杂和困难，不管临场中遇到什么问题，都要保持稳定的情绪、良好的注意力、独立的判断能力、坚强的意志，以及不受任何外界因素干扰的控制能力。

临场执行裁判工作的任何时候，都要保持思想高度集中，不紧张、不慌乱，要大胆、果断和冷静，发挥裁判员判罚水平。

所以，举重执行裁判员要具备良好的心理素质。

二、举重裁判工作的特点

（一）成败界线明确

举重竞赛中，对动作的判断，不是"成功"就是"失败"。每一种动作（抓举或挺举）只有三次机会，一次错判就可能对成败造成决定性的影响，并且一种动作失败即无总成绩。裁判员不但要有高度的责任感，还必须具有精湛的裁判水平。

（二）统一的裁判尺度

举重竞赛规则对竞赛技术动作的要求十分严格，只要能看到的犯规动作就必须判失败。

裁判员应反复学习、反复实践，深刻理解技术规则的精神实质，了解国际、国内对竞赛技术规则的执行情况，弄清成败界限标准的统一尺度，并在实际制裁判断中始终根据统一的尺度执行。

（三）独立判断

场上3名执行裁判员，在三个不同角度进行观察时，都有同等的判断权力，要做到独立判断。因此，每个裁判员必须迅速、果断、及时地对运动员动作的全过程做出独立的判断（时间短、动作快、无误判）。

（四）原则简明具体多变

举重竞赛规则中某些条例简明，例如，按体重分级顺序进行比赛，台上杠铃重量只增不减，试举重量轻的先进行试举；由于战略战术的需要，在规定时间内改变试举重量，引起试举次序的复杂变化；等等。面对多变情况，要求执行裁判员除了精通业务外，还要有丰富的实践经验和临场镇定不乱的工作情绪，这样才能做到任何情况下不出差错。

（五）分工协作密切配合

举重竞赛裁判人员的分工较细，每个人的职责都有特定的业务范围，各个岗位之间都有密切联系。例如，报告员报错重量，加重员不慎加错重量，场上杠铃位置不准确，这些都会影响比赛进程，执行裁判员要及时提出并纠正。

执行裁判人员除了努力做好本职工作外，还要互相协作，紧密配合，随时注意场前各个环节，以保证竞赛的顺利进行。

三、举重裁判人员的职责和工作方法

执行裁判员

一场竞赛有3名执行裁判员、1名候补裁判员担任裁判工作，根据位置，分为左侧裁判员、主（中间）裁判员和右侧裁判员，他们的职权完全相同。

执行裁判员是运动员试举成功和失败的直接决定者，因此必须精通竞赛规则和裁判法，准确掌握观察、判断和发令的要领。

执行裁判员的职责和工作方法在三个阶段各有不同。

1. 竞赛前。

（1）竞赛前2小时15分到称量体重室，检查核对磅秤及其他用品。

（2）竞赛前2小时，由2名裁判员和竞赛秘书、技术监督、记录员准时开始称量竞赛运动员的体重。

（3）赛前协同加重员检查杠铃器材、举重台是否平整。发现问题要及时采取措施。

（4）熟悉和检查裁判灯光信号和用具（小红旗、小白旗、哨子等）。

（5）执行裁判工作前，应将本人技术等级裁判证交给仲裁委员会主任，以供赛后仲裁委员会签署意见。

2. 竞赛中。

（1）3名执行裁判员的位置均在离举重台的中心不少于6米处。

（2）注意记录员所报的杠铃重量和公布牌以及加重员加的重量是否一致，杠铃的位置是否在台中间。

（3）运动员出场试举时，执行裁判员要注意如下情况：①观察运动员服装和护具是否符合要求；大腿上是否涂有油脂和水等禁用物质。如发现问题，应协同仲裁委员进行检查。检查时，计时表暂停，查出的问题要令运动员纠正，这时计时表继续计时。②因为竞赛中有时间限制，所以运动员上举重台后允许再离开举重台进行擦镁粉等活动。

（4）判定运动员的动作是否合格，并给以试举成功或失败的信号，这里主要提一下观察和判断的要领。

1）全面观察。执行裁判员在全面观察时，视线必须跟随横杠上升。如运动员的动作发生变化，须立即调整视线以适应这一变化。当运动员即将完成静止姿势时，执行裁判员视线要迅速上下扫视。特别是在动作晃动的一瞬间，执行裁判员应使视线由全面转到局部，再由局部扩大到全面。因此，全面观察和局部扫视要有分有合。

不同执行裁判员从左侧、中间、右侧三个不同角度观察一个动作时，虽然不能规定某一位置的裁判员只注意某些范围，但从某个角度进行观察比较容易看清某些范围的动作也是实际情况。例如，肘或臂触及膝盖或大腿，两侧的裁判员看得清楚些，因此这些动作就自然成为某一位置裁判员的重点观察范围。

2）准确判断。根据直接观察动作的结果，按规则规定的要求做出公正无私和独立果断的判断。对干净利落的动作，判成功应毫不迟疑；对犯规的动作，不管其程度如何（包括屈伸、幅度大小或速度快慢），都应判犯规。因此，执行裁判员在学习和讨论判断动作成败的统一尺度时，必须准确掌握屈与不屈、停与不停以及震动与屈伸的界线。如果对某一动作没有看清楚，则不能轻易判失败。

(5) 运动员在规定时间内未将横杠提离地面，主裁判员可令其退场。

(6) 运动员在试举过程中出现明显犯规动作时，执行裁判员应立即按下信号器令其放下杠铃。

明显犯规动作如下：①提铃过程中有明显停顿；②下蹲翻时臂、肘触及大腿；③臀部或膝触地面；④提铃过程中，横杠未停放在胸前，横杠触及躯干任何部分，即翻起后横杠有明显的上移动作；⑤一次以上的预蹲。

(7) 指挥运动员放下杠铃。

1）发令的原则。不稳、不停、不符合规则的不发令。一出现稳、停和基本符合规则时应立即发令。

2）发令的要点。放下信号器时，执行裁判员应在运动员开始握杠提铃时即将手指放在按钮旁，全神贯注，以便及时发令。没有放下信号器（或信号器失灵）时，可由主裁判员用手势和口令进行发令。手势发令要做到眼到、口到、手到。反应要迅速、果断，口令"下"要清晰响亮，手势动作要快速明显、从上而下、手口一致。

(8) 运动员完成动作后，3名执行裁判员的判断以少数服从多数决定成败，两个以上白灯表示成功，两个以上红灯表示失败。

没有灯光设备（或灯光失灵）时，可用小红旗、小白旗分别代替红灯、白灯。为了使3名执行裁判员同时行动，主裁判员应用铃或哨音做信号。

需要注意的是，场上执行裁判员在工作期间不应做任何记录。

3. 竞赛后。比赛结束后，要做到及时在竞赛记录表上签名；及时总结经验，进一步领会规则要求。

四、举重竞赛技术犯规动作

（一）所有举试中的犯规动作

1. 从悬垂状态提铃。
2. 除双足外，身体其他部位触及举重台面。
3. 伸展手臂的过程中有停顿。
4. 用推举完成动作。

5. 起立时手臂有屈伸动作。
6. 在试举过程中离开举重台，或身体任何部位触及举重台以外的区域。
7. 在肩部以上松开手扔下杠铃。
8. 放下杠铃时未能使杠铃整体接触举重台。
9. 试举开始时没有正面面向中间裁判。
10. 在裁判员发出信号前放下杠铃。

（二）抓举中的犯规动作

1. 提铃过程中有停顿。
2. 杠铃横杆触及运动员头部（头发和任何头饰均视为头部）。
3. 提铃过程中犯规动作。包括：①在杠铃上提到最终位置前，横杠触及胸部的位置，被视为"二次用力"；②肘部或臂部触及大腿或膝部。

（三）上挺中的犯规动作

1. 任何明显用力上挺而未完成的动作，包括降低身体或屈膝（两次以上预蹲）。
2. 上挺前任何有意地使杠铃颤抖。运动员在上挺前必须处于静止状态。
3. 未完成的动作和位置。
1) 试举完成时双臂屈伸不平均或未完全伸直。
2) 动作结束时，双足和杠铃未成一条直线，并且与躯干的平面平行（躯干的平面，面对主裁判不得大于90度）。

思考题

1. 举重竞赛动作的技术原则有哪几条？论述第二条"快"的作用。
2. 在举重比赛中，抓举、挺举的犯规动作有哪几种？
3. 叙述挺举的过程。
4. 举重运动的特点是什么？
6. 什么是两人保护法？
7. 发展下肢力量的动作有哪些？
8. 发展腿部力量的有效练习有哪些？
9. 什么是弹跳力？
10. 执行裁判的职责是什么？

第十三章 体育游戏

第一节 体育游戏概述

美国学者休密茨说:"竞技运动从根本上讲是游戏的延长,它的基础在于游戏,它的主要价值是从游戏中派生出来的。"①

日本学者今春浩明说:"竞技运动从广义上来讲与游戏同义,从狭义上来讲认为竞技运动是游戏的各种形式之一。"②

体育游戏是在游戏发展进程中派生出来的一个分支,它融体力发展、智力发展、身心娱乐于一体,既是游戏的组成部分,又与体育运动有着密切的关系。因此,体育游戏是在一定规则约束下,以身体练习为基本手段,以增强体质、娱乐身心、陶冶性情为目的的一种现代游戏方法,是具有鲜明的教育学意义的体育运动项目。它综合人体的跑、跳、投、攀登、爬越和日常生活起居等基本生活与劳动技能以及各项体育运动基本运动形式,通过多种形体动作,并根据全民健身的需要、学校素质教育的需要,有针对性地拟定具有教育意义的故事和竞技性较强的比赛规则而创编的。

体育的重要手段之一就是游戏。游戏是对未来所需要的技能的一种培训,游戏重复了成人过去的生活经验,在游戏中体验时尚与个性、动感与活力的现代城市生活,既将生活领域中的快乐体验带到游戏世界中来,又在游戏中寻找在其他生活领域无法得到的快乐。游戏中不同的故事情节反映了当代社会的各种现象,因此引人入胜。游戏的竞争性强,可以激发人的智能、体能,间接有效地提高游戏者的学习、生活、劳动技能,提高全民的身体素质。通过体育游戏,还能增强人们的竞争意识和坚强的意志品质,培养良好的规则意识、人际交往、团结协作,这对青少年进行吃苦耐劳教育、对人们建立现代人生观都有很大意义,因此,体育游戏对各年龄段的游戏者都有积极的启发和教育作用。

体育游戏能够改善和提高各种活动技能,如走、跑、跳、投、攀登、爬越等日常生活中所必需的活动技能。学校中的游戏可与田径、体操、武术、球类、水冰类等运动项目密切配合,能够增进青少年的健康,使他们扎实掌握各项运动的基本技术,掌握生活中基本的活动技能,促进其身体的全面发展,有利于培养德、智、体全面发展的人才。

---

① [美] Roger A. Mccain.《博弈论战略分析入门》,北京工业出版社2008年版。
② 转引自盛浩明:《我国优秀男子手枪速射技术的肌电研究》,载《北京体育大学学报》2008年第18期。

体育游戏是在变化的环境中进行的，它能够发展人的机智、敏捷、迅速的判断力，并增强其记忆力。游戏需要人自觉地和创造性地按规则完成，它不仅对发展身体有很大意义，并且对智能的发展也有良好的影响，它可以使游戏者认识周围环境，发展思维，培养主动性、创造性。在游戏进行中应严格而准确地贯彻游戏规则，服从集体利益，以养成服从组织、遵守纪律、勇敢顽强、机智果断、不怕苦、不怕累、勇于克服困难、勇于承担责任等优秀品质，以及团结友爱、互帮互助等集体主义精神。在游戏中，参与者能够充分表现出活泼、愉快、乐观的情绪，是一种促进身心发育的教育和娱乐手段。

第二节 体育游戏的功能及特点

一、体育游戏的功能

体育游戏是一项特殊而有价值的活动。随着生产力和社会文化的发展，它的功能不断被人们认识，并在社会生活中发挥其作用。在文字产生之前，人类主要通过游戏向儿童传授生存和生产的技能，即使文字出现后，游戏仍作为学习技能的有效教育手段。

体育游戏是在一定规则的约束下进行的。规则不仅保证了游戏井然有序地进行，而且调节和约束着参与者的行为和相互关系，从而使游戏在公平、合理、安全的情况下进行。因而，体育游戏是培养青少年遵守社会生活准则的一个教育过程。另外，在社会公共场所中，体育游戏活动使个人之间、个人与集体之间的相互交流更为频繁，在频繁的交流活动中加深了互相的沟通和了解。体育游戏提倡团结合作，讲求发挥集体的力量，不计较个人的一时得失，为青少年进行自我教育和接受教育、改善人际关系、提高社会适应能力提供了契机，让参与者在欢乐中受到教育。

体育游戏是一种以身体活动为基本手段的游戏。经常参加体育游戏，对改善人体状况、发展身体素质、提高各种基本活动能力和对自然环境的适应能力都有较大益处。

少年儿童处于长身体的关键时期，体育游戏中有大量适合他们的内容和形式，这些游戏有助于他们掌握正确的走、跑、跳、投等基本技能，对他们今后的发展和身心健康有着特殊的意义。尤其对于儿童来说，游戏是儿童的主导活动，能培养他们高尚的情操，引导他们认识客观世界，促进他们的身心发展，是对他们进行全面教育的有力手段。教育专家建议，对孩子来说，最好的教育就是童真游戏，它能让孩子的天性得以释放。儿童时代的身心健康往往关系到长大成人后身体的健康、人格的健全，应该多带儿童到户外，参与那些充满童真的游戏，让其身心得到健康发展，度过快乐而美好的童年。

中年人经常参加体育游戏，可以改善体内新陈代谢的平衡，对防止各种疾病有着十分重要的意义。中年人往往家务负担重，工作压力大，如果经常参加体育游戏，既可以互乐，又可以自乐，在游戏中使自己情绪有所放松，在欢乐中排除烦恼。所以，经常参加体育游戏活动是中年人进行身体锻炼的最佳选择。

对于退休后的老年人来说，保持头脑清醒、手脚灵便十分重要，适当参加一些形式活泼、运动量较小的体育游戏具有延年益寿的良好效果，保持一定的运动负荷，增强与同事、邻里间的交往，保持与社会的联系，对老年人的身心发展都有好处。

现代社会发展的一个显著特点就是生活节奏逐渐加快，竞争愈来愈激烈，身处这种环境，人们难免会心理失衡，如果承受压力甚至打击的能力不强，心理状态不稳定，心理素质水平低下，都可能对学习、工作、生活造成潜在的威胁，而体育游戏对于改善游戏者的心理状况、提高其心理素质水平有着良好的作用。

体育游戏寓教于乐，在轻松、愉快的气氛中进行，使参加者欢乐、自由、激情荡漾，能对人们因各种原因产生的暂时的心理失衡、情绪沮丧产生缓冲和宣泄作用，对情绪情感产生积极的干预与调节。许多青少年往往期望值过高，一旦遇到不顺利或不顺心的事，就会陷入困惑而失去信心。体育游戏以其丰富的活动形式，使他们在各种成功的鼓舞和失败的磨炼之中能正确对待成败，重新认识自我，充分发挥自身的潜力，提高信心和受挫折的能力。

体育游戏不是单纯的活动性游戏，它是体力活动结合智力活动、全面发展人们身心的教育手段。体育游戏的规则不如竞技体育那样严格，单靠体力并不足以取胜，往往要靠灵活、机智、有创造性的思维活动来辅佐，这就有利于培养参与者形象思维的能力。大多数游戏都是在斗智、斗勇中进行的，要在游戏中获得胜利，就要开动脑筋，启发积极思维，选择最佳的游戏方案，采用有效的方式方法，还要理解规则、运用技巧。青少年注意力容易分散，通过一些集中注意力的游戏，在提高他们的心理素质水平、注意力的稳定上可获得事半功倍的效果。

体育游戏由于简单易行、趣味无穷，不受场地、器材、气候的限制，选择自由度大，过程变通性强、可塑性大，老少皆宜，能使参与者轻松快乐，故其娱乐功能越来越受到人们的重视和喜爱。

随着人类社会的发展、生产力的提高，特别是电子时代的到来，人们的闲暇时间逐渐增多，因而对文化娱乐的需求也愈来愈大，如何安排这些闲暇时间，已成为社会问题。通过参与体育游戏活动，可以使人们产生自信，满足人们交往、合作的需要，使过剩的精力得到释放，使高强度工作带来的紧张和压抑得以消除。

体育游戏由于有着各种不同的形式和特点，使参与者在活动中产生不同的情绪体验，使其心理情绪得到调节，生活质量得到提高，无疑是一种积极健康的娱乐方式，作为人类的一种具有特殊意义的体育文化活动，随着时代的发展、人们需求结构的不断改善和提高，其功能还将更进一步发展，并被人们所认识、挖掘。

二、体育游戏的特点

（一）是有目的、有意识的活动

体育游戏是有目的、有意识的活动，或是为了传授生活和劳动的技能，或是为了发展游戏者的体力和智力，或是为了娱乐，或是为了强化和提高某一运动项目的基本技术。正由于体育游戏是人类有意识的活动，因而在游戏活动的过程中，人们可以创造性地创编游戏的方法、内容，制定游戏的规则，传授游戏的经验，不断地创造出新的游戏。第二信号系统在这个过程中起着重要的作用。从这个意义上来讲，只有人类才有游戏，动物虽也有一些类似游戏的嬉戏，但只是无意识的本能活动，与人的游戏有着本质的区别。

（二）有虚构和假想成分、非生产性

体育游戏的另一特点是有虚构和假想成分、非生产性。在游戏活动中，人们可以扮演各种不同的社会角色，这些角色可以与个人在现实生活中的角色毫无联系。如在儿童游戏中可以扮演爸爸、妈妈，也可以扮演医生、护士、售票员等角色。所谓游戏的非生产性，主要是指游戏是非功利的，它并不产生游戏自身目的以外的其他实用价值，人们参加游戏在动机和结果上都是排斥功利主义的。正因为游戏的假想成分和非生产性的特点，人们在游戏之前无需做更多系统训练的准备。扮演角色是游戏的主要内容，根据角色的要求来调节自己的行为，把社会客观存在的行为规则变成主观内在的行为规则，游戏可以缩短掌握道德行为规则的过程。

例如，通过体育游戏手段，让游戏者体验残疾，唤起学生的真情。随着课程改革的推进，"情感态度价值观"已成为目标，能实现对学生的精神构建、灵魂塑造、人格养成。那种让学生站在旁观者的立场上静态地分析人的做法，虽然能让学生知道应该怎样做，获得理性认识，但这种间接在知识学习中获得情感体验的方法完全不同于直接在实践活动中获得情感体验，这种缺乏内心触动的情感只会让学生成为"嘴里讲道德，耳中听道德，而所作所为不合乎道德标准"的两面人。游戏体验拉近了我们与残疾人的距离，在带有自身情感的感受与理解中，学生们自然而然地与残疾人产生了共鸣，引发了他们内心而非表面的道德情感，引发了他们真实而非虚假的道德体验和道德认识，使他们真正地由他律向自律转变，真正学会如何做人。

（三）教益作用

在游戏中能摆脱现实生活中的忧愁和烦恼，在带有一定情节性的身体活动中使身心得到全面发展。体育游戏具有竞赛的因素和一定的活动情节，这就增加了它的趣味性和吸引力。体育游戏为人们提供了一个模拟的小型社会舞台，通过模仿各种社会角色，学会处理人际关系，遵守社会规范，适应社会生活，是对参与者遵守社会准则进行强化的手段，是在人与人的相互交往中进行自我教育和接受教育、增强社会规范意识、提高社会适应能力的强化过程。

同时，游戏总是受一定规则和要求的制约，规则本身有一定的教育意义，可以调节游戏者之间的关系，是游戏得以公正、安全、顺利进行的保证，有助于游戏的发展。另外，我们也可以通过体力劳动与体育游戏的对比，进一步认识体育游戏与体力劳动的关系，游戏规则可以根据身体的条件和增进健康的需要来确定活动的强度、时间和内容，选择有利于健康的环境进行活动。因此，在增进身体健康、增强体质方面，体育游戏的作用是体力劳动所无法替代的。

（四）变通性

体育游戏中的动作、路线、规则可以根据参与者的具体情况做一些相应的调整，场地器材也可以根据实际情况来选用。可以提出严格的动作规范要求，也可以淡化动作规范要求，这与竞技体育完全不同，体现出较大的变通性特点。

同样，体育游戏中的路线，可以根据参与者的情况和要求做相应的变通，可以是直线、曲线，也可以是弧线或螺旋形；可以一次直达终点，也可以几个人采用接力的方法达到终点。除此之外，竞争的内容也可以随意变通，可以比体力、比技巧、比智力、比能力，也可以比运气、比与同伴的协作、比集体的力量、比应变能力、比勇气，等等，因此，出现的结果可能也是多种多样的。体育游戏中的规则，只要有几条主要规定保障游戏的进行即可，不必过于精细。规则可根据体育游戏的目的，对活动的路线做不同的限制，以产生不同效果。

竞争性体育游戏和其他游戏一样，也具有一定的竞争性，但是，体育游戏的竞争与一般竞技体育的竞争又有所区别，竞技体育的竞争规则严谨，只有那些身体素质好、技术战术水平高的人才有机会获胜，而体育游戏由于活动方式有较大的可塑性和可变通性，尽管游戏结果也大多以胜利而告终，但它的获胜因素是多种多样的，可以因体力强而获胜，也可以是因技巧高而领先，还可以是因为计谋深而夺冠，甚至不排除有因运气好而登上领奖台的。因此，它可能出现多种多样的最后结果，让人无法预知，体育游戏的这种竞争性，可以使弱者有成功获胜的希望，能给强者提出更新的挑战，只要全力以赴，让游戏参与者都有夺冠的可能，在游戏中可以更好地挖掘人的最大潜力，各显神通。也正是由于体育游戏有这样的诱惑性和竞争性，它对于广大的游戏参与者才有更大的吸引力。

体育游戏上述这些主要特点，使其具有极大的发展动力。

第三节　体育游戏的教学方法

一、体育游戏教学的准备

体育游戏教学是一个有计划、有组织的教学过程，因此，上课前必须准备好游戏教材，教材的选择应该根据体育游戏运用的目的来安排，还要考虑参加活动的人数、年龄特点、身体素质、训练程度、兴趣爱好，以及游戏的环境、场地、气候、季节条件等因素。具体运用时还特别要注意教材的时效性，充分利用现代新兴的科学技术，老游戏新玩法，选择简单、易学、好开展、针对性强的内容。选择教材时要注意与其他运动项目的教学内容互相配合、互相补充，强化与掌握基本技术，因人、因时、因地而异。寓教于乐，注重品德教育，创造条件让学生充分表现自己的个性心理，加强对学生意志品质、团队精神和进取心的培养；使学生增强竞争意识，充分利用规则、享受规则，启发积极思维，促进智力的全面发展。

另外，注重游戏场地、器材的准备，体育游戏对场地器材的要求极低，几乎所有的地方都可以成为开展体育游戏的场所，根据实际情况因地制宜，场地的大小要根据游戏内容、参加人数、场地条件而定，充分利用空地和自然环境，并力求避免干扰，方便教学。安全性是准备场地、器材的首选条件，包括清除场地杂物，检查器械是否结实、牢固，周围有无障碍物，等等。所有的生活用品、小生产工具都可以成为游戏的道具，因陋就简、少花钱、多办事，是开展群众性体育运动的基本原则。因此，应充分利用废旧物品，如汽车轮胎、矿泉水瓶、麻袋等，或者自己动手制作一些简单易行的器械，如小沙包、木棍、跳绳、小旗等，既培养了学生的动手能力，又培养了学生勤俭节约的好习惯。体育游戏对场地器材条件要求的低廉是它备受人们青睐的又一重要原因。

二、体育游戏教学的组织

体育游戏教学的特点，决定了体育游戏教学的组织与教法是一项比较复杂和细致的工作。游戏的教学组织工作是完成游戏教学任务的重要环节，游戏教学方法是教学过程中完成教学任务的途径和手段，教学组织是否严密、科学，教法选择和运用是否正确、适当，直接影响游戏教学任务的完成。教师应根据体育游戏教学的形式、特点、内容和任务要求，从实际出发，选用符合体育游戏教学规律和学生特点的组织与教法。

有了好的游戏内容，并不能完全保证一定能上好游戏课，教学是否达到良好的教育效果，还要看教学过程安排得如何，也就是说，教师教学的组织方法是上好一堂游戏课的关键。体育教师根据体育游戏教学特点、任务和实际情况，对学生、场地、器材进行合理安排。体育游戏组织水平的高低直接影响着体育游戏的教学质量，它既是实现体育游戏教学任务的一个重要环节，也是衡量教师是否充分发挥主导作用的因素之一。

游戏的竞争性特点决定了游戏的活动形式。大多数游戏都是以分组对抗的方法进行的，为了使参与者在同一起跑线上公平竞争，合理的分组就成了游戏面临的第一个问题。一般来说，分组的方法有固定分组法、报数分组法、"点将"分组法和自由组阁法等，但是，无论选择哪种分组方法，都要以简便易行为前提，使所分出的各组实力相当，保证游戏能顺利进行，保证教学有良好的效果。尤其对于男女合班上课的游戏安排，更应注意分组的合理性，还要考虑人数不等、特体生、男女生人数不均等的解决办法。

引导人的确定对于游戏如"贴膏药""老鹰抓小鸡""捕鱼"等的顺利开展起着举足轻重的作用。一般地说，引导人的选择有自选法、制定法、鼓励法、条件法、自荐法等，无论采用哪种方法，引导人的选择要根据游戏的要求有一技之长，能引导游戏者积极、主动地参与，起着鼓动者和催化剂的作用。

游戏者的行为控制主要由游戏的领导来完成。无论是教师还是游戏活动的主持人，对游戏教学的顺利进行起着关键性的作用。在游戏全过程中，既要强调教师的主导作用，又要充分发挥学生的积极性。

教师领导游戏时，应使游戏者不只追求游戏的结果，更要重视对弱者的鼓励，并给他们安排适当的活动和角色，使全体学生都积极参加游戏教学活动，并在活动中受益。

体育游戏教学的主要任务就是要全面发展学生的身体素质，使其提高跑、跳、投、攀登、爬越等基本活动能力，增强体质，在学会正确姿势的基础上，提高体育的基本技术和技能。教师还应结合游戏的内容和特点，培养学生朝气蓬勃、团结友爱、互帮互助的团队精神和机智勇敢、勇于克服困难的优良品质，发展学生的思维能力、模仿能力、想象能力，促进其智力的全面发展，培养学生的竞争意识。

三、体育游戏的教学方法

体育游戏的教学方法是指在体育游戏教学过程中完成体育游戏的途径和手段，教学方法运用是否恰当，直接影响教学效果。

教学方法讲究客观、实效，常采用讲解和直观教学的方法。

（一）讲解

讲解要用生动形象的语言，简单扼要、准确地把游戏过程和具体方法交代给学生，可以采取边讲解边示范的方法。为了使学生能够听清楚教师的讲解，要注意安排好学生的队形，学生听讲解的队形最好就是准备游戏的队形。讲解要注意系统性，一般的顺序是游戏的名称→游戏的方法→游戏的规则→游戏的结果（赛制与奖惩办法）→游戏的要求等。

（二）直观教学

直观教学是体育教学的一项重要手段。俗话说"百闻不如一见"，让学生了解和明确游戏进行的具体方法和全过程，建立游戏活动的正确表象，无疑能对游戏的顺利开展起到至关重要的作用。演示可以借助学生进行，但力求做到简练、明确、省时。为了有效地完成体育游戏的教学任务，保证体育游戏教学的顺利进行，收到良好的教学效果，在教学活动中要做到以下几点：

1. 自觉遵守游戏规则。规则就是规定出来供大家共同遵守的制度或章程，在同一起跑线上，比智慧、比能力。要充分利用规则、享受规则，充分利用规则的变通性，鼓励或约束、促进或限制来调动学生的积极性和观众的热情。

2. 适时调整运动负荷。体育游戏教学过程是一个不断依据各种信息反馈进行调整的控制过程。教师通过对学生情绪、动作、活动秩序等入微的观察、分析和判断，及时采取措施调整游戏的运动负荷，以达到良好的教学效果。

3. 时刻把安全放在首位。教师要有游戏的常规要求，对游戏中可能发生的不安全因素都要预先估计到，并积极寻求防范对策，避免和防止伤害事故的发生。这些安全因素包括：场地、器材的安全，选择游戏内容的安全，组织措施的安全，规则制定的安全，等等，把安全隐患扼杀在萌芽状态。

4. 突出育人特点。充分发挥学生的主观能动性，启发学生积极思维，正确引导和激发他们个性和心理品质的发展，培养其遵纪守法、热爱集体、积极参与、勇于进取、吃苦耐劳的良好习惯。

第四节 体育游戏竞赛的组织与裁判方法

一、体育游戏竞赛的组织

体育竞赛活动是学校体育的一个重要方面，是推动学校群众性体育活动广泛开展、增强体质和提高运动技术水平的重要措施。游戏竞赛的目的是培养学生的爱好，引导他们积极参加体育运动，丰富学生的业余文化生活，振奋师生的精神，通过互相观摩学习，加强团结、交流、互动。一次成功的体育游戏比赛还能起到良好的宣传鼓动作用，激发人们积极参加体育锻炼的自觉性，活跃体育文化生活，促进人们之间的感情交流和社会交往，使游戏的参与者和旁观者都得到愉悦的体验。同时，体育游戏能起到总结交流经验、相互促进、共同提高的作用，还可以培养参与者严格的组织纪律性和集体主义精神，以及不骄不馁、勇敢顽强等优良品质。

体育游戏竞赛的组织管理是一场十分复杂而具体的工作，涉及的部门和人员众多，组织工作更是纷繁复杂，如果组织管理不当，就会出现混乱局面，甚至使比赛无法正常进行。那么，如何才能组织好一场体育游戏竞赛活动呢？

举办体育游戏竞赛活动，应根据上级领导机关和主管部门的有关规定及竞赛计划，结合本地区、本部门的具体情况，确定竞赛项目、竞赛时间和具体内容。形式可以是个人的、团体的，也可以以家庭为单位。无论是什么形式的比赛，都需要组织者对比赛方案的设计、赛前的准备工作、比赛中的组织调配直至比赛结束后的扫尾工作等进行认真有序的安排。若要使整个组织工作有序地展开，必须制定一整套合理有效的工作程序，否则，游戏竞赛将会杂乱无章，收不到应有的效果。

体育游戏竞赛是一项群众性的体育活动，涉及人员、场地、器材、时间及经费等多方面因素。因此，游戏竞赛的组织者必须在认真调查、访问、摸底的基础上，设计出竞赛方案，提供给有关领导。

首先，设计体育游戏之前要进行调查和了解、摸底工作。调查了解参赛的领导和群众是否支持，是否愿意参加，身体状况及素质情况，对哪些运动项目感兴趣，场地器材情况，组织者与裁判人员的素质与水平，竞赛所需要的资金情况，等等。

其次，制订比赛方案。通过调查了解，根据实际情况，草拟初步方案，向主管部门提出书面报告。方案一般包括下列内容：举办体育游戏比赛的目的和意义，比赛的时间和地点，比赛的具体项目，参与比赛的人员资格、人数和队数，比赛的组织者、主持人、裁判的人数及来源，名次录取及奖励办法，经费预算，等等。

最后，做好竞赛过程和竞赛结束后的组织工作。赛前确定正式比赛项目，制定好竞赛规程，准备好竞赛前所需要的物资供应，包括备用器材，编排好竞赛秩序册，组织骨干培训，进行宣传教育和全面检查工作。竞赛中注重抓好裁判员、工作人员和运动员的组织工作。组织裁判员认真学习规程、规则，明确整个竞赛的设计安排和各人的职责。

赛场工作人员要在赛前了解比赛的方法、规则，各参赛队的基本情况，做好安全保卫、医务监督和宣传报道工作，按竞赛场次和要求清理、准备好竞赛场地和竞赛时所需的各种器械，包括备用器械、各种记录表格、奖品、奖金等，及时准确地在指定地点公告比赛成绩。参赛运动员则要求按规定着装，准时到检录处检录，听从指挥，服从裁判，争取取得好的成绩。比赛结束及时清理场地器材，做好总结。

二、体育游戏的裁判方法

体育游戏的裁判工作和其他运动项目的裁判工作一样，必须有一个明确的规则，让裁判员掌握，让运动员了解，只有这样才能保证竞赛工作的顺利进行，有利于体育游戏的发展。竞赛是体育运动的主要特点，运动竞赛以争取优胜为直接目的，而规则是由一定的行为主体指定的要求、准许某一类人或者社会团体以某种形式行动的指令性原则，它在体育竞赛中起着至关重要的作用，决定比赛的成功与失败，起着鼓励与约束的作用。体育游戏可塑性强，变通性大，可根据竞赛的进程和需求随时变更，临时合理而巧妙地修改规则条文，能调动参与者的积极性和观众的热情，这也是大众体育与竞技体育的最大不同点。游戏规则要求与整个比赛方案设计一起事前让各参赛选手知晓。

游戏活动的规则和体育游戏竞赛的规则都具有简单明确、条目少的特征，这是因为，在体育游戏活动或竞赛中，通常会出现并直接影响竞赛的"巧取行为"，由于规则条目少而精，能最大限度地调动参与者的积极性，留下较大的余地和空间让参与者判断和选择，限制越少，自由度越大，娱乐的气氛就越浓，竞争就越富于想象力和创造性，最终也会取得好的效果。

体育游戏的竞赛多以判定胜负而告终，因此，除了在活动方法中夹带判定胜负的办法外，在规则中也存在许多判定胜负的方法，如记数法、记环法、记距法、就时法、淘汰法、标准分数转换法等，可根据需要设计多种判定胜负的办法。

第五节　体育游戏的创编与实践

一、体育游戏的创编

随着社会的发展，人们对体育游戏的需求不断变化，体育游戏的功能不断拓宽。作为体育工作者，不能因循守旧，而应该在实际工作中不断收集素材，创编更新颖、更具实效的体育游戏，以满足社会的需要。体育游戏是特殊体育文化活动，要使其在社会生活和体育教育中发挥应有的功效，在实践中切实可行。游戏起源于生活劳动，并随着社会发展成为现代教育手段和内容，因此，体育游戏的创编主要从教育学以及体育学的视角进行。

体育游戏创编要有明确的目的，做到有的放矢、新颖多样，趣味性强是吸引参与者积极参与的根本所在，促进游戏者身心健康的发展，是体育游戏最根本的目的。通过体育游戏不断提高游戏者的身体素质，巩固与提高某些运动项目的运动技能，也是体育游戏的功能所在。创编体育游戏主要注意以下几点。

（一）继承是基础点

有针对性地继承和保留一部分对体育教学有积极影响的传统体育游戏，或借鉴和吸收部分传统、军事、魔术、舞蹈、戏曲、民间等游戏中的积极因素，以及提炼、整理一些日常生活和劳动中的基本技能，这样，既可以让游戏者了解我国民间、军事、魔术、舞蹈、戏曲、民族的传统文化，增强游戏者的民族感和自豪感，又可以培养、体验日常生活中的一些基本技能，激发和保持游戏者参与体育活动的兴趣。

（二）改造是关键点

对传统的体育游戏进行积极改造是创编游戏的又一重要途径。我们要充分考虑游戏者的兴趣，利用丰富多样的手段、方法，把游戏改"活"、改"新"。

（三）创新是突破点

进行游戏创新时，我们可以有意识地引入其他学科、其他领域的知识和内容；可以根据实际大胆地对游戏进行取舍、整编；可以创造性地设计游戏的内容、方法、手段，并通过对一些新兴项目的学习、引用，结合现有条件进行开发、整合。在不断修改和完善游戏的过程中，努力寻找"嫁接点"，开发出新的游戏教材和学习内容，并要注重游戏的安全性、针对性、主题性、严谨性和娱乐性。

（四）安全是保障点

让游戏者在游戏中玩得安心、开心，才能充分体现创编游戏以人为本的观念。在游戏实践中，参与者兴奋度高，思想放松，容易导致安全事故的发生。因此，在游戏创编时，必须做到防患于未然，尽可能地排除不安全因素；要对动作的可行性、安全性进行科学分析，并严谨细致地做好组织工作；应设计相应的替代性器材或做相应的改变以解决存在的安全隐患，把安全隐患扼杀在萌芽之中。

（五）情感是交汇点

创编的游戏应能促进游戏者之间、游戏者与组织者之间情感的发展，能让游戏者在游戏中学会与他人沟通、互动、合作，积极向上，并形成良好的品格和健康的心理。

（六）集体是凝聚点

游戏创编应注重团队精神、集体主义精神、社会责任感的培养，让游戏者在集体游戏中有效消除孤独感和自卑感；让游戏者在游戏中体会集体、团队的温暖，增强集体荣誉感，自觉以集体的规范约束自己；让游戏者在与同伴的真诚交往中增进彼此的友谊，在集体和团队的"沃土"中实现个人的进步、成功，让个性在团队、集体中得到更好的发展、发挥。

经过构思和设计，一个体育游戏的创编基本完成之后，要通过实践进行检验，使其不断完善，最大限度地提高游戏的实用性、有效性和娱乐性。

二、体育游戏实践

体育游戏突出实用、娱乐,从婴儿、幼儿至少年、青年、中年直至老年终身受用,其宗旨就是为提高人们的文化素质和健康素质服务。人生的三个生活空间即学校、家庭和社会,是开展体育游戏最为广阔的群体与场所。

(一) 学校体育游戏

学校体育游戏是指在校学生以集体或个人为单位的体育游戏。当前,学校素质教育已成为培养跨世纪人才的战略举措,素质教育的目标是:"要使学生学会做人、学会求知、学会劳动、学会生活、学会健体和学会审美,为培养他们成为有理想、有道德、有文化、有纪律的社会主义公民奠定基础。"[①]

体育教育是学校素质教育的重要组成部分,体育教育担负着培养学生对体育的认同感。"终身体育"要在体育教学中体现,引导、培养、激发学生对体育运动产生兴趣、爱好,并终身受益。体育游戏是进行体育教学和训练的重要手段之一,也是大中小学体育教学大纲中的主要教材内容,它能够最大限度地激发学生对体育运动产生兴趣,有益于学生身心素质的全面发展,提高学校体育教学中素质教育的实效性。体育游戏教材的实施是学校体育改革的突破口,是"终身体育"教育的最佳手段。

(二) 家庭体育游戏

家庭体育游戏是以家庭成员为主体的体育游戏。家庭体育游戏首先是婴幼儿游戏,这些游戏对于早期开发婴幼儿大脑有明显的效果,现在越来越为人们所重视。专家指出,"一般常识下的自然教育法,无法达到人类自然本能的学习效果。只有努力设计,以激发这些先天的自然学习能力,才能符合教育法的基本精神"[②]。

家庭是一个特殊的人类文化空间,随着社会物质文明和精神文明的发展,要不断充实其内涵,促使每位家长在对孩子的文化素质教育、伦理道德、生命活力等方面的养成教育日趋完善。幼儿园的早期教育是培养人才的奠基工程,作为早期教育必不可少的手段是幼儿体育游戏,通过体育游戏进一步加深幼儿印象和记忆,培养其感知观察力、创造性思维能力是非常重要的。

家庭是社会的细胞,体育进入家庭,标志着社会进步,也是孩子成长的最好启蒙。通过体育文化,使父母学会对婴幼儿进行大脑教育。例如,在磨难型的体育游戏中,父与子、母与子"同甘共苦",夫妻间"同舟共济",使全家人在快乐、有趣的玩乐中对体育运动产生兴趣,不仅开发了全家人的智能、体能,真正体验到苦中作乐的滋味,同时也促进了家庭民主、平等,创设出和谐、温馨的家庭气氛。

(三) 社会体育游戏

社会体育游戏是群众大众参与的体育游戏。《全民健身计划纲要》明确指出:"为

---

① 蔡锡元、李淑芳:《体育游戏》,人民体育出版社2001年版,第9页。
② 蔡锡元、李淑芳:《体育游戏》,人民体育出版社2001年版,第8页。

进一步增强人民体质，适应我国社会主义现代化建设的需要，必须采取切实有效的措施，推行全民健身计划，发展群众体育。"

要加强全民健身的宣传力度，更新观念，增强健身意识，鼓励全民积极加入健身行列。为此，根据人们生活、工作、健身的需要，增加融健身、休闲、娱乐、交际、康复、团结协作于一体的形式多样、简易可行的体育游戏，以满足全民在节假日或茶余饭后休闲时选用。通过形式多样的体育游戏比赛，通过观摩和表演，使群众性体育健身活动增加趣味性，从而更加吸引群众参与体育活动。

三、体育游戏示例

体育游戏的分类多种多样，由于分类的依据不同，其效果也不一样。可按年龄分，按人体基本活动能力分，按运动项目分，按发展身体素质的任务分，也可按课的结构分，按活动形式分，按运动量大小，按室内外分，等等。有的体育游戏中往往包含两个或两个以上的分类因素，因此，要严格科学地进行分类是相当困难的。现在多数采用基本活动能力和体育项目相结合的方法分类，下面就按这种分类方法给大家介绍几组游戏。

（一）奔跑类体育游戏

1. 迎面接力赛。

（1）目的。发展速度，培养集体主义精神。

（2）准备。场地一块，接力棒若干。

（3）方法。将学生分成人数相等的两队，各队再分成两组，相距30米，面对面成纵队站立，一组排头持棒站在起跑线后（如图13.1）。

教师发令后，排头迅速起跑，将棒交给本队另一组排头，然后站到排尾，依次进行，每人都跑完一次，先跑完的队为优胜。

图 13.1

（4）规则。

1）接棒时不得越出限制线。

2）棒必须交到手中，不得抛接，掉棒时由本人拾起。

（5）教学方法。

1）做好准备活动，以免受伤。

2）可成横队站立，便于加油和观看。在轮到跑时可提前站到起跑线后。

2. 穿越树林。

（1）目的。发展应变能力及起动速度。

（2）准备。空地一块，画相距4米的两条平行线为安全线。

（3）方法。将学生排成一列横队，组成左

图 13.2

右间隔 1 米的"树林"。先由两人出列，一人为进攻者，一人为防守者（如图 13.2）。

教师发令后，防守者设法不让进攻者穿越"树林"，进攻者力争在短时间内穿越"树林"。两分钟后两人交换，看谁穿越"树林"次数多，多者为胜。

（4）规则。

1）在规定的两分钟内，进攻者必须穿过"树林"，否则为负分。

2）防守者只有在进攻者穿出"树林"与安全线之间的 2 米内拍到进攻者才有效。

（5）教学方法。

1）攻守安排多组进行。

2）也可采用守者持球用球传出触及攻方的办法进行。

3. 十字接力。

（1）目的。发展速度和灵敏性。

（2）准备。在场地上画一个边长 10 米的正方形，再将正方形的对角线画好，标杆 4 根，分别插在四方形的角顶处，接力棒 4 根。

（3）方法。教师可将学生分成人数相等的 4 个队，各成纵队，分别对准角顶的标杆站在对角线上，各队排头手持接力棒做好准备（如图 13.3）。

图 13.3

游戏开始，听到教师发令后，排头绕过标杆沿逆时针方向绕四边形跑一圈、将接力棒传交给本队第二人后，站到队尾。第二人按同样方法进行，直到全队跑完，以先跑完的队为胜。

（4）规则。

1）绕四边形跑时，必须依次绕过标杆的外侧跑。

2）递交接力棒后，要迅速离开跑动路线，不得妨碍他人。

3）超越别人时，必须从外侧绕过，不得拉撞、挡人。

4）如果掉棒，必须由本队将棒拾起，再继续跑。

（5）教学方法。此游戏可以采用运球形式的接力赛进行。

4. 穿梭跑。

（1）目的。培养灵活性和判断能力。

（2）准备。场地一块。

（3）方法。将学生分成人数相等的甲乙两队，两队前后相距 2 米，均成一路纵队站立（如图 13.4）。

游戏开始，乙队根据教师的动作，不断迅速地变换方向和做定位操。甲队队员从乙队每人中间做曲线穿梭跑，当甲队队员全部通过后，甲乙两队同时交换任务。

图 13.4

（4）规则。

1）乙队队员必须根据教师的动作，做统一操，不得有意打击甲队队员。

2）甲队队员通过时，不得碰触乙队队员，碰一次者负 1 分。但如难以通过时可稍停片刻，伺机而动，负分少的队为胜。

（5）教学方法。

1）此游戏活动量较大，可安排在课的基本部分进行。

2）可采用两队比赛的形式进行。

5. 二人三足。

（1）目的。培养动作协调、敏捷和相互协作的能力。

（2）准备。布带两条，小旗两面。在场地上画出一条起跑线，在距线 20 米处并排插两面小旗。

（3）方法。将学生分成人数相等的两队，各成两路纵队站在起跑线后，每队第一组用布带子把两人内侧脚的膝关节处绑在一起，双臂互相搭肩，准备起跑（如图 13.5）。

游戏开始，教师发令后，每队第一组立即向前跑进，绕过小旗跑回到起跑线，把布带子解开交给第二组，游戏照上述方法依次进行，每人轮流跑一次，最后以先跑完的队为胜。

图 13.5

（4）规则。

1）必须在起跑线后面把脚绑好，不准抢跑。

2）若中途带子散开，应在原地绑好后再继续跑进。

（5）教学方法。每队也可用两条带子，第一组出发后，第二组即把脚绑好，准备起跑。第一组跑回起跑线拍第二组的手后，第二组即可起跑。

6. 蛇形接力。

（1）目的。提高速度和快速变向跑的能力。

（2）准备。在起、终点线每两米处插根标杆。在相距 20～30 米的起、终点处插一标志旗。

（3）方法。将学生分成人数相等的两队，成纵队站在起跑线后（如图 13.6）。

发令后，第一人绕杆跑进，到终点折返，击本队第二人的手后到排尾站立。第二人依前人方法跑进，以先跑完的队为优胜。

图 13.6

（4）规则。

1）绕行跑进中将杆碰倒者需自己扶起杆。

2）必须绕过各杆后经终点标志杆后返回。

3）击手必须在起点标志杆侧后进行。

（5）教学方法。

1）可在往返时均绕杆跑进。

2）可采用迎面接力进行。

3）跑进可持棒进行。

7. 喊号追人。

（1）目的。发展速度及反应能力。

（2）准备。在空地上，画一直径为 10 米的圆圈。

（3）方法。学生站成圆圈，从排头开始 1～4 向后报数，要求每人记住自己的号数（如图 13.7）。

游戏开始，每人按规定方向沿圆圈慢跑，在跑步中听到教师喊某号时，该号数的人立即离队，从队外沿圆圈向前疾跑去追赶前边的同号人。在跑回原位之前以手触及前面同号者得 1 分，如追不上，则跑至自己原位时归队，游戏重新开始。

图 13.7

（4）规则。

1）追逐者必须从圈外跑。

2）没听到号者不得阻挡被喊号的追逐者。

（5）教学方法。

1）圆圈的大小可根据人数的多少适当调整。

2）叫号人与被叫号人的距离应适当。

8. 偷袭反击。

（1）目的。发展快速反应能力，提高快速奔跑能力。

（2）准备。在场地上画两条相距 25～50 米的平行线，线后为双方的大本营。在两条线后 2 米处，各画一直径 2 米的圆圈，作为双方"俘房"的收容所。

（3）方法。将学生分成人数相等的两队，横队分别站在两条线后。各队选出一名队员，两队队长猜拳决定谁先偷袭，如定甲队偷袭，则乙队队员背对甲队方向站立，甲队队长派出 3 名队员准备偷袭（如图 13.8）。

游戏开始时，甲队 3 名偷袭者走到乙队队员身后，乘其不备，轻轻拍其中任意 3 名队员的背部，然后迅速跑回本队大本营。乙队被拍背的队员则要立即转身去追逐甲队的偷袭者。如能在偷袭者到达大本

图 13.8

营前将其追上，就将该名"俘虏"带回己队，令其站进圆圈。如果乙队队员追不上甲队的偷袭者，则乙队队员自己站入甲队的圆圈，被当作"俘虏"收容。游戏照此进行，直至甲队每人进行一次偷袭后，则两队交换角色。以俘获的"俘虏"数多的队为胜。

(4) 规则。

1) 对方来袭时，背向站立的一方队员不得左顾右盼，站立的位置也不可远离线后。

2) 双方的被俘人员在一攻一夺中不得参加偷袭活动。

3) 在偷袭中，如本方队长被俘，则要及时另选一名队长以代替指挥偷袭。

(5) 教学方法。

1) 此游戏每次偷袭的人数可根据游戏人数的多少而适当增减。

2) 此游戏可连续进行，但每一个攻守回合之后，要及时交换俘虏以保证每人有参加游戏的机会。

9. 喊数抱团。

(1) 目的。集中注意力，发展反应能力。

(2) 准备。空地一块。

(3) 方法。学生沿圆圈跑步，教师突然喊出单个数字，如"2个"或"3个"或"4个"……学生听到数字后，立即与邻近的同伴按所喊出的数字抱成一团，最后剩下没有抱团的人表演节目（如图13.9）。

(4) 规则。不得用推、拉等动作挤出已抱团的人。

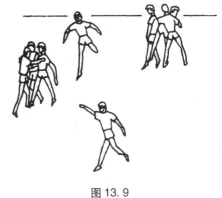

图 13.9

(5) 教学方法。组织游戏时，尽量使按数抱团之后总有几个人剩下。教师应在大家正跑步或做操时突然喊出数字，同一数字可重复喊若干次。

10. 跑垒接力赛。

(1) 目的。提高快速跑的能力。

(2) 方法。把学生分成人数相等的四个组，分别站在四个垒位的后面，各组的排头拿一个球出列踏垒，做好起跑准备（如图13.10）。

鸣笛后，各组都按逆时针方向跑完四个垒，回到原垒位把球交给第二个队员接力跑，直到全组跑完为止。先完成的组获胜。

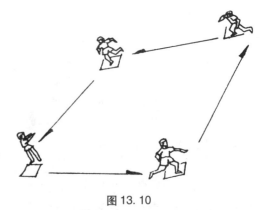

图 13.10

(3) 规则。

1) 跑垒时，应用脚踏上所经过的垒位，不得漏踏。

2)没有轮及接力的队员都要站在全线以外,不得妨碍比赛。
3)接力用球必须用手递交给接力人员,不得抛掷传递,中途掉球允许捡起来继续比赛。
(4)教学方法。场地可随意变化,传递物也不仅限于垒球。

(二)跳跃类体育游戏

1. 渡河。
(1)目的。增强弹跳能力。
(2)准备。在场地画两条10～15米的平行线,中间为河道,线外为河岸。在河道里画大小不同的两组圆圈作为石块。
(3)方法。把学生分成人数相等的两队,各队再分两组成纵队,面对面分别站在两端平行线后(如图13.11)。

教师发令后,先由各队第一个人开始跳,从一块石头跳到另一块石头,跳到对岸后与第一个人拍手,对岸第一人跳回。如此进行,最后以先跳完的队为胜。

图 13.11

(4)规则。
1)踏跳时,脚必须落在圈内,否则退后重跳。
2)下一个人必须被拍后方可进行跳跃。
(5)教学方法。
1)圆圈大小及多少可根据跳跃能力决定。
2)教师示范后,找两名同学试做一次,然后再比赛。
3)可传递小沙包或接力棒。
4)距离可根据学生情况确定。

2. 转圆跳。
(1)目的。发展弹跳能力。
(2)准备。长皮筋几根,皮筋的一端都束在一个立柱上。
(3)方法。学生出几人牵拉皮筋,组成圆圈,其他人成纵队站在场外。比赛口令发出后,排头先跑入圆圈内做跳皮筋动作,完成规定动作后,转入第二根皮筋处继续跳过,这时第二人跟进至第一皮筋处做跳皮筋动作。游戏者不断地跟进、转移,至跳完最后一根皮筋依次退出场外(如图13.12)。

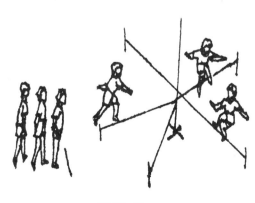

图 13.12

（4）规则。

1）中断跳皮筋者，与牵皮筋的学生对换。

2）凡是能完成一周跳跃者为胜。

（5）教学方法。

1）跳皮筋时边跳边音乐伴奏效果更好。

2）对跳皮筋的动作可提出要求，如单足、双足、跨越跳高等。

3. 跳山羊。

（1）目的。培养灵敏性，发展跳跃能力。

（2）准备。低山羊两个。

（3）方法。把学生分成人数相等的两队，分别站在距山羊5米处的起跑线上。游戏开始，每队第一人助跑分腿跳过山羊，落地以后转体180度，再从山羊底下钻过去跑回拍第二人的手掌，第二人做与第一人相同的动作，依次进行（如图13.13）。

图 13.13

（4）规则。

1）必须以单跳双落的方法起跳。

2）钻山羊时身体不能触碰器械。

（5）教学方法。

1）游戏前应加强腕、膝和踝关节的准备活动。

2）对学生的动作姿势不宜苛求，在山羊两侧可安排保护者。

4. 触吊球。

（1）目的。发展跳跃能力。

（2）准备。吊球若干。

（3）方法。将学生分成若干组，各组成一路纵队，每组前方同等距离同等高度各吊一个球（如图13.14）。

学生按要求做助跑起跳后用手触球，触到球即算摘到一个。吊球下设一人，随时报出摘到的数字。做一轮次后，摘得多的组为胜。

图 13.14

（4）规则。

1）必须用单脚起跳后去触球。

2）结合动作提出技术要求，不按规定技术起跳的，触球无效。

（5）教学方法。

1）挂吊球的带子不要太长，否则触球后的摆动太大，影响下一个触球。

2）若无技术要求，也可用接力的形式比在规定的时间内哪组摘得多。

5. 双人蹲跳。

（1）目的。提高协调性及下肢力量，培养其相互协作的能力。

（2）准备。在场地上画两条相距 5 米的平行线，分别为起跳线与折回线。

（3）方法。将学生分成人数相等的两队，各成两路纵队站在起跳线后。每队由第一组开始，两队背对背下蹲，并以两肘相拐，准备做蹲跳（如图 13.15）。

游戏开始，教师发令后，二人同时协调用力向折回线跳进，跳过折回线后，再迅速跳回。以先跳回的组为胜，胜者得 1 分。游戏按照上述方法依次进行，最后以积分多的队为胜。

图 13.15

（4）规则。

1）蹲跳时二人不得站起。

2）必须二人都跳过折回线后才能折回。

（5）教学方法。

1）游戏前，应试做双人蹲跳动作。要求学生二人肘要拐紧，跳跃时要协调一致。可以轻声喊"1、2、1、2"，以协调用力。

2）双人蹲跳也可改为侧向的蟹行动作，即二人左右脚同时依次向前走或跳进。

6. 双人跳绳跑。

（1）目的。培养相互配合、协调一致的合作精神，发展其跳跃能力。

（2）准备。跳绳（长 2.5 米）两根。在场地上画两条相距 15 米的平行线，一条为起点线，另一条为折回线。

（3）方法。教师将学生分成人数相等并为偶数的两队，各成两路纵队站在起点线后，横排两人为一组。各队第一组学生并肩站立，一人左手握绳柄，一人右手握绳柄，把绳荡在身后做好准备（如图 13.16）。

游戏开始时教师发令，二人同摇一根绳并跳绳跑到折回线。脚触线后，二人再跳绳返回本队，把绳交给第二组，然后站到队尾。第二组学生接绳后，依照前面的方法进行，直至全队轮流一次后，以先完成的队为胜。

图 13.16

（4）规则。

1）跳绳跑时，必须连续一摇一跳，不得全跑。

2）中途失误停绳后，必须在原地重新摇绳后方能前进。

3）两人的脚都触到折回线后方能返回。

（5）教学方法。

1）游戏前先试做几次双人跳绳。

2）双人跳绳也可以二人前后站立，用后面人摇绳二人跳进方法进行。

3）折回线处可插两面小旗跳绳跑回。

7. 跳障碍。

（1）目的。提高快速跑动中的灵敏性。

（2）准备。在场地上画出若干间隔为40、90厘米的格线和直径40厘米的圆。

（3）方法。每个格和圆内允许单脚着地一次，可以按人计算时间分胜负，也可以分成几个组进行比赛（如图13.17）。

游戏的要求也可以变化，例如，过横线时并脚跳过，过圆时必须用远侧的脚交叉步跨进圆内，等等。

图 13.17

（4）规则。

1）如有犯规动作或触线时，即扣1分。

2）用的时间最短、扣分最少者获胜。

（5）教学方法。

1）格与圆的布置在距离上要有一定的难度和条件。

2）如果格和圆用塑料条带做，能随意调整距离，效果更好，使用也更方便。

8. 跳越绳球。

（1）目的。发展灵巧性、协调性及反应判断能力。

（2）准备。将排球装在小网兜内，系在一条长绳上。

（3）方法。学生站成单行圆圈，相互之间约一臂距离。教师位于圈心，手持绳子一端，将球抡起平行于地面转动飞行。球离地20～30厘米，速度快慢酌情掌握（如图13.18）。

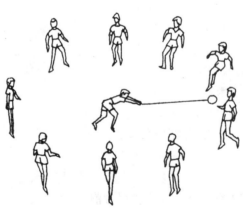

图 13.18

当球经过时,圆圈上的学生必须跳起让绳球通过,被绳球缠住或被击中为失败,如此若干次后,由失败者表演一个节目。

(4) 规则。不得离开圆圈站立。

(5) 教学方法。

1) 球不要离地面太高。

2) 轮球者可采用变速方式进行。

9. 火车赛跑。

(1) 目的。发展腿部力量和动作的协调性。

(2) 准备。场地一块。

(3) 方法。将学生分成人数相等的两队,各成纵队站在起点线后方,每个队员都把自己的右(左)脚伸给前面的人。左(右)手用手掌兜住后面队员伸来的脚,右(左)手搭在前人的肩上。排头不伸脚,排尾不兜脚,组成一列"火车"(如图13.19)。

图 13.19

听到出发口令后,全队按照一个节拍向前跳动。以"车尾"先通过前场端线的一组为胜。

(4) 规则。如遇"翻车"或"脱节",必须在原地接好后方能前进。"列车"完整通过终点才能计成绩。

(5) 教学方法。此游戏应根据学生不同条件来确定跳跃的距离。

10. 胜进败退。

(1) 目的。发展下肢力量和反应速度。

(2) 准备。在场地上画两条相距40米的平行线为起点线。

(3) 方法。将学生分成人数相等的两队,各成纵队分别站在两条起点线后,彼此相对站好(如图13.20)。

图 13.20

游戏开始,教师发令后,两队排头做蛙跳跳向对面起点线,当两人相遇时,停下来猜拳,胜者继续向前跳,败者退出游戏回到本队队尾。与此同时,败者队的第2人立即起跳,与胜者相遇时,停下来猜拳,依前进行,最后以先抵达对方起点线的队为胜。

(4) 规则。

1) 猜拳的负者须立即归队,不准阻挡对方前进。

2) 必须在猜拳后负方队员向回跑时,负方的下一个人才能起动跳出。

(5) 教学方法。

1) 此游戏所规定的蛙跳可以改成单脚跳、侧向跳等形式进行。

2) 猜拳的方法，双方可先分别确定为单双数，猜拳时，两个各自出示手指，以和规定数吻合的为胜。或者选用石头、剪子、布的游戏方法定胜负。

（三）投掷类体育游戏

1. 攻地堡。

(1) 目的。培养机智、灵敏以及协作配合的能力。

(2) 准备。排球两个。在场地上画 3 个直径分别为 1 米、8 米、12 米的同心圆。

(3) 方法。教师可将学生分成人数相等的两队，一队为进攻队，一队为防守队。守队选一名队员站在小圆和中圆之间防守。攻队队员站在大圆圈外，持球准备进攻。（如图 13.21）

游戏开始，教师发令后，攻队寻找机会设法将球攻入小圆圈内地面，守队尽量防止球攻中。攻队用球击中小圆地面，算得 1 分。当规定的时间已到时，攻守互换，最后得积分多的队为胜。

图 13.21

(4) 规则。

1) 防守队员，可以用手或脚阻止球落在小圆内，但不得踩线或用身体任何部位触及小圆内地面。

2) 防守队员，可以组成人墙，阻止持球人投球，但不能出大圆或进入中圈。

3) 攻队队员之间可以相互传球以捕捉战机，并可采用跳起投球或两球同时投击的方法得分，但不得进大圆。

4) 不得故意用球投击防守队员。

(5) 教学方法。

1) 此游戏也可用一个球，以增加进攻队的难度、减轻防守队的负担。

2) 3 个同心圆之间的距离和各个圆的大小可适当调整。

2. 打龙尾。

(1) 目的。培养灵活、敏捷、反应迅速的能力，提高投掷的准确性。

(2) 准备。排球一个。在场地上画一个直径 10～12 米的圆圈。

(3) 方法。将学生分成人数相等的 3 个队。一、二两队的学生均匀地站在圆圈线外，由一名学生持球准备掷击"龙尾"。第三队成纵队，后面的人扶住前面人的腰站在圆圈内。（如图 13.22）

图 13.22

游戏开始，教师发令后，圈外的人相互传递球，捕捉时机，掷击"龙尾"。"龙头"可以用手挡打来的球；"龙尾"则迅速奔跑躲闪，以避开来球。如果"龙尾"被球击中，则担任"龙头"，圈外的人再打新的"龙尾"。游戏如此依次进行，直到全队均担任过"龙尾"并被击中为止；然后与第一队或第二队互换角色，游戏继续进行。

（4）规则。

1）掷击者必须站在圈外，不得踏线、越线。

2）只准掷击"龙尾"腰以下部位。

3）"龙头""龙尾"必须保持纵队队形。"龙尾"不能蜷缩在队伍内，队伍也不能断开。

（5）教学方法。

1）被击中的"龙尾"也可站在圆圈外，帮助打"龙尾"。当2/3的人被击中出圈后，则换第二队，继续进行游戏。

2）三个队可进行定时比赛，以在同样时间内被击中人数少的队为胜。

3. 击球出城。

（1）目的。发展手臂力量及投掷的准确性，培养其相互协作的精神。

（2）准备。篮球一个、小橡皮球若干个。在场地上画一个边长12米的正方形，再于中间画一个边长1米的小正方形，将篮球放在小正方形中间。

（3）方法。教师可将学生分成人数相等的4个队，分别成横队站在大正方形的边线外，面向小正方形，每队1/3或1/2的人手持小橡皮球做准备（如图13.23）。

图 13.23

游戏开始，教师发令后，各队手持小橡皮球的人，用球击小正方形中的篮球，并使其滚出对面的边线，可以接住或捡起滚过来的小皮球，投击篮球，直到篮球被击出小正方形为止。各队的胜负以将篮球击出界的边线方位来确定。

（4）规则。

1）投掷小皮球的人不得进入大正方形，否则算犯规，将停止其游戏。

2）本队将篮球击出对面的边线为胜。

3）拾球的人只能就近拾球，不得乱抢球。

（5）教学方法。

1）可根据学生的年龄和投掷能力，适当调整两个正方形的大小。

2）亦可用两队对抗赛的方法进行游戏。

4. 看谁投得进。

（1）目的。发展上肢力量，提高投掷的准确性。

(2) 准备。小足球场一块、球门架一个、球若干个。

(3) 方法。每人一球，按报数顺序站于球门前一横线上，教师叫号后，被叫者立即将球投向球门。可采用各种投掷方法，看谁投得进。（如图 13.24）

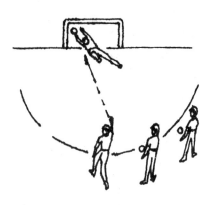

(4) 规则。

1) 投掷 2 次不进者，罚俯卧撑 10 个。

2) 守门员 3 次以上未挡出者受罚。

(5) 教学方法。

1) 人数多，可每人投掷 1 次，轮换进行。人数少，可每人投掷几次。

图 13.24

2) 可分 2 组对抗，根据 2 组进球多少决定胜负。

5. 攻碉堡。

(1) 目的。提高投掷能力及灵活性。

(2) 准备。标杆若干根，排球 2 个，在场地上画直径 1 米和 8 米的同心圆 2 个。用标杆分别在 2 个小圆内架起条件相等的"碉堡" 2 个。

(3) 方法。将学生分成人数相等的两队，分别站在两个大圆外。每队派 3 人到另队圆内做"碉堡"的守卫者。（如图 13.25）

当教师发出"开始"的口令后，站在圆外的人用排球向"碉堡"打击，守卫者千方百计将球挡住，不让球打到"碉堡"。攻打者可互相传球以调动守卫者，先打倒"碉堡"者为胜。然后再重新更换守卫者继续进行。采用 3 打 2 胜，也可 5 打 3 胜。

图 13.25

(4) 规则。

1) 投掷者不得踏入大圆内，踏入者取消资格。

2) 防守者不得踏入小圆内，踏入者取消资格。

3) 到 3 分钟时还未决定胜负则为平局，重新更换守卫者。

(5) 教学方法。

1) 注意安全，不得故意用球打人。

2) 投球的方法可根据课的任务和对象而定。如双手头上投球、单手肩上投球等。

6. 冲过封锁区。

(1) 目的。发展投掷、奔跑和躲闪的能力。

(2) 准备。球场一块、球若干个。

(3) 方法。学生按人数平均分为甲乙两队。甲队分两组站在两边线外，每人手持一球，以整个球场为"封锁区"。乙队站在球场端线外，当听到教师发出"冲锋"信号后，以快速跑跳和躲闪动作冲过"封锁区"，到对面端线以外。看有多少人被球击中，双方交换进行，以被击中少的为胜（如图13.26）。

（4）规则。

1）投掷人不得踏线，不得进区掷球。

2）掷球只限击打腰部以下部位。

（5）教学方法。

1）"封锁区"的界限可根据游戏对象的不同做适当调整。

2）教师在游戏过程中，注意时刻指出某些危险动作。

7. 击球。

（1）目的。发展投掷力量。

（2）准备。实心球2～4个，排球或稍轻的实心球每人1个。在排球场沿边线方向画3条线，分别为中线与限制线。

（3）方法。分成人数相等的两队，每人持球或实心球1个。将重量稍大的实心球放于中线上，当发出口令后，每人用手中的球向中线的实心球投出，将实心球击到对方限制线外为胜（如图13.27）。

（4）规则。掷者不准过线击球。

（5）教学方法。可采用各种掷球方式，如单手、双手，也可采用双手胸前或双手头上。

8. 投柱球。

（1）目的。发展上肢力量。

（2）准备。画一块长16米宽13米的长方形场地。在边线8米外画一条平行线为中线，距两端线1米外各画一直径2米的圆圈。在圈内各放一个跳高架，在距跳高架4米处画一条自由投掷线，备篮球1个。

（3）方法。把学生分成人数相等的两队，两队各选一守者站在圈内，其他人分成攻守两组，攻组站在中线附近，守组站在本方圆周附近（如图13.28）。

游戏开始，在中线跳球，得球一方借传球接近对方圆圈，用球投打跳高架，打

图13.26

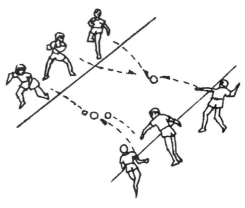

图13.27

图13.28

中一次得1分。每次投中后，中间跳球重新开始，在规定时间投中次数多的队为胜。

（4）规则。

1）传球方法不限。

2）不得带球走或跑超过两步。

3）防守队员不得越过中线。

4）守卫者不得出圈，其他人不得入圈。

5）犯规时由对方在自由投掷线掷球，其他人均在自由投掷线外。

（5）教学方法。

1）场地大小可根据学生年龄或人数多少而定。

2）在规定的活动时间内，可做休息或更换场地。

3）两队应有不同的鲜明标志。

9. 炸碉堡。

（1）目的。发展上肢力量。

（2）准备。画一条弧形投掷线，在线前面15米处放置大箩筐一只、"手榴弹"若干。

（3）方法。把学生分成4个组，各组分别站在投掷线后，依次用小木棒对准框口，用手腕鞭打的投掷方法，使"手榴弹"在空中沿横轴方向翻滚投出，投进多的组为胜（如图13.29）。

图 13.29

（4）规则。

1）过投掷线投进无效。

2）未按规定动作投无效。

（5）教学方法。

1）此游戏配合"手榴弹"教学进行效果较好。

2）游戏中可纠正动作。

10. 打"野鸭"。

（1）目的。发展投掷、准确、闪躲等能力和灵敏性。

（2）准备。排球场地一块，排球2～3个。

（3）方法。将学生分为人数平均的两队，以猜拳方法决定谁先做"野鸭"或"猎人"。以半块场地为"湖泊","野鸭"在湖里,"猎人"在岸上,猎人手中持2～3个排球作为子弹(如图13.30)。

教师鸣笛开始,"猎人"用球打"湖"内的"野鸭","湖"中的"野鸭"凡被击中者退出球场。在规定时间内,两队交换,击中"野鸭"多者为胜。此游戏中的"湖泊"可改圆形。可规定单位时间内打中"野鸭"数量的多少。

(4)规则。

1)"野鸭"活动范围不得离开"湖泊区"。

2)"猎人"不得进入"湖泊"之内射击。

3)球出场外,"猎人"必须迅速捡回,时间计入比赛有效时间。

(5)教学方法。

1)有条件的,可分两个场地进行。

2)若想节省因捡球而浪费的时间,可备用2～3个球。

图13.30

(四)球类体育游戏

1.运球。

(1)目的。提高运球能力,发展灵敏素质。

(2)准备。篮球场一块,画两条标志线,篮球两个。

(3)方法。将学生分成人数相等的两队,站成两路纵队(如图13.31)。

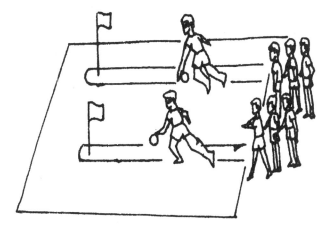

图13.31

教师发令后,各队第一个队员左手运球到第一条横线处,换右手运球到第二横线处(即中线处),换成地滚球到第三条横线处,再经自己腰后传球3次。然后用右手运球回本队,把球交给本队第二人,自己站到本队的排尾,最后以先完成的一队为胜。

（4）规则。

1）按照教师规定的方法运球。

2）球在哪里丢失应在哪里捡起并继续运球。

（5）教学方法。

1）此游戏可作为一般运球练习，也可作为篮球运球的辅助练习。

2）可根据学生水平规定运球前进过程中做各种练习。

2. 拾放球投篮接力。

（1）目的。提高在快速跑中捡到地面球及快速运球上篮的能力。

（2）准备。篮球两个、篮球场一块。

（3）方法。把学生分成人数相等的两个队，分别站在两端线外，中线两端各放一个篮球（如图13.32）。

游戏开始，各队排头快速跑到中线，捡起地面上放好的球，快速运球上篮。投中后按原路线运球到中线，把球放在地面上，跑回端线。下面的队员按同样的方法进行，直到全队做完。速度快的一队为胜。

（4）规则。

1）在前一队员跑回端线后，下一个队员才可起跑。

2）每次投篮必须投中后才能返回。

（5）教学方法。各次比赛应调换游戏方向，使左右手都得到锻炼。

3. 快速传球。

（1）目的。提高传接球的速度和准确性。

（2）准备。篮球、排球若干。在场地上画若干组相距3米的平行线。

（3）方法。教师将学生分成人数相等且成偶数的若干组（10人一组为宜）。每组成两列横队，面对面，保持适当间隔站在两条平行线上，各组排头手持一个篮球（如图13.33）。

教师发令后，排头按规定的方法顺序传球，最后以球到排头手中为止，以先完成的队为胜。

（4）规则。

1）必须按规定的方法传球，传球的顺

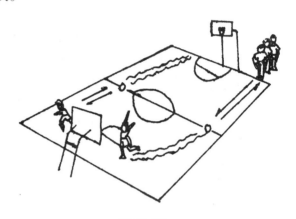

图 13.32

图 13.33

序和路线不得变更。

2）传球失误时，必须把球拾起来后回到失误的地方继续前行。

3）传球时脚不得踩线和越线。

（5）教学方法。

1）此游戏的传球方法、距离可根据实际情况变换。

2）此游戏也可改为排球传球的方式或足球传球的方式进行。

4. 抢圈中球。

（1）目的。发展快速起动和应变的能力。

（2）准备。篮球一个，篮球场地一块。

（3）方法。把篮球放在篮球场的中圈内，将学生分为人数相等的两队，各成纵队并排（两队间隔2米）面对中圈站在球场中线一端的边线上（如图13.34）。

游戏开始时，每队排头做起动准备，当教师发令后，排头迅速起动跑向中圈，去争抢圈内篮球，抢到球并跑出圈者为本队得1分。如在跑进中圈还没跑出圈就被对方拍到身体，则双方均不得分，然后两人排到各队队尾，由两队第二人再争圈中球。

图 13.34

（4）规则。

1）听到教师发令后方能动身抢球。

2）在争抢圈中球时，双方速度相近时，可在圈外寻找机会抢球，一旦进入圈内不抢球即算失败。

3）抢球时，双方只能用手拍对方身体。

（5）教学方法。

1）在抢圈中球时，可以用假动作迷惑对方，以达到抢球而不被对方拍到身体的目的。

2）游戏人数过多时，可分为6队，每两队为一对抗组，分别对准篮球场3个圈进行争抢。

5. 中心球。

（1）目的。提高传球兴趣。

（2）准备。球场一块，排球若干个，画两个直径9米的圆圈。

（3）方法。将学生分成人数相等的若干队，每队站成一个圆圈，学生之间两臂间隔，队长站在圆心，手持一排球（如图13.35）。

教师鸣笛开始，队长依次按逆时针方向用上手

图 13.35

传球给每个学生，学生依次用同样方法传给队长。先传完一轮者为胜，也可计时，传球次数多者为胜。

(4) 规则。

1) 传球学生站在画好的圈外，不得进圈传球。

2) 传球失误时，谁失误谁拾球后继续比赛。

3) 不得隔人传球。

(5) 教学方法。可变换传球方式，如队长垫球、学生手上传球。

6. 追球。

(1) 目的。提高排球的基本技术。

(2) 准备。在场地上画一个直径 3 米的圆圈，备排球一个。

(3) 方法。学生以小圆圈为中心，围成一个大圆圈（彼此间隔 2 米），选出一名队长站在小圆内，手持排球做好传球准备，再选出一名追球者站在学生已围成的圈外（如图 13.36）。

游戏开始，队长将球传出，圆圈上接球人再将球传回，追球者则围着圆圈快速奔向接球人。在接球人接传球时，追球者以手拍其背，被拍到的队员与追球者互换位置后，继续进行游戏。

图 13.36

(4) 规则。

1) 追球人必须在接球人接传球时拍到其背部方为有效，球出手后再拍则无效。

2) 接球人传接球必须与队长进行，否则算失误，需与追球人互换位置。

3) 队长不得越出小圈接球。

(5) 教学方法。

1) 此游戏可以任何方式传球。

2) 追球人可视情况替换。

7. 占有地盘。

(1) 目的。发展灵敏性。

(2) 准备。球 20 个，在场地上画若干个直径 1 米的圆圈。

(3) 方法。二人一组，圆圈中央站着的一个人是"守"方，圈外 5 米处也站着一个人，手中持球，待信号一发，立刻持球跑向圆圈，企图将球放在圈中央，时限 1 分钟。守方在圈内尽量阻止对方进来，可用推、挤、撞的方法或其他方式击退对方，如果对方将球放在圈中央，就算胜（如图 13.37）。

图 13.37

（4）规则。

1）按教师指定的方式来阻挡对方。

2）按教师要求的方式持球进攻。

（5）教学方法。

1）充分做好准备活动，注意安全。

2）如果一种球不够，可采用其他球代替。

3）也可采用分组对抗的形式进行。

8. 坚守一方。

（1）目的。发展灵敏性和反应能力。

（2）准备。排球一个。在场地上画一个直径为10米的圆圈，在圆的中心画一个边长3米的正方形。

（3）方法。教师指定4名学生分别站在正方形的各边线外做防守者，其余学生分别站在圆圈外面做进攻者（如图13.38）。

游戏开始，进攻者尽力把球滚入正方形，防守者则尽力阻止球从自己防守的边线滚入。如球从正方形的某一边攻入，该边的防守者则与进攻者交换攻守，游戏继续进行。

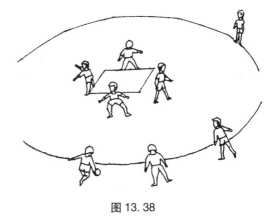

图 13.38

（4）规则。

1）进攻者可以相互传球，捕捉战机，但攻球时必须用地滚球，不得用脚踢球。

2）进攻者或防守人不得越线。越线攻入则判无效，越线防守算失败，并交换防守。

（5）教学方法。

1）防守的人数或攻守的范围可适当调整。

2）可以增加球的数量，以增加游戏的难度。

9. 头上、胯下传球。

（1）目的。提高腰腹力量和灵敏性，培养学生团结协作的精神。

（2）准备。排球2个。

（3）方法。将学生分成人数相等的两队，各成纵队，两队间相隔3米左右。各队排头手拿一个球，队员前后要保持适当距离，两脚左右分开，准备接球和传球（如图13.39）。

游戏开始，教师发令后，各队排头将球从头上向后传递，依次由头上、胯下传球到

图 13.39

排尾。排尾队员得到球后,持球跑到排头前用同样方法传递球,游戏如此依次进行。每人充当排头一次,直到原排头持球跑回自己的排头位置并举起球为止。最后,以先传完并举起球的队为胜。

(4) 规则。

1) 传球时,要由头上、胯下依次手递手地进行,不得抛掷球或隔人传球。

2) 球若落地,应由持球人在原地拾起球继续按规定的方法传递球。

(5) 教学方法。

1) 可用头上传递球的方法进行。

2) 可用一次头上传球、一次胯下传球交替进行。

10. 抛球喊号。

(1) 目的。发展灵敏性和快速反应的能力。

(2) 准备。排球一个,操场或空地一块。

(3) 方法。学生依次报数定号,先由教师向上抛球并呼号,被呼者立即上来接球,其余的同学迅速散开,被呼者接到球后,可以继续抛球呼号,也可以用球击身边的人,如被呼者没接到球,则只能继续呼号而不能击人。被击倒者要被罚做俯卧撑或立卧撑,之后去做引导人,继续呼号(如图13.40)。

图 13.40

(4) 规则。

1) 掷球者击腰部以下部位方为有效。

2) 被呼者接到球后,场上的所有队员就停在原地不准跑动,让被呼者击球,被击者可以动一只脚来进行躲闪。

3) 抛球的高度不准超过自己的头顶3米。

4) 掷球者如3次击不到人,要罚做俯卧撑和立卧撑。

(5) 教学方法。

1) 分组时,以8~10人为一组较合适。

2) 根据各队情况,可对一些被击倒的队员做一些象征性的惩罚,如摆造型、唱歌、特长表演等。

(五) 对抗与负重类体育游戏

1. 压胳膊。

(1) 目的。发展肌肉力量。

(2) 准备。空地一块。

(3) 方法。学生分前后两排站立,教师发出"后排压前排"的口令后,后排的两臂伸直,用力压在前排的肘关节处(如图13.41)。

待教师发出对抗口令后,后排的下压,前排的直臂向上努力伸两臂,在规定时间内看谁能坚持住。然后，向后转交换过来，前排压后排。

（4）规则。抢口令判为失败，两臂被对方压住至体前为失败，躯干移动判为失败。

（5）教学方法。可将臂变成侧平举，提高难度。也可面对面站立进行。

2. 搂腰拔河。

（1）目的。发展全身力量，培养集体主义精神。

（2）准备。空地一块，画两条相距1米的标记线，结实的短棍两根。

（3）方法。将学生分为人数相等的两组，成两纵队相对站立。两排头用一只手正握、一只手反握的方式牢牢抓住两根短棍。其余人搂抱住前一个人，串联成一个整体，但人数不宜过多（如图13.42）。

图 13.41

教师发出口令后，各组齐心协力用劲向后拉，将对方拉到规定的标记线后为胜。

（4）规则。队伍脱节或摔倒为失败。如果在规定时间内仍未将对方拉过标记线，则算平局。采用三赛二胜的办法。

（5）教学方法。适当掌握时间，不宜争持过久。

3. 圈内公鸡。

（1）目的。发展力量和控制平衡力量。

（2）准备。在地上画一个直径3米的大圈，所有参加者分散在圈内，用一只脚着地站立，另一条腿弯曲。

（3）方法。当笛声响起时，开始游戏，尽力使对方双脚着地或把对方赶出圈外（如图13.43）。

图 13.42

（4）规则。双脚着地或被赶出圈外者则被淘汰。能坚持到游戏结束者为获胜者。

（5）教学方法。为安全起见，以10～12人一组进行游戏为宜。

4. 合理冲撞。

（1）目的。发展灵敏性和力量。

（2）准备。在平整的场地上画4个直径2米的圆。

图 13.43

（3）方法。教师可将学生分为人数相等的两个队，每队以4人为一组，组成若干小组。然后每队各出一组，分别站在4个圆内，每人单脚站立，以双臂屈肘体前贴身交叉的姿势做好准备（如图13.44）。

游戏开始，教师发令后，圆内的两人开始用肩或躯干相互冲撞或闪躲，把对手挤出圈外或双脚着地就算得胜，得1分。最后以累积得分多的队为胜。

（4）规则。发令后游戏才开始，否则无效。冲撞时，两手不得放开或推拉对手。冲撞时，两人都出圈或双脚同时着地则算平局，均不得分。

（5）教学方法。可以改成个人"擂台赛"，获胜者继续进行游戏。游戏时，冲撞的动作可以有所变化。

图13.44

5. 角技。

（1）目的。发展力量和灵敏性。

（2）准备。垫子或空地。

（3）方法。把学生分为人数相等的两个组，成两排面对面站好，然后两人一对成右（左）架，前脚相抵，右（左）手相对握好（如图13.45）。

教师发令后，两人互相角技，可以拉、推、拧或借力使劲迫使对方脚挪动。

（4）规则。两手相握，中间不能松开，只许用相握的手使劲。脚一挪动或离地就为负。

图13.45

（5）教学方法。在二者脚下画一标志线，过线者为负。可在二者脚下画一区域，脚可动，但出区则为负。

6. 二搬一接力。

（1）目的。发展下肢和腹部力量，掌握二对一搬运技术。

（2）准备。画两条相距15米的起点、终点线。终点线上插两面小旗。

（3）方法。把学生分为人数相等的甲乙两队，各队1~3报数（如图13.46）。

（4）规则。不得抢跑，每跌下一次扣1分，到达标志旗后单双数才能互换。

（5）教学方法。此游戏运动量较大，游戏前应当做好准备活动。根据游戏的情况，

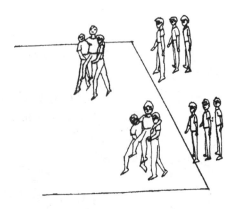

图13.46

可适当调整搬运的距离。

7. 拉人碰棒。

（1）目的。提高兴奋性，达到准备活动的目的。

（2）准备。火棒若干根，摆成一个圆圈。

（3）方法。学生左右拉手在火棒外围成一个圆圈。教师鸣笛后，每人设法把自己两侧的同伴拉拽碰火棒（如图13.47）。

（4）规则。每碰到火棒一次扣1分，每脱手一次，两人分别扣1分。

（5）教学方法。此游戏可以原地做，亦可顺转或逆转做。火棒可由砖、实心球等代替。器材不足，可在地上画一个大圆圈，用同样方法做拉人踩线的游戏。

图13.47

8. 负重跑。

（1）目的。发展下肢及躯干力量。

（2）准备。一块平整地。

（3）方法。将学生分为人数相等的两个队，成两列横队站立（如图13.48）。

教师发出"预备"口令后，后排的人骑在半蹲在前排的同伴的腰上，两手扶起他的头；被骑者不得用手接触对方任何部位。教师发出跑的口令后，前排立即将同伴背到对面的横线上再放下，翻身骑到同伴的腰上，被骑者迅速跑回出发点。

（4）规则。按规则最先将同伴背回出发点者为胜。骑者手碰同伴头部以外部位、被骑者手触骑者任何部位均为犯规。如中途掉下，要回到掉下来的地方重新骑上。

图13.48

（5）教学方法。对抗负重类体育游戏要重视安全教育和措施。游戏前要做充分的准备活动，以免受伤。

9. 推拉出圈。

（1）目的。发展力量。

（2）准备。将场地画几个相同的圆圈。

（3）方法。两人一组站在圈内，听到口令后，两人用互推互拉的方法，将对手推出或拉出圈外，出圈者为败（如图13.49）。

（4）规则。以两脚离圈为判失分的依据。可规定互推互拉的具体部位，如腰部以上。

图13.49

(5) 教学方法。可用两条线代替圆圈,推拉对手过线则为胜。

10. 织布机。

(1) 目的。发展腿力,培养快速协调能力。

(2) 准备。空地一块。

(3) 方法。学生面对面手拉手,一人全蹲,一人站立(如图 13.50)。

教师发出口令后,下蹲者迅速站起,站立者迅速下蹲,形成一蹲一起有节奏的起伏。

在规定时间内蹲起次数最多最协调的一组为胜。

(4) 规则。如同时上下则判失败,不计分数。要求全蹲,下蹲时不得提脚跟。

(5) 教学方法。可 3 人一组,两人做练习,一人做裁判。

图 13.50

(六) 综合类体育游戏

1. 集体过障碍。

(1) 目的。提高兴奋性,培养协作精神。

(2) 准备。跳箱两个,鞍马两个,双杠两副。

(3) 方法。把学生分成人数相等的两队,各成一路纵队前后拉手站在起跑线后(如图 13.51)。

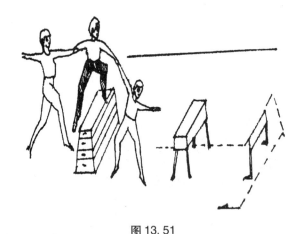

图 13.51

教师鸣笛后,各队集体向前跑,攀过跳箱,钻过鞍马,绕过双杠,再集体返回并站好队。以动作快、脱手少和队形齐的一队为胜。

(4) 规则。

1) 每脱手一次扣 1 分。

2) 如行动路线不对,判作失败。

(5) 教学方法。在设备不足的条件下,教师因地制宜用自然景物如小树、矮墙、台阶、土坡或架设简易障碍，要尽可能使两队条件相同、距离相等。

2. 钻圈。

（1）目的。发展灵敏性和快速反应能力。

（2）准备。根据人数多少，在地上画一长方区，两端线正中各竖一藤圈。

（3）方法。把学生分为人数相等的甲乙两队，相对站在边线上。教师说两遍"左右搭肩直角坐"以后，立即鸣笛。学生听到笛声后马上转向排头成一路纵队，沿场地边线逆时针跑步，依次钻过藤圈，到达对方的位置上完成教师规定的动作，行动快、姿势准确的一队为优胜者（如图13.52）。

图 13.52

（4）规则。

1）不能碰倒藤圈。

2）全体完成动作才算结束。

（5）教学方法。

1）可采用三战二胜或五战三胜的方法计分。

2）术语要简单明了，并与学生的接受能力相适应。

3. 击掌不报数。

（1）目的。培养注意力的集中和反应灵活的能力。

（2）准备。根据学生人数的多少在场地上画一个大圆圈。

（3）方法。教师可将学生分成人数相等的若干队，各队之间头尾相接，围绕圆圈面向圆心站好（如图13.53）。

游戏开始，教师发令后，由第一队排头开始，按逆时针方向 1～40 依次报数。在报数过程中凡遇到"4"时（如"4""14""24"等）不发出声音，而用击掌代替报数。如发生错误，算失误一次，有失误的学生从1开始，重新报数，游戏继续进行。最后累计失误人数，以失误少的队为胜。

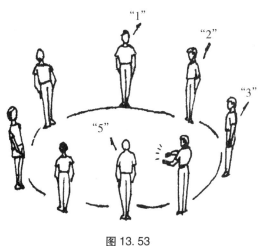

图 13.53

（4）规则。

1）报数时，必须声音洪亮、清晰，如发音停顿、不清者均为失误。

2）要按照顺序依次报数，不得抢报。

3）如果顺利报数到"40"，不再继续从"1"开始报数。

（5）教学方法。

1）也可不分组，只计个人失误次数。

2）此游戏也可改为遇两个数字或两个以上的数字击掌，如遇"4""17"，或遇"2""4""9"击掌等。

4. 种与收。

（1）目的。提高灵敏性。

（2）准备。小布袋8～12个。

（3）方法。把学生分成两队，各在起点线处站成一路纵队。第一人听到出发口令后，将自己手中拿的小布袋分别放到场内的格子里面，并快速跑回本队与第二人拍手。第二人按原路线把格子里的小布袋捡回交给第三人。第三人重复第一人的动作，依次进行，以先完成的队为胜（如图13.54）。

图13.54

（4）规则。

1）小布袋要放在格子里，没放到格子里要重放。

2）两人拍手后才能出发。

（5）教学方法。小布袋可以用其他物件代替，前进的方式可用侧向、背向跑。

5. 住店。

（1）目的。提高兴奋性，集中注意力。

（2）准备。在场内画若干个直径相同的圆圈为"客店"。

（3）方法。游戏前教师宣布每个"客店"应住的人数。游戏开始后，学生成一路纵队绕场行进。学生按教师口令做各种走跑练习或行进间徒手操。当听到教师高呼"住店了"，学生马上离开原位，按规定住店人数进"客店"。凡无处可去的"旅客"，被罚表演节目。当听到"出发了"口令时，应马上离开"客店"，恢复到"住店"前的状态（如图13.55）。

图13.55

（4）规则。

1）住进"客店"的先后以脚踏线为准，后来者不得推挤先到者。

2）如果人数超额，后进入的一名退出。

3)"客店"尚有位置时,先进入的人不得阻挡他人进入。

(5)教学方法。教师应计算"住店"人数,要制造总有一二人无处可去的情况。

6. 碰数。

(1)目的。发展反应能力。

(2)准备。全体学生围成一个大圆圈,并由队长开始按自然数报数,并要求每个学生记住自己的号码。

(3)方法。游戏由队长开始。例如队长说:"1碰4",4号学生马上叫出自己的号码,并喊出预出击的号码,如"4碰6",以此类推,直到有人出错为止(如图13.56)。

(4)规则。

1)被叫号而没有反应为出错。

2)未被叫号却应答为错。

3)出错的人马上退出游戏。

4)喊出不存在的号码或已退出比赛的号码均为错。

(5)教学方法。也可用地名、国名代替数字。

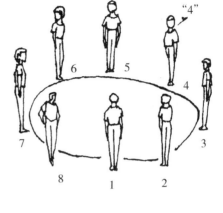

图 13.56

7. 钻电网。

(1)目的。发展灵敏性。

(2)准备。在场地画两条间隔10米平行线为起点、终点。

(3)方法。选出四五名学生在场中央组成一横排,彼此间隔的距离为双手臂组成的"电网",同时用手绢蒙住每个人的眼睛,其余学生站在起点线后(如图13.57)。

游戏开始,大家想办法从"电网"中间钻过去,不能让组成"电网"的人手触到自己。"电网"组成者的脚不能移动,但允许弯身、蹲下,用手做各种动作去触击企图钻过"电网"的人。最后安全通过"电网"的人为胜,被"电网"触击者为败,退出场外,然后另选人做"电网",游戏重新开始。

图 13.57

(4)规则。

1)人只能从"电网"的中间钻过或爬进,不得从"电网"两端绕过去。

2)蒙住眼睛,不能偷看,违者触人无效。

3)用脚触人无效。

（5）教学方法。

1）组成"电网"的人的动作不宜过重。

2）组成"电网"的人不能互相拉住手臂。

8. "猎人""猎枪""老虎"。

（1）目的。提高反应能力和奔跑能力。

（2）准备。在操场空地的中间画两条相距2～3米、长20米的平行线。在两条线后15米处画一条横线为安全线。

（3）方法。把学生分成人数相等的甲乙两个队。各选一名队长，两队面对面分别站在中线后边。队长确定本队动作，并告诉本队队员游戏规则。例如，两臂上举为"猎人"，在弓步两手做端枪动作的为"猎枪"，两手在胸前自然张开的为"老虎"，人可以掌握"猎枪"，可以击"老虎"，"老虎"可以伤人（如图13.58）。

比赛开始，教师喊"1、2、3"发令的同时，各队员双脚随着口令节奏向上跳两下，跳第二下落地的时候，立即做出队长规定的动作。如果甲队出示的是"猎枪"，乙队出示的为"猎人"，则甲队为负队，甲队就要快速后转跑向安全线，乙队立即追赶相对的甲队的学生。如果两队出示的动作相同，则游戏重新开始。

图 13.58

（4）规则。

1）如将规定的动作做错，判为失败。

2）不准窃听或观看对方所规定的动作。

3）必须追拍相对站立的学生。

4）当被追者跑过安全线时，应停止追拍。

（5）教学方法。

1）喊口令时，要有节奏地和跑的动作相配合，尽量做到正确、整齐。

2）两中线之间的距离和中线至安全线的距离可以根据学生的体质、力量、速度适当调整。此游戏做3～5次为宜。

9. 喊号扶棍。

（1）目的。发展快速反应能力。

（2）准备。体操棍一根，在场地上画一个半径为3米的圆圈。

（3）方法。圆心站一人，用手将体操棍竖立在地上。其他学生在圆圈线上站好后，按顺序报数，并记住自己的号数（如图13.59）。

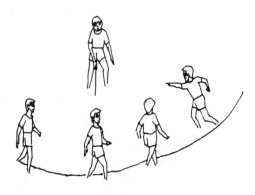

图 13.59

游戏开始，圆圈上的学生沿逆时针方向走动，当扶棍人喊"××"号并同时放开扶棍时，圆圈上"××"号的学生要迅速跑进圆圈内维持体操棍的平衡，或在棍倒地之前将之扶起。成功后则回到原位，原扶棍人继续喊号。如棍倒地，则扶棍人顶替该同学的号数参加游戏，某号同学则担任扶棍的角色。

（4）规则。

1）圆圈内扶棍的学生在喊号时，不得故意将棍推倒。

2）不对号入圆圈内的学生，须顶替对号学生的扶棍角色。

（5）教学方法。

1）此游戏也可改扶棍为抛接球的游戏。

2）此游戏的圈不宜过大，若参加游戏的人数过多，可分几组进行。

10. 套圈。

（1）目的。提高兴奋性与灵敏性。

（2）准备。画两条相距10米的起跑线，在距起跑线4米处画两条平行虚线，在虚线上摆与学生同等数量的藤圈。

（3）方法。把学生分成人数相等的甲乙两队，分别站在两条起跑线上，每人对准一个藤圈。教师鸣笛后，全体学生奔向自己面对的藤圈中间，用手拿起藤圈由上至下套过自己的整个身体，然后放在原地，迅速跑回原点并站好队。以行动快和队伍齐的一队为胜（如图13.60）。

（4）规则。

1）必须按规定完成动作。

2）动作不符合规定。藤圈离开原位和抢跑者，分别扣1分。

（5）教学方法。要求动作必须符合要求，在快速运动中完成动作。

图 13.60

（七）室内体育游戏

1. 起立、坐下。

（1）准备。全体学生坐在位子上，教师站在讲台前，也准备一张凳子。

（2）方法。教师喊"起立"或"坐下"的口令，全体学生依教师的口令做动作。教师在喊口令时也做动作，并可做与口令相反的动作对学生进行干扰。如学生动作做错或太慢，则算失败，以失败次数少的组为胜。

要求学生按照教师的动作去做，不要被教师的口令所干扰。

（3）教学方法。游戏时，可以用数字代替口令，如叫"1"是坐下。叫"2"是起立。还可以按口令做动作，如叫"1"是男生起立，女生坐下，叫"2"是女生起立，男生坐下，用这些方法可使游戏更加复杂化。

2. 看反应。

（1）准备。把学生分成人数相等的两队，每队按学生座位依次报数，各人要记住自己的号数。

（2）方法。用加、减、乘、除的算术方法进行。游戏开始先由某队1号学生出数，如大声呼出"2×2"等算术题，这时对上号（4号）的同学立即起立回答"有"，然后再说算术题。下一对上号的学生立即起立回答，并随即也出一题。算得对、回答快、出题快则为本队得1分。10分为一局，先满10分的队为胜。

（3）规则。

1）答题、出题不得超过10秒钟，否则扣本队1分。

2）必须在本年级所学知识范围内按规定出题。

（4）教学方法。游戏时，注意力集中，分组方式，可前后对半，亦可左右对半，或男女生分组对抗比赛。

3. 传口令。

（1）准备。把学生按座位分成人数相等的若干组，教师分别向各组排头交代各不相同的一个口令，如"改革""足球""团结"等。

（2）方法。当教师发令后，各组排头低声将口令传给第二个人，第二人再向下传，一直传到排尾。排尾听到口令后，立即跑到教师处，说明本组所传的口令，以先跑到教师处并口令传得正确、又没被别组听到的组为胜。

（3）规则。

1）各组所传口令的字数要相同。

2）在向下传口令时要轻声细语，如被别组听到口令，则为失败。

3）不可以离开坐位传口令。

（4）教学方法。游戏时，亦可用文字的方式用纸条传递要表达的内容。但纸条只能给"排头兵"看。

4. 桌上推小车。

（1）准备。将凳子挪开，将每张课桌连接、相并成一个长方形，在中间空出一条宽窄适当的走道。

（2）方法。两人一组，前者支撑在两长桌的内侧，后者用肩托住前者的双脚，手扶小腿。发令后，前者成俯撑，双手沿着桌边内侧向前移进，以先达到另一端的为胜。

（3）规则。只准用手撑移进，身体其他部分均不准触及桌子。两人要配合好，不得散架，要注意安全。

（4）教学方法。游戏时，推车人不能盲目用力向前推人，掌握行进节奏，注意安全。亦可在行进前方安排一个引导员，引跑并起保护作用。

5. 夹包投准。

（1）准备。将教室中间的课桌挪并在一起，使过道变宽。在过道中间放一张课桌，在课桌前并排放两张椅子，距离椅子约 2 米处画一条限制线。准备小沙包若干个，根据空地尽可能多地安排场地。

（2）方法。按照场地的大小，把学生分成人数相等的若干组。各组纵队站在限制线后，依次做双脚夹包抛高的动作。沙包落在椅子上得 1 分，落在桌子上得 2 分，甩过桌子得 3 分。最后得分多的组为胜。

（3）规则。夹抛沙包时，脚不得超过限制线。

（4）教学方法。亦可采用一手抛沙包、一脚踢沙包的方式进行，评定方法与夹包投准同。

6. 投准。

（1）准备。课桌不动，在课桌前 2 米画一条限制线。准备小沙包若干个。

（2）方法。利用教室课桌为投准目标，学生站在限制线外，每人发 4 个小沙包，面对课桌站好。要求把沙包分别投到前 4 张课桌上，全部投中为 4 分，投中 3 个为 3 分，以此类推，得分多者为胜。

（3）规则。不得超过限制线，不得将两个小沙包抛在一张桌子上，否则，即使投中也不计分。

（4）教学方法。可根据情况，确定投掷距离或增加投掷难度。

7. 中心毽。

（1）准备。将课桌挪向教室四周。毽子一个。

（2）方法。学生在教室中间围一个大圆圈，按顺序报数后选一个学生站在圈内做引导人踢毽子。连续踢 3 次以后，任意叫一个号数，被叫到号数的学生立即进圈接着踢。如果能连续踢 3 次，可以回原位，否则就和引导人互换，游戏继续进行。

（3）规则。

1）引导人必须把毽子踢过头顶。

2）也可采用不用引导人、第二个人接着喊号的方法进行。

（4）教学方法。引导员可以逐一把毽子踢给圈内同学，同学踢回给引导员，谁失败了，谁出来替代引导员的位置。

8. 桌下传球。

（1）准备。课桌不动，把凳子放在桌子上。小球若干。

（2）方法。按座位分组，再将各组分成甲乙两队，相对站立于课桌前后（纵向）。发令后，各组甲队的排头将手中的小球向桌底抛去，使其通过桌底到本组的乙队，自己则立即到排尾站好。乙队排头接到球后，以同样的方法向甲队抛去，如此反复，以最先完成的组为胜。

（3）规则。

1）未听到发令不得抢先抛滚球。

2）球未从桌底滚过，或碰到桌腿向侧旁滚出，必须将球拾回重抛。

（4）教学方法。由甲队的排头将手中的小球向桌底滚过去，使其通过桌底到本组的乙队手里，乙队拾起球从桌面上将球抛过去给甲队队友，一上一下循环进行。

9. 单腿拉绳。

（1）准备。在地上画两个小圆圈，并准备一条结实的绳子。

（2）方法。两人一组进行比赛。开始时，两人分别进入自己的圈内，各握住绳子的一头，并都单脚支撑。发令后，双方用力拉，以把对方拉出圈外或使对方双脚着地为胜。

（3）规则。不得抢拉，不能将绳缠绕在手上，不得故意松手。

（4）教学方法。亦可采用擂台的方式挑战所有参与者。

10. 心中有数。

（1）准备。全班学生坐在自己的位置上，推选两个以上的同学做游戏人。游戏人站在教室一角用手帕蒙住眼睛背向站立。

（2）方法。游戏开始，让教室内任意两个学生交换座位，然后让游戏人解下手帕，观察是哪两个学生交换了座位，看谁猜得准。

（3）规则。

1）游戏时要根据学生的情况，有一定时间限制，在规定的时间内未能观察到，就算没完成任务。如果观察到了，就由被猜中的学生担任游戏人，继续进行游戏。

2）其他同学不能用任何方式暗示游戏人，否则就算犯规。

（4）教学方法。让参与的同学不仅可以交换座位，还可以交换着装，增加隐蔽性。

（八）趣味活动类应用性体育游戏

1. 双龙戏珠。

（1）目的。发展下肢力量，培养协调配合能力。

（2）准备。排球一个，20平方米场地一块。

（3）方法。将学生分成人数相等的两队，且两队都为偶数。每队的前两名学生面对面站好，用前额顶住排球。听到发令后横向前进，先到终点者得1分。以此类推，最后以得分多者为胜。

（4）规则。

1）不能用手去托排球。

2）球落地时，将球在落地处拾起放好后方可继续前进。

（5）教学方法。游戏前活动好颈部，可以用其他球代替排球。

2. 夹球前进。

（1）目的。发展协调性。

（2）准备。手帕等物。

（3）方法。将学生分成两队，排头把手帕夹在膝关节处，听到笛声后跑跳前进，绕过标志杆返回。在通过起点线后将手帕取下交给后面的同伴重复前进，以全队先抵达者为胜。

（4）规则。不能用手去触手帕。

（5）教学方法。可以用其他物品代替手帕。

3. 托球跑。

（1）目的。提高控制球的能力。

（2）准备。羽毛球拍、网球。

（3）方法。将学生分成人数相等的两队，每队第一人用羽毛球拍托着网球站好。听到笛声后，托着网球拍和球前进，绕过标志杆返回，过起点线后将球拍和球交给下一个队员。以此类推，以全队先抵达者为胜。

（4）规则。不准用手触网球。

（5）教学方法。可以用乒乓球拍、乒乓球分别代替羽毛球拍和网球。

4. 踏石过河。

（1）目的。发展耐久力、灵巧性和协调性。

（2）准备。画两条距离10米的平行线，一条为起跑线，另一条为终点线。在起跑线前分别放3块木制砖。

（3）方法。将学生分成人数相等的两队，各队再分成两组，组成纵队，分别站在两条平行线后，面对场地。站在起跑线后的第一个人两脚踏在砖上，做好准备，听到发令后，用手将第三块砖向前移动，随即抬起一只脚踏在第三块砖上。然后把后面空出的砖向前移动，再向前移一步，直到移过对面终点。将砖交另一组排头的手里后，再站到排尾。各队用同样动作进行，以先完成的队为胜。

（4）规则。游戏者必须两脚分踏在两块砖上，否则判本队失败。

（5）教学方法。此游戏可用计时方法，看谁的速度最快。

5. 着装比赛。

（1）目的。培养协调性和灵敏性。

（2）准备。上衣一件，领带一条，帽子一顶。

（3）方法。人在起跑线后站好。听到发令后，跑到前方25米处，在最短的时间内将上衣穿好、领带打好、帽子戴好，再迅速跑到终点，以先到者为胜。

（4）规则。

1）穿戴整齐后，方可跑到终点。

2）领带不准打红领巾结。

（5）教学方法。可以只要求穿一套服装。

6. 砸气球。

（1）目的。发展协调性及快速奔跑能力。

（2）准备。木槌、气球（根据参与人数的多少配备），一块50米长的场地。

（3）方法。学生在起跑线后站好，听到发令后，跑至前方25米处，拿起木槌将用绳系在地面上的气球砸破,砸破一个气球后,继续跑至终点,以先到者为胜。

(4) 规则。气球被砸破后,方可继续前进。

(5) 教学方法。可以用臀将气球坐破或用口将气球吹破。

7. 袋鼠跳。

(1) 目的。发展下肢力量。

(2) 准备。麻袋若干条,一块 50 米长的平坦场地。

(3) 方法。学生站在起跑线处,拉起的麻袋并进入其中。听到发令后,向前跳跃跑起,以先到者为优胜。

(4) 规则。两手必须握住麻袋,中途不许脱手。

(5) 教学方法。可规定动作——跳跃或跑的形式进行。

8. 穿大鞋。

(1) 目的。发展腿部力量及协调性。

(2) 准备。一块 50 米长的平坦场地,特制的大鞋套(相距 50 厘米一个鞋套,一共设置 10 个鞋套)。

(3) 方法。站在起跑线后穿上大鞋套,听到发令后向前走或跑,先到终点者为胜。

(4) 规则。脚必须穿在大鞋套内。

(5) 教学方法。头上可戴一个"大头"进行。

9. 开火车。

(1) 目的。发展奔跑能力,培养集体主义精神。

(2) 准备。竹竿两根。

(3) 方法。将学生分成人数以 10 人为宜相等的两队,每队分别在竹竿的左右握杆。听到发令后集体扶杆向前跑,先到终点者为胜。

(4) 规则。必须集体进行,不得有人不扶杆、脱手,违者为犯规。

(5) 教学方法。可以根据学生实际情况,增大或缩短比赛距离。

10. 同舟共济。

(1) 目的。发展下肢力量及集体协调配合能力。

(2) 准备。特别卡木板鞋。

(3) 方法。学生每 3 人一组穿好特别的卡木板鞋,听到发令后一起向前行进,以先到终点者为胜。

(4) 规则。3 人必须协调前进,不能有人不穿或脱离卡木板鞋。

(5) 教学方法。可以男女混合编组。

思考题

1. 简述体育游戏的功能及特点。
2. 简述体育游戏的教学方法。
3. 简述体育游戏竞赛的组织。
4. 简述体育游戏的创编与实践。

第十四章 排 舞

第一节 排舞教学的特点与原则

一、排舞教学的特点

（一）具有较强的兴趣性与可接受性

同其他的舞蹈项目相比，排舞运动所蕴含的舞蹈风格与类别是十分丰富的，除此之外，排舞运动所匹配的优美动听的音乐也是种类繁多。对于排舞学习者而言，排舞运动自身的魅力吸引了他们极大的兴趣，这对于排舞教学的全面开展是十分有益的。在排舞教学开展的过程中，学习者能够发挥出较强的主动性与积极性，可以按照其水平的差异，对排舞的技能动作灵活地加以调整，难度可高可低，同理，还可以根据学习者的身体状况与年龄特征，对运动负荷进行可大可小的调整。

（二）具有丰富的律动性

排舞作为一种健身性舞蹈，需要在不同风格音乐的伴奏下进行有规律的舞蹈，从而对不同舞种风格特点进行表现。所以，排舞教学的一个显著特点就是富有律动性，能够培养学习者的音乐素养，使其对排舞运动中不同舞种的旋律与节奏熟练运用和区别，并在一定的节律下准确完成各种类型的舞步。

（三）重视对身体姿态与表现力的培养

动作美展现的关键在于正确的姿势与优美的形体，在排舞运动中，舞者的标准身姿与挺拔端庄的体态，对健康、美感、教养、自尊与和谐等进行了完美的展示。在排舞课程教学中，学习活动始终都体现出对身体姿态与表现力的要求，这也是排舞教学评价的重要内容之一。排舞课程教学的宗旨就是使学习者通过表现力极强的优美身姿与动作，对不同风格的舞蹈进行展现。

（四）技术动作重基础、少变换、多组合的特点

排舞不仅是体育项目的一种，还是舞蹈的一种，包含了许多种舞蹈技巧与动作，具有较强的表演性与娱乐性，除此之外，每一种舞种都具有难易程度不同于千变万化的动

作，然而，不管如何变化，都源自排舞的基本舞步与动作，所以，排舞课程教学应该将基本舞步与动作组合作为教学重点。尽管排舞教学中转体动作是不可缺少的，然而，对于刚刚练习排舞运动的人或者基础很差的学习者而言，转体动作应该尽量少一些，反之，基础动作组合的练习要多一些，使学生在自身的承受范围内完成技术动作的学习。

一般来讲，在排舞课程教学中会应用一些基本舞步动作的变化与组合，例如踏步、点步、锁步、走步、海岸步、摇摆步与交叉步等，此外还会加入一些旋转动作，因此，教师可少使用一些变幻的教学模式，优先教学基本动作。

二、排舞教学的原则

排舞教学的原则是长时间教学实践经验的总结与概括，主要服务于一定的教学目的，能够将教学过程规律反映出来。排舞教学质量的高低，与在排舞课程教学中正确把握教学特点存在十分紧密的联系，能够直接将教师对于教学原则的理解程度反映出来。排舞教学的原则主要包含以下几个方面的内容。

（一）健康性与娱乐性的互相统一

在排舞课程教学开展的过程中，应该始终坚持"健康第一"的指导思想，将促进身心全面发展同增进健康有机结合在一起，将学生的个性发展与排舞基础知识、基本技术和技能传授互相统一，并同学生的兴趣培养紧密联系在一起，使健身、健心的双重教育目标得以顺利实现。

排舞运动的身体练习活动，能够有效促进身体各项器官功能的发展，使练习者的健康水平得到提高，为终身体育锻炼的开展建立坚实基础。同时，还能够使学生的观察、感知、想象、判断与创造性思维能力等得到发展。除此之外，对于良好社会行为、健康愉悦情绪与高尚道德情操等的培养也都具有十分深远的意义。

（二）全面性与个性培养的互相统一

排舞课程教学的价值取向应该定位于人的全面发展与人格的完善，使人们身心全面发展的需求得到满足。排舞课程教学活动中，教师应该指导学生对排舞基础知识、基本技术与技能的学习，以促进健康与增强体质的目的顺利实现。在排舞课程教学中，强调学生学习主动性与积极性的发挥，不仅对学生排舞锻炼效果的取得给予一定重视，而且要对学生智力与情商的发展进行强调，此外，还要着重培养学生的自学能力、创新能力与独立解决问题的能力。

（三）整体性与因材施教的互相统一

所谓排舞整体性与因材施教互相统一，主要是指不仅要重视学生的排舞基础知识、基本技术与技能的教育，还要适当考虑提高学生的个性特征。排舞课程教学开展的受众是所有的学生，要使每一位学生得到发展，因此，既要打好所有学生的共同基础，也要重视学生的专业知识与个性发展。

在排舞课程教学中，教师应该重视学生整体水平的提升，从学生的具体实际出发，充分考虑学生的个体差异性，因材施教、因势利导、区别对待。通过各种各样的方法与途径，使学生的不同学习需求得到满足。不管是教学方法的选择，还是教学内容的安排，都应该从排舞课程教学的实际需要也就是知识的整体性出发，应该重视学习者学习要求的适用性与实用性。

（四）直观模仿与启发思维的互相统一

所谓排舞直观模仿与启发思维的互相统一，主要依据的是学生认识活动所具有的特征。对于学生而言，对任何一种排舞动作技能的掌握都需要经过四个阶段，分别是感知阶段、理解阶段、巩固阶段与运用阶段。在排舞课程教学过程中，如果学生没有清晰的感觉，只是一味地练习，就不能有效掌握舞蹈技巧。通过教师的示范等直观手段，学生在自身已有经验启发与多种感官刺激下，能够将排舞技术动作形成清晰表象，进而丰富感性认识。此外，教师还应该对学生进行引导，使他们通过身体活动，在分析、抽象、综合地概括学习内容以后，能够建立所学动作的概念与条件反射，进而促进学生对所学知识、技能与技巧的掌握，顺利完成学习任务。

第二节 排舞的基本技术及应用

一、排舞的初级技术

排舞的初级技术，其构成一般包含32拍等不同的循环节奏。与此同时，伴随特定的循环节奏，每一首曲子的舞步会不断重复。每一首排舞的基本跳法规律是：方向基本不变，朝向可以是两个或四个进行交替旋转。

排舞的初级技术可以说是诸多社交舞舞步的融合，如恰恰、华尔兹、曼波、伦巴、桑巴、牛仔等。将这些舞蹈的舞步融合起来，使得排舞初级技术的动作更加简单，容易学习，在音乐伴奏下，舞者能够将自己的个人风格展现出来。

初级曲目：《舞动中国》（*Lina Dance In China*）

歌曲《舞动中国》，曾用歌名《舞起来》，2013年11月发布，是专门为具有中国特色的排舞而作的，并作为当年全国排舞大赛主题曲。该曲是2014年度最红的排舞曲目，在排舞界风靡一时，2014年11月8日，在浙江杭州，25703名排舞爱好者共跳《舞动中国》大型排舞，成功创下"最大规模排舞"的吉尼斯世界纪录。

（一）基本介绍

级别：初级组合

拍数：A组：64拍；B组：32拍；C组：32拍（见表14-1至表14-3）

前奏：32

方向：1

起步：右

舞步顺序：ABC／AABC／A（32）C／A（32）C／A（40）／Ending

表 14-1　Part A：64 拍

节	拍	动作
一	1～4	右脚向前自然走步 4 拍，同时两臂经下向上至侧上举
	5～6	右脚侧点地一次，同时手臂向右自然摆动一次
	7～8	右脚侧点地一次，同时手臂向右自然摆动一次
二	1～4	右脚向后退步 4 拍，同时两臂经下向上至侧上举
	5～6	右脚侧点地一次，同时手臂向右自然摆动一次
	7～8	右脚侧点地一次，同时手臂向右自然摆动一次
三	1～3	右脚向右走后交叉步，手臂由胸前交叉至水平打开
	4	左脚踢步一次
	5～7	左脚向左走后交叉步，手臂呈水平打开状
	7&8	右脚踢步一次（& 为哒拍，下同）
四	1～4	右脚向右前方走丁字步，右手臂动作经下至上举
	5～8	左脚向左前方走丁字步，左手臂动作经下至上举
五	1～2	1～2 拍时右脚先向前走 1 步，2 拍时向左转 180 度，双手叉腰
	3～4	3 拍时右脚向前走一步，4 拍不动，双手叉腰
	5～6	5～6 拍，左脚向前走两步，双手叉腰
	7&8	左脚开始走恰恰步，双手叉腰
六	1～4	右脚开始走摇椅步，1、2 拍两手臂同时侧上 45 度打开，3、4 拍再侧下 45 度打开
	5～8	动作同 1～4 拍
七	1～2	1 拍右脚上步，两手臂水平打开；2 拍左转 90 度，头顶上方击掌
	3～4	3 拍右脚上步，两手臂水平打开；4 拍左转 90 度，头顶上方击掌
	5～6	5 拍右脚上步，两手臂水平打开；6 拍左转 90 度，头顶上方击掌
	7～8	7 拍右脚上步，两手臂水平打开；8 拍左转 90 度，头顶上方击掌
八	1&2	右脚向右并步两次，同时手臂动作同时水平打开
	3～4	右脚走后曼波步，上肢动作同 1&2
	5&6	左脚向左并步两次，同时手臂动作同时水平打开
	7～8	左脚走后曼波步，上肢动作同 1&2

表 14-2　Part B：32 拍

节	拍	动作
一	1～2	1～2 拍重心移动，1 拍在右脚，2 拍换成左脚，双手叉腰
一	3＆4	3＆4 拍，右脚先向左后交叉，再向左前做交叉步，双手叉腰
一	5～6	5～6 拍同 1～2 拍
一	7＆8	7＆8 拍同 3＆4 拍方向相反，上肢动作相同
二	1～2	1 拍右脚上步，2 拍左转 180 度
二	3＆4	3＆4 拍右脚向前走恰恰步
二	5～6	5、6 拍左脚开始向前走两步
二	7＆8	7＆8 拍左脚向前走恰恰步
三	1～8	同第一个 4×8 拍
四	1～8	同第二个 4×8 拍

表 14-3　Part C：32 拍

节	拍	动作
一	1～2	1 拍右脚先向右跨一步，2 拍时左脚并右脚；手臂同手同脚，右侧手臂伸直从前向后贴近耳朵绕圆
一	3～4	3～4 拍动作同 1～2 拍；方向相反，上肢动作相同
一	5～8	右脚向右平转一圈，第 8 拍时左脚并右脚。5～7 拍手臂胸前平屈，第 8 拍时胸前击掌
二	1～2	1 拍右脚先向左跨一步，2 拍时右脚并右脚；手臂同手同脚，左侧手臂伸直从前向后贴近耳朵绕圆
二	3～4	3～4 拍动作同 1～2 拍；方向相反，上肢动作相同
二	5～8	左脚向左平转一圈，第 8 拍时右脚并左脚。5～7 拍手臂胸前平屈，第 8 拍时胸前击掌
三	1～8	同第一个 4×8 拍
四	1～8	同第二个 4×8 拍

（二）舞曲中涉及手的基本动作

这些基本动作包括：①莲花指；②手掌放平向上；③手掌放平向下；④手掌放平向前、向侧；⑤掌心向下握拳；⑥叉腰（如图 14.1）。

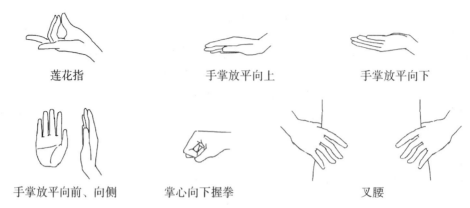

图 14.1　舞曲中手的基本动作

（三）舞曲中涉及的基本步法

这些基本步法包括：①交叉步；②恰恰；③平转；④并步；⑤摇椅步；⑥踢步；⑦曼波步（如图 14.2）。

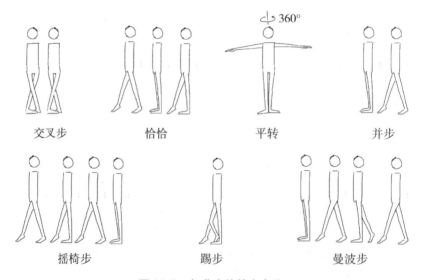

图 14.2　舞曲中的基本步法

（四）手部动作解析

1. 掌心向上、向前、向右摇摆。
2. 掌心向上，第一拍于胸前打开，莲花指、托掌。
3. 叉腰转体，掌心向上，掌心向下。
4. 摇臂，掌心向下握拳转体，拍掌。

（五）需要注意的问题

1. 在编辑舞曲的时候，ABC 组动作完成之后需要连续重复跳两次 A 组动作。
2. 副歌部分，A 组动作完成 32 拍后接 C 组动作需要连续跳两次。
3. 在舞曲结束的时候，A 组动作只需要跳 40 拍。

二、排舞的中级技术

排舞的中级技术，最为显著的特征就是存在更多变化的舞码，同时，在方向、节奏与循环方式上与初级技术相比，也存在一定的差异变化。排舞的每一首舞曲，其组成可以是 32 拍、48 拍或者是 64 拍等一些不同的节奏循环。

排舞的中级技术，在舞蹈形式上也是特色鲜明，它将多种舞步融合在一起，如伦巴、恰恰、牛仔、曼波、街舞、摇滚、踢踏、现代舞与民族舞等，在多种元素的组合和变化下，排舞的魅力更加强劲。

排舞中级曲目：幸福排舞（改编自《感到幸福你就拍拍手》）

演唱：凤凰传奇

编排者：朱冬喜（2015 年 8 月）

级别：中级

拍数：A32　B32　C32　Tag36

方向：2

起步：右

舞步顺序：ABBC/ ABBC/Tag/CCC//Ending

1. 前奏：64 拍
2. 间奏：36 拍
3. 节拍与动作（详见表 14 – 4 至表 14 – 7）

表 14 – 4　Part A：32 拍

节	拍	动　作	注意事项
一	1 2 & 3 4	1 拍：右脚向左前走交叉步；2 拍：左脚向左侧打开；& 拍（哒拍）右脚并左脚；3 拍：左脚向右前方走交叉步；4 拍：右脚向右侧打开	手臂自编，可根据动作内容向相反方向摆动
	5 6 & 7 8	5 拍：左脚向右后走交叉步；6 拍：右脚向右侧打开；& 拍：左脚并右脚；7 拍：右脚向左前方走交叉步；8 拍：左脚向左侧打开	
二	1 2 & 3 4	1 拍：右脚向前走 1 步；2 拍：左脚弹踢；& 拍：换成右脚前弹踢；3 拍：右脚落地；4 拍：左后转 180 度	手臂自编，可做梳头动作，同手同脚
	5～6	右脚向右前 45 度方向并步一次	
	7～8	左脚向左前 45 度方向并步一次	

续表 14-4

节	拍	动作	注意事项
三	1~8	动作同第一节，换左脚起步，方向相反	手臂自编，可根据动作内容向相反方向摆动
四	1~8	动作同第二节，换左脚起步，方向相反	手臂自编，可做梳头动作，同手同脚

表 14-5　Part B：32 拍

节	拍	动作	注意事项
一	1~4	1~3 拍：右脚开始向前走步 3 拍；4 拍：跳并步击掌	手臂自编，可根据动作内容做自由摆动或同步摆动
一	5~8	5~7 拍：右脚开始向后退步 3 拍；8 拍：跳并步击掌	
二	1~4	1~2 拍：右脚向右侧走后交叉步；3 拍：右脚右打开；4 拍：左脚并右脚，第 4 拍胸前击掌	上肢动作第 4 拍为规定动作，其余可自编
二	5~8	5~8 拍：向左平转一圈；第 8 拍右脚侧打开点地	
三	1~4	1~4 拍：以左脚为轴心的摇椅步	手臂动作：第 4 拍胸前击掌，其他自编
三	5~8	5 拍：右脚向左前方交叉；6 拍：左脚向左打开；7 拍：右脚向右后水平打开 180 度；8 拍：左脚前走一步，手臂水平打开	
四	1~4	1 拍：右脚向前一步；2 拍：左脚向左侧打开；3 拍：左脚点收并于右脚；4 拍：同 2 拍动作	上肢动作自编
四	5~8	5 拍：左脚上前一步；6 拍：右脚后退；7~8 拍：左海岸步	

表 14-6　Part C：32 拍

节	拍	动作	注意事项
一	1~4	1~2 拍：右脚开始起步，向右顶胯一次；3~4 拍：左脚起步，向左顶胯一次	第 6&拍、8&拍时上肢动作为胸前击掌两次，此处为规定动作；其余自编
一	5 6 &	5 拍：右脚向右侧打开，同时两手臂胸前屈拉开；6&拍：左脚并右脚，同时胸前击掌两次	
一	7 8 &	7 拍：同 5 拍；8&拍：同 6&拍，手臂动作相同，脚下方向相反	

续表 14-6

节	拍	动 作	注意事项
二	1~4	1~2拍：右脚向前走一步，左脚踢步抬起；3~4拍：左右脚依次向侧打开	1~4拍部分上肢动作自编，5~8拍上肢为规定动作
	5~8	5~8拍：向右顶胯4次，同时，右手手臂动作从低向高打响指4次	
三	1~4	1拍：右脚向左后方迈一步；2拍：左脚打开；3~4拍：同1~2拍，方向相反	1~4拍部分上肢动作可自编，5~8拍上肢为规定动作
	5~8	5~8拍：以左脚为轴心，右脚侧点地依次向左转动90度，同时，两手臂动作从低向高打响指4次	
四	1~4	1拍：右脚向前一步；2拍：左脚前点地；3拍：左脚后退；4拍：右脚并左脚	1~4拍部分上肢动作可自编，5~8拍上肢为规定动作
	5~8	5~8拍：双脚跳并4次，同时右手侧上方弹动击拳4次	

表 14-7 Part Tag：36拍

节	拍	动 作	注意事项
一	1 2 & 3 4	1拍：右脚开始起步，向前走一步；2拍：左脚前弹踢；&拍：左脚后退一步落地；3拍：身体左转180度；4拍：身体右转180度还原	上肢动作自编
	5 & 6	5拍：左脚向左跨一步；&拍：右脚并左脚；6拍左脚向右前做前交叉步	
	7~8	7拍：右脚向右跨一步；8拍：右脚并左脚，还原	
二	1 2 &	1拍：左脚脚跟前点地；2&拍：左脚收回	上肢动作自编
	3 & 4	3拍：3拍右脚侧打开；&拍：双脚脚跟抬起一次；4拍：双脚脚跟落地	
	5~8	5~6拍：右脚起步上前一步，左转180度；7~8拍：动作同5~6拍	
三	1~8	动作同第一节	上肢动作自编
四	1~8	动作同第二节	上肢动作自编
五	1 & 2 & 3 & 4 &	1拍：右脚向右前45度迈出一步；&拍：左脚向左前45度迈出一步；2拍：右脚返回；&拍：左脚并右脚，还原；3~&、4~&：动作同1~&、2~&	上肢动作自编

舞曲段落中的舞步组合有以下几种：①交叉步＋并步；②弹踢步＋并步；③走步＋跳并步；④交叉步＋平转；⑤摇椅步＋交叉步＋转动；⑥侧点地＋海岸步；⑦踢步＋顶胯；⑧交叉步＋顶胯＋侧转动；⑨并步＋转身＋弹踢；⑩两次V字步（一拍两动）。（如图14.3）

上肢动作需要熟练掌握的有胸前击掌、打响指。

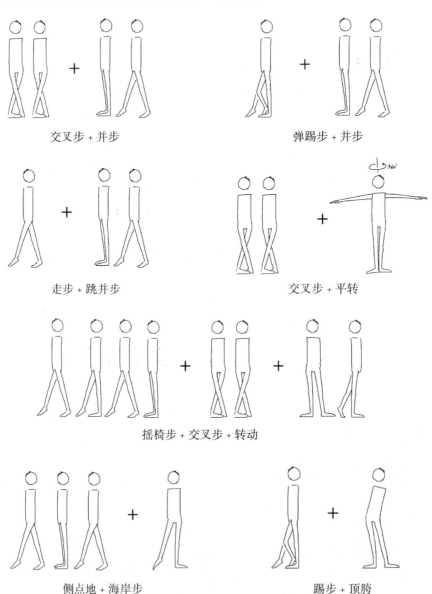

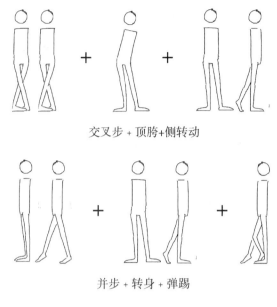

交叉步 + 顶胯 + 侧转动

并步 + 转身 + 弹踢

两次V字步（一拍两动）

图14.3 舞曲段落中的舞步组合

第三节 排舞教学方法

选择排舞课程教学方法，应该从排舞教学任务、教学特点、教学目的与学生的具体实际出发，此外，对于教学方法的选择，教师自身的具体条件、教学环节、教学手段与场地设备等因素也会对排舞教学方法的选择造成一定影响。

在选择排舞课程教学方法的过程中，主要遵循以下步骤：①明确排舞教学方法选择的标准；②同排舞课程教学的具体任务相结合，最优化选择排舞课程教学方法；③综合考虑排舞课程教学方法的效用，注意排舞课程教学方法的多样性。

常言道："教学有法，学无定法"，任何一种教学方法都不是一成不变的，而是一直处在变化中。教师在对排舞课程教学方法进行选择的过程中，应该将自身的特长与能动性充分发挥出来，开展创造性的实践活动。排舞课程教学重要的特点之一就是教学方法丰富多样。本书主要对以下几种排舞课程教学方法展开说明与分析。

一、示范法

所谓示范法，指的是教师将自己的具体动作作为范例，帮助学生了解所学动作的要领、结构、过程与形象，同时还做出错误动作的示范，使学生有效克服动作缺点，改进技术动作。动作示范具有较多的特点：较强的针对性与真实感；较广的使用范围；较好的直观效果；简便灵活。所以，如果教师的动作示范是标准正确的，那么学生独有动作形象也会正确建立起来。除此之外，教师的动作示范还能够使学生的学习兴趣得到提高，学习欲望得到激发。综上所述，在排舞课程教学中，最基本、最广泛的教学方法就是示范法。

在排舞课程教学中，对示范法应用时应注意以下几点要求：

1. 所做的示范动作必须保证正确、熟练。所谓的正确与熟练，主要指的是根据动作规格完成示范要求，保证动作的准确、优美、熟练与轻快，同时，还要保证示范动作具备一定的感染力与表现力，将一个完美的动作形象呈现给学生。

2. 教师在做示范动作的过程中，要将重点凸显出来，明确目的。在排舞课程教学开展的过程中，每一次的示范，教师都应该明确目的与所要解决的问题，同时，按照教学任务、学生的实际情况与教学步骤对示范的重点、内容和时长等进行安排。教师在向学生传授某一个新的动作时，首先应该在正常速度下面对学生完成一次完整动作示范，在学生脑海中与心中形成动作的正确表象与动作的完整概念之后，再按照教学任务的要求，着重进行示范。需要注意的是，此时的动作示范应该保持慢速度。

3. 正确确定示范的方向与位置。之所以这么做，主要目的是让每个学生看清楚教师的示范动作，使教师示范的最终目的得以实现，所以，对于示范的位置与方向问题，教师应该给予足够的重视。在排舞课程教学开展的过程中，教师选择示范位置时，应该对场地情况、观察部位、学生队形与动作结构等几个方面综合考虑。此外，排舞教师在做动作示范时，应该采取多种示范的方式，如正面示范、侧面示范、背面示范与镜面示范等，以促进最佳排舞课程教学效果的取得。

4. 将示范与讲解紧密联系在一起。在排舞课程教学过程中，大致的步骤是先示范后讲解，此外，还可以先进行介绍性的讲解，再做示范，当然，也可以应用一边示范一边讲解的方法。

二、讲解法

讲解法是一种最普通、最主要的排舞课程教学形式，是指教师用语言来表达排舞技术动作，与示范法结合，帮助学生建立某一排舞运动的正确技术概念，以及教师用语言来表达动作的完成等。值得注意的是，此种教学法需要应用语言。在排舞课程教学中，教师一般会通过语言将动作名称、教学任务、动作要领、教学要求、作用等向学生说明，进而对学生进行指导，使他们尽可能地掌握排舞动作技术、技能。

讲解法应用时需要注意以下几个问题：

1. 教师应该注意语言要少而精，应正确使用术语。从实质上来讲，排舞教学的主要目的是锻炼学生的身体，因此，在讲解动作的过程中，语言方面要突出重点、简明扼要，尽量做到少而精，只有这样才能切实地做到精讲多练。除此之外，在排舞课程教学中，教师应该正确使用术语进行讲解，为学生塑造一个清晰明了的动作形象，使学生更好地去学习、理解排舞运动。

2. 教师需要注意讲解的内容要具备一定的科学性，还要保证学生能够接受。想要实现这一点，教师应该认真钻研排舞相关教材，要重视讲解内容的科学性，除此之外，教师还应该对所教授学生的现有水平进行判断，进而确定所要讲解内容的广度与深度。

3. 教师确定好讲解的时机与效果。在排舞课程教学过程中，绝大多数的时间都是教师组织学生练习。对于排舞教师来讲，应该从实际情况出发，应用简短的语言恰到好处地进行讲解或者提示，并对学生的动作及时做出评价，使学生更清楚地掌握排舞动作，进而实现最佳的排舞课程教学效果。

三、完整法

所谓完整法，指的是一种完整进行教学的方法，具体就是指在排舞课程教学中，针对某些段落与部分，从动作的开始一直到结束进行完整教学的一种方法。此种教学方法的优势在于，能够使学生对排舞技术动作完整掌握，同时还能够使动作的结构与动作间的练习不被破坏；而其劣势在于不能快速掌握动作的难点与关键。综上所述，完整教学法是一种在动作简单的情况下所应用的方法。除此之外，还存在另外一种情况，即尽管动作复杂，但是一旦分解，动作的结构就会被破坏，必须用完整法教学才能将动作讲解清楚。

排舞课程教学中应用完整法时需要注意以下几个问题：

1. 在对排舞的简单动作或者容易掌握的动作进行教学的过程中，教师在进行讲解与示范之后可以采用完整法，安排学生开展练习活动。

2. 在对排舞较为复杂动作进行教学的过程中，教师应该优先将重点凸显出来，先着重于排舞动作的基础部分，再掌握排舞动作的细节。在排舞课程教学的过程中，教师应该让学生首先粗略掌握整个动作过程，然后再逐步突出动作的主要环节。需要注意的是，应该强化教学那些较难、较复杂的动作，使排舞动作能够被学生快速掌握，促进完整教学法的顺利实施。

3. 降低排舞动作的难度，对排舞动作的要求进行简化。在完整教学法实施的过程中，应该先对动作的要求进行简化，或者是使动作难度在一定手段下得以降低，例如，降低动作的完成速度，在口令下完成动作。在较好地掌握了动作的前提下，再根据规范要求与正常速度完成动作。

四、分解法

所谓分解法，主要是指合理地将排舞的完整动作划分为几个段落或者是几个部分，再按照划分标准依次进行练习，一直到能够完整掌握动作的方法。此法的优势在于能够简化掌握动作的过程，缩短掌握动作的时间，这对于较难动作的掌握与学习是非常有利的。一般来讲，分解教学法可以分为两种，分别为纵向分解方法与横向分解方法。

（一）纵向分解方法

所谓纵向分解方法，主要是指按照排舞课程内容，将技术动作结构划分为几个部分。一般来讲，纵向分解主要由三种形式构成。

1. 纵向单纯分解法。主要是指把所要教学的部分内容划分为若干部分，在逐一学习、掌握每一个部分的内容之后，再将所有部分综合在一起合成学习。在排舞课程教学动作教学的过程中，对基本舞码优先进行教学，然后再对手臂动作进行教学，之后将所有动作结合在一起进行练习。此种教学方法对于教学内容中动作结构不紧密且各个部分比较分明的情况比较适用。

2. 纵向递进分解法。主要是指先对第一部分进行教学，然后对第二部分进行教学，之后将第一部分与第二部分结合在一起进行练习，当学完这两个部分以后，再对第三部分进行学习，当第三部分掌握以后，可以将第一部分、第二部分、第三部分结合在一起进行练习，一直到完整掌握所有动作。纵向递进分级法对于教学内容中动作结构比较严密的情况比较适用。

3. 纵向顺进分解法。主要是指按照时间的先后顺序对所要教的内容进行若干部分的划分，首先对第一部分进行教学，学会后再教第二部分，第二部分学会后，再加教第三部分，如此直接前进，直至教完学会为止。

（二）横向分解方法

所谓横向分解法，是指按照身体的部位，将动作分成若干部分，分别为上肢动作、下肢动作与躯干动作，有侧重地分别进行教学活动，最终完全掌握所有动作。在排舞课程教学中，此种教学方法的使用比较广泛。复杂动作的教学需要结合纵向分解与横向分解两种方法。

横向分解法进行应用时需要注意以下几点：

1. 按照教学内容的结构特征划分排舞动作，准确地将其划成几个部分，前提是不能对动作的各个部分间的练习造成破坏，不能对动作的结构特征造成影响，除此之外，也要充分考虑学生的个体水平与接受能力。

2. 排舞教师应该引导学生明确完整动作中动作各个部分的作用、位置以及相互间的联系，同时，要教学生做好对各个部分动作的连接工作。

3. 不能耗费过多的分解时间，要及时向完整法过渡。分解法应用的目的是保证完整教学的最终开展，以及对于整套动作技术的顺利掌握，所以，在一段时间的分解练习以后，需要及时应用完整法。

五、练习法

所谓练习法，指的是对于排舞的练习活动所有学生都亲自参与练习的方法。可以说，练习法作为一种基本途径，保证了学生对排舞基本知识、基础技术技能的掌握，使其情操得到陶冶，性格得到完善。如果学生初步掌握了舞蹈技术，那么此种教学法可以作为学习提高、动作巩固的重要方法，在学习动作技术之前是非常适用的，并且此种教学方法在排舞课程教学中的应用也是非常多的。

教师可以按照学生的具体人数，在排舞课程教学实践中开展多种形式的练习活动，如个人练习、分组练习与集体练习等。为了使学生更好地掌握与提高基本动作与难度动作，排舞教师可以使用分解练习、完整练习与重复练习等多种练习法；为了提高学生的学习积极性，同时促进学生身体素质的提高，排舞教师可以对比赛练习法与游戏练习法进行应用。如果学生的水平不同，则可以采用带领练习法，即在音乐的引导下，由具有较高技术水平的学生带领其他学生对动作进行复习，进而充分调动学生的主动性与积极性。

六、多媒体教学法

所谓多媒体教学法，是指对多媒体手段进行应用，进而完成排舞课程教学的一种方法。在排舞课程教学过程中，教师可以组织学生观看国外的排舞比赛，以及与排舞相关的课件、教学视频等，从而激发学生的学习积极性，促进理想排舞教学效果的取得。也可以借助排舞 APP 网络平台或中舞网软件等互联网平台来完成排舞课程教学活动。除此之外，教师还可以通过摄像机对教学过程中学生的学习情况进行拍摄，以便对教学效果进行检查，使学生能够对自己的练习情况所有了解，进而及时纠正自身的错误动作，实现预期的教学目的。需要注意的是，如果教师想要在排舞课程教学中使用多媒体教学法，那么就需要在课前做好相关准备，在学生观看之前要预设问题，只有这样，多媒体教学法才能够取得预期的效果。

综上所述，在排舞课程教学中包含多种教学方法，如示范法、讲解法、完整法、分解法、练习法与多媒体教学法等，这些教学方法间存在一定的联系，彼此之间互相作用又互相渗透，要选择更为适合的教学方法，促进排舞教学质量与教学效果的提高。

第四节　排舞教学的组织

在排舞教学问题的相关研究中，排舞课程教学组织的合理性问题一直都很关键，排舞教学过程主要包含三个方面的内容，分别是教师的教与学生的学、教师的教学方法与教材内容、学生的学习策略与教材内容。在这方面，学生对排舞教学内容进行领会与其自身实践能力得到培养的主体就是学生与教材内容。排舞课程教学的合理组织，必须是教师的教学活动同学生动作技能掌握的特殊规律相适应。排舞课程教学的组织形式主要以课堂教学为主，以年级与班级为单位，按照教学目标、教学计划、排舞教材以及教学大纲，在一定的时间内开展教师的教与学生的学等活动。

一、排舞课程教学的授课形式

排舞课程教学的授课形式主要是班级授课，通常此种授课形式有三种类别：①全班上课形式；②班级内小组教学形式；③班级内个别教学形式。

（一）全班上课形式

所谓全班上课形式，是指在课程进度表的指示下，排舞教师对全班级的学生上课，同时向学生提出共同的学习任务。在排舞课程教学过程中，教师主要进行系统讲授，在向学生传授知识的时候会使用到其他的方法；在排舞教学的课堂上，学生可以同教师与其他学生开展多项的交流活动。对学生，教师要充满耐力与爱心，同时还要保证批评要少、鼓励要多，给学生以亲切感。除此之外，教师应该精心设计排舞课程教学内容，考虑时间、空间、人数与内容多项因素的综合。

（二）班级内小组教学形式

所谓班级内小组教学形式，是指在全班上课形式开展的前提下，再进行小组学习活动，需要注意的是，此种教学形式是临时性的。同时，班级内小组教学形式的重点在于由教师的"教"向学生的"学"转移，使学生排舞学习的积极性、主动性与创新能力得到充分发挥。

对于班级内小组教学形式而言，每一组的人员可以是教师安排的，也可以是自由组合的，并不是固定不变的。在对小组进行分配的过程中，教师可以将不同程度的学生进行组合，使他们之间方便交流，以促进相互的进步，同时还能使排舞课程教学气氛活跃起来，教育范围得到扩大。除此之外，教师应该深入督促与指导每一个小组，及时解决小组学习过程中遇到的问题，当班级内小组学习活动结束的时候，应该要求组员分别表演与总结，进而使学生的学习兴趣得到激发，能够充分展现自我。

（三）班级内个别教学形式

所谓班级内个别教学形式，是指在全班上课形式开展的前提下，针对班级内学习速度较快或者学习能力较差的学生采用的教学形式。此种教学形式的优点在于使每一名学生的学习需要都能够得到满足，学习积极性都能够得到调动，进而使学生都能够从排舞课程教学活动中受益。

二、排舞课程教学的学习过程

（一）排舞学习的兴趣形成阶段

常言道，兴趣是最好的老师，可以说学习的原始动机就是兴趣，兴趣能够直接激发学生的创造性思维。排舞课程教学的艺术本质在于鼓舞、唤醒与激励，而不仅仅在于对本领进行传授。在排舞课程教学过程中，要求教师对教学方法与教学手段尽量创新，例如，可以使用多媒体教学手段，即录像、幻灯等，使学生的学习兴趣得到提高。对良好的体育文化环境进行创造，引导学生加深了解排舞知识，进而使学生的求知欲望得到激发，运动兴趣得到提升。

（二）排舞课程教学的学习掌握阶段

就排舞课程教学的内容而言，应该按照学生的个体水平与整体水平来确定。一般来讲，不同水平基础的学生应安排不同级别的课程教学，学生可根据自身情况选课。不同级别的学习内容要求如下：

1. 初级班。通过参加排舞教学俱乐部活动，要求学生了解排舞运动相关知识，基本掌握排舞的基础舞步，基本掌握初级难度的排舞套路组合，能通过简单的排舞练习进行锻炼，懂得欣赏排舞运动。

2. 中级班。通过参加排舞教学俱乐部活动，要求学生了解排舞运动基础理论知识，能够掌握排舞的基础舞步，掌握初中级难度的排舞套路组合，能通过简单的排舞练习进行锻炼，达到增强身体素质的目的。

3. 高级班。通过参加排舞教学俱乐部活动，要求学生掌握排舞运动相关拓展知识，基本掌握中级或中高级难度的排舞套路组合，能进行一般的自我练习，懂得欣赏排舞运动，能通过排舞练习进行锻炼，达到增强身体素质的目的，养成经常进行排舞健身练习的习惯。

在排舞课程教学的学习掌握阶段，应该避免两种极端情况的出现，一种是过于强调技术与技术细节的学习；另一种是，淡化对技术的学习，甚至无视对技术的学习。

（三）排舞课程教学的巩固提高阶段

教师借助互联网的网络平台面对面授课、慕课、微课、微信等手段将线下和线上教学相结合，不仅可以弥补传统教学模式上的短板，而且将排舞 App 应用于排舞教学，各教学过程与实践教学环节能以最优化路径加以实现，有效利用课堂时间，提高人才培养质量。在课后环节教学中，学生按照教师发布的教学视频进行课外自主学习和练习，同时可以通过网络平台与学生、教师交流，以达到促进学生交流学习、师生交流学习、学生自主学习的目的。各小组组长应不定期组织本组学生集中到一个地方进行交流探讨，强化学习课上未掌握的技术动作，使排舞课程教学内容得以巩固和提高，以达到更好的学习效果。

所有的体育运动都存在一个技术的问题。在排舞课程教学的过程中，应该着重强调对学生示范和学生如何观察的问题，还要教会学生按照动作要求，对自己与其他人动作中存在的问题进行判断。对于学生而言，只有掌握了排舞课程的学习方法，具备一定的自学能力，才能对此后的学习产生一定的帮助。

综上所述，排舞课程的学习过程，主要是指在教师的指引下，学生对排舞知识与技能主动学习，对于身体发展过程充分体验，进而促进自身健康身体与良好心理的形成。

思考题

1. 简述排舞教学的特点与原则。
2. 排舞的基本技术与应用是什么？
3. 排舞的教学方法与组织有哪些？

参考文献

1. ［美］迈克·鲍伊尔. 体育运动中的功能性训练［M］. 2版. 北京：人民邮电出版社，2017.
2. 毛振明，张媛媛. 体育趣味课课练1260例：第二册［M］. 北京：北京师范大学出版社，2015.
3. 季浏，钟秉. 普通高中"体育与健康"课程标准（2017年版）解读［M］. 北京：高等教育出版社，2018.
4. 高兵，郭彬. 体育活动策划与管理［M］. 北京：化学工业出版社，2016.
5. 中华人民共和国教育部. 普通高中"体育与健康"课程标准（2017年版）［M］. 北京：人民教育出版社，2018.
6. 董小龙，郭春玲. 体育法学［M］. 3版. 北京：法律出版社，2018.
7. 王玉林. 体育与健康［M］. 北京：电子工业出版社，2014.
8. 姚维国. 体育游戏［M］. 北京：人民体育出版社，2012.
9. 庄弼. 初中"体育与健康"教学关键问题指导［M］. 北京：高等教育出版社，2017.
10. 毛振明. 体育教学论［M］. 3版. 北京：高等教育出版社，2017.
11. ［美］温伯格，［美］古尔德. 体育与训练心理学［M］. 6版. 北京：中国轻工业出版社，2016.
12. 刘浩. 篮球［M］. 重庆：重庆大学出版社，2018.
13. 陆作生. 体育教学技能训练［M］. 北京：高等教育出版社，2016.
14. 梁占歌. "体育与健康"课教学设计经典案例研究［M］. 合肥：安徽大学出版社，2016.
15. ［英］赫伯特·斯宾塞. 教育论：智育、德育和体育［M］. 北京：中国轻工业出版社，2016.
16. 黄菁，张国栋. 体育教学法［M］. 重庆：重庆大学出版社，2015.
17. ［日］田崎俊雄. 乒乓球基础与实战：击球、攻防与战术：全彩图解版［M］. 北京：人民邮电出版社，2016.
18. 吴飞，陈占奎. 乒乓球实战攻防技术［M］. 北京：金盾出版社，2016.
19. ［日］日高哲朗. 图解篮球个人技术：基础训练180项［M］. 北京：人民邮电出版社，2016.
20. ［美］哈尔·威塞尔. 篮球运动技术从入门到精通：全彩图解［M］. 3版. 北京：人民邮电出版社，2016.

21. 刘金凤. 田径教学与训练［M］. 成都：西南交通大学出版社，2014.

22. ［美］斯科特·贝. 游泳运动从入门到精通［M］. 北京：人民邮电出版社，2016.

23. 徐国峰. 水中训练：掌握游泳姿势、精进技术、突破速度［M］. 北京：人民邮电出版社，2016.

24. 李德玉，胡素霞. 健美操［M］. 2版. 北京：化学工业出版社，2018.

25. ［日］平野淳. 少年足球技术与训练完全图解［M］. 北京：人民邮电出版社，2016.

26. ［德］尤纳斯·考茨诺夫斯基. 足球训练完全图解［M］. 北京：人民邮电出版社，2016.

27. ［美］贝基·施密特. 排球运动从入门到精通［M］. 北京：人民邮电出版社，2018.

28. ［美］塞西尔·雷诺. 排球技术与战术教练指导手册［M］. 北京：人民邮电出版社，2016.

29. 蔡宝忠. 中国学校体育的未来［M］. 沈阳：辽海出版社，1999.

30. 王则珊. 学校体育理论研究［M］. 北京：北京体育大学出版社，1995.

31. 曹锡璜. 体育理论知识教程［M］. 北京：高等教育出版社，1989.

32. 毕春佑. 健身教育教程［M］. 北京：科学出版社，1996.

33. 高言诚，等. 体育锻炼保健知识［M］. 北京：人民体育出版社，1993.

34. 谢三祥，等. 艺术体操［M］. 北京：北京师范大学出版社，1984.

35. 张昭程，等. 健美操［M］. 北京：北京体育大学出版社，1994.

36. 罗希尧，等. 中学体育教材教法［M］. 北京：高等教育出版社，2001.

37. 于素梅，等. "体育与健康"课教学问题探索［M］. 北京：北京体育大学出版社，2001.

38. 王启明，等. 中学体育教材教法［M］. 北京：人民体育出版社，2000.

39. 于素梅，等. 中学体育教材教法［M］. 北京：北京体育大学出版社，2001.

40. 陈琪瑶. 体育与健康［M］. 北京：化学工业出版社，2001.

41. 全国体育学院教材委员会. 学校体育学［M］. 北京：人民体育出版社，1991.

42. 曲宗湖，等. 素质教育与学校体育模式［M］. 北京：北京体育大学出版社，2001.

43. 王少华. 体育基础理论与实践教程［M］. 北京：北京体育大学出版社，2000.

44. 王超英. 教育实习理论与实践［M］. 北京：人民体育出版社，2000.

45. 曲宗湖，等. 学校体育教学探索［M］. 北京：人民体育出版社，2000.

46. 黄宽柔，等. 体育与健康：南方版［M］. 沈阳：辽宁大学出版社，2001.

47. 福建省中学"体育与健康"教材编写组. 体育与健康［M］. 福州：福建教育出版社，2001.

48. 邓树勋. 体育与健康：南方版［M］. 广州：中山大学出版社，2001.